英語教育の実践的探究

中野 美知子 編著
NAKANO Michiko

溪水社

はじめに

　現在、日本における英語教育は大きな転換期を迎えている。この背景には、昨今のグローバル化に対応できる人材を育成する上で「英語が使えること」の重要性が認識され、英語によるコミュニケーション能力を小・中・高等学校を通して養う必要性が高まったという事情がある。この流れを受け、2013年に文部科学省が発表した「グローバル化に対応した英語教育改革実施計画」では、小・中・高を通して一貫した到達学習目標を設定の上、各学習課程における現行の学習指導要領よりも高い学習行程の導入が予定されている。

　また一方では、「教育の情報化」にともない、電子教科書や電子教材を積極的に取り入れた ICT 教育の充実化も推奨されている。このように、小・中・高をめぐる英語教育は、この先数年のうちに大きな転換期を迎える。他方、大学においても、英語を軸とした教育改革およびグローバル化推進の流れが進んでいる。2013年に政府の教育再生実行会議が内閣総理大臣に提出した「これからの大学教育等の在り方について（第三次提言）」では、各大学における英語による授業比率の向上や教育プログラムの実施、海外大学との連携、各大学における入学試験や卒業認定時の外部試験（例：TOEFL）の活用なども推奨されている。そのため、今後大学における英語教育も転換期を迎えることになる。

　上記の通り、英語教育が大きな転換期を迎える今日、実際にその現場に携わる教員にとって重要なことは、英語教育を取り巻く状況を敏感に察知し、その変化に対して柔軟に対応することであろう。その際、とくに重要なのは各課程における英語教育の動向に目を向け、関連した専門書や研究論文などを通して知識を養いながら、常に授業の改善を行う準備を怠らないことである。この点は、今後教員を目指す学生にとっても当てはまる。教員になるための準備期間として、学生時代に英語教育に関連するさまざ

まな講義や書籍に触れながら、積極的に専門的知識を吸収しておくことが、その後のさまざまな変化に対応する際の糧となる。

　学生の置かれている現実に目を向けると、言語学や英語学、異文化間コミュニケーションといった英語教育に関連した分野を専門とする学生はもとより、英語教育を専門的に学ぶことのできる学部において英語教育を専門として英語教員を目指している学生であっても、実際に英語を教える上で必要な関連知識や技術を充分に学ぶことができないまま教壇に立つケースもあると考えられる。もっとも、英語教育を専門的に学ぶことのできる学部にあっても、必要な関連知識や技術を充分に身につけることは容易ではいない。たとえば、中学校教員免許を取得するために履修すべき英語関連の教職科目として「英語学」、「英米文学」、「英語コミュニケーション」、「異文化理解」、「英語科教育法」が設置されているが、これらの科目を履修することで必要な知識や技術を充分に身につけることができるとは言い難い。よって、重要な関連分野である「第二言語習得研究」や「言語テスト・評価法」についてはほとんど知識を持たないまま教壇に立つ者も少なくないというのが現状であろう。

　こういった問題が生じるひとつの原因として、現在の英語教育に関連した研究対象が広範囲に渡るという点が挙げられる。具体的に述べると、文法や語彙など言語学の知見に基づき外国語（第二言語）学習（習得）における学習者の言語的な発達を解明しようとする研究、統計学に基礎を置くテスト理論を利用して英語に関する知識や英語の運用能力を精緻に測定しようとする研究、心理学の理論をもとに外国語（第二言語）学習（習得）における学習者の情意的な変化を捉えようとする研究など、他の研究分野において培われた知見を援用したさまざまな研究がある。ここに挙げた例だけでも、言語学、統計学、テスト理論、心理学が密接に関連しており、英語教育における研究対象がいかに幅広いものであるかを物語っている。

　こうした英語教育に関わる諸分野には、英語教員や学習者に密接に関連する英語教育（学習）を対象とする点では共通性があるものの、対象が多岐に渡るため、ひとりの教員や研究者だけで全体を見渡すことは困難であ

る。しかし、学習者に英語を教える場面、あるいは英語教育に関連した特定の分野を研究対象として研究を行う場合においても、関連するさまざまな専門分野の知見を必要とすることが往々にしてある。たとえば、教員が英語のテストを作成する際に、学習者がテストに対してどのような不安を抱いているか、学習者がどのような方略を使用するかなどを知らずに作成する場合と、こういったテストに関連した諸要因についての知識を持って作成する場合とでは、テストの内容に大きな差が生じることは言うまでもない。また、関連した分野に関する知見は、自身の研究を深めるという側面から見ても重要である。つまり、研究者が研究の妥当性を高めようとするならば、関連分野の背景となる理論や使用する手法に対する知識を深めつつ、さらには異なる分野の研究についても理解し、その知識を的確に自身の研究に活用するための研鑽がどうしても必要となる。

　このような背景から、本書は、今後英語教育に従事する教員や研究者を目指す学部生や大学院生、さらには現職教員が、英語教育の全体像を概観できる入門書としての構成となっている。まず、第Ⅰ部第1章（中野）では、大学・大学院教育における英語教育について概説する。高等教育機関である大学における英語教育の現状をまとめるとともに、昨今のグローバル化に対応した人材育成のための取り組みとして担当筆者の英語教育改革について紹介する。第2章（中野・阿野）では、まず小・中・高等学校における英語教育の現状についてまとめる。現行の学習指導要領のみならず、旧学習指導要領についても言及し、現行の英語教育がどのような位置づけにあるか考察する。さらには、先述の「グローバル化に対応した英語教育改革計画」をもとに小・中・高における英語教育の今後の動向について検討する。

　第Ⅱ部の各章は、英語教育に関連したさまざまな分野について概観すべく、当該分野における基礎知識について導入し、それらの知識を教室での指導や研究に結び付けるための手順や方法を紹介する。第3章（阿野）では、中学校や高等学校における文法指導を扱う。現行の文法指導が文法の形（form）と意味（meaning）に偏っている現状に鑑み、その文法を使用

(use) に結び付けることを重視した指導方法について概説する。第4章（藤永）では、教室内での英語指導において、その大半をしめるリーディングを扱う。さまざまなリーディングの方法に関する解説はもとより、その背景に仮定されている文章処理のプロセス、さらには関連事項として音声や語彙の学習についても紹介しながら、リーディング指導において重要なポイントについてまとめる。第5章（杉田）では、ライティングについて扱う。タスクに基づいたライティング評価について概説するとともに、実際にタスクを作成するための手順および評価に際して重要なポイントについてまとめる。第6章（根岸）では、学習者の発話を分析する方法について紹介する。会話分析や談話分析などの手法を応用したグループ・インタラクションの分析方法について紹介する。第7章（上田）では、第二言語（外国語）の語彙習得を扱う。語彙知識の定義や、語彙の習得モデル、各レベルの学習者が必要とする語彙数などについて概説するとともに、教室内での指導において重要なポイントや語彙学習を評価する上で欠かすことのできない語彙テストについて紹介する。第8章（北川）では、英語音声学を扱う。母音、子音、連結発話、強勢、リズム、イントネーションについて網羅的に説明しながら、研究を進めるうえで必要となる音響音声学や聴覚音声学に触れるとともに、その応用例として担当筆者による研究の一部を紹介する。第9章（大矢）では、言語学における文法理論の位置づけについて概説をするとともに、語彙機能文法について紹介する。また、語彙機能文法に基づいた日英比較について概説する。

第Ⅲ部では、英語教育に関連した他の研究対象を扱う。第10章（大和田）でではでは、文法指導の際に必要となる英語の動詞の分類方法の一部について概説する。また、学習者コーパスを用いた英語の自動詞の研究についても言及する。第11章（吉田）では、学習者間にさまざまな差異をもたらす学習者要因をテーマとして扱い、とくに外国語を学習する上で重要な要因となる動機づけについて焦点をあて、その理論的な変遷について概説する。また、動機づけ研究を行う上で頻繁に用いられる研究方法について紹介する。第12章（筒井）では、ICTを活用した英語教育の例として

CALLを扱う。CALLの歴史を時系列的に振り返るとともに、英語教育という文脈での利用可能性について論じる。また、実際にCALLを導入する際の手順や注意点についても紹介する。第13章（近藤）では、英語発話自動採点システムについて紹介する。発話を自動採点する上で必要な知識や技術を紹介するとともに、担当筆者自身のシステムを紹介しながら、実際にシステムを構築する手順について概説する。

　前述のとおり、英語教育に関連した研究は多岐に渡るため、そのすべてを一冊の本で扱うことはできない。しかしながら、本書で取り上げる多岐に渡る話題を通して、これから英語教員や研究者を志す学生や、さらなる授業改善を目指す現職教員が、自身が行う教育・研究への着眼点を得ることができれば執筆者一同の望外の幸いである。

　最後になるが、本書の出版に当たり、早稲田大学CCDL研究所の助成を受けたことに感謝申し上げる。

執筆者一同

参考文献

教育再生実行会議（2013）.『これからの大学教育等の在り方について（第三次提言）』［2014年4月1日閲覧］
　　　http://www.kantei.go.jp/jp/singi/kyouikusaisei/pdf/dai3_1.pdf
文部科学省（2013）.『グローバル化に対応した英語教育改革実施計画』［2014年4月1日閲覧］
　　　http://www.mext.go.jp/b_menu/houdou/25/12/__icsFiles/afieldfile/2013/12/17/1342458_01_1.pdf

目　次

はじめに ………………………………………………………………… i

第Ⅰ部

第1章　大学院における英語教育学及び教育実践からみる英語教育観の変化
………………………………………… 中野　美知子…5

第2章　小・中・高等学校における英語教育の動向
………………………………… 中野　美知子・阿野　幸一…43

第Ⅱ部

第3章　コミュニケーションのための英文法指導
………………………………………………… 阿野　幸一…69

第4章　リーディングとリスニングの指導
………………………………………………… 藤永　史尚…104

第5章　ライティングの評価法
………………………………………………… 杉田　由仁…149

第6章　スピーキングの評価法
………………………………………………… 根岸　純子…180

第7章　第二言語の語彙の習得と指導
　　　　　………………………………………上田　倫史…213

第8章　英語の音声
　　　　　………………………………………北川　彩…255

第9章　統語論と日英語比較
　　　　　………………………………………大矢　政徳…306

第Ⅲ部

第10章　英語動詞の分類―5文型を出発点として―
　　　　　………………………………………大和田　和治…347

第11章　学習者要因とL2動機づけ研究
　　　　　………………………………………吉田　諭史…391

第12章　CALL: ICTを活用した英語教育
　　　　　………………………………………筒井　英一郎…428

第13章　英語学習者を対象とした発話自動採点システム
　　　　　………………………………………近藤　悠介…463

索引　………………………………………………………495

英語教育の実践的探究

第Ⅰ部

第 1 章　大学院における英語教育学及び教育実践からみる英語教育観の変化

中野　美知子

1.1　大学院における英語教育学への私的な道のり

　早稲田大学教育学研究科は 1990 年に修士課程が創設され、1995 年に博士課程が設立された。2015 年 3 月に退職するまで、25 年間英語教育専攻の研究指導に従事してきた。この節では、個人的な研究と経験に基づいて、大学院での英語教育学についてまとめたい。

　だれでも自分の受けた教育から多大な影響を受けるもので、私もその例外ではない。私が受けたエディンバラ大学での大学院教育を概説し、早稲田大学着任当時から心がけてきた事を述べてみる。エディンバラ大学には 1976 年 10 月から 1980 年 3 月まで在籍していた。大学の教育方針で当時自分でも確信していたことは次のことである。

1　どのような提案をするにしろ、実験を行い、evidence-based の発言をする。
2　英語教育は、言語学の応用であり、言語学は当時「科学」として認識されていたので、科学的資料を勉強し、英語教育に一番適切な理論を選択すべきである。その理論にもとづいた英語教育を考えるべきである。
3　人間を教える学問であるので、人間の心理、取り巻く社会、政策、言語の果たす役割、言語の通時的な変化と共時的な変化を同時に視野に入れるべきである。

エディンバラ大学は当時応用言語学という学問体系を構築しており、いわ

ゆる大御所が教員であった。H. G. Widdowson、G. Brown、S. Pit Corder、A. Davies、H. Trappes-Lomax、T. Howatt、J. Lyon、M. Halliday、R. Hasanなどが所属していた。音響学や合成音の生成はJ. Laborが担当していた。3学期制で、1学期は、統語論、実験研究、社会言語学、2学期は言語心理学、中間言語（interlanguage）、意味論、M. Hallidayの選択体系機能文法（Systemic-Functional Grammar）、3学期は伝統文法、音響学、音声の合成などを習った。このほか、G. BrownとG. Yuleが心理学科の人たちと談話分析（Discourse Analysis）や音声研究を行っており、それに参加した。また、現在の人工知能（Artificial Intelligence）の前身の機械知能（Machine Intelligence）の分野との共同授業もあり、コンピュータ言語のLogoとPrologを学習した。1学期に必ずひとつは50ページから100ページのレポートの提出があった。私が提出したレポートのタイトルは以下のものである。

1学期のレポート
A Comparison of the Use of Modal Predicates by Scottish Children and Adult Foreign Learners

2学期のレポート
A Study of Interruptions of Broadcast Phone-in Progrmammes

3学期のレポート
A Study of Error Analysis of English Compositions among Japanese University Students from the perspective of Interlanguage.

最終レポート
Structure of Discourse based on Newspaper Articles[1]

　この修士時代は今までにないほど勉強させられた。たとえば、統語論は

Chomsky の Initial Theory から始め、Standard Theory、Extended Standard Theory、Revised Standard Theory の原著を読みながら、チョムスキー理論の内容と変化の理由を討論するもので、言語学を学部時代に勉強していなかった学生たちがこの内容を 2 ヶ月半でこなさなければならなかった。イギリス人の学生も入院する人が多く出て、修士の代表者と教授陣との間で 5 月と 6 月に話し合いが行われ、翌年より修士課程の勉強量が軽減された。私は一番厳しいときにエディンバラ大学に在籍していたことになる。博士課程では、月に 1 回勉強したことをまとめ、提出し、指導を受けるだけで、自由に勉強ができた。当時は統計のソフトがなく、Fortran を自分で勉強し、分散分析、主成分分析、一対比較法、多次元尺度などをプログラムできるようになった。時代に応じて、ツールが進化するので、進化したツールを大学院生は自分でマスターしなければならず、自分の担当する大学院生にはこのことを伝えている。また、英語教育学における実験、調査が正しい理論に基づいて計画されるべきであるということも同時に伝えている。
　まず、研究には演繹的方法と帰納的方法の 2 種類があることに注意した。以下、良くまとまっていると思うので、『第二言語習得研究の現在』[2)]で私が担当した担当した章から字句を変えずに引用する。

　　研究者が研究により得る「発見」は、日本語話者の英語学習者全般に当てはまるのか、それとも自分が教えた学生にのみ当てはまるのかで、研究の価値が大きく変わってくる。できるだけ一般性を持ちうる研究の方が役に立つ研究で、第 2 言語習得研究の一つの大きな目標は、質的にも量的にも高い一般化（generalization）ができるかということである。ここでは演繹的方法について詳しく述べることはできな

---

1) ここでは新聞コーパスから帰納的に「状況・問題・解決・結論（コメント）」というフレームワークを提案したが、偶然同時期に、Hoey（1979）が提案していたものと全く同じであることが後でわかった。それで、Whitehead の哲学に基づいて事象を解釈し、論理学的にこの証明を早稲田大学に勤務してからやり遂げた。
2) 小池・木下・成田編．2004．『第二言語習得研究の現在』．大修館書店．

いが、演繹的方法というのは、チョムスキーが変形生成文法を考案する際に用いた方法で、形式文法といって、厳密な定義と公理に基づいて、定理を証明しながら、体系を作っていく方法である。実験研究も演繹的研究を踏まえ、理論から導かれる予測を実験により証拠を得るというのがもっとも好ましい研究方法である。引用文献に多少の例を載せたので、参考にされたい。この方法はチョムスキーも言っているように物理学でなされている方法である。言語理論は記述的妥当性と説明的妥当性が満たされるのが好ましいとチョムスキーは主張したが、言語習得研究にとってこの主張は意義深い。言語の記述方法が妥当であるためには言語習得過程も説明すべきであり、演繹的方法での体系が習得という経験的な証拠によりその妥当性が裏付けられるという研究方法の提案でもあった。

　実験そのものは帰納法である。なぜならば、いくら多くの被験者を扱っても、個別例に基づいて一般的な発言を行うやり方なので、帰納法である。帰納法は、一つの反例がでれば、その研究自体が否定されてしまう（論理学ではこのことを falsification という）。「白鳥は白い」ということを確かめたいとき、一羽でも黒い白鳥がいれば、証明にはならない。そのために、統計分析を行い、100 回同じ実験を繰り返しても、95 回または 99 回は同じ結果が得られるという確率論で、我々の実験を擁護する必要が出てくるのである。

　実験研究には質的分析と量的分析があるといわれている。質的分析は文法判断実験の際、英語学の知見を用いて実験文の構造を解説したり、談話（会話）分析でおこなわれているように発話者の発話の意図や意味を観察者が解釈し記述していく場合をいう。会話分析でも質的分析のみに終始することは最近まれで、多くに発話者からデータを取り、観察者の解釈に一般性があること示すことが多い。ここで扱う実験研究でも量的分析だけでなく質的分析が伴わなければならない。

　要するに、論理学的に正しい言語理論から演繹して、実験計画を導出して

いくのが最適な研究方法であるとの結論に至った[3]。この理由で、論理学や数学基礎論での証明を経た理論が論理的に正しい理論であるとの立場をとった。Chomsky が数学モデルを考えていた 50 年代のサイバネティクスの学問的気風が残っており、『物理の散歩道』[4] という岩波書店の書籍で説明されている「朝顔の蔓の成長曲線を数理的に描写する」などはその一例と言えよう。全ての事象を数理学や物理学の範疇で語って初めて明示的な定義が与えられるという風であった。音声研究は音声を空気流ととらえ、音響学や音声合成まで私が在学していた当時のエディンバラ大学ではやっていた。私自身も語彙機能文法（Lexical Functional Grammar: LFG）で「トリ」の語彙項目を書く際に、視覚的な特徴の他、飛翔のパターンを数式で示したりした。コンピュータは急速に計算能力が進み、バッチ処理で一晩かけて計算したことが 4 時間になり、翌年には 40 分になり、今では 1 秒もかからない時代となった。論理学的に正しい言語理論は何かという個人的な探求はしばらく続いた。様々な言語理論を一人で教えるわけにはいかなかったが、少なくとも、この理論が妥当であるという確信を持って大学院生の指導にあたりたかった。

　早稲田大学着任当初より、実験による教育効果の検証とその分析方法ならびに言語学や英語学の知見をもとに英語教育を考察していくゼミを担当してきた。英語教育学というものは存在せず、応用言語学という 1970 年代から 20 年間研究されてきた分野を踏襲した。即ち、実験研究による証拠を得るために、統計学を学ぶのはもちろんのこと、言語学や英語学、調音・音響音声学、教育心理学、認知心理学、認知意味論など、なるべく教育現場にいる学習者の学習過程を探るきっかけになるものは、アメーバのように取り入れていくというものだった。言語学では Chomsky の生成文法を出発点に、チョムスキー階層（Chomsky Hierarchy）を概観し、形式文法を具現化するオートマトンと有限状態文法（Finite State Grammar）、文脈

---

[3] 演繹的研究法の例および演繹的方法と実験による事例が結びついている研究例を章末に示す。
[4] ロゲルギスト．（2009）．『物理の散歩道』．岩波書店．

自由文法（Context-free Grammar）、文脈異存文法（Context-sensitive Grammar）、句構造文法（Phrase-structure grammar）、変形文法（Transformational Grammar）の関係を調べ、なぜ数学者たちが 1970 年頃から変形文法が自然言語の記述には向かないという証明をつぎつぎに提案しているかを調べた。簡単にいえば、コンピュータの元となったチューリングマシン（Turing Machine）は句構造文法で表現できるが、変形文法には計算可能性がないということであった。では、自然言語を記述するのにふさわしい言語学的な枠組みは何か、これが 1980 年代後半においての私の研究課題となった。調べた枠組みはモンタギュー文法（Montague Grammar）、カテゴリー文法（Category Grammar）、LFG、一般化句構造文法（Generalized Phrase Structure Grammar）、主辞駆動句構造文法（Head-driven Phrase Structure Grammar: HPSG）であった。これらの文法は計算可能性があった。計算機科学での計算可能性とは認知科学での学習可能性のことである。上記の文法は統語解析をしながら、意味解析も同時に導出できる点でも同様であった。しかし、外国語学習者は語彙をひとつずつ学習、記憶していくもので、語彙の力を最もよく表現している LFG に可能性を見出していった。Chomsky のミニマリスト・プログラム（Minimalist Program）が LFG に近づいて行ったので、この直観は正しいと感じた。また、Bresnan の"A Realistic Transformational Grammar"という論文（Bresnan, 1978）にも大いに触発された。一方、Chomsky の方は生成文法の証拠は脳科学によって得られると言い出していたが、人間の DNA の多様性はすべて文脈自由文法（Context-free Grammar）で書けることを数学者が証明していた。LFG の生成ルールは文脈自由文法であり、生成される言語は文脈依存言語であるので、DNA の研究からみても、LFG に分があると思われる。

　Chomsky の理論の中で魅了され、いまだに影響を受けている点は、記述的妥当性と説明的妥当性である。言語学者は個別言語の文法を書き、いくつかの言語において同じ作業を繰り返すと G_i が求められる。様々な G_i を体系化して普遍文法（Universal Grammar: UG）を得る。これが記述的な妥当性である。しかし、記述的な妥当性だけでは、所詮、帰納法的に構築さ

れているだけなので、演繹的な考察に耐えることはできない。また、Gi は Adult Grammar であるから、Child Grammar も考慮しなくてはいけないので、もし、記述的に妥当な文法が子供の言語獲得の過程を説明できれば、説明的な妥当性はある。人の言語獲得能力を言語獲得装置（Language Acquisition Device: LAD）とし、LAD が個別言語に触れて、その個別言語に特有なパラメーターを設定していくものだとすれば、LAD が UG のこととなろう。

説明的な妥当性の探求としては Piaget をしっかり研究し、Piaget が発達段階に用いた 8 種の群性体について、位相完備代数を基礎にして考察し直してみた。これは早稲田大学に来る前の年にやった仕事である。説明的妥当性のなかで説明したように、Adult Grammar が Child Grammar と一致している UG であれば、つまり、8 つ目の完成した論理思考のできる群性体がはじめから存在するとしたら、どうなるかという問題である。8 つ目の群性体は完備束になっている。ひとつひとつの群性体は、完備束に制約をつけたものであることを突き止めた。完備束がはじめから認知体系にあるとしてもよいということをサポートする実験結果も当時出始めていたので、自分の実験ではないが、完備束で置換できる LFG を大学院で教えることに自分なりの研究の裏付けができたと思う。位相完備束のパラメーターは経験によって同定されなければならないが、仕組みとして認知に存在しているということになり、Chomsky の理論がこの枠組みでも立証できることになろう。

これとは別に素朴集合論にも興味を持っていた。子供は物の集合に対して、ボールと言ったりするからである。ボールの大きさはまちまちであり、色も違うが形状の相似形に対する素朴集合論を直感しているのではないかと感じていた。素朴集合論は現実にある物の集合に対して名称をつける人間の行動を表せる可能性があるという見方である。ある特徴量を抽出していく過程や特徴量を記述できれば、人の名称行動が表現できよう。語彙獲得過程への研究として素朴集合論に興味を抱いた。素朴集合論では幾つかのパラドックスがあり、そこをクリアするには、束論を勉強し、半束に位

相を定義するとラッセルのパラドックスや自己言及のパラドクス（Liar's paradox）が解消されることを論理学の和田和行氏[5]とともに証明できた。ついでに、位相を定義した完備束で、文を超えた単位である談話（discourse）の構造を「状況・問題・解決・結果（またはコメント）」という枠組みで定義してみた。

　結合錯誤（Illusory Conjunction）という初期知覚で起きる現象がある。40ミリセカンド以内で、文字の線分をバラバラにして提示すると、知覚の初期段階で人間は線分を合体（ユニフィケーション）して認知するという実験も行った。これは当時、位相完備代数でのユニフィケーションの実験的な証拠となった。2000年代になると、LFGでは、自然言語解析のプロセスで意味解析を導出する本格的な理論が提案された。これはGlue意味論（Glue Semantics）といわれ、λプロセスを抽出することができた。位相完備代数でも同様なことができないかをやってみて、かなりの精度で完成した。Glue意味論より良い点は、語彙から統語へのボトムアップと統語から語彙へのトップダウンのプロセスが、ディスコースから文へ、文からディスコースへと並行的に解析できるので、ズームインしたり、ズームアウトしたりの過程が、同じ枠組み内で説明できることだった。

　1990年に早稲田大学に着任した当時、意味論の勉強が十分ではないと感じていたので、和田和行氏とレスニェフスキ[6]の全体・部分の論理学を勉強した。論理学なので、公理から定理を導き、英作文の全体・部分に適応したり、心理学の場所概念で推移律の実験も行った。これは演繹的な方法と帰納的な方法の探求の一例になっている。

　1995年から1996年までの1年間、スタンフォード大学の言語・情報研究所で研究した。HPSGを習うために、Ivan Sagの授業に出たが、中身はLFGの授業だった。Joan Bresnanの大学院の授業とチュートリアルも受講した。当時、Blackwellから出版予定の *Lexical Functional Syntax*（Bresnan,

---

5）日本大学文理学部教授。著者の当時の共同研究者。
6）スタニスワフ・レシニェフスキ。ポーランドの論理学者（1886-1939）。

2001）を執筆中であったので、校正を少し手伝った。Ron Kaplan の授業では有限状態文法の実習があった。Bresnan の授業ではスロベニア語、クロアチア語、アイスランド語、スウェーデン語を駆使した授業であったので、質疑・応答の授業には苦労したが、世界の主要言語の他、48 カ国の言語を LFG で解析済みであったので、これこそ、Chomsky の記述的な妥当性が満たされていると感じた。少数民族の言語も大学院生たちが精力的に取り組み、アフリカやオーストラリアのアボリジニーの言語研究も盛んであった。研究所ではワークステーションが各オフィスに設置されており、Unix も使用せざるを得なかった。

1.2　学会の設立と大学院生との共同研究

　1996 年の後期に高麗大学の朴京子氏が交換教授として私の研究室に所属となったことがきっかけとなり、1997 年から PAAL[7] の前身である、大学院生が英語で発表する国際学会の出発点となった組織を設立した。1999 年には AILA[8] の国際大会が早稲田大学で開催されることになったので、NICT[9] との共同研究（口語コーパスのタグ付けの研究）、教科書コーパスの作成を中心に大学院生との共同研究が始まった。口語コーパスは話し手の発話意図を理解しつつタグ付けを行う必要があったので、非流暢性（dysfluency）の研究にも踏み込んでいった（Owada, Oya, Ueda, Yamazaki, Tsutsui, Sunaga, & Nakano, 2005; 大和田, 2005）。教科書コーパスの研究では、input としての教科書が output にどのように反映されていくかについて、統語パターン分析（Yamazaki, 2001）および感謝（thanking）、謝罪（apologizing）、依頼（requesting）拒否（refusal）などのスピーチアクトの分析を行い、教科書で多用されている文型およびスピーチアクトが学習者の発話に直接反

7）Pan-Pacific Association of Applied Linguistics の略称。日本語名称は環太平洋応用言語学会。著者が会長の学会。
8）Association Internationale de Linguistique の略。英語名称は International Association of Applied Linguistics。世界最大級の応用言語学の学会。
9）National Institute of Information and Communications Technology の略。日本語名称は情報通信機構。情報通信分野を専門とする国内唯一の公的研究機関。

映していることが分かった（Ueda, Miyasaka, & Yamazaki, 1999）。もうひとつの教科書コーパスの研究では、英語の第一言語習得研究において用いられている文型の枠組みで基本動詞と思われる文型を発表した（Ueda, Owada, Takei, Miyabo, Yukina, Yamazaki, Miyasaka, & Ohya, 2000）。この様に、大学院生の研究歴が高まってからは、共同研究が多くなっていった。大学院生が研究者として成長してきたので、研究社から出版された『応用言語学事典』[10]の執筆者になってもらい、私は「コーパス」の章の分野責任者を任され、「教育測定」の章は大友賢二氏が分野責任者を務め、私がコーディネータを務めた。また、LFG を長年大学院の言語学特論で教えていたが、2014 年になって、大矢政徳氏が Stanford Parser を活用した LFG に関する博士論文（Oya, 2014）を書き上げた。

1.3　変貌を続ける英語教育と早稲田大学での実現
1.3.1　背景としての情報化推進

早稲田大学では 1997 年の後期から各学部で PC 教室が設置されなどデジタル化推進授業が本格的になっていったと同時に英語教育改革が進んだ。産学共同の仕組みとして Digital Campus Consortium（DCC）が組織された。DCC の支援を受け、実験授業が 1997 年から始まった。「ネットワーク・テクノロジーを教育に活用していく」計画が次第に実現してくときに「CEFR に基づいた英語チュートリアル」方式が確立していったので、本節では背景について説明し、英語チュートリアル、異文化交流実践講座、オンデマンド授業、遠隔授業等を簡潔に紹介していく。

情報化推進第 1 期（1997 年から 1999 年まで）

学内のインフラ環境の整備とともに、5 万人の教職員が日常的に利用できる情報環境を整備した。

---

[10] 小池生夫他編．（2003）．『応用言語学事典』研究社．

情報化推進第 2 期（2000 年から 2002 年まで）

　産学連携と e-Learning を起爆剤とする教育研究の改革を行った。ここでは、ネットワークを活用したオンデマンド授業と異文化交流の授業を開始した。この時期に 1997 年より実験的に開始してきた「英語チュートリアル」を 2001 年で 500 人、2002 年で 2500 人が受講した。

情報化推進第 3 期（2003 年から 2005 年まで）

　「アジア太平洋地域における知の共創」という教育目標が掲げられ、「アジアの共生」や「アジアの英語たち」の講義がオンデマンドで開講され、アジア 5 大学、7 大学との多地点遠隔ゼミなどが実施された。一方、「英語チュートリアル」の受講生は、4,500 人から 10,000 人へと増加し、法学部、政治経済学部、国際教養学部、人間科学部、スポーツ科学部、社会科学部では必修科目となっていった。

　この時期に早稲田メソッドとして、3 段階の英語教育の構想があった。「地球市民」とは「行動する国際派知識人」であり、その人材を早稲田大学で産出するには、グローバルリテラシー教育を実施する必要があった。徹底した国際コミュニケーション能力の養成が基盤で、第 1 段階は英語チュートリアル、第 2 段階は異文化交流講座（Cross-Cultural Distance Learning: CCDL）、第 3 段階ではテレビ会議を利用した専門分野に関する遠隔授業となった。グローバルリテラシー教育の根幹にある「チュートリアル式語学教育」にはそれなりの、国際基準が必要であったことはいうまでもない。

1.3.2　ヨーロッパ言語共通参照枠と英語チュートリアル

　ヨーロッパ言語共通参照枠（Common European Framework of Reference for Languages: CEFR）は European Years of Languages を記念して、2001 年にベルリンのフリー大学で国際学会が開催され、筆者は遠隔教育の報告を依頼された。そのとき、CEFR に関する本を 2 冊いただいた。この本には、200 名近くの中学、高校、大学の教員が 50 年かけて制作したレベル判

定や教科書作成に役立つ Can-Do 記述が網羅されており、我々の言語生活を以下の4つの領域で分類されている。

1. 個人（personal）生活
2. 公的（public）生活
3. 職業（occupational）生活
4. 学習者としての（educational）生活

それぞれの生活には場所（locations）、機関（institutions）、かかわっている人々（persons）、物品（objects）、イベント（events）、操作や仕事（operations）、取り扱われる文書（texts）が存在する。それぞれの言語生活を考えて、まず状況（situations）を設定して、制約条件を考えていく。そのとき、第1の制約条件は言語学習レベルである。CEFR では大きく3レベルを考える。

Basic Users：A レベル
Independent Users：B レベル
Proficient Users：C レベル

それぞれのレベルを更に2分割して、A1、A2、B1、B2、C1、C2 の6レベルを規定している。この6レベルに第1の目安となる Global Scale を設定している（Council of Europe, 2001, p.24）。次の設定は Common Reference Levels: Self-assessment grid（Council of Europe, 2001, pp.26-27）となっている。

口語発話の Can-Do 記述文を書くにあっつては、範囲（range）、正確さ（accuracy）、流暢さ（fluency）、やりとり（interaction）、一貫性（coherence）の観点[11]からの吟味が大切である。

11）これらについては Council of Europe（2001）の pp.28-29 を参照。

1.3.3　英語チュートリアルの基本方針

英語チュートリアルの教科書は毎年改訂されるので、2002年からCEFRを意識し、2005年まで毎年改定していった。基本方針は次のものであった。

1. 4人の学生に一人のチューターがつくという状況なので、項目応答理論を活用したコンピュータ適応型クラス分けテストを作成し、能力別グループをきめ細かく行う[12]。
2. CEFRを学生の実態に合わせて改定するのではなく、「グローバルリテラシー」と「国際的な知識人」を養成することが教育目標であるので、学生を必要なレベルまで教育する。
3. 週2回の授業で、半期20回となっており、各レッスンでは、2つのCan-Doを目標としている。高校までに学習した語彙知識や文法知識を定着させ、自動化していく。さらに、大学生としてふさわしい慣用句や表現を逐次導入し、CEFRのA1からC2までの英語運用に適するように教材を毎年改定していく。
4. 学生が自身の英語力の欠点について考え、反省する機会を与える[13]。
5. 成績評価においてチューターによるバラツキをさける[14]。
6. チューターの教授方法を一定に保つ[15]。

---

[12] このコンピュータ適応型のテストはWeb-based Test for English Communication (WeTEC) と呼ばれ、2004年から実施している。レベル分けテストは当初ACTFLを利用していたが、人間の評点であり、時間がかかったので、Self-Check English Testを開発した。早稲田大学教育学研究科の田辺洋二ゼミと私のゼミの修士・博士の大学院生が問題作成をし、ラッシュ・モデルにより、教育測定研究所の林則夫氏の尽力によりコンピュータ適応型テストとして完成できた。その他、個人要因の調査もできるように体制を組み、実装された。

[13] ヨーロッパ評議会では、教育の要素に、Self-Reflectionを導入し、常に学習者が自分の英語力を反省し、学習プランをたて、自律した学習者となることを目標とし、英語を生涯教育として位置づけている。そこで、週2回20課の各レッスンにLesson Review Tasksを課題として出している。各2問で、1問は復習問題で、2問目は各学生の英語力の欠点を問い、学習プランを書かせている。この部分は専用ウェブページでチューターとやり取りすることになった。

7. 早稲田大学の教員組織である英語部門委員会、チューター採用・クラスわけ・会計・個別処理・学生アンケートを担当している早稲田大学アカデミックソリューション（株）とチューターがコミュニティーとなって、学生の英語力を増進する。
8. 学生との交歓会も開催し、チューターと学生、教員、スタッフとも交流があるようにする。

　また、2012年から英語チュートリアルの後続科目として Critical Reading and Writing を開始した。クリティカルシンキングを取り入れ、証拠の吟味、多様な視点による議論の展開を教示している。また、短編小説の精読を通して、作品を再構築していく力量を身につけさせている。これは OECD がいうところの汎用的なコミュニケーション能力の育成となっている。Critical Reading and Writing と 1.3.5 で紹介する CCDL はグローバル人材に必須の能力を養成するコースであり、世界で共通に起きている問題、地球の温暖化、少子化と老齢社会と福祉、戦争の回避、自然災害と危機管理、人口問題等を考えさせながら、多様性対応能力、創造的問題解決能力、説得力、傾聴力を身につけるコースとして発展させる計画である。

1.3.4　遠隔講義およびオンデマンド授業

　遠隔講義とはオンデマンド授業という形態がなかったときのもので、海外の協定校の教員から直接テレビ会議を通じて講義を受け、質疑をするというものである。実績としては以下のものが開講された。

---

14) 毎回の授業終了時にオンラインで学生の授業内の活動を評価し、学生に知らせている。評価項目は、予習の程度、授業参加、2個の Can-Do の理解度、Self-Reflection tasks である。
15) マニュアルを作成し、前期2回後期3回のワークショップで指導している。また、オブザーベーションといって、授業をヴィデオに録画し、アドヴァイスをしている。チューターを募集すると応募者が多く、履歴書、英文エッセイ、2回の面接を経て、10倍の競争率を経てきた人たちなので、かなり質の高い人たちを採用できている。その他、講演会やオンデマンド授業も受講可能にし、英語教育の最新情報を提供し、チューターからの意見も取り入れた。

- Human Rights and Japanese Values by Ian Nearly, University of Essex
- Current Issues in Applied Linguistics by Alan Davies, Edinburgh University
- Studies in Language in Use by Hugh Trapps-Lomax, Edinburgh University
- Integrated Studies of Applied Linguistics, Korea University and Waseda University
- Special Lectures by University of Hawai'i at Manoa（Michael Long, R. Schmit, and C. Daughty）
- Popular Culture in Asia, National University of Singapore
- RELC International Seminar
- RELC Seminars by Jack Richards

オンデマンド授業は当初から自宅で予習し、授業中は、発表と質疑・応答をする「**反転授業**」が開始された。この様に知識伝授型の授業からが学生主体の**問題発見解決型**で**対話型**の授業へと、授業形態の変化が見られた。また、オンデマンド授業の利点は理解を促すマルチメディアコンテンツの利用が可能であり、いつでもどこからでも繰り返し受講が可能な環境なので学生が講義をよりよく理解することができた。2001年には7科目926人が受講していたが、2005年には389科目26,551人が受講者となった。

英語チュートリアルにおけるWriting指導、言語学と応用言語学などの授業では以下のオンデマンド授業を利用している。以下は一例である。

Writing 指導
- Listening, Reading and Writing through the Internet（Basic/Intermediate/Advanced）
- Academic Writing for Study Abroad I/II
- Tele Tutorials for Business English/English Writing

言語学
- Lexical Functional Syntax
- Korean Linguistics by Ho-Min Sohn

応用言語学
- Speech Acts and Second Language Acquisition by Andrew Cohen
- Learning Styles, Strategies and Motivation by Andrew Cohen
- Task-based Language Learning and Teaching by Rod Ellis
- English Grammar by Tony Hung
- Child Language Acquisition by William O'Grady
- World Englishes and Miscommunications I/II[16]

その他
- Coexistence in Asia
- Politics and Metaphors by Matt Bonham
- Toward Establishing East Asian Union

1.3.5　異文化交流実践講座：Communicative Competence から Cross-Cultural Competence へ

　1970年代と1980年代はWiddowson（1978）、Canale and Swain（1980）、Canale（1983）が提唱するCommunicative Competenceが全盛で、学習指導要領にも反映されてきた。欧州共同体の発足や留学の機会の多様化、ビジネス界での英語使用の増大により、1990年代にはIntercu ltural Competenceが注目された。Kramsch[17]はCommunicative CompetenceをMelting Pot Viewと言っているが、これは母語話者の価値観や文化に溶け込んでいくことを目的とする母語話者依存の英語教育観といえる。Kramschは欧州で

---

16) この授業は2004年から開始したが、2014年でも続行しており、アジア地域の14大学が参加している。
17) Claire Kramcsh。カリフォルニア大学バークレー校教授。

発達した Intercultural Competence を Salad Bowl という比喩で表現したが、これは、同じボウルの中で各文化が独立しつつ、お互いの価値観を尊重し、争いを回避する教育観という一面を浮き彫りにした見地である。同じ尺度で測られない世界観の持ち主の国で宗教も多様（キリスト教、イスラム教、ユダヤ教、仏教、ヒンドゥー教など）、民主主義の程度もまちまち、少数民族の問題、同じアジアでも一括りにできない世界情勢の中では、Cross-Cultural Competence という言葉を Kramsch は使用した。早稲田大学ではアジア重点政策がとられ、西アジア、南アジア、東アジアの大学との交流に力点を置いた。そこでの異文化交流は Intercultural Communication の側面と Cross-Cultural Communication の側面があったが、異文化交流実践講座（Cross-Cultural Distance Learning: CCDL）[18] では後者に力点があった。英語レベルは CEFR の B1 から C1 を目指している。自国の文化や社会について説明、議論ができ、意見交換ができることを到達目標とした。

1.4 教育に貢献する研究
1.4.1 英語チュートリアルに関する研究

　英語チュートリアルは毎年改定され、2007 年には 6 レベルが CEFR の A1 ～ C2 へ対応できる程度になった。2006 年に Council of Europe より、6 レベル判定の文書と各レベルの例となる発話が録音された DVD を入手した。Brian North がエディンバラ大学の卒業生だったこともあり、便宜を図ってくれた。また、小池生夫氏が代表者を務める科学研究費補助金による研究の分担者としてオーストリアのグラーブにある CEFR の研究所を訪問し、CEFR との対応関係を検定する実験の手法を学んだ。2006 年 4 月の初旬に、当時の大学院生に対して評定者訓練のワークショップを開催した。評定者訓練の効果を測定するために、訓練前の評定と訓練後のデータの分

---

[18] CCDL はウェブ会議システムを利用し、早稲田大学の学生と海外協定校の学生がさまざまな問題について英語で議論する授業である。1999 年に開始され、当初 4 カ国 4 大学が参加したが、2005 年には 21 カ国 51 大学が参加した。

析をした（Nakano, Kondo, Tsubaki, & Sagisaka, 2008）。また、このデータは、評定者の厳しさ、学習者の能力、評価項目の特性の3相を考慮すべきだと考え、多相ラッシュ・モデルにもとづいた分析を行った（筒井・近藤・中野, 2006）。この方法は、私が指導した博士論文の研究に引き継がれた。Sugita（2009）で完成度を増し、CEFRに基づくグループ・オーラルの評定を扱ったNegishi（2011）でも同じ計算手法が継承された。こうした傾向は、私の研究室の特徴である。動機、学習ストラテジー、学習スタイル、学習者性向、性格、知能テストなどの学習者要因のデータの分析に因子分析を用いるという方法は、Yukina（2003）に端を発し、筒井・上田・中野（2006）で英語教育の関係を深め、Yoshida（2010）の動機分析で完成度が増している。また、Tsutsui, Owada, Kondo, and Nakano（2008）では学習者が自身の学習スタイル、性格などの学習者要因に関するアンケートに答えると、学習方法に関する指導がフィードバックされるシステムを構築した。さらに、Tstutsui, Ueda, and Owada（2014）では単語テストの結果にフィードバックを導入している。

　また、英語チュートリアルのカリキュラムの評価に関する研究も行った（筒井・近藤・中野, 2007）。英語チュートリアルはCEFRにもとづき6つのレベルが設定されている。前述したように、教科書はCEFRが設定するレベルに合わせて構成されている。受講生による自己評価およびチューターの受講生に対する評価を分析し、英語チュートリアルのレベル分けとCEFRのレベル分けとの整合性を検証した。以下は翻訳した評価項目の例である。

・　地図を見せたり、自分の計画について話したりしながら、道を尋ねることができる。
・　自分の趣味や関心について簡単な説明ができる。

　受講生による自己評価およびチューターの受講生に対する評価においては、CEFRを参照して外国語の運用能力を評価することができるEnglish

Language Portfolio（ELP）を用いた。ELP のすべての評価項目は CEFR のレベルに対応している。つまり、A1 の評価項目、B1 の評価項目というように評価項目がレベル分けされている。評価値は項目応答理論（Item Response Theory）にもとづいて分析した[19]。

結果の一部を図 1.1 に示す。これは項目応答理論にもとづいて分析した場合に用いられる項目特性曲線(Item Characteristic Curve: ICC)を示している。図中の横軸は受検者の能力値、縦軸は項目に正答する確率を示している。横軸は左から右へと能力値が上がっていく。この分析の場合は、自身の英語能力に対する自己評価と評価なので、縦軸はできると（自己）評価する確率と読み替える。A1 から C2 までのレベル内で評価項目の困難度、識別力の平均値を算出し、それぞれのレベルの ICC を図 1.1 に示した。すべてのレベルの ICC が交差していないことは、CEFR が設定するレベルの難しさと英語チュートリアルを受講する者が感じる評価項目の難しさがある

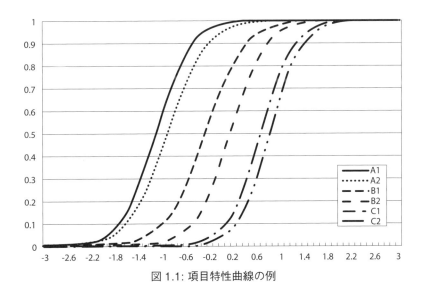

図 1.1: 項目特性曲線の例

---

19) 項目応答理論では受検者の能力値に加え、項目の難しさを示す困難度や項目が受検者の能力を識別する力を示す識別力が推定できる。

程度一致していることを示している。このことから CEFR に準拠した英語チュートリアルが受講生のレベルに合ったカリキュラムを提供していることが言える。

　現在開発しているのは、英語チュートリアルの達成度テストをコンピュータ適応型で作成することである。2007 年から 2013 年までの Lesson Review Tests の問題と解答が蓄積されているので、IRT を利用し、2014 年度内には試行をすることになっている。また、チュートリアルの教科書 6 冊を利用し、6 レベルの状況応答問題を作成した。この状況応答問題を使い、オンラインで口語発話データを収集した。音声認識技術を駆使し、事前・事後発話テストで教育効果を自動的に評価できるように努力している（Kondo, 2013）。

1.4.2　Mobile 活用と電子教科書作成

　早稲田大学遠隔教育センターでは、受験生や父兄、卒業生のために、「早稲田ではどのような教育がおこなわれ、どのようなキャンパスライフが送れるか、どのような伝統を維持してきたか」を示す、Waseda 体験 Web サイト（Waseda Online Tour）を充実させてきた。2006 年の iPod に始まり、現在では iOS、アンドロイド、PC など、エンドユーザー・デバイスをえらばず、受講可能となっている。2012 年からは GPS 機能が付いている Waseda Mobile をリリースした。モバイル活用の学生支援としては、2011 年に Discussion Tutorial English で、単語学習、Flipper を利用して、モバイルと LMS との相互通信により、学習者ログを取得する実験も行った。また、Voice-Script-Synchronizer（VSS）を活用して、スラシュ・リーディングやシャドーイングなどの教材も追加した。World Englishes のオンデマンド授業も VSS を活用し、iTunes U や Waseda Course Channel で配信した。

　Critical Reading and Writing という授業のために、iBooks Author を使い、電子教科書を作成した。各種の Widgets を作製した。この作業は CCDL 教材でも 2014 年度から着手している。

1.5　英語の未来と教育の未来

この節では、これまで私が携わってきた英語教育の今後に大きく関わると思われる英語観の変化と教育方法の変化について述べる。

1.5.1 英語観の変化

1970年代後半になると、世界で使用され始めた英語について、英語に対する価値観の変化を捉えた提案がされるようになった。

国際語としての英語（English as an International Language: EIL）はLarry Smithが1976年に提唱した。Smith氏はハワイ大学のマノア校のEast-West Centerで、アジア地域の英語教員の研修にかかわることが多かった。Smith氏のアメリカ英語は、ややもするとアジアの英語教員に理解されないことがある一方、アジア人同士は母語話者とは異なる英語で相互の意思疎通に支障がなさそうであった。アンケートをしてみるとその直感に合致していた。そこで、Smith氏は母語話者の英語以外に国際語としての英語が存在すると提案した。明瞭性（Intelligibility）、理解可能性（Comprehensibility）、解釈可能性（Interpretability）という基準が満たされれば、国際語ではないかという意見である。この意見は英語母語話者にとっても、英語母語話者の規範を信奉してきた我々日本人教員には、衝撃的な発言であった。

Kachruは世界の英語たち（World Englishes: WE）を提唱し、世界で使用されている英語をイギリス帝国主義による伝播として捉え、3つの同心円で英語たちを分類した。内心円は母語話者の国で話されている英語、外心円は植民地政策の結果英語が使用されている国で、結果として100年から250年英語を使用したため、土着化され、地域特有の表現や発音が発達し、英語は公用語のひとつになっている。インドやシンガポール、マレーシアなどが外心円に属している。拡大円には、外国語として英語が教育の中に取り入れられ、母語話者の英語規範が教えられている国である。韓国、中国、日本、EUが拡大円に属している。3つの同心円は英語の伝播の歴史を伝えるとともに、Native Speaker Englishes、ESL、EFLの概念とも合致している。英語母語話者の規範についても、外心円では、規範独立（norm-independent）で、土着化された固有の発音や母語用法が英語に移入されて

いること、拡大円では英語母語話者の規範に依存しており（norm-dependent）、逸脱を誤りと捉えている。英語は母語話者の所有物ではないという英語のownership問題も一時話題になった。外心円では、特有の発音や用法は、地域のアイデンティティーを表すものと主張された。拡大円でも、英語使用の程度が広がりと深さを増している現在、外心円で主張されてきた諸問題に関心が寄せられることになるだろう。

　JenkinsやSeidlhoferは、グローバル化で英語が世界の共通語となっている事実と、英語を第2言語や外国語として学習している人口は母語話者の人口より圧倒的に多数であることに注目した。21世紀の半ばには世界人口の過半数が英語を使用すると言われている。彼らが提唱したのは共通語としての英語（English as a Lingua Franca: ELF）で、ELFの特徴を経験的なデータから、ELF lexicogrammarやLingua Franca Core（LFC）を提案し、ELFの文法的な特徴や最低限教えるべき調音音声を示した。ELFはVOICEという口語音声転写コーパスを利用したが、アジア地域ではACEコーパスをKirkpatrickが作成した。今後、コーパス解析によって、より具体的なELFの提案がされていくだろう。

1.5.2　教育のオープン化

　早稲田大学の総長であった白井克彦氏は、時の潮流に敏感で、時代の先駆けとなる活動を就任以来推し進めていた。教育のオープン化構想で、大学内の縦割りの体質を改善するために、2001年にオープン教育センター、Forum for On-demand Lecture Circulation（FOLC）およびAccreditation Council of Practical Skills（ACPA）の開設、国際化に備えて2002年に遠隔教育センターの開設、2004年に国際教養学部を創設した。デジタル化時代を予期して、2003年に、人間科学部にe-schoolを開設、情報生産システム研究科及び国際情報通信研究科などを次々に創設した。マサチューセッツ工科大学（Massachusetts Institute of Technology: MIT）は2002年9月にオープンコースウェア（Open Courseware: OCW）として50コースを無償で世界に公開したが、早稲田大学では2001年にFOLCが創設されていた。

FOLCでは企業内研修のコースも1,400ほどあり、ACPAで認定書を発行するという構想であった。MITのOCWはコースを提供しているだけであったが、白井構想では、コースを提供し、かつ、認定書を受けることができる点が優れていた。教育内容を公開し、共有する潮流は世界に広がり、ユネスコのOpen Education、イギリスの放送大学が中心となって発達したOpen Educational Resources（OER）がある。OERではデジタル教材の再利用が提唱された。スタンフォード大学の人工知能のオンラインコースが2011年に無償で提供されると16万人の受講生が世界中から殺到した。同時期にはハーバード大学とMITがedXを設立した。edXにはスタンフォード大学が後に加わり、Open edXが開始されている。一方、スタンフォード大学のコンピュータサイエンスの学者たちはショートレポートの自動採点やピアレヴュー方式で、多数の受講生のオープンコースへの参加を可能にした。彼らはプラットフォームとしてCourseraやUdacityを立ち上げ、無償のコースの提供と、有償で認定証が受けられるコースを提供している。もちろん、この様な可能性のある企業にはGoogleなどの企業も参画している。日本では2014年1月からJMOOCが立ち上がり、NTTが参画している。教育のオープン化は世界的な教育活動になっており、早稲田大学でも2013年に発表されたWaseda Vision 150では、すべてのコースが創設150周年を迎える2032年までに公開されることになっている。

1.6　基本的な姿勢

　我々、英語教育に携わる者は、次世代に生きていく若者の教育をしていくのであるから、可能な限り、正しいと思われる理論のもとで、現場の学生に利する教育をしていくべきである。未来がどうなるのか、そのために今何をすべきかを考えていくことが肝心である。

　私のはじめの50年は正しいと確信できる理論を探す長い道のりであり、後の20年は世界の動きについていこうとした期間であった。英語チュートリアル、CCDL、Cyber Seminarなど、学生のニーズを満たしながら、新しいICTを応用し、かつ世界基準のCEFRとの整合性を探求していった。

その努力の結果、今風の教育を実現できたのではないかと感じている。グローバル化が著しく進んでいる社会情勢の中で、政府は日本企業の国際競争力を低下させないための対策として、グローバル社会で企業が求める人材像を「グローバル人材」とし、グローバル人材の持つべき能力の整理、具体化と、その育成のためにすべきことについてまとめた。2012年6月に発表された、国家戦略室の「グローバル人材育成推進会議」の「グローバル人材育成戦略（グローバル人材育成推進会議審議まとめ）」がある。グローバル人材の3要素として次の3つを指摘している。

- 「要素I：語学力・コミュニケーション能力」
- 「要素II：主体性・積極性、チャレンジ精神、協調性・柔軟性、責任感・使命感」
- 「要素III：異文化に対する理解と日本人としてのアイデンティティー」

英語チュートリアルは要素Iにかかわり、グループ学習をする異文化交流講座はこの要素をすべて満たしているといえる。さらに、2013年12月に文部科学省が発表した「グローバル化に対応した英語教育改革実施計画」では、2014年から逐次改革を推進するとしており、中学校から授業は英語で行い、国際基準である欧州共同体が2001年に発表したCEFRの到達指標を用いている。中学校ではCEFRのA1~A2、高校ではB1~B2となっているが、早稲田大学では2001年からこの指標を使っていたことは私の基本的な姿勢が、英語教員が持つべき姿勢であることのひとつの証拠になると感じている。

謝辞

修士課程、博士課程で指導をした学生が教員となり、共同研究者として私の研究および教育実践に協力してくれた。大和田和治氏、大矢政徳氏、山崎妙氏、吉田諭史氏、上田倫史氏、筒井英一郎氏、近藤悠介氏、大羽良氏が早稲田大学の助手として勤務してくれ、それぞれの部署で活躍してく

れたことに感謝したい。また、カワン・スタント氏、舘岡洋子氏が早稲田大学の教授として頑張っているし、2014年度より吉田諭史氏が早稲田大学の助教として、近藤悠介氏が准教授として貢献してくれている。早稲田大学に勤務していることの幸運に感謝しながら、絶えず時代の流れを汲みとって勤務校への貢献度を高めていただきたい。

　早稲田大学の非常勤講師として協力していただいた、阿野幸一氏、大和田和治氏、上田倫史氏、大矢政徳氏、山崎妙氏、堀口貫司氏、根岸純子氏、和智浩太氏の諸氏にもお礼を申し上げる。多くの学生にPAALの事務局を20年間にわたり引き受けていただいた。

演繹的研究法の例
Carnap, R. (1937). *The logical syntax of language*, London:Kegan Paul, Trench, Trübner& Company.
Chomsky, N., & Miller, G. A. (1958) Finite-state languages, *Information and Control*, 1, 91-112.
Chomsky, N. (1959). On certain formal properties of grammars. *Information and Control*, 2, 137-167.
Chomsky, N., & Miller, G. A. (1963). In R. D. Luce, R, R. Bush, & E, Galanter (Eds.). *Handbook of mathematical psychology, vol. 2* (pp. 269-321). New York: Wiley.
Chomsky, N. (1963). Formal properties of grammars. In R. D. Luce, R, R. Bush, & E, Galanter (Eds.). *Handbook of mathematical psychology, vol. 2* (pp. 323-418). New York: John Wiley and Sons, Inc..

演繹的方法と実験による事例が結びついている例
新井 民夫・中野 美知子 (1983). 位置・姿勢指示命令の理解. 第1回日本ロボット学会学術講演会論文集. 41-42.
　　　　自然言語を用いてロボットに動作を指示するには、言語解釈のみならず、意味を現実の世界に照合させ、目標達成の計画を立てることが求められる。ここでは、実験により収集した位置・姿勢表現例を基礎とし、辞書の作成、世界モデルの生成を概説した。
Nakano, M. (1984, 1988). *Interlanguage of Japanese learners of English: Judgments on the translatability of two polysemous Japanese lexeme.* Unpublished

doctoral dissertation, University of Edinburgh.

　筆者の博士号申請論文。第 1 巻テクスト pp.1-439。第 2 巻資料篇（3、4、7 章の補足説明と資料）pp.440-793。第 3 巻資料篇 pp.797-1164。英語教育の様々なアプローチの中で学習者言語の研究の立場を明らかにし、学習・獲得のプロセスを明らかにできる実験として翻訳判断テストを考案している。翻訳判断テストは、ロシュのプロトタイプ理論とも整合性を持つことを論じ、アナロジーによる語彙の推論過程の調査には有効であることを実験結果により示した。また、サーストンートルグソン法の方程式が、帰納（学習の過程）と演繹（学習の結果の運用）の定式化や計量法に利用できる可能性も示した。言語の情報処理として、6 つ（分離処理、非対称的分離処理、統合処理、ドミナンド処理、カテゴリー処理）を考察してあるが、課題により、被験者別個の処理法を使い分けることも示唆された。翻訳判断は被験者のとる情報処理の型を反映していることを論証した。

中野 美知子（1987）. 語彙獲得における類似性の果たす役割. 大学英語教育学会第 26 回大会要綱. 80-81.

　語彙獲得の過程では類似性が重要な役割を果たすが、被験者が課題に応じて選択する情報処理法により類似性の理解が異なってくることを実験例により示している。

中野 美知子（1987）. 語彙習得における汎化と近似性の関係（1）：近似性の計量法（MDS と Thurstone-Torgerson 法の比較）. 日本心理学会第 51 回大会発表論文集. 359.（別途資料配布）

　被験者が理解している類似性の計量方法として、非計量的多次元尺度法とサーストンートルグソン法を比較し、語彙習得における汎化の程度を予測するにはどちらが妥当であるかを検証している。

中野 美知子（1987）. 語彙修得における汎化と近似性の関係（2）：カテゴリー処理と体制化について. 日本心理学会第 52 回大会発表論文集. 773.（別途資料配布）

　カテゴリー処理の定義によれば、汎化の程度に応じて大小さまざまな subjective organization が検出されるはずである。語彙の汎化には体制化が促進されることをモンク法により例証している。

中野 美知子（1988）. 語彙構造の表現獲得と言語運用の問題. 人工知能学会研究会資料 SIG-FAI-8802-3(10/20). 21-30.

　認知心理学のロシュと同僚の行ったプロトタイプに関する一連の実験報告は「もの」と「ことば」の関係やカテゴリー名とメンバー名の関係を捉えていることで注目されてきた。しかし、実験のまとめ

は名義的であるので、ここでは明示的定義の可能性を提案している。定義したキイ・ワードは極大カテゴリー内近似性、極小カテゴリー間近似性、プロトタイプ、family resemblances である。

中野 美知子（1988）. 語彙構造の表現獲得と言語運用の問題（1）. 愛知大学『文学論叢』第 90 輯 . 147-162.
　　人工知能学会の論文の発展として、語彙の構造表現に位相を導入することの理論上の利点を考察している。重要な利点はラッセルの逆を避けることができること、Type-free の枠組みが採用できることなどであると論じている。

中野 美知子（1988）. ピアジェの構造主義と群性体（1）. 愛知大学・英米文学研究会『FOCUS』第 13 号 . 87-97.
　　ピアジェの認知発達の心理学では 8 種の群性体が骨子になっており、ピアジェは発達段階説を仮定している。最近の実験報告では、子供の稚劣に見えるパフォーマンスは発達の段階の証拠ではないという意見が表明されている。発達段階諸説が疑問であるとする最近の観察結果にあわせるには、群性体の 1 － 4 をひとまとめにし、束として必要充分条件を身たす形で、具体的操作期を特徴づけることができると論じている。

中野 美知子（1990）. 語彙構造のブール価モデルと情報処理方略 . 平成元年度人工知能学会第 3 回全国大会論文集 .129-132.（別途資料配布）ガーナー等は非計量多次元尺度法を念頭に、ミンコウスキーの距離の一般化における r の値を 1、2 として maximum, infinimum に変えることで、4 種の情報処理方法を識別した。語彙構造にブール価モデルが妥当であれば、r を変えても同地関係に還元される。実験的に多義語のデータに r の値変えた入力をしてみると、ストレス値がどの場合も全て一致する結果を得た。これは、非計量的多次元尺度法は語彙構造や語彙間の関係を示すのに適切ではないことが示唆され、この所見は同尺度法の開発者であるシェパードの意見とも合致している。

中野 美知子（1990）. An experimental method of classifying a group of Learners into co-ordinate bilinguals and compound bilinguals. 大学英語教育第 28 回全国大会論文集 .126-127.（別途資料配布）
　　オズグッドとアーヴィンの提唱した「同等型バイリンガル」と「複合型バイリンガル」の区別はいまだに妥当性が未決定になっている。ここではバイリンガルの区別の妥当性は問題にしないで、統計と林の数量化による学習者の分類法を提案している。

中野 美知子（1988）. 語彙習得における汎化と近似性の関係（3）. 日本心理学会

第 53 回全国大会発表論文集 . 814.

被験者の学習タイプを確率楕円、pairwise t-test, Wilcoxon matched-pairs signed ranked test により類した場合、三種の統計処理は互いに相互補助的であることを示すデータを提示している。

中野 美知子（1990）. Inductive Limit と projective Limit の算定法 . 大学英語教育学会第 1 回応用言語学会発表論文レジュメ集 .6.

中野 美知子（1990）. 語彙構造のブール価モデルと情報処理方略 . 平成元年度人工知能学会第 3 回全国大会論文集 .129-132.

ここでは、語彙構想をブール価モデルで表記した場合、被験者が課題に応じて対処していく過程を記述するのに適切なモデルとなりうるかを考察している。実験例として、加法束になる場合と分配束になる事例を提示しブール価モデルで説明した。この事例に関する限り、ブール価モデルは課題に応じて操作を扱える言語活動を記述していくのに有効な枠組みであることが示唆できた。

Nakano, M.(1990). Representation of lexical structure and information processing. *Proceedings of 9th World Congress of Applied Linguistics, vol. 1.*

ここでは、語彙構想をブール価モデルで表記した場合、被験者が課題に応じて対処していく過程を記述するのに適切なモデルとなりうるかを考察している。実験例として、加法束になる場合と分配束になる事例を提示しブール価モデルで説明した。この事例に関する限り、ブール価モデルは課題に応じて操作を買える言語活動を記述していくのに有効な枠組みであることが示唆できた。

Nakano, M. (1991). Translatability judgments and lattice operations (Final title: Lexical judgments: Structures and operations) *Proceedings of 9th World Congress of Applied Linguistics Vol. 4 (The Educational Resources Information Centre/Microfische).* 11-42.

アナロジーの果たす役割の例として翻訳判断を取り上げ、束による操作との関係を形式化した。英語教育の分野では Input Effects といわれる教示効果に関する立場から、語彙判断データを論じている。

中野 美知子（1991）. 語彙の習得における汎化と近似性の関係（4）. 日本心理学会第 54 回全国大会発表論文集 . 669.

これまで 3 種の実験に参加した被験者が、用いた刺激に関してオズグッドとアーヴィンの複合型か同等型の反応を示すかどうかを Polar Scale によるデータを取り、3 種の統計分析により、複合型の反応パターンであることを確認した。

Nakano, M. (1991). Measurement formulas of 'inductive limit and projective limit'.

Studies in Applied Linguistics (Occasional Papers No. 1 JAAL-In-JACET), 34-38.

サーストンートルグソン法を応用して、言語材料の尺度構成を試み、その信頼性を 2 種類の実験により確認している。

Nakano, M. (1991).An interactive grammar framework (1). 早稲田大学教育学部『学術研究』第 39 号 . 1-16.

語彙構造のブール価モデルはセンテンス文法を扱っている一般句構造文法と関連のある数学の分野の応用であることを論じ、ブール価モデルでも Unification を適応でき、樹形図の復元に必要な Subsumption の定義を Unification の双対として定義した。この視点を推進すると、語彙内部の処理、センテンス・レベルの処理が平行的に行われる可能性ができることを論じた。

中野 美知子（1992）. 語彙に習得における汎化と近似性の関係（5）日本心理学会第 55 回全国大会発表論文集 . 392

スコットランド在住の日本人に英語翻訳をさせ、そのデータをピアジェの INRC 群により一応納得のいく説明ができることを示した上で、否定の操作 (N) の解釈を一歩深めてみた。N は翻訳判断テストでは、ブール価モデルと両立する有川の類推和の定理を発展させた宮原の定理には類推（アナロジー）のプロセスが働くことも示唆している。

中野 美知子（1992）. 英語の形容詞の類義の研究 -- 日英比較の観点から . 大学英語教育学会第 31 回全国大会要項 . 67-70.

学習者言語は、安定していない。学習者言語の言語的判断の不安定なパターンは U 字型を成すと言われている。U 字型曲線の原因として、ピアジェの INRC 群の N（否定の操作）が関係しているといわれている。この考えを翻訳判断テストという実験手段を用いることで例証している。

Nakano, M. (1992). Interactive grammar: Lexical representation. *SICOL '92 Proceedings*, 285-294.

この論文では、ブール価モデルの数学的な基本と未定義なものの扱い方を説明し、語彙の構造の表現、文、文法、ディスコースのレベルもブール価モデルが適応できることを論じた。

Nakano, M. & Hammett, I.M. (1992). Translatability judgements and discourse representation. *Social Educational and Clinical Psychology, vol. 3*, 180-181.

多次元尺度法（MINISSA）で直交となる日本語刺激文の翻訳判断を調べたもの。ここでは、翻訳判断の核となる 'Sure Item' の作業上

の定義を試みた。

Nakano, M. (1992). Translatability judgements and orthogonal semantic features. *Social Educational and Clinical Psychology, vol. 3*, 179-180.

動詞の「Break」について具象条件と抽象条件にわけて中学3年生に翻訳判断をさせ、そのデータをどこまで「束」の論理で説明できるか試みた。

Nakano, M. (1992). Perspectives and language learning (1). 早稲田大学教育学研究科紀要第3号. 75-89.

状況理論に基づいた Seligman（1990）定義による Perspectives は、心理学の「注意」と似かよった概念である。作文を書くことや発話の過程で作用していることは自明のことである。この論文では、Seligman の Perspectives がブール価モデルと両立するかどうかを考察したが、これは新しい論点である。

Nakano, M. (1993). Dialogue, a context of situation and interactive grammar. *Proceedings ISSD-93 International Symposium on Spoken Dialogue*, 223-226.

文の生成や理解の過程で導出される組成構造を subalgebra とみなし、シコルスキとラシオワの定理（1950）を適応することで、14の定義により、文章理解・生成の枠組みがブール価モデルで与えられることを示した。

中野 美知子（1993）. ブール価モデルの応用としての Interactive Grammar について. 獨協大学外国語教育研究所『外国語研究』第12号. 141-161.

ここでは、言語知識の表現と運用についてブール価モデルがどの程度まで対応できるかを執筆時までに明らかになったことを解説した。主として、ラッセルの逆理の回避、文解析、文章処理、語彙のプロトタイプ理論を説明できること、比喩と換喩を説明できる可能性を論じた。

Asakawa, A.&Nakano, M. (1994). An alternative interpretation of the additive item effect of illusory conjunction on the basis of a Boolean valued model. *Bulletin of the Centre for Informatics, vol. 16.*

視覚情報処理の初期段階で処理された複数特徴間の結合問題をブール価モデルの枠組みで定式化することを試みた。結合問題は初期視覚の情報と高次の知識を用いた decision process の合成出力の問題と捉えられるという仮説にたってフィードフォワード機構とフィードバック機構を定義し、視覚特徴の結合問題を単一化で説明し、実験的証拠を提出した。

中野 美知子・和田 和行・本間 大一（1994）. 語学教育における論理的訓練についての基礎研究（1）―シーン概念における全体「推移律」の問題. 早稲田大学教育総合研究室『早稲田教育評論』第 8 巻第 1 号. 125-152.
    全体として意味の一貫性のある文章とはどのように定義できるのかを明らかにし、作文への指導に役立つ基礎資料を提出しようとしている。ここでは、シーン概念をとりあげ、Lesniewski の全体‐部分の論理学に基づき推移律と推論の妥当性、その調査方法について調査検討した。
中野 美知子・和田 和行・本間 大一（1994）. 格助詞「の」における全体‐部分関係と接触関係−中間項の省略の問題. 第 11 回認知科学会大会『状況と認知』ワークショップ公募論文.
    格助詞の「の」を存在文との関連で考え、「A の B の C」が「A の C」といえる場合といえない場合を考察している。A、B、C に推移律が成立していれば、中間項の B の省略は可能であるという仮説が支持される調査結果を得ている。
Nakano, M. (1994). Experimental testing of feature structures and Unification. Paper presented at the 1994 Joint Conference of the 8th Paclic / the 2nd PacFoCol.
    ブール価モデルでの定義の認知的な信頼性を確かめるために、視覚刺激の実験を二種類行い、基本的なエントロピーの計算によって定義の適切さが指示されるかどうかを検討している。
Nakano, M. et. al. (1994). Generating dialogue from semantic principles. *Proceedings ICSLP 94*.
    この論文では、伝達したい意味情報が統語生成に先行するという立場をとっている。これは統語生成の後、語彙が挿入されるという従来の立場とは異なっている。Computational Linguistics で、Centering と呼ばれている機能を定式化しながら、意味中心の言語処理の枠組みを提示している。
中野 美知子・和田 和行・本間 大一（1994）. 関係「A には B がある」の推移律：全体―部分関係 vs. 接触関係. 日本心理学会第 58 回全国大会発表論文集.
    山下（1990）は、全体‐部分関係には、推移律が成立しないという実験報告をしている。これは我々の見解と異なっている。そこで、Lensniewski の論理学に基づく刺激文を作成し、調査した結果、我々の見解が支持されたことを報告している。
中野 美知子他（1994）. 語学教育における論理的訓練についての基礎研究（1）シーン概念における推移律の問題. 早稲田教育評論第 8 巻第 1 号.

Nakano, M. (1996). An introduction to semantic representations in LFG(1): Notes on the Application of Linear Logic. 語研フォーラム第 6 号. 20-53.
和田 和行他（1996）. 語学教育における論理的訓練についての基礎研究（2）全体部分関係と接触関係の論理学的考察と実験研究. 早稲田教育評論第 10 巻第 1 号.
中野 美知子他（1998）. 語学教育における論理的訓練についての基礎研究（3）内包的メタ言語による LFG の意味論. 早稲田教育評論第 12 巻. 第 1 号.
中野 美知子他（2001）. 語学教育における論理的訓練についての基礎研究（4）Glue Language による LFG の意味論. 早稲田教育評論第 14 巻第 1 号.

引用文献

大和田 和治.（2005）.「学習者コーパス」. 中野美知子（編）.『英語教育グローバルデザイン』学文社. 44-55.
小池 生夫・木下 耕児・成田 真澄（編）（2004）.『第二言語習得研究の現在』大修館書店.
小池 生夫他（編）（2003）.『応用言語学辞典』研究社.
中野 美知子・近藤 悠介・上田 倫史・筒井 英一郎・大和田 和治（2006）. FACETS を用いたアジア人英語学習者のスピーキング能力の評定に関する一考察. 第 4 回日本テスト学会発表論文抄録集. 38-41.
筒井 英一郎・上田 倫史・中野 美知子（2006）. 英語学習者の個人要因に関する一考察. 早稲田教育評論第 20 巻 -（1） 213-235.
筒井 英一郎・近藤 悠介・中野 美知子（2007）. 日本人英語学習者の実践的発話能力に関する評価基準の検討 –Common European Framework of References を基盤として –. 第 5 回日本テスト学会発表論文抄録集. 88-91.
ロゲルギスト（2009）.『物理の散歩道』岩波書店.
Bresnan, J. (1978). A realistic transformational grammar. In Halle, M., Bresnan, J. & Miller, G.A. (Eds.). (1978). *Linguistic theory and psychological reality.* Cambridge, MA: The MIT Press.
Bresnan, J. (2001). *Lexical-functional syntax.* Malden, Mass: Blackwell.
Council of Europe (2001). *Common European framework of reference for languages: Learning, teaching, assessment.* Cambridge: Cambridge University Press.
Hoey, M. (1979). *Signalling in discourse.* English Language Research, University of Birmingham.
Kondo, Y. (2013). Applying Naïve Bayes Classifier to the score prediction in L2 performance assessment. *Proceedings of the 18th Conference of Pan-Pacific*

Association of Applied Linguistics.

Nakano, M., Kondo, Y., Tsubaki, H., & Sagisaka, Y. (2008). Rater training effect in L2 and EFL speech evaluation. *The 8th Phonetics Conference of China and the International Symposium on Phonetic Frontiers.*

Negishi, J. (2011). *Characteristics of group oral interactions performed by Japanese learners of English.* Unpublished doctoral dissertation, Waseda University.

Owada, K., Oya, M., Ueda, N., Yamazaki, T., Tsutsui, E., Sunaga, M., & Nakano, M. (2005). Japanese EFL learners' self-repairing strategies: A corpus analysis. *Research Reports on Cross-Cultural Distance Learning*, 5, 444-459.

Oya, M. (2014). *A study of syntactic typed-dependency trees for English and Japanese and graph-centrality measures.* Unpublished doctoral dissertation, Waseda University.

Sugita, Y. (2009). *The development of a construct-based processing approach to testing: Task-based writing assessment for Japanese learners of English.* Unpublished doctoral dissertation, Waseda University.

Tsutsui, E., Owada, K., Kondo, Y., & Nakano, M. (2008). A proposal for a new-dimensional online feedback system: Focusing on individual learner differences. *Association of Pacific Rim Universities 9th Distance Learning and the Internet Conference 2008*, 107-109

Tsutsui, E., Ueda, N., & Owada, K. (2014). A study of diagnosing the depth of vocabulary knowledge. *Proceedings of the 19th conference of Pan-Pacific Association of Applied Linguistics*, 87-88.

Ueda, N., Miyasaka, N., & Yamazaki, T. (1999). L2 input and output: Do L2 textbooks contain enough syntactic information? *Essays on English Language and Literature*, 21-27.

Ueda, N., Owada, K., Takei, H., Miyabo, S., Yukina, K., Yamazaki, T., Miyasaka, N., & Ohya, M. (2000). A study of textbook analyses (4): The frequency of verb patterns in junior high school textbooks. *Proceedings of the 4th Conference of Pan-Pacific Association of Applied Linguistics*, 60-66.

Yamazaki, T. (2001). An experimental study of requestive strategies: How do Japanese learners request in Japanese and in English ? *Proceedings of the 6th Conference of Pan-Pacific Association of Applied Linguistic*, 279-284.

Yoshida, S. (2010). *An experimental study of social skills and motivation in cross-cultural distance learning context.* Unpublished Master's Thesis, Waseda University.

Yukina, K. (2003). *Exploring relationships between English proficiency and individual factors during junior high school years in Japan.* Unpublished Doctoral Dissertation, Waseda University.

参考文献

池田 央（1994）.『現代テスト理論』朝倉書店.
植野 真巨・永岡 慶三（共編）（2009）.『e テスティング』倍風館.
植野 真巨・荘島 宏二郎.（2010）.『学習評価の新潮流』朝倉書店.
大友 賢二（1996）.『項目応答理論入門』. 大修館書店.
豊田 秀樹（2002）.『項目反応理論入門編－テストと測定の科学－』朝倉書店.
豊田 秀樹（2004）.『項目反応理論理論編－テストの数理－』朝倉書店.
中野 美知子　分担執筆（2013）.『英語到達指標　CEFR-J ガイドブック』投野由紀夫編　大修館書店.
中野 美知子（2011）.「第 4 章 CALL 学習と学習者個人要因」『英語教育におけるメディア利用 CALL から NBLT まで』見上 晃. 西堀 ゆり. 中野 美知子（編著）. 英語教育学体系第 12 巻大修館書店．100-138.
中野 美知子（2011）.「第 5 章　情報ネットワークと遠隔授業」『英語教育におけるメディア利用 CALL から NBLT まで』見上 晃. 西堀 ゆり. 中野 美知子（編著）. 英語教育学体系第 12 巻大修館書店．139-176.
中野 美知子・近藤悠介・筒井英一郎（2007）.「CEFR に準拠した教科書を学習した学生の英語運用能力自己診断と教員による学生の英語運用能力判定の比較」小池生夫（研究代表者）『第二言語習得研究を基盤とする小、中、高、大の連携をはかる英語教育の先駆的基礎研究』平成 16 年度～平成 19 年度科学研究費補助金 （基盤研究（A）） 研究成果報告書．425－445.
見上 晃・西堀 ゆり・中野 美知子（編著）（2011）.『英語教育におけるメディア利用 CALL から NBLT まで』　英語教育学体系第 12 巻大修館.
村木 英治（2011）.『項目反応理論』朝倉書店.

Brown, J,. & G. Yule. (1983). *Discourse analysis (Cambridge Textbooks in Linguistics)*. Cambridge: Cambridge University Press.
Brown, R.O. (1973). *A first language: The early stages*. MA: Harvard University Press.
Canale, M. (1983). From communicative competence to communicative language pedagogy. In J. Richards, & J. R. Schmidt (Eds.). *Language and communication*, 1-27. London: Longman.
Canale, M., & Swain, M. (1980). Theoretical bases of communicative approaches to second language teaching and testing. *Applied Linguistics*, 1, 1–47.
Corder, P. S. (1982). *Error analysis and interlanguage*. Oxford: Oxford University Press.

Corder, Pit. S. (1992). *Introducing applied linguistics*. London: Penguin Books
Davies, A., & Elder, C. (Eds.). (2006). *The handbook of applied linguistics*. London: Blackwell Publishing.
de Villiers, P. A., & J. G. de Villiers. (1978). *Language acquisition*. MA: Harvard University Press.
Halliday, M. A. K. & Hasan., R. (1976). *Cohesion in English*. NY: Longman
Halliday, M. A. K. (1976). *System and function in language*. Oxford: Oxford University Press.
Hawatt, A. P. R. (2004). *History of English language teaching*. Oxford: Oxford University Press.
Jenkins, J. (2000). *The phonology of English as an international language*. Oxford: Oxford University Press.
Jenkins, J. (2002). Sociolinguistically based, emprically researched pronunciation syllabus for English as an international language.*Applied Linguistics*, 23(1). 83-103.
Kirkpatrick, A. (2010). *English as a lingua franca in ASEAN: A multilingual model*. Hong Kong: Hong Kong University Press.
Kirkpatrick, A. (2012). English as an Asian language: Implications for international communication. Keynote Speech at Conference of Asia's Languages Habitats and Europe's Asia Competence. Free University, Berlin.
Kramsch, C. (2005). Intercultural vs communicative competence.『ことば・文化・社会の言語教育』国際研究集会プロシーディング. Invited Lecture, International Conference of Language Education in relation to Language, Culture and Society, organized by the Graduate School of Japanese Education, Waseda University. 4-31.
Krashen, S. D., & T. D. Terrell. (1985) *The natural approach: language acquisition in the classroom*.Oxford: Pergamon Press.
Linacre, J. (2008). *FACETS*. [Computer software]. Chicago, IL: Mesa Press.
Lord, F. M. (1980). *Application of item response theory to practical testing problems*. London: Routledge.
Lyons, J. (1962). *Introduction to Theoretical Linguistics*. Cambridge: Cambridge University Press.
Lyons, J. (1977). *Semantics Vol.1*. Cambridge: Cambridge University Press.
Muraki, E., & Bock, R. D. (2003). *PARSCALE*. [Computer software]. Lincolnwood, IL: Scientific Software International.
Nakano, M. (Ed.) (2007). *On-demand Internet Course Book: World Englishes and*

    Miscommunications. Tokyo: Waseda University International.

Nakano, M. (2009). Cross-Cultural Distance Learning programs with universities in South East Asia: E-learning to foster a global citizen in Asia. In Ward, C. (Ed.). *Language teaching in a multilingual world: Challenges and opportunities*. 65-83.

Nakano, M. (2011). Accommodation skills and social skills in computer-mediated discussion-A survey among Asian university students. InLu, Z., Zhang, W. and Crippen, A. (Eds.). *Issues in English Language Teaching and Learning at Tertiary Level*. Eds, 228-238.

Nakano, M., Kondo, Y., Owada, K., & Ueda, N. (2012). JACET-ICT Survey and Research Committee Special Symposium: Integrating Educational Methods and Technology: Its Effects and Evaluation. *Proceedings of the 51st JACET International Conference*. 79-86.

Nakano, M., Kondo, Y., Owada, K., Ueda, N. & Yoshida, S. (2012). English Language Education as a Lingua Franca in Asia. *The Asian Conference on Education 2012 Official Conference Proceedings*, 1368-1389.

Nakano, M., Ng, C., Lin, Y., Mak, S. Y. B., Zhang, Y., Feng, J., Owada, K., Ueda, N., Kondo, Y., Yoshida, S., & Maswana., S. (2013). Theories and practices in English as an International Language (EIL), World Englishes (WE), English as an Lingua Franca (ELF) seen in students perception data.*Proceedings of the 4th Asian Conference on Education*, 1-18.

Nakano, M. (2014). Networked English Language Learning from English Tutorials to Cyber Interactions at Waseda University. In Tsai, R., C-H., & Redmer, G. (Eds). *Language, Culture, and Information Technology*. Taipei: Booksman Books, 1-31.

North, B. & Schneider, G. (1998). Scaling descriptors for language proficiency scales. *Language Testing*, 15(2), 217-263.

Owada, K., Yoshida S., & Nakano, M. (2014). Promoting networking among Asian students in the ELF context: A questionnaire survey of Japanese university students in the Cross-Cultural Distance Learning (CCDL) program. In Tsai, R., C-H., and Redmer, G. (Eds). *Language, Culture, and Information Technology*. Taipei: Booksman Books, 33-50.

Park, K., Nakano, M. et al. (2007). *Asia Englishes and miscommunication*. Seoul: Korea University Press.

Schneider, G., & North, B. (2000). Documentation on ELP. Retrieved November, 8, 2014, from http://commonweb.unifr.ch/pluriling/pub/cerleweb/portfolio/

background/documentation/
Seidlhofer, B. (2004). Research perspectives on teaching english as a Lingua Franca. *Annual Review of Applied Linguistics*. 24, 209-239.
Shojima, K. (2009) Exametrica 1.3 [Computer software]. Retrieved December, 1, 2009. http://www.rd.dnc.ac.jp/~shojima/exmk/jindex.htm
Trappes-Lomax, H.,&Ferguson. G. (Eds.) (2002). *Language in language teacher Education*. PA: John Benjamins Publishing Company.
Torgerson, W. S. (1958). *Theory and methods of scaling*. NY: John Wiley and Sons, Inc..
Widdowson, H. G.（1978）. *Teaching language as communication*. Oxford: Oxford University Press.
Wood, R., Wilson, D. T., Gibbons, R., Schilling, S., Muraki, E., & Bock, R. D. (2003). *TESTFACT 4 for Windows: Test scoring item statistics, and item factor analysis*. [Computer software]. Lincolnwood, IL: Scientific Software International.
Zimowski, M. F. Muraki, E., Minlevy, R. J. & Bock, R. D. (2003). *Bilog-MG*. [Computer software]. Lincolnwood, IL: Scientific Software International.

文献紹介

清川 英男（1990）.『英語教育研究入門』大修館書店.
　　統計の利用法や論文の作成法などをやさしく解説している。
清川 英男・濱岡 美郎・鈴木 純子(2003)『英語教師のためのExcel活用法』大修館書店.
　　英語教育の分野から統計の利用法、活用法をエクセルの使用法を示しながら解説している。
シーゲル, S. (1983)『ノンパラメトリック統計学：行動科学のために』東京：マグローヒル出版.
　　ノンパラメトリック統計の原理や検定手法を分かりやすく解説した邦訳本。
Hatch, E., & Lazaraton, A. (1991). *The research manual: Design and statistics for Applied Linguistics*. NY: Newbury house publishers.
　　この教科書は実験研究について平易に解説してあり、全ての例が英語教師や第二言語習得研究に関わっている人に役立つ実験研究ばかりなので、おすすめしたい。計算の仕方も詳しく解説している 。
Seliger, H. W., & Shohamy, E. (1989).*Second language research methods*. Oxford: Oxford University Press.
　　リサーチの構成要素、実験デザイン、量的・質的アプローチ、デー

タ収集法、結果記述までを取り扱った網羅的入門書。邦訳(『外国語教育リサーチマニュアル』 東京:大修館書店)もある。

第2章　小・中・高等学校における英語教育の動向

中野　美知子

阿野　幸一

概要

　本章では、小・中・高等学校における英語教育の動向について概説すべく、まずはそれぞれの教育課程における英語教育の現状についてまとめる。その際、現行の学習指導要領のみならず、旧学習指導要領について、さらには現在の社会背景についても言及しながら、現在英語教育がどういった位置づけにあるかについて検討する。2013年に文部科学省が発表した「グローバル化に対応した英語教育改革実施計画」をもとに、とくに、ヨーロッパ言語共通参照枠（Common European Framework of Reference for Languages: CEFR）に基づいた英語教育の可能性に焦点をあてながら、今後の英語教育の方向性について論じる。

2.1　小・中・高等学校における英語教育の動向

2.1.1　小学校外国語活動

　日本の小学校での英語教育は、2010年度までは「総合的な学習の時間」を使って行われてきた。「国際理解」の分野を扱う場合に、その一部として「外国語活動」を取り上げ、その中で「英語活動」を行うものである。2007年度に文部科学省が行った小学校英語活動の実施状況調査によれば、97.1パーセントの小学校が何らかの形で英語活動を行っていることがわかった。しかし、年間で1回だけしか授業を実施しなかった学校もあれば、70時間以上の時間を英語活動に当てている学校まであり、各学校における取り組みには相当なばらつきが見られた。こうした状況を受け、教育の機会均等や中学校での英語の授業との接続を考慮して、2011年度から外

国語活動を必修化するとともに原則として英語を扱うこととし、小学校での英語教育が本格的にスタートすることになった。

　現在の英語活動は、教科ではなく領域として必修化されているため、テストもなければ成績評価の対象にもなっていない。5年生と6年生で週1時間ずつの授業が、学級担任を中心として行われている。小学校外国語活動の目標は以下のとおりである。

　「外国語を通じて、言語や文化について体験的に理解を深め、積極的にコミュニケーションを図ろうとする態度の育成を図り、外国語の音声や基本的な表現に慣れ親しませながら、コミュニケーション能力の素地を養う。」

　目標の中にある「コミュニケーション能力の素地を養う」という文言からもわかるように、小学校では英語の定着を目指すのではなく、あくまで中学校での英語学習に向けての助走の意味が強い。小学校の段階では音声のみによる指導を行い、児童が英語の音声や表現に慣れることを目指したものである。教科ではなく領域としての扱いであるために、文部科学省検定教科書もない。教材としては、「総合的な学習の時間」での英語活動のために用いてきた「英語ノート」に代わり、同じく文部科学省作成の「Hi, friends!」が用意され、周辺補助教材とともに使われている。

2.1.2　中学校の英語の授業

　中学校の英語の授業の標準時数は、2011年度までは週3時間（年間105時間）であったが、2012年度からの新課程では、1時間増の週4時間（年間140時間）となり、全教科の中で最大時数を占めることになった。中学校での外国語科の目標は以下のとおりである。

　「外国語を通じて、言語や文化に対する理解を深め、積極的にコミュニケーションを図ろうとする態度の育成を図り、聞くこと、話すこと、読むこと、書くことなどのコミュニケーション能力の基礎を養う。」

　旧課程との大きな変更点は、2011年度までは「聞くことや話すことなど」の指導が中心とされていたが、学習指導要領の改訂に伴って「聞くこ

と、話すこと、読むこと、書くことなど」とあるように、4技能を扱うこととなった。これは、これまで中学校導入期で重視してきた音声指導を、今後は小学校外国語活動で音声面での指導が行われることになったのを受けて、中学校では4技能を総合的・統合的に指導することが求められるようになったためである。授業時数が大幅に増加したにもかかわらず、中学校で扱う文法項目は増えていないが、これは授業の中で生徒が言語活動を通して文法を身につける時間を十分に確保し、これまで多く行われていた教師主導の授業から、生徒中心の言語活動に軸を置いた指導への転換を図るためである。言語活動を充実させるために、扱う語彙も旧学習指導要領の900語程度から1200語程度まで大幅に増加した。同時に、旧課程で学習指導要領に別表としてあげられていた必修語彙の100語の指定もなくなり、教科書ごとに自由に扱う単語を選択できることになった。

文法事項に関しては、従来用いられていた「文型」という用語を「文構造」と変更することで、英文を単なる型によって分類するような指導とならないように配慮している。また、関係代名詞などについて「理解の段階にとどめること」と定められていた、いわゆる「歯止め規定」もなくなり、すべての文法事項について言語活動を通して定着させるという意図もより明確になった。

2.1.3　高等学校の英語の授業

高等学校では、2013年度から年次進行で新教育課程が始まった。科目構成を全面的に変更するという大改訂である。旧学習指導要領では「オーラル・コミュニケーションⅠ」および「英語Ⅰ」のうちいずれか一方を選択して履修することになっていたが、現在の学習指導要領では「コミュニケーション英語Ⅰ」が必履修科目となった。

「コミュニケーション英語基礎」は、中学校における指導内容と「コミュニケーション英語Ⅰ」との円滑な接続を目的として創設された科目である。中学英語の定着が不十分な生徒を主な対象とし、中学校における基礎的な学習内容を整理して定着を図るために、中学校から高校へのブリッ

科目	標準単位数	必履修科目
コミュニケーション英語基礎	2	
コミュニケーション英語Ⅰ	3	○2単位まで減可
コミュニケーション英語Ⅱ	4	
コミュニケーション英語Ⅲ	4	
英語表現Ⅰ	2	
英語表現Ⅱ	4	
英語会話	2	

ジ的な役割を果たす科目である。

　新課程の中核となるのは「コミュニケーション英語Ⅰ・Ⅱ・Ⅲ」である。「聞く」「読む」「話す」「書く」の4技能の総合的かつ統合的な育成を図る科目である。多くの普通科での履修パターンとしては、学年進行にしたがって「コミュニケーション英語Ⅰ・Ⅱ・Ⅲ」をそれぞれ履修している。これまでの英語教育が十分に成果をあげることができなかった原因の1つは、「聞くこと」「話すこと」はオーラル・コミュニケーション関連科目で扱い、「読むこと」は「リーディング」で、そして「書くこと」は「ライティング」で学習するというように4技能を分割して扱い、統合して指導できなかったことにある。そこで、旧課程において4技能を総合的に扱う科目であった「英語Ⅰ」「英語Ⅱ」を今まで以上にコミュニケーションを重視した科目にすることで、その充実を図ろうとしたものである。このため、聞いたことや読んだことを踏まえた上で話したり書いたりする言語活動を適切に取り入れながら、4技能を有機的に関連付けつつ、統合的に指導することが明確に示された。

　「英語表現Ⅰ・Ⅱ」は、「話す」「書く」技能を中心とした論理的に表現する能力の向上を図る科目である。「英語表現Ⅰ」では、与えられた話題について即興で話したり、聞き手や目的に応じて簡潔に話したりすることや、読み手や目的に応じて簡潔に書くことなどが扱われている。さらに

「英語表現Ⅱ」では、「発表されたものを聞いて質問したり意見を述べたりする」「立場を決めて意見をまとめ、相手を説得するために意見を述べ合う」という要素も加わり、ディベートなども扱う科目となっている。

「英語会話」は、身近な話題について会話する能力を養う科目である。旧課程でのオーラル・コミュニケーション関連科目を改編したものと考えることができる。

高校で扱う語彙は、旧課程では中高あわせて2200語程度であった。これに対して現行の学習指導要領では、中学段階ですでに学んだ1200語程度に加えて、「コミュニケーション英語Ⅰ」で400語程度、「Ⅱ」で700語程度、「Ⅲ」で700語程度の新語を加えて学習することになる。普通科の標準的な履修パターンにおいては、中高あわせて3000語程度の語を指導することになる。学習指導要領に定められた言語材料は最低基準と考えることから、実際にはこれ以上の語数を扱っている教科書も多い。

文法の扱いについては、コミュニケーションを支えるものであることを踏まえ、中学校と同様に言語活動と効果的に関連付けて指導することが示されている。旧学習指導要領においては、文法事項は高等学校で取り扱う言語材料として一括して示されているため、難易度の高い項目については、必修科目「オーラル・コミュニケーションⅠ」と「英語Ⅰ」では扱わない場合も見られた。しかし、「コミュニケーション英語Ⅰ」においては、「関係副詞・仮定法・分詞構文」などの難解な項目についても扱うことが求められている。高校生の学習到達度に大きな開きが見られる現状において、すべての高校生に同一の学習項目を課すことで、多くの生徒が十分に定着しないまま履修せざるを得ない状況になっている現実がある。このため、生徒の理解度に応じた軽重の差をつけた指導が、現場の教師に求められている。

現行の学習指導要領には「授業は英語で行うことを基本とする」という文言がある。これは、生徒が英語に触れる機会を十分に提供し、英語の授業を実際のコミュニケーションの場面とすることを目指したものである。つまり、教師が英語で授業を行うことが本来の目的ではなく、生徒が英語

を使いながら身につけるための環境作りを目指したものであることを忘れてはならない。このため、生徒の理解の程度に応じた英語を用いるように配慮するのはもちろんのこと、「基本とする」ということからも、難解な文法事項の説明を英語で行って生徒を混乱させることなどないように、十分に注意して指導することが不可欠である。

2.2　今後の英語教育の方向性

　2013年12月に、文部科学省から「グローバル化に対応した英語教育改革実施計画」が発表された。2020年に実施が決まった東京オリンピック・パラリンピックを見据えて、小・中・高等学校を通した英語教育全体の抜本的な改革を図るための実施計画である。2016年度の学習指導要領改訂を受け、2018年度から新学習指導要領を先行的に実施し、2020年4月から新学習指導要領による英語教育が全面的に実施されるというスケジュールである。

　小学校では、3・4年生で活動型の授業を週に1・2コマ程度行うことになる。学級担任を中心に指導し、現在の小学校外国語活動で目指している「コミュニケーション能力の素地」を養う。これを受け、5・6年生では教科として週3コマ程度の時間を充てることになる。初歩的な英語の運用能力を養うことを目指し、英語力を備えた学級担任や専科教員の積極的活用を行う予定である。現在中学校で行われている指導内容が、小学校へと移行することが予想されている。

　中学校では、小学校での学習の上に、身近な話題についての理解や簡単な情報交換、表現ができる能力を養うことを目指し、授業を英語で行うことが求められる。

　高等学校では、現行通り授業を英語で行うとともに、これまで以上に発表や討論、交渉などの言語活動を取り上げることで、高度な内容を扱うことが求められている。

　この英語教育改革実施計画は、小学校から高等学校までを通したものである。このため、小・中・高を通して一貫した学習到達目標を設定するこ

とによって、生徒の英語によるコミュニケーション能力を養うことが求められ、Can-Do リストによる目標設定と評価を軸に英語教育を行う。さらに、東京オリンピック・パラリンピックを見据えたものであることから、日本の伝統文化や歴史を重視することによって、英語の授業を通して日本人としてのアイデンティティに関する教育の充実を図ることもうたわれている。

2.3 2016 年からの英語教育の方向性

　現段階において、2016 年度からの英語教育の方向性について論じることは容易ではない。しかし、先述の「グローバル化に対応した英語教育改革実施計画」(文部科学省, 2013) には、今後の方向性を検討するにあたって、注目すべき考えが示されている。それは、この実施計画では、欧州評議会 (Council of Europe) が 2001 年に策定したヨーロッパ言語共通参照枠 (Common European Framework of Reference for Languages: CEFR) に基づいた到達目標が示されており、また評価に際しても CEFR に特有な Can-do に対応した評価を行う旨が記載されている点である。

　具体的な計画内容をみてみると、まず、中学校では授業を英語で行い、その到達目標として、CEFR の共通参照レベル (Common Reference Levels)[1]において基礎段階の言語使用者 (Basic User) を示す A1 から A2 程度 (英語検定 3 級から準 2 級程度) を目指すよう学習行程が設定されている。現行の学習指導要領における到達目標は CEFR の A1 程度 (英語検定 3 級程度) であったことを考えれば、レベルの引き上げが行われることになる。一方、高等学校では授業を英語で行うこととともに、言語活動をさらに高度化し、

---

1) CEFR では、共通参照レベルと呼ばれる、学習行程を示すレベルを設定している。6 つのレベルが設定されており、それぞれは "古典的な初級、中級、上級という区別をさらにそれぞれ高、低の二つに分けたもの" (吉島他訳, 2004, p.23) と考えることができる。基礎段階の言語使用者 (Basic User) を示すレベルである A は、当該レベル内における熟達度の低、高に応じて、A1 (Breakthrough) と A2 (Waystage) に分けられる。同様に、自立した言語使用者 (Independent User) を示す B は、B1 (Threshold) と B2 (Vantage) に、熟達した言語使用者 (Proficient User) を示す C は C1 (Effective Operational Proficiency) と C2 (Mastery) に分けられている。

到達目標を「自立した言語使用者（Independent User）」を示す B1 から B2 程度（英語検定 2 級から準 1 級程度）に設定している。現行の学習指導要領では、A2 から B1 程度（英語検定準 2 級から 2 級程度）を到達目標としていたため、中学校でのレベル引き上げに伴い、高等学校でもレベルが引き上げられることになる。

今後は、上記計画に基づき、2014 年より逐次改革を推進し、有識者会議を設立するとともに、2016 年までに指導体制の整備を、さらには、英語教育強化拠点事業・教育課程特例校による先取り実施をすすめ、その後中央教育審議会での検討を経て、学習指導要領を改訂し、2018 年度から段階的に先行実施するという計画となっている。

上記の通り、今後の英語教育が向かう方向性を論じる上では、文字通り、CEFR が重要な参照枠の役割を果たすことはいうまでもない[2]。こういった状況を踏まえると、今後の英語教育を担う英語科教員は、各々が CEFR について理解するとともに、そのエッセンスである Can-do による評価を日々の英語指導の中に積極的に取り入れていくことが重要になる。そこで、以下には、今後の英語教育が向かうひとつの方向性として、筆者[3]がこれまでに関わってきた CEFR に基づく英語教育の実践例をあげ、その可能性について論じる。

---

2) 近年では、日本の英語教育というコンテクストでの利用を主眼に据え、CEFR に準拠した CEFR-J（CEFR-based framework for ELT in Japan）と呼ばれる英語能力到達度指標が構築されている。詳細は投野由紀夫研究室 HP（http://www.cefr-j.org/）を参照されたい。

3) 中野は、CEFR が策定された 2001 年より早稲田大学オープン教育センター（現：グローバルエデュケーションセンター）が提供する英語科目を CEFR に対応づける試みを行ってきた。さらに、共通参照レベルにみられる 6 レベルに応じた教材開発を行い、実務能力認定機構（ACPA）に CEFR 導入の提案を行った（中野の取り組みに関する詳細は、第 1 章を参照のこと）。また、阿野は、NHK が提供するラジオ講座「基礎英語」を CEFR に関連づける試みを続けている。中高の英語教員が CEFR に基づいた英語教育を実践していく上でのヒントを提供すべく、Can-do リストを活用するなど、ラジオ講座でのレクチャーに CEFR のエッセンスを積極的に取り入れている（実際の取り組みは第 3 章を参照のこと）。

2.4 CEFRに基づいた授業改革案（伊勢崎市への提案を例に）

以下に紹介するのは、小学校1年生から英語の授業を導入する群馬県伊勢崎市に対して、筆者（中野）が提案したCEFRに基づいた英語授業改革案である[4]。この改革案は、これまでに中野が研究分担者として関わってきた小池生夫科研（2004-2007）および投野由紀夫科研（2008-2012）において実施されたCEFR関連の調査・研究成果に基づいたものである。これらの研究成果を踏まえ、2009年に中野が提案したこの改革案は、その後2013年に提案された「グローバル化に対応した英語教育改革実施計画」とまさに合致する内容であった。以下には、伊勢崎市の小学校、中学校向けに提案した内容について概説する。2.4.1では、まず、本提案の基盤となった小池科研関連の研究を通してみられた現行の英語教育の問題を概観する。

2.4.1 小池科研の研究成果

小池科研の相川班[5]では、中国・韓国・台湾の教科書調査を行った。衝撃的であったのは、1学年で扱う語彙数と、教科書に掲載されている語数の差である。中学3学年分の英語教科書に出現する異なり語数を比較すると、韓国・台湾は日本の約2倍の語彙量で、中国は日本の約2～3倍の語彙に触れている。英語教科書3年分のテキスト本文の分量を比較すると、韓国・台湾の本文は日本の2.5～4.5倍にもなる。テキスト分量は日本でも高校に入るとかなり増えるが、それでも、台湾（高3で20000語）の約1/2から1/3程度である。中国は高3の教科書だけで14000語ほどあったが、実際にはさらにワークブックを使用しているので、この倍近くの量が教材において扱われている。単語の導入方法としては、中学校で扱う987語は繰り返し習熟させ、中1で282語を新語として導入、中2から3

---

4) この指標の最終案は、東京外国語大学投野由紀夫科研（研究課題番号：20242011）の最終成果報告として2012年に作成発表されているが、ここでは2009年に提案した中野案を個人の責任で掲載することとする。
5) 相川真佐夫氏を中心とする研究班によって行われた調査・研究成果を指す。

で1565語を追加し、高1から高2で2894語をさらに追加し、高3になると3496語が新たに導入されている。

以下、小池科研岡班[6]による教科書コーパス分析の結果から、注目すべき点をまとめる。

1. 日本の英語教科書は中学3年間の内容でほぼ1000語を教えており、アジア諸国（中・韓・台）の小学校終了時のレベルに相当する。
2. さらにアジア諸国の中学英語は、日本の語彙量の2倍から3倍もあり、接触するテキスト量をみると3倍から5倍にも上る。
3. 日本は高校教科書で背伸びをしており、語彙量を増加している割には少ないテキスト量でそれを達成しようとしており、無理がある作りになっている。
4. 日本では、教科書で扱われる、テキスト・タイプがしっかりした書き言葉を教えるのが高校の教科書まで持ち越されているため、高校での負担過重な様子が教材的にも見て取れる。
5. アジア諸国の教科書は、小学校で各国共通しており、約1000語を指導している。中学校1年レベルではあまり語彙を増強せず、十分に習熟させてから、2年次から3年次に約1500語程度上乗せしている。
6. 教科書作りの特徴としては、韓国・中国は中高ともに語彙レベルのコントロールしており、比較的難易度の低いテキストを大量に触れさせる傾向が強い。一方、台湾は高校に入ると語彙レベルのコントロールをしていない大量の英文に触れさせる傾向がある。
7. 韓国・中国・台湾では、中学校以上の教科書が小学校での英語教育の指導内容に裏打ちされた作りになっている。
8. 韓国・中国・台湾では、小学校でPre-A1、中1でA1、中2から中3でA2、高1から高2でB1、高3でB2に対応する。

---

[6] 岡秀夫氏を中心とする研究班を指す。

以上の研究成果を踏まえ、中野は伊勢崎の英語教育改革案として、以下を提案した。

2.5　小・中での大まかな目標

- Classroom English は小学校から統一して教え、中学 1 年も同じ表現を使用し、中学 2 年と 3 年で追加する。

    Good Morning. Good Afternoon. Sit down. Stand up, please. Raise your hand. Today is Monday.

    OK. Oh! Good. That's right. Come here. Let me see. I don't know. Good luck!

- 相手の言っていることがわからないとき

    Sorry. I don't understand. Can you speak more slowly? Excuse me, what did you say? What do you mean? Could you repeat that, please?

    How do you say … in English? How do you spell … ? How do you pronounce this word? What does … mean?

- 数は小学校で 5000 まで、買い物ができるくらいに、中学校では 100 万までの数が言えるように指導、高校では億や兆の単位も言えるように指導する。
- 小学校で色は 7 色とし、中学校で増やしていく。
- アルファベットは、小学校では歌で文字（大文字・小文字）を教え、中学校で繰り返し、筆記体も練習する。
- 曜日と 12 ヶ月、国名、時刻（会う約束、授業の開始時間、誕生日、今日の曜日など）
- 挨拶と感謝、謝ること、お願いすることを小学校から導入し、中学校では会話行為を丁寧な表現で言えるように指導し、会話行為にもお世辞や拒否の仕方を導入する。
- Q and A は小学校で、Q and A ＋コメント /Q を中学校で指導し、より複雑な Q/A ＋コメントを高校で繰り返す。
- 小学校 5、6 年になると、抽象的なこと（形式操作）や自意識がでるの

で、英語は語順が固定した言語であること、数字は千や万単位を教えてもいいのではないか？歌や踊りはやめる。
- テレビ会議、チャットやBBSの利用する
中国や韓国、台湾の生徒と実際に英語を使って交流し、教室内ではなく、本当の英語を使う機会を与える。小学校からできれば、日本の文化や社会を説明できるように指導し、第2次世界大戦の否定的なイメージを払拭できる英語レベルを目指す。日本語だけで生活できる国に住みながら、教員はなぜ英語を教えるべきかを常に自問自答することも必要である。常に、「使える英語」を目指していく。
- 英米の子供のしつけの例を導入し、台湾・韓国の例に倣い、英語で道徳や礼儀を教える。
- 拡大円の国では、英語は日常的には使われていないので、日常的なコミュニケーションの場を、教室授業の枠を超えて、実行する必要がある。メールや手紙、BBS、テレビ会議での交流を推進するとよい。
- 教科書を使って教室で習う英語は、本当のコミュニケーションではないことを自覚しよう。
- 英語は使用する回数により上達する。

2.6　CEFRに基づいた教材配列案とCan-doによる学年別目標

学　年：小学1・2年

レベル・能力：Pre-A1　話す　（英語ノート　1）

- 日常の挨拶や季節の挨拶を聞いて、理解したり応答したりできる。
（例：Good morning, Goodbye, How are you? I'm fine. Happy New Year.）
- 身近な単語を使って願望、要求などを伝えたり、聞いたりできる。
（例：What do you want?）
- 通じるかどうか不安なときは、手振りや身振りも使って伝えたいことを補強することができる。
（例：Water, please.）。
- 自分の名前や友達の名前が言える。

- アルファベットを発音することができる。
- 20までの数を使って数えることができる。
- 持ち物について話すことができる。
  （I have a cap. I have a yellow pair of shoes.）
- 知らないものについて What's this? と聞いたり、教室などにあるものについては答えることができる。
- 曜日を言うことができる。

学　年：小学1・2年
レベル・能力：Pre-A1　聞く　（英語ノート　1）
- アルファベットを聞いて、どの文字か識別することができる。
- はっきり話されれば、日常の身近な単語を聞いて理解することができる。
  （例：pencil, family, number, question, fun, good, today）
- はっきり話されれば、短い簡単な指示を理解することができる。
- 20までの数を聞き取ることができる。
- 外来語と英語との音の違いを聞き取ることができる。
- 洋服店や靴屋にあるものを聞き取ることができる。
- レストランで他の人が注文したものを聞き取ることができる。
- 教科名を聞き取ることができる

学　年：小学1・2年
レベル・能力：Pre-A1　読む　（英語ノート　1）
- アルファベットの文字を読むことができる。
- 大文字・小文字を識別することができる。
- 絵本などに書かれた、身近な単語を見て理解することができる
  （例：bag, cake, chair, flower, game, station, telephone, green, cold, read, swim）。

学　年：小学1・2年

レベル・能力：Pre-A1　書く　（英語ノート　1）
- アルファベットの大文字・小文字を活字体（英語の教科書に使われている文字）で書くことができる。
- 短い単語であれば、つづりを聞いてそのとおり書くことができる。
（例 : T-r-e-e と聞いて、tree とつづる。）
- 名前を書いた名刺が作れる。
- 自分や友達の好きなものが書ける。
- 食べ物の名前を書くことができる。

学　年：　小学3・4年
レベル・能力：Pre-A1　話す　（英語ノート　2）
- 誕生日や趣味など限られた事柄について、覚えている表現を用いて自己紹介ができる。（例 : My name is Ken. I'm from Japan.）また、インタヴューができる。
- 数字は100までは言え、自分や家族や友達の誕生日や日にちが言える。
- 簡単な買い物をすることができる。
（例 : I want a banana.）
- 体の名称や日常生活の身近な単語を話すことができる。
（例 : dog, apple, like, have, happy, friend, tennis, red）。
- 行ってみたい国やその理由が言える。
- 自分の一日について話すことができる。
- 道案内ができ、道案内を尋ねることができる。
- 将来の夢について話すことができる。

学　年：　小学3・4年
レベル・能力：Pre-A1　聞く　（英語ノート　2）
- 人についてスポーツや音楽ができることや、動物の動作について聞き取ることができる。
- 道案内を聞き取ることができる。

- 他の人が行ってみたい国やその理由を聞き取ることができる。
- 時差について聞き取ることができる。
- 他の人の一日の過ごし方について聞き取ることができる。
- 他の人が将来の夢を話しているとき、聞き取ることができる。
- 「桃太郎」、「赤頭巾ちゃん」、「イワンのばか」のような代表的な物語を聞き、概要が聞き取れる。

学　年： 小学3・4年
レベル・能力：Pre-A1　読む　（英語ノート　2）
- いろいろな職業の単語を読むことができる。
- 国名を読むことができる。
- 曜日や12ヶ月を読むことができる。
- 100までの数を読むことができる。
- スポーツ、動物、楽器名を読むことができる。
- 簡単なスキットを読むことができる。

学　年： 小学3・4年
レベル・能力：Pre-A1　書く　（英語ノート　2）
- アルファベットの大文字と小文字が書ける。
- 誕生日カードが書ける。
- 友達についてできることやできないことについて紹介文が書ける。
- 日本、韓国、アメリカ、カナダ、ブラジル、ロシアなどの国の名を書くことができる。
- 簡単なスキットが書ける。
- 将来の夢についてのスピーチのメモが書ける。

学　年： 小学5・6年
レベル・能力：Lower A1（中学1年）　話す
- 聞きなれた語句や定型表現を用いて、はっきり話されたら、家族、日

課、スポーツ、趣味などに関する簡単な質問に応答することができる。

（例：Do you like dogs? Yes.）
- 人やものの場所、時刻などの簡単な事実を尋ねたり、答えたりすることができる。

（例："What color is it?" "Red."）
- 相手の言うことがわからないときに，聞き返すことができる

（例：Can you say it again? Pardon?）
- 日常生活に必要な数字（電話番号、年齢など）や日付・曜日を伝えることができる。

（例：Let's meet on November 15th.）
- よく練習した表現を用いて、家族や友人の簡単な紹介ができる

（例：My grandmother lives in Fukuoka. She visits us every summer.）

学　年： 小学5・6年

レベル・能力：Lower A1（中学1年）　聞く
- はっきり話されれば、日課、スポーツ、趣味などに関する簡単な情報を聞いて理解することができる。

（例：I play soccer on Sundays.）
- はっきり話されれば、日常生活に必要な数字（品物の値段など）や日付・曜日を聞いて理解することができる。

（例：The book is 800 yen.）
- はっきり話されたら、家族や友人の簡単な紹介を理解できる。

（例：My father is a police officer. He works in a small town.）

学　年： 小学5・6年

レベル・能力：Lower A1（中学1年）　読む
- 日常生活で使われる簡単な表現を読んで理解することができる。

（例：Our English teacher, Mr. Brown, is going home to Canada in March. We have a party for him on March 20.）

- グリーティングカード（バースデーカード、クリスマスカード）の簡単な表現を理解することができる。

    （例：Merry Christmas! Happy New Year!）
- 公共の場所にある簡単な表示を理解できる。

    （例：Stop. No food. Open 9am-5pm）

学　年：小学5・6年
レベル・能力：Lower A1（中学1年）　書く
- 身近な単語を書くことができる。
- 自分について基本的なこと（年齢、家族、気持ちなど）を書くことができる。

    （例：I went to Nikko on the weekend. I had a good time there.）
- グリーティングカード（バースデーカード、クリスマスカード）の簡単な表現を書くことができる。

    （例：Happy Birthday! Merry Christmas!）

学　年：中学1年
レベル・能力：A1　話す
- 繰り返しや言い換えを交えてはっきりと話されれば、友人や自分に関する簡単な質問に答えることができる。

    （例：Your sweater is so nice. → Thank you. It's a gift from my aunt.）
- 簡単なお願いをすることができる。

    （例：Can you open the window? May I borrow your pen?）
- 頼まれたとき、承諾したり適切に断ったりすることができる。
- 簡単な表現を使い，相手を誘うことができる。

    （例：Can you go with me? Are you free this afternoon? Let's go to the movie.）
- 誘われたとき、同意したり適切に断ったりすることができる。

    （例：I'd love to, but I cannot because I have a lot of homework to do.）
- 短い簡単な説明を聞いて、語句や短文で感想を述べることができる。

（例："In Australia, they say 'Gooday Mate' as a greeting." → "It's interesting."）
- 自分の予定について、時・場所・行動の内容などを話すことができる。
（例：I'm going to visit Nara next week.）
- 日常生活に関する簡単な事実・考え・気持ちを表現することができる。
（例：It's a beautiful day. I'm happy.）
- 絵、写真、実物などについて、簡単な語句や文を使って表現することができる。
（例：This sweater is a gift from my friend.）
- 趣味やスポーツ、部活動などの自分の好きなことについて短い話をすることができる。
（例：I'm in a soccer team. My position is defense.）
- 絵、写真、実物などを使いながら、それについて短い説明をすることができる。

学　年：中学1年

レベル・能力：A1　聞く

- 繰り返しや言い換えを交えてはっきりと話されれば、趣味やスポーツ、部活動などの相手が好きなことについて、短い話を聞いて理解することができる。
（例：I like playing basketball. I'm in the basketball team.）
- 繰り返しや言い換えを交えてはっきりと話されれば、日常生活で起こり得る身近な事柄（招待、案内、説明）において、場所や時間等を聞きとることができる。
（例：The meeting will be on Wednesday 1 p.m. at room 311.）
- 繰り返しや言い換えを交えてはっきりと話されれば、異なる国の行事や習慣などに関する話のあらましを理解することができる。
- はっきりと話されれば、作業（料理、工作など）の指示や先生などの指示を、目で確認しながら聞いて理解できる。

学　年： 中学 1 年
レベル・能力： A1　読む
- レストランの簡単なメニューを理解することができる。
  （例：cheeseburger, ice cream, tea, coffee, orange juice, omelette）
- 近況報告、旅の思い出、自己紹介などの簡単な e-mail の内容を理解することができる。
- 興味のある話題（スポーツ、音楽、旅行など）に関する簡単な文章を理解することができる。
- イラストや写真のついた簡単な物語（絵本、やさしい英語で書かれた本）を理解することができる。

学　年： 中学 1 年
レベル・能力：A1　書く
- 基本的な語句を使って、身近なことを短文で書くことができる（好き嫌い、家族、学校生活など）。
  （例：There are five people in my family, my father and mother, my sister, my brother and myself. All of us like dogs.）
- 身近なことについて聞いたり読んだりした内容を、短いメモにとることができる（約束、道順など）。
  （例：Meet at 6 p.m. in front of the gate.）
- 経験したことについて、短い文章を書くことができる。
- 趣味や好き嫌いについて 1 文で終わらず、理由などの情報をさらに付加して書くことができる。（英語ノート 2 にもでてくる）

以下、中学 2,　3 年生の到達目標は「ACPA 語学基準表」[7]に基づいて

7）この基準表は、European Council of Education より許可を得て、CEFR の統一を和訳し、ACPA のフォーマットに合わせて公開している。和訳は大和田和治、筒井英一朗、近藤悠介、中野美知子、足立心一が担当した。詳細は、樽松・内藤（2010）に掲載されているので参照されたい。

いる。ここでは、4技能に関するCEFRの目標を掲載する。

学　年：中学2・3年
レベル・能力：A2　話す
- 知っている人たちについて、簡単な語句や文を使って表現できる。家族、周囲の人々、居住条件、学歴、職歴を簡単な言葉で説明できる。
- 人物、生活・仕事環境、日課、好みなどについて、簡単なフレーズ・文をつなぎ合わせ、単純な描写や提示ができる。
- 要点を単純に列挙し、出来事を語ったり、ある事柄を描写できる。
- 自分の日常生活、たとえば人物、場所、仕事・勉学経験などについて、自分の日常的な環境を描写できる。
- 出来事や活動を手短に描写できる。計画、調整、習慣、日課、過去の活動、体験を描写できる。
- 簡単なことばを使い、物や所有物について手短に述べたり、比較できる。あること・ものについて自分の好みを説明できる。
- 自分の家族、生活状況、教育歴、職歴を描写できる。人物、場所、所有物を簡単なことばで描写できる。
- 集中して聞く態勢ができている聞き手に対し、分かりやすく、予想可能で周知の内容であれば、短めの準備したアナウンスができる。
- 自分の日常生活に関連した話題について、短めの準備した発表ができ、意見、計画、行動に関しての理由の説明を簡潔にできる。
- ある程度の数の単純明快な質問に対応できる。
- 身近な話題について、短めのリハーサルした単純な発表ができる。繰り返しを求めたり、返事をする際に助けを借りれば、単純明快な質問に答えることができる。

学　年：中学2・3年
レベル・能力：A2　聞く
- 個人や家族の情報、買い物、近所、仕事などの直接自分につながりの

ある領域で、最も頻繁に使われる語彙や表現を基本的なものであれば理解できる。
・　短い、はっきりとした簡単なメッセージやアナウンスの要点を聞き取ることができる。
・　個人や家族の情報、買い物、近所、仕事などの直接自分につながりのある領域で最も頻繁に使われる語彙や表現を基本的なものであれば理解できる。
・　短い、はっきりとした簡単なメッセージやアナウンスの要点を聞き取ることができる。
・　ゆっくり、はっきり話されていれば、討論のトピックを理解できる
・　記述文ないし短く、明瞭で、簡単なメッセージやアナウンスの要点を理解できる。徒歩やバスなどでどこからどこまで行くかの道案内を理解できる。
・　ゆっくりと明瞭に話された日常的な事柄で、しかも話の内容を予測できるようなことで短い材料であれば、重要な点を理解することができる。

学　年：中学2・3年
レベル・能力：A2　読む
・　ごく短い簡単な文章は理解できる。広告や内容紹介のパンフレット、メニュー、予定表などから、具体的に予測がつく単純で日常的な情報を取り出せる。
・　簡単で短い個人的な手紙は理解できる。
・　日常的な英語、自分の専門や職業に関係のある英語で、かつ短くて単純なものあれば理解できる。
・　国際レベルで頻繁に使用されるような、出現頻度が非常に高くて身近なボキャブラリーだけで構成されていて、短い文章で、単純なものであれば理解できる。
・　問い合わせ、注文、確認の手紙など、意味が決まりきっていて、身近

で基本的な内容のファックスや手紙などは理解できる。短くて単純に書いてもらった手紙なら理解できる。
- 広告、入学案内、メニュー、参考文献一覧、時刻表など単純で日常的なものの中から、具体的で単純な情報ならば探し出すことができる。
- 英語で書いてある電話帳の情報から、自分が問い合わせたいサービスがどこにあるか見つけることができる。
- 街の通り、レストラン、駅、職場などにある、方向、指示、危険を知らせる日常的な標識や看板などは理解できる。
- 手紙やパンフレット、短いニュース記事などの簡単な文章の中から必要な情報を探し出すことができる。
- 公衆電話など、日常生活で使う器具の簡単な説明書を理解できる。

学　年：中学2・3年
レベル・能力：A2　書く
- 直接必要のある領域や事柄なら、簡単な短いメモやメッセージを書くことができる。短い個人的な手紙なら書くことができる。たとえば、礼状など。
- And, but, because のような単純な接続詞を用いて、文や語句を結びつけることができる。
- 毎日の自分の身の回りの事柄、たとえば、人々や場所や仕事や勉強のことを文を続けて書くことができる。
- 出来事や過去にしたことや個人的経験をごく短い基本的な文で書くことができる。
- 家族や生活状況やどのような教育を受けたかや現在あるいは過去の仕事について簡単な句や文を続けて書くことができる。

　上記にまとめた伊勢崎市の英語教育改革において特筆に値するのは、韓国、台湾、中国と同様に、小学校の段階でPre-A1のみならず、すでに3分の2程度のA1レベルに該当する学習行程をも到達目標として掲げてい

る点である。この例のように、これからは小・中、さらには高校の間で一貫した到達目標を設定することを通して、今後われわれが目指すべき「グローバル化に対応した英語教育」が実施され、日本の英語学習者の英語能力の底上げがなされることを期待したい。

2.7 まとめ

先述の通り、中野は伊勢崎市の英語教育改革案として、2009 年に CEFR レベルの目標値を提案した。学年とレベルを対応づけると、以下の通りまとめることが可能である。

小学校で pre-A1
中 1 で A1
中学 2 年と 3 年で A2
高校 1 年と 2 年で B1
高 3 で B2 を目指す

伊勢崎市に提案を行った 2009 年当初、各学年と CEFR レベルの対応づけはあくまで目安であったが、その後、文部科学省が 2013 年に発表した英語教育改革実施計画と一致をみせたことから、暫定的とはいえ、ある程度妥当なものであると結論づけることが可能であろう。そのため、今後 CEFR に基づく英語教育を実践しようとする教員にとって、有益な参考資料となれば幸いである。ただし、繰り返しとなるが、上記のレベルづけは暫定的に決定したものであり、あくまでも能力達成目標の目安にすぎない。そのため、現場に即した能力達成目標として、たとえばフィンランドのように高 3 で B2 の lower まででもよいし、ノルウェイのように高 3 で C1 を目指しても良いであろう。すべての学校が同じでなくてもよいので、意欲があり能力もある生徒が集まっている学校では、高校 3 年で C1、B2 を目指すように指導することも大切であろう。

参考文献

樽松 明・内藤 与志夫(2010). 英語力評価尺度制定による英語講座認証及び個人の能力認定の試み，JACET-ICT2009年度実践報告書，393-434.

文部科学省(2008).『小学校学習指導要領解説　外国語活動編』東京：東洋館出版社

文部科学省(2008).『中学校学習指導要領解説　外国語編』東京：開隆堂

文部科学省(2009).『英語ノート1』教育出版

文部科学省(2009).『英語ノート2』教育出版

文部科学省(2010).『高等学校学習指導要領　外国語編・英語編』東京：開隆堂

文部科学省(2013).『グローバル化に対応した英語教育改革実施計画』

吉島 茂・大橋 理枝・奥聡 一郎・松山 明子・竹内 京子(訳)(2004)．外国語教育Ⅱ―外国語の学習、教授、評価のためのヨーロッパ共通参照枠―．朝日出版社．［Council of Europe (2001). *Common European Framework of reference for languages: Learning, teaching, assessment.* Cambridge: Cambridge University Press.］

Council of Europe (2001). *Common European framework of reference for languages: Learning, teaching, assessment*. Cambridge University Press.

第Ⅱ部

第3章　コミュニケーションのための英文法指導

阿野　幸一

概要

　学習指導要領では、英文法はコミュニケーションを支えるものであること、そして言語活動を通して指導することとされている。本章では、これまで教師の解説を中心として文法の形と意味の指導に偏りがちであった日本の英語教育における英文法指導において、言語活動を通して実際にその文法を使用するという視点を取り入れ、より学習指導要領に即した文法指導を行う可能性を探る。その際、Can-do リストの活用や既習文法と新出文法における使用場面の対比、教科書の文脈の活用などについても考察し、中学校と高等学校の教室内でできるコミュニケーションのための英文法指導についてまとめる。

3.1　英文法指導の視点—「使う」を意識する—
3.1.1　なぜ文法を勉強するのか？

　「先生、なぜ英文法を勉強しなければならないのですか？」と生徒に聞かれたら何と答えるだろうか。「大切だから」ではなぜ大切なのかがわからず、「試験に出るから」では言葉を教える教師としてあまりにもさみしい。「単語さえ知っていれば文法は間違っていても通じる」という声を耳にすることがあるが、本当だろうか。以下では、文法の中でも基本となる語順について考えてみよう。

　世界の言語を語順の上で分類する際に、主語（S）、動詞（V）、目的語（O）を使った文の基本語順が用いられる。基本語順は、英語が SVO 型、日本語が SOV 型と言われている[1]。英語は語順がかなり固定しているため、

以下のように、主語と目的の位置を入れ替えると適格な文ではなくなる[2]。

　　Yuki studies English.「由紀は英語を勉強する」
　　* English studies Yuki.「*英語は由紀を勉強する」

これに対し、日本語の場合は語順が比較的自由なため、以下のように主語と目的語の位置を入れ替えても適格な文となる。

　　由紀は英語を勉強する。
　　英語を由紀は勉強する。

このように日本語との語順の違いに気づかせ、英語では語順を守らないと意味をなさないときがあるということを理解させたい。

中学校・高等学校の学習指導要領には、「文法については、コミュニケーションを支えるものであることを踏まえ、言語活動と効果的に関連付けて指導すること」と書かれている[3]。しかし、コミュニケーションを支えない文法など存在するだろうか。文法用語を暗記し、規則のみを覚えるような知識としての文法学習ならあり得るかもしれないが、人と人とを結ぶ言葉としての英語を教える教師としては、コミュニケーションの土台として文法指導を行うのが当然と考えるだろう。

---

1) 菅井（2012）などを参照。
2) 目的語である English を文頭に置き、English Yuki studies. とすることもできる。これにより、「（他の科目はともかく、）英語は由紀は勉強するよ」といった意味合いが生じる。これを前置（fronting）と呼ぶ。詳しくは Aarts, Chalker, and Weiner（2014）などを参照。
3) 中学校学習指導要領（平成 20 年 3 月告示）では、第 2 章、第 9 節外国語、第 2 各言語の目標及び内容等、英語、2 内容、(4) 言語材料の取扱い、イにある。高等学校学習指導要領（平成 21 年 3 月告示）では、第 2 章第 8 節外国語、第 3 款英語に関する各科目に共通する内容等、3 のイにある。

3.1.2 教室での文法指導

中学校や高等学校の教室で多く見られる文法指導は、筆者の授業観察にもとづくと、大きく以下の4つのパターンに分類できる。

＜パターン1＞
　教師の説明のみ
＜パターン2＞
　教師の説明→生徒の問題演習
＜パターン3＞
　教師の説明→生徒による言語活動→教師によるまとめ
＜パターン4＞
　教師からの例示→生徒による言語活動→教師によるまとめ

＜パターン1＞は、教師が一方的に文法規則を説明する場面を思い浮かべてもらいたい。教師から生徒へ文法の知識を伝授することができ、生徒はターゲットになる文法が持つ形と意味[4]を知ることができる。例えば、「受け身」を指導する際、教員から「be動詞＋過去分詞」という形を持ち、「〜される」という意味を表現できるという教員からの一方的な説明のみを行い、生徒に理解を促すことになる。このパターンを通して生徒が理解した文法の形と意味に関する知識を使って実際に英文が作れるかどうかは、その後の生徒自身の取り組みに委ねるほかはない。定期テストの採点や英作文の添削をしていて、「あんなに説明したのに、全く分かっていないんだから」とぼやくのはこのパターンの授業をしている教師に多いセリフであろう。

　＜パターン2＞は、説明の後に何かしらの問題演習を行うものである。文法が持つ形と意味を確認しながら自力で問題を解くことによって、形に

---

[4] 本章で使用する形、意味、使用という用語はLarsen-Freeman (2001) に基づく。それぞれform、meaning、useの訳語である。

対する理解を深め、意味を再確認することができるため、文法の形と意味に関する知識だけを問う穴埋め問題や誤文訂正問題に正解することはできるようになるかもしれない。しかし、このような問題演習を通して生徒が自力で文を書いたり話したりすることができるとは限らない。ここに高いハードルが存在する。

　そこで、紙面での問題演習ではなく、実際に対象となる文法を使って、自ら英文を作り出して発話あるいは作文をしてみる機会、つまり言語活動を授業に取り入れるのが＜パターン3＞である。頭で理解した（つもりになっている）文法事項を自分で使ってみることで理解の度合いを検証する場になり、この活動を通して「実は理解できていなかった」、「実際に使用するところまでいっていなかった」と気づくことができる。ここで、さらに再度教師が説明を加えることで、対象とする文法事項を使用して発話し、作文する際に注意すべき点もわかり、より深い理解に結び付けることができるというメリットがある 5)。先ほどのテストの採点の場面で考えてみよう。授業に言語活動を取り入れた＜パターン3＞の授業をしている教師ならば、期待に反する答案を前に「生徒に定着させるだけの言語活動をさせていなかった」と反省するのではないだろうか。

　最後に＜パターン4＞では、文法の説明から入るのではなく、まずは教師が様々な場面を設定して、ターゲットになる文法事項が含まれる英文を提示する。例えば、English is spoken all over the world. という受身文を導入する例を考えてみよう。ここで重要なのは、受身文を使用する場面を意識せずに、機械的な書き換えとして They speak English all over the world. といった文を産出してしまう生徒が少なからずいるという現実的な問題である。一般的に、「英語が世界中で話されている」ということを伝えるときに、「誰」が話しているかということに重きを置く必要はなく、それゆえ当該

---

5) 文法が持つ形、意味への気づきを高めたところで教師による指導を行う。Long (1991) が提唱した focus on form という外国語教授におけるアプローチを取り入れたものである。これに対し、明示的かつ意識的に言語の形に焦点を当てて文法を教授することを focus of forms と言う。

文法要素は省略されている。上記の例文においても、だれが話しているかという情報にはそれほど関心がないため、「by +（主に）動作主」(by-phrase) を伴わない受け身を使うことが多くなると説明できるであろう。このように、教師が文法項目を使用する場面を意識しながら多量にインプットを提供することで生徒に理解させる仕掛けが重要なのである。つまり、「そうか、わかったぞ。こういうときにはこの言い方をすればいいんだ」と生徒自身に気づかせることが必要である。

そしてこの段階で気づいたことを、自分でも言葉として使いながら理解を深めて確認していくために欠かせないのが生徒による言語活動である。教師からのインプットをベースにして生徒自らがアウトプットすることで、生徒全員に授業に積極的に取り組ませ、正しい英文の形に近づいていく努力をさせる。そして「言えるようになった」と生徒が感じた後で、教師が文法規則の簡潔な説明を加えることで「自分の理解は正しかった」「修正が必要だ」とそれぞれの生徒が確認する場面を持つことになる。このような指導パターンは、目標言語によるコミュニケーション活動を授業の軸とする、いわゆるタスク中心の言語指導[6]（task-based language teaching）に沿った指導ともいえる。実際には生徒の実情を踏まえて、文法事項や生徒の状況に応じて＜パターン3＞と＜パターン4＞を使い分けることが考えられるが、いずれにしても、言語活動を取り入れることが生徒に文法を定着させるための条件になる。

3.1.3 「使う」という視点

筆者は、上記の4つの授業パターンをもとに、文法の形と意味をどう理解させ定着させるかを考えてきた。その際に強調してきたのは、授業で学習する文法を実際の場面を考えながら実際に使用[7]するという視点であ

---

[6] 詳しくは Nunan (2004)、Ellis (2003) 等を参照。
[7] 話し手（書き手）と聞き手（読み手）とが共通して持つ社会的コンテクスト、談話的コンテクスト、コンテクストに関する前提などによって使用できる文法が制限されることを指す (Larsen-Freeman, 2001)。

る。現在進行形の疑問文を例として考えてみよう。ターゲットは次の英文である。

    What are you doing?

　この文の形を理解し、自分でも言えるようになるためには、次のような文法の形に関する知識が必要となる。

- 現在進行形は be 動詞 + 現在分詞（動詞の -ing 形）
- 疑問文では、be 動詞が主語の前にある
- 疑問詞は文頭にある

　次に、意味は「あなたは何をしていますか？」という質問だと理解できたとする。定着のための言語活動では、ペアになって、ひとりの生徒がジェスチャーである動作を示し、もうひとりがそのジェスチャーを見ながら What are you doing? と質問するという練習をする。あるペアは、一人がピアノを弾いているジェスチャーをし、それを見た生徒が What are you doing? とたずね、ジェスチャーをしている生徒が I'm playing the piano. と答えるといった練習である。同様のやり取りを繰り返しているうちに、形を身につけ、意味も理解できるようになってくるだろう。

　しかし、こうした学習の中で、使用という視点が欠けた場合にはどのようなことが起こるだろうか。日常生活でありえる場面で考えてみる。英語の授業で後方に座っている生徒が机の下に漫画を隠して読んでいるところを見つけた教師が、その生徒に "What are you doing?" と声をかけたとする。この生徒は現在進行形の疑問文の形と意味を理解しているため、即座に "I'm reading a comic book." と答えるかもしれない。英語の返答としては実に正確に文法知識を使って答えていると言えるだろう。しかし、教師が "What are you doing?" という言葉を通して伝えたかったこと、言い換えれば、教師がこの文を発した意図をとらえることができずに、教師を怒らせ

てしまうことになる。この場合の"What are you doing?"は、すでに漫画を読んでいることはわかっているため、「何をしているのか？」という質問ではなく、「漫画を読むのをやめなさい」「ちゃんと授業に参加しなさい」という意図であるということを理解できれば、生徒の口からは"I'm sorry."という言葉が出るか、何も言わなくても漫画をバッグにしまうという行為を取るはずである。

　学習指導要領の「言語活動の取扱い」には、「実際に言語を使用して互いの考えや気持ちを伝え合うなどの活動」と「言語材料について理解したり練習したりする活動」をバランスよく行う必要があると書かれている。上記の例はどちらも「言語材料について理解したり練習したりする活動」を通して、現在進行形の疑問文の形と意味を定着させているということができる。しかし、場面を考えて使用するという視点からの指導が欠けていたために、せっかく理解している形と意味をコミュニケーションの手段として使用することができなかったと言えるだろう。もし、「実際に言語を使用して互いの考えや気持ちを伝え合うなどの活動」も行っていれば、このような失敗が起こらなかったかもしれない。「文法はコミュニケーションを支えるもの」という点からも、文法指導に次の図のような使用という視点を取り入れなければならない。これらの関係性を表したのが図3.1である。

　図3.1の矢印は全部で6本あるが、もしuse（使用）がなければ矢印は

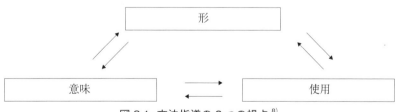

図3.1: 文法指導の3つの視点[8]

8）Larsen-Freeman（2001）の253頁の図を参考に筆者が作図。

form（形）と meaning（意味）を結ぶ 2 本だけになってしまい、きわめて機械的なものに感じられる。しかし、「使用」という視点を意識することで、「形」と「意味」をコミュニケーションのために学んでいるということが読み取れるようになる。

3.1.4 テストでも

　例えば、授業で一般動詞の疑問文を学習し、学習したことをもとに言語活動が行われたとしよう。このような状況において、テストでも文法の使用が問われることで授業に対する生徒の動機づけのひとつとなり得る。一般動詞の疑問文を学習し、授業内の言語活動を通して疑問文（Do you have a dictionary?）を用いて物を借りることができると理解していれば、以下のような問題[9]は簡単に解答できるであろう。

　　問題：休み時間に英語の授業の予習をしていてわからない単語に出会い、友人から辞書を借りたいときは何と言いますか？

　このような問題では、例えば、*Dictionary?* と 1 単語で解答しても不正解とは言えず、正解が複数存在するため、テストの問題としては不適切と思うかもしれないが、形、意味、使用の 3 つの評価の観点があることを明記すれば、教師が生徒に産出して欲しい文が得られるはずである。新たな文法項目を授業内で扱い、言語活動を行う際に、このような評価の観点にもとづいて言語の産出を促すことも大切である。
　生徒が文法を学んだ結果、「相手が話す英語を聞いて意味がわかった」「本を読んで新しいことを知ることができた」などと感じ、「相手に自分の思いを伝え、大切なメッセージを英語で発信できた」と思えたら、「何で英文法を勉強しなければならないのですか？」と聞いてくる生徒はいなく

---

[9] このように状況を与えて言語の産出を促すタスクを談話完成テストあるいはタスク（discourse completion test/task）と言う。母語話者と非母語話者が産出する言語の違い等を観察するために作られたタスクである（Blum-Kulka, House, and Kasper, 1989 参照）。

なるだろう。そのためにも使用を意識した文法指導をぜひ取り入れていきたいものである。

3.2 文法学習で「できること」を増やす—Can-doの活用—
3.2.1 文法を勉強しても

　文法が苦手で英語が嫌いという生徒、あるいは英語は好きだけれど文法だけはどうも苦手という生徒は多い。こうした生徒の多くは、「文法ばかりではなく、もっと使える英語を身につけたい」と文法とコミュニケーションを別物としてとらえていたり、文法用語や規則を覚えることが文法学習と思ってしまったりしている。ここに文法を嫌いになる原因があるように思われる。このような誤解を与えてしまうのは、文法を学ぶ意味を十分に伝えることができていないためだろう。教師が、文の構造がわかれば将来英語を使うための基礎ができるという信念を持って、文の形と意味の理解に特化した指導に当たることは間違いとは言い切れない。しかし、生徒がこのことを自ら実感するには時間がかかりすぎる。生徒が教師の意図を理解する前に英語嫌いになってしまうことも十分に考えられる。

　文法を習得することの意義を理解できなければ、文法学習に取り組もうという動機を得ることは難しい。つまり、「今学習している文法を使えるようになると何ができるようになるのか」を知り、実際に使用することを通してその文法を学習する意義を理解することで、文法学習に取り組む意欲を引き出すことができる。

3.2.2 Can-doによる授業改革

　現在世界的に注目を集めてる言語学習のガイドラインにヨーロッパ言語共通参照枠（Common European Framework of Reference for Languages, Council of Europe, 2001：以下CEFR）がある。CEFRでは便宜上A1~C2という6つのレベル設定をしているが、それぞれのレベルごとに「〜できる」という記述方法を用いたCan-do descriptors（記述子）が用意されている。こういったCan-doの考え方を用いた英語教育は、日本でもすでにいくつもの大学

で実施されている。また、実用英語技能検定試験（英検）の各級におけるレベルの参照にも独自のCan-doリストが用いられている。2011年6月に文部科学省から発表された『国際共通語としての英語力向上のための5つの提言と具体的施策』には、「国としての学習到達目標をCAN-DOリストの形で設定」、そして「中高は学習到達目標をCAN-DOリストの形で設定・公表、その達成状況を把握」とある。これを受けて、全国の中学校や高等学校ではCan-doリストを取り入れた英語教育の試みが始まってはいるが、現場からは学習指導要領や検定教科書との共存が難しいという声が多く聞かれる。しかし、学習指導要領に明記されている「文法については、コミュニケーションを支えるもの」という点に注目して文法指導を行い、生徒の学習成果を評価するよう心がけることによって、Can-doの考え方に即した英語教育を実践することができる。この際に最も重要なのは、授業で扱う各文法項目を生徒が実際に使用することができるか否かに注目し、その評価をCan-doによって行うことである。言い換えれば、Can-doが各授業の到達目標として機能するわけである。こうするだけで、Can-doという視点を一般的な文法指導に結びつけることが可能となる。以下、Can-doの視点を取り入れた文法指導の例をみてみよう。

3.2.3　Can-doの視点からの文法指導

　まず、中学校検定教科書『NEW HORIZON English Course 1』のUnit 1、Part 1を例に考えてみる。このレッスンの新出文法事項は"I am..."つまりbe動詞の一人称である。
　教師として、このレッスンのゴールをどのように生徒に示すだろうか。扱われている言語材料と題材を整理してみると以下のようになる。

　　　文法事項　　　：be動詞　一人称
　　　言語の使用場面：新入生との初対面
　　　言語の働き　　：あいさつする、自己紹介する

```
Unit 1   ようこそ、日本の学校へ

Part 1   あいさつをしよう


Hi．I'm Sakura.

                              Hi．I'm Becky.

Nice to meet you.

                              Nice to meet you, too.

基本文  I am Sakura.
```

(NEW HORIZON English Course 1（東京書籍))

　文法用語を前面に出して、授業の始めに黒板に「be 動詞の一人称」などと書いても学習意欲を高める生徒はまずいないだろう。では、言語の「使用場面」と「言語の働き」から次のような目標を提示したらどうだろうか。

・　誰かと会ったときにあいさつができる
・　自己紹介として自分がだれかを説明することができる
・　初対面の人とあいさつができる

　つまり、今日の授業のゴールは「これから先生や友達と毎日英語であいさつを交わせるようになり、初対面の人に会ったときにあいさつを交わして自己紹介ができるようになること」だと投げかけることができる。これは、日常生活の様々な場面で使えるばかりでなく、ビジネスで世界中を駆け巡る際にも必要になる英語力であることを認識できれば、生徒にとっては大きな動機づけになる。そして、2つ目の「自己紹介として自分がだれかを説明することができる」が、まさに一人称の be 動詞"am"の学習である。Can-do の発想を取り入れることで「文法知識獲得のための文法学習」ではなく、「コミュニケーションのための文法学習」といった印象を生徒

に与えることが可能となる。また、教員側としては、生徒に当該文法項目を使用させることを通して、例えば、「一人称のbe動詞"am"を使った自己紹介ができるようになった」と、Can-doという視点から評価することが可能となる。このように、Can-doの発想を生徒の評価に取り入れることによって、教師自身が授業の自己評価をすることも可能になる。

次に、Can-doの視点を取り入れた英語教育の実践例としてNHKの英語講座を取り上げる。この講座では、2012年度からそれぞれの講座ごとにCan-doリストを用いて到達目標を明示している。筆者が担当していたラジオ講座「基礎英語3」と「基礎英語2」でも、Can-doを毎月の大きな到達目標にするとともに、毎日の番組で「今日のCan-do」としてその日のゴールを明示した。こうした改革によって、社会人にとっては「使える英語」を学ぶ講座という認識が高くなった。

「基礎英語」は中学生が多く利用していることから、中学校で学習する文法事項もしっかりと扱う必要がある。そこで新出文法事項も、「今日のCan-do」として学習目的を明示することにした。つまり、「〜ができる」ようになるために「新しい文法事項を学習する」という意識づけを行った。以下に、「基礎英語3」の中で取り上げた文法事項から、「今日のCan-do」と例文、該当文法事項をいくつか紹介する。番組では開始直後にCan-doを提示してその日のゴールを確認し、ストーリー性のある英文に触れた後、放送時間後半になってから明示的な文法の学習を行っていた。

・自分のこれからの予定や計画を述べることができる

 I**'m going to** Tokyo next week.

 I**'m going to** go to Tokyo next week.

 ⇒未来を表す現在進行形と be going to

・自分が習慣的に繰り返していることについて述べることができる

 I **play** badminton after school every day.

 ⇒現在形

・相手に同意を求めて確認することができる

You didn't have lunch. **Aren't** you hungry?
　⇒否定形の疑問文
・これからのことについての推量や予測を述べることができる
　It **will** be sunny in the afternoon.
　⇒助動詞 will（話し手の現在の推量や予測）
・今、自分が何をしているかについて述べることができる
　I'**m practicing** kendo very hard for the tournament next week.
　⇒現在進行形
・自分の意志を述べることができる
　（電話が鳴ったのを聞いて）Okay, I'll get it.
　⇒助動詞 will（話し手の現在の意志）
・過去にあったことを、現在と関連させて述べることができる
　Kana **has cleaned** her room.
　⇒現在完了形（完了・結果）
・まだ完了していないと伝えることができる
　My sister **hasn't eaten** her breakfast yet.
　⇒現在完了形の否定文（完了・結果）
・過去から現在にかけて続いている状態を表現することができる
　It **has been** cloudy this week.
　⇒現在完了形（継続）
・これまでの経験を述べることができる
　I **have eaten** at that restaurant three times.
　⇒現在完了形（経験）
・相手のこれまでの経験をたずねることができる
　Have you **seen** this movie before?
　⇒現在完了形の疑問文（経験）
・どのくらい時間がかかるか表現することができる
　It **took** more than one hour **to** bake this cake.
　⇒ It takes ＋時間＋ to 動詞の原形

・1つの語句に情報を加えて説明することができる

　There are many places **to visit** in Kyoto.

　⇒不定詞の形容詞用法

・何かをする目的を述べることができる

　I use the Internet **to get** information every day.

　⇒不定詞の副詞用法（目的）

3.2.4　授業での指導手順

　前述の通り、Can-doを用いた文法指導では、Can-doがその授業のゴールになるため、授業の早い段階で生徒に提示することが大切である。例えば、授業開始前からToday's GoalとしてCan-doを板書して視覚的に提示し、授業開始後は口頭による言語材料や題材の導入から始めることが考えられる。また、教師がオーラル・イントロダクション（口頭導入）を通してターゲットになる文法事項の使用場面と働き[10]を提示し、生徒の意識が学習内容に向いた時点でCan-doを提示することもできる。その後、生徒による言語活動で使いながら文法の定着を促し、最後に文法規則を明示的に言葉で説明して整理するという流れである。ここでのポイントは明示的な文法説明が終盤に来るという点である。Can-doというゴールに向けた努力を生徒自身に促し、そのゴールに到達するための手段として文法を学習させることが大切である。生徒が授業中に「できるようになった」という達成感を得ることが重要である。

　教師の立場からもCan-doを活用する意味はいろいろとある。まず、先述の通り、授業での活動中に、生徒が「できるようになっているか」あるいは「まだできていないか」を観察することで文法の定着度を測ることができる。次に、このように学習成果を測ることによって、活動時間の延長や短縮、補足的な練習を加えるべきかの判断材料を得ることができる。ま

---

10) ここで言う使用場面とは自己紹介など実際に言語を使用する場面を指す。一方、働きとは「謝る」などの文あるいは語句が持つ機能を指す。

た、試験の出題についても、試験範囲で達成すべき Can-do をもとに「できているか」という視点で問題を作成することになるため、単に知識を問う問題ではなく、生徒がコミュニケーションを取ることができるかどうかを試す問題を出題しやすくなる。

3.3 使用場面の対比で気づきを促す
3.3.1 既習文法と新出文法の対比
　新出文法を導入する際に、該当の文法事項を単独で導入することもあるが、既習文法と対比させることで、生徒の理解を促すことも少なくない。形の違いを教えることも大切だが、その違いがどのような意味の違いとなり、それぞれの形がどのような場面で使われるのか、そして何を伝えるときに使うのかを生徒自身に気づかせることが、コミュニケーションの手段として適切な文法を活用できる力の育成につながる。ここでは、既習文法と新出文法を対比させ、使用場面を意識した文法導入の例をみていくことにする。

3.3.2 現在形と現在進行形
　現在形と現在進行形は、使用場面を活用しなければ日本語訳だけでは区別が難しい文法事項である。特に現在形は、高校生になっても正しく使うことができない生徒も多くいる。現在進行形を導入する際に、使用場面の対比によって現在形の使い方を再確認し、正しく使えるようにしたいものである。動作を表す動詞 play を使った 2 つの文を比較してみる。

　　She plays tennis.（既習）
　　She is playing tennis.（新出）

　この 2 つの文を日本語訳から理解しようとすると、どちらも「彼女はテニスをしています」となり、形の違いがどのように意味に反映されるかを知ることはできない。中学校の教科書では現在形を現在進行形よりも先に

学習するが、現在形が初出の時点で多くの生徒は「現在形は今のことだけを表す」と考えてしまいがちである。しかし、現在進行形との使用場面の違いを比較しながら学習することで、現在形の意味を正確に理解できるようになる。

導入例

＜女の子がテニスをしている絵を見せながら＞
Who is this girl?　Yes, this is Eri. She is a member of the tennis club, so **she plays tennis every day** after school. However, the tennis club doesn't have practice today…
＜同じ女の子がバレーボールをしている絵を見せながら＞
…, so **she is playing volleyball** now with her friends in the gym.

　「恵理はテニス部に入っているので毎日テニスをしている」という状況から、She plays tennis. という現在形の文が、恵理がテニスをしているのは、過去と未来にまたがるある程度の幅を持った現在を表していることがわかる。また every day とともに使うことで、本例の現在形が繰り返し行われる「現在の習慣的行為[11]」を表すという認識を持つことができる。これに対して、「今日はテニス部の練習が休みなので、今は体育館で友達とバレーボールをしている」という一時的な行為を表すには、She is playing volleyball. と現在進行形を使うという区別ができるようになる。

3.3.3　過去形と現在完了形の対比による文法指導
　現在完了形の導入に当たっては、過去形と対比した指導が有効である。次の2つの文で見てみる。

　　I <u>finished</u> my homework.（既習）

---

11) 安藤（2005）を参照。

I have finished my homework.（新出）

形の違いについてはhaveの有無ですぐに区別できるが、日本語ではどちらも「私は宿題が終わりました」となり、ここでも使用場面の提示が不可欠である。宿題を終えた状況を次のような場面で提示し、対比することが考えられる。

導入例
＜悲しそうな表情で＞
My sister finished her English homework, but she has to do her math homework now. She has a lot of things to do today. Well, I **have finished all my homework**,…
＜うれしそうな表情に変えて＞
…, so I will watch TV now.

　最初の文では、「妹は英語の宿題を終えた」という過去の事実だけを伝えている。一方、後半の現在完了形の文では、「私はすべての宿題を終えた」という過去の出来事が、「テレビを見る余裕ができた」という現在の出来事に影響を与えている。つまり、現在完了形の特徴は「現在との関連性 (current relevance)」[12]と言える。このように使用場面の対比によって例文を理解することで文の形の違いにも目を向けるきっかけになる。

3.3.4　There is の文と SV の文
　文の意味を日本語訳だけで理解することが原因で、多くの生徒が使い方を間違えてしまうのが There is / There are を使った「There is 構文」であろう。「～がある」「～がいる」という日本語を機械的に英語に置き換えてし

---

12) 詳しくは安藤（2005）を参照。なお、田中（1995）によれば、「HAVE ＋過去分詞」という形は「すでに起こったこと [過去分詞] を現在の経験空間 [HAVE] で処理する」（p. 58）という意味である。

まう結果、すでに Mr. Ueno is in the teachers' room. という英文を学習しているにもかかわらず、「上野先生は職員室にいます」という場面でこの構文を使ってしまう生徒がいる。次の2つの英文で考えてみる（ここでは1の文型を既習、2の文型を新出の学習内容とする。）

1. The student is in the classroom.
2. <u>There is</u> a student in the classroom.

1つ目の英文の be 動詞（is）が存在を表すという理解は初期段階では難しいが、この2つの文の対比によって理解を深めることができる。ポイントは、最初の英文の student には the がつき、There is 構文では冠詞が a になっている理由を考えさせることである。ここでは会話文を使って提示する場合を考えてみたい。昼食時に空腹の2人が町を歩いている場面である。

> 導入例

＜JTE と ALT が2人で話しながら歩いている場面を演じながら＞
A: I'm hungry now. I want to eat something.
B: Me, too. **There is a convenience store over there**. We can buy some food there.
A: Well, I heard a new ramen shop opened last week. Do you know about it?
B: Yes! **It's near the station**.
A: Okay. Let's go!

ここで「コンビニが向こうにある」というときにはなぜ There is を使い、「そのラーメン店は駅のそばにある」という場合には使わないのかを文脈から判断させる。a convenience store（コンビニ）はこの会話の中で初めて出てくる話題で、A にとっては新情報（new information）なので There is が使われていることに気づかせる。つまり、新しくコンビニの話題を導入し、その後に You can buy some food there.（何か食べるものをそこで買える）と話

が続いていくという流れである。これに対して、先週オープンしたラーメン店については、2人の間ですでに話題にのぼっていて、話し手と聞き手の間で「どのラーメン店か」特定されているため、代名詞の it が使われている。このような場面で日本語では「ラーメン店がある」と言えても、英語では There is は使わないことを状況の中で理解させ、練習させる必要がある [13]。

3.3.5　must と have to

形は明らかに違いながら、「〜しなければならない」という日本語から覚えているために混同してしまうのが must と have to であろう。肯定文ではどちらを使っても可能な場面もあるが、違いをきちんと理解していないと、否定形の must not と don't have to の区別をつけられなくなってしまう。

　　I must go home now.（既習）
　　I have to go home now.（新出）

どちらも「家に帰らなければならない」という日本語になるが、前後に短い場面設定をするだけで、それぞれの使い方の違いを提示することができる。次の2つの場面でみる。

導入例

＜職員室で運動部の顧問の先生に話しかける生徒の設定で＞
Mr. Takeda, I feel sick and have a high fever. I need to see a doctor, so **I must go home now**.
＜友達の家に遊びに来ている生徒の設定で＞
Oh, it is getting dark outside. **I have to go home now**.

---

13) このように、聞き手にとって既知の情報、つまり旧情報（old information）であるか、あるいは未知の情報、つまり新情報であるかで構文の使用に違いが生じる場合があると認識させることが重要である。

最初の例は、高熱がある生徒が「医者に行かなければならない」と言っている場面である。もしこの状況で部活動に出てしまったらどうなるかを生徒たちに考えさせることができる。「帰宅する」ことは、話し手である生徒が自分自身に課した義務であると考えることができる[14]。つまり、話し手が「帰宅する」以外に選択肢はないと判断し、そのためにどうしても何かをしなければならないというときに使うのがmustだと状況からわかる。これができれば、「他に選択肢がないので、〜に違いない」という確信的な推量にもmustが使えることを理解するのも難しくはないだろう。

　これに対して2つ目の例文は、「外が暗くなってきているから、そろそろ帰らなければならない」という状況である。「外が暗くなってきている」という周囲の状況が話し手に課した義務であると考えることができる[15]。

　このように、使う場面と意味の強さの違いを理解することで、次の2つの例文の違いを理解できるようになる。

　　You <u>must not</u> take photos here.
　　You <u>don't have</u> to take photos here.

　mustが「他に選択肢がないと判断して、どうしても〜しなければならない」という義務を表すと理解できていれば、その否定形が「他に選択肢がなく、〜してはいけない」という義務、つまり禁止だと理解できる。例えば、美術館で写真を撮ろうとしている友人にYou <u>must not</u> take photos here. ととっさに注意することができるだろう。また、遠足でグループの一人が写真を撮っているので、You <u>don't have</u> to take photos here.（あなたは写真を撮らなくてもいい）という使い分けができる。このように実際に使われている場面を想像させることで「写真を撮ってもいいけれど、特に撮

14）江川（1991）を参照。
15）江川（1991）を参照。

る必要はない」という意味で使うことができるようになる[16]。

3.3.6　SVO と SVOO

　使用場面の提示なしに教師が生徒に機械的な書き換え練習をさせてしまうことで、場面に合わせて正しく使うことができなくなる例として次の2つ文がある。

　　I gave the watch to Yuki.（既習）
　　I gave Yuki a watch.（新出）

　どちらの文も「私は由希に時計をあげた」ということで、同じ意味ととらえがちだが、伝えたい内容には大きな差がある。どちらの文を使うかは、発話するまでの会話の流れによって決まるため、それぞれの使用場面に合った会話例を提示することが大切である。

導入例

A:　You are not wearing your watch today.
B:　Well, I gave it to Yuki.
A:　To Yuki? Really?

　英語には、話し手と聞き手の間ですでに共有している情報は前に、そして新しい情報は後ろにくるという原則がある。この会話では時計についてすでに A が話題に出しているが、由希にあげたという情報は新情報のため、Yuki が文の最後にくる。このため、このような場面で、通常は I gave Yuki the watch. とは言わない。このことは、代名詞を使った文を提示して

---

[16]　Quirk, Greenbaum, Leech and Svartvik（1985）によれば、must は主観的に自らそうしなければならないこと（self-obligation）、have to は外的な力によってそうしなければならないこと（obligation by external forces）を意味する。

生徒に考えさせてもいいだろう。I gave it to Yuki. とは言えるが、I gave Yuki it. とはふつう言わないことからも2つの文の使い方に違いがあることがわかる。同様の理由から、次の会話では Yuki が文の最後にくる。

  A: Did you give Mayu the watch?
  B: No, I gave it to Yuki.

ここでも「あの時計は、麻友にではなく由希にあげた」ということを伝えるためにこの文の形を使うことになる。これを次の会話例と比較してみよう。

  A: What did you give Yuki for her birthday?
  B: I gave her a watch.

ここではプレゼントにあげた品物について質問していて、由希に何かをあげたという事実はすでに共有しているため、a watch という伝えるべき新情報が文の最後にきている。つまり、I gave a watch to her. よりも I gave her a watch. の方がより自然な使い方ということになる。
 以上、5つの指導例をあげて考えてきたが、形と意味を理解し、コミュニケーションで使える文法力を養うために、まずは教師が適切な使用場面を生徒に向けたインプットとして提示することが必要である。その際、生徒が使い方に関して具体的なイメージを持つことができるように、学習済みの文法事項と対比させることでその違いに気づかせ、新出文法事項だけではなく、既習事項のより深い理解にもつながることを念頭に置いて指導したい。

3.4 段階的に「できること」を積み上げる
3.4.1 ターゲットに向けて積み上げる
 英語は「積み上げ科目」と言われている。一度学習内容がわからなくな

ると、その先に進んでいくことができず、中学1年生の段階で英語に躓いてしまった生徒は、それ以降も英語に苦手意識を持ち続け、その後の学習内容を理解することができなくなってしまう。こうした点を踏まえ、『中学校学習指導要領解説外国語編』には次のような記述がある。

> 外国語科の指導においては、第2学年においては第1学年での学習内容を、第3学年においては第1学年及び第2学年での学習内容を、言語活動の中で繰り返し学習することで、言語材料の定着を図るとともに（以下省略）(p. 29)

　特に文法指導においては、基礎となる土台をしっかりと固め、その上に積み上げていかなければならない項目はどの教員も意識して指導している。進度だけを気にして授業をすすめてしまうと、言葉としての英語学習が成立しなくなる危険性も十分に認識していることだろう。このように、土台の上に積み上げていくという発想の上に立ち、もう一つ忘れてはならない別の視点がある。学習項目の連続性と学習順序を長期的な視点に立って意識することで、新出事項の理解を深め、定着を促す指導を行う手助けになる。

3.4.2　関係代名詞の理解に向けて

　ここでは、中学校3年生の後半に学習し、また高校においても大きなターゲットの文法項目である関係代名詞を例にとり、それ以前の文法事項が関係代名詞の理解にどのようにつながっていくかを考えていくことにする。1998年に告示され、2002年から施行された中学校学習指導要領では、関係代名詞は「理解の範囲にとどめる」という、いわゆる「歯止め規定」があった項目で、中学生にとって活用するレベルまで指導するには十分な配慮が必要な項目と言える。関係代名詞の理解に不可欠な要素として、代名詞の働きと名詞の後置修飾が考えられるが、ここでは関係代名詞の後置修飾をとらえる上で欠かすことのできない修飾関係を、学習段階を追って考

えてみることにする。中学1年生の初期から3年生で学習する関係代名詞までの関連学習項目は、以下のように流れていくのが一般的であろう。

|形容詞が名詞を修飾| ＝前置修飾
 a cute boy

     |＜前置詞＋名詞＞が名詞を修飾| ＝後置修飾
      a boy in the gym

|分詞が名詞を修飾| ＝前置修飾
 the running boy

     |分詞が2語以上で名詞を修飾| ＝後置修飾
      the boy running in the park

     |文が名詞を修飾（接触節）| ＝後置修飾
      That is the boy I met yesterday.

     |文が名詞を修飾（関係代名詞）| ＝後置修飾
      The boy who is speaking French is my brother.

3.4.3　修飾という考え方

　形容詞を学習する入門期において、修飾という概念を特に取り上げなくても大きなハードルにはならない。これは日本語でも同じ修飾の形を用い、a cute boy や beautiful mountains などのように形容詞が名詞を修飾するという考え方は、生徒にとっても比較的習得しやすいものだからである。ただし、1語の形容詞が1つの名詞を修飾する場合に、日本語と同様に前置修

飾になるという意識を持たせておくことは大切である。例えば、the good old days などは、good と old というそれぞれの形容詞が days を修飾しているということを理解させる必要がある。

（例）the good old days（古き良き時代）

　この前置修飾の理解が、後に学習する後置修飾という日本語とは異なる文の形の理解につながる。また、こうした前置修飾の習得過程に、something や someone などの語の場合には形容詞が1語であっても後ろから修飾するということを知って形に慣れることが、関係代名詞へとつながる後置修飾の足場固めになるのである。

（例）something cold、nothing exciting、someone special

「something などの語は後ろから修飾する」というその場にしか適用されない説明にとどめるのではなく、「英語では後ろから修飾する場合がある」という認識を持たせたい。

3.4.4　後置修飾の使い方に慣れる
　後置修飾の基本的な考え方としては、「語句のかたまりが名詞を修飾する」ということである。

体育館にいる 男の子

a boy in the gym

　中学生の初期の段階では"*in the gym students"と間違って言う生徒も

いる。日本語では「体育館にいる」が前から「男の子」を修飾するが、英語の場合にはまず a boy が先行し、「a boy = どんな男の子かというと→ in the gym = 体育館にいる」という語順であることに慣れさせることが大切である。

　この原則を頭では理解していても、実際に発話するときには日本語の語順につられて後置修飾を使えないこともある。英語教職課程の大学生が模擬授業を行う際に、ペアワークの指示の中で「左側の生徒たち」と言う際に"*left-side students"と間違って言っている場合が見受けられる。これは頭では後置修飾を理解していても、コミュニケーションにおいては日本語の語順をそのまま英語に置き換えてしまったものである。しかし、前置詞句の後置修飾が身についている学生は"students on the left side"ということができる。英語では中心となる語の前に長い修飾語句をつけることを嫌い、最初に名詞を言っておいて、その後から修飾語句を重ねることで説明を深めていくという理解を促したい。

3.4.5　分詞の用法を通して修飾パターンを整理する

　前置修飾と後置修飾の理解を深めるきっかけになるのが分詞による名詞の修飾である。分詞に関しては、現在分詞と過去分詞の意味の違いについてはしっかりと指導されている場合が多いが、分詞が他の語句を伴うか伴わないかによって置かれる位置が異なることを十分に周知させる必要がある。次の例文で比較してみたい。

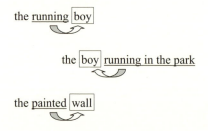

the wall painted by my father

　分詞が 1 語の場合には、先の 1 語の形容詞と同様に、日本語からの発想で前置修飾を正しく使えることが多いが、running in the park や painted by my father のような語がかたまりを作って名詞を修飾する場合の後置修飾の用法はハードルが高いようである。前置詞句の修飾と同様に、まず中心となる語を提示し、それに情報を追加していくという発想の指導が欠かせない。その際の注意点は、日本語による訳読式で説明を済ませてしまわないことである。「公園を走っている男の子」や「お父さんによって塗られた壁」という日本語から英文の意味を理解していては、後置修飾の概念を身につける機会を逃してしまう可能性が高い。このためにも、意味のかたまりごとに前から理解していくことがきわめて大切になる。

the boy / running in the park
「the boy ＝ どんな男の子かというと　→　running in the park ＝ 公園を走っている」
the wall / painted by my father
「the wall ＝ どんな壁かというと　→　painted by my father ＝ お父さんによって塗られた」

　このように情報を追加していくという後置修飾の形を理解し、使いながら慣れておくことが、文による名詞の修飾、つまり接触節[17]や関係代名詞の理解の前提となる。実際のコミュニケーションで内容を深めていくためにも、英語の語順で理解し、文法を定着させる必要があるだろう。

---

17) 接触節（contact clause）は、Otto Jespersen の用語で、関係代名詞の現れない形容詞節のこと。歴史的には接触節の起源は古く、必要であった関係代名詞が脱落して生じたのではないとされる。詳しくは井上（1966）を参照。

3.4.6　接触節と関係代名詞

　2002年から施行された中学校学習指導要領においては、接触節は関係代名詞のように先行詞による区別がないという理由から別に指導するものとされていたが、それ以外にも接触節を先に学習するメリットはある。次の例文で確認したい。

I met │the boy│.

│the boy│ I met

　上記の2つの英文は、I met と the boy の語順を入れ替えたもの、つまり＜主語＋動詞＋目的語＞の文の＜主語＋動詞＞と＜目的語＞の位置を入れ替えたものと考えることができる。まず相手に伝えたい中心となる情報である the boy を話題として出し、「その男の子」を特定するために I met で後ろから修飾するという、ここまで見てきた後置修飾の典型的な例と同じように考えることができる。

the boy / I met
「the boy ＝どんな男の子かというと→ I met ＝私が会った」

　前置詞句や分詞を含む語句が接触節では文になっているという違いはあるものの、後置修飾の基本的な考え方を身につけている生徒は同様の形として認識できる。「関係代名詞の目的格の省略」として教えるよりも理解の負担が少なく、修飾関係をより明確に理解することができるだろう。ここまでくれば、ターゲットとしている関係代名詞の導入はスムーズに進む可能性が高い。次の文は関係代名詞節が文の途中に埋め込まれた難易度の高い英文である。

The boy who is speaking French is my brother.

　この文の基本形は The boy is my brother. だが、これだけでは「どんな男の子か」が明確になっていないため、コミュニケーションとして成立する文にはなっていない。そこで「どんな男の子か」を特定するために、「後置修飾で情報を加える」という発想を持つことが必要である。

The boy / who is speaking French / is my brother.
　「The boy ＝どんな男の子かというと→ who is speaking French ＝フランス語を話している男の子だけど　→　is my brother ＝僕の弟（兄）なんだよね」

　ここでは関係代名詞をゴールとして長期的な視点に立った後置修飾の指導を考えてみた。積み上げ式にそれぞれの学習事項をつなげていくことが理想だが、なかなかそうはいかない現実もある。それぞれの文法事項がどのようにつながっているかは、まずは生徒の発話における正確さ、そして英作文の答案などから様々なヒントを得ることができる。「ここがわかっていないから、この文を作れなかったのか」などと思ったときに、もう一度以前の学習事項に戻ってそこを補強すること、そして例文を追加してインプットを増やし、再度言語活動で定着を図ることが次の新出文法事項を習得させるキーになるという考えを持ちたいものである。

3.5　英文法指導－教科書を活用して－
3.5.1　文法指導は参考書や問題集で？
　高校での英文法の指導では、教科書とは別に文法だけを扱った参考書や問題集、あるいはワークブックなどを使っている場合が多く見られる。もちろん、こうした副教材を用いて指導すること自体は悪いことではなく、教科書での学習を補強させるために使うのであれば意味はある。この点から考えれば、教科書で学習した新出文法を使った英文のインプットを多く与えるために、参考書や問題集にある例文を利用するという方法はあるだろ

う。あるいは、教科書本文で使われている既習の文法事項の定着を図るために、参考書を適宜参照させて理解を深めるという学習形態が取られることだろう。例えば、教科書で関係副詞を初めて学習した後で、問題集で多くの例文に触れさせることでその形を定着させることができる。また、すでに既習の分詞構文が本文で使われている場合には、参考書の該当ページを開き、文の形と意味を再確認して理解を深めさせるという使い方もある。

　ところが、大学生に高校時代の授業形態についての聞き取り調査を行うと、教科書の学習事項とは関係なく、文法のワークブックや問題集を最初のページから順番に学習している場合があることがわかる。さらに、「コミュニケーション英語Ⅰ」や「コミュニケーション英語Ⅱ」とは別の授業担当者が、文法だけを扱う授業時間を設けて、教科書の進度さえ知らずに文法指導をしている場合もあるようである。例えば、教科書ではまだ仮定法過去を学習していない段階から、ワークブックでは仮定法過去完了の問題演習を行っているといった極端な例もある。なぜこのようなことが起きているのだろうか。理由の1つは、教師が授業を進めやすいという一方的な理由が考えられる。言い換えれば、問題集に付属の試験問題作成ソフトを使い、範囲を決めた小テストを作りやすいということもあるだろう。高校でこうした文法指導を受けてきた大学生の多くは、次のような学習形態だったと報告している。

教師による学習範囲の指定
　　　↓
生徒が問題の答えを暗記してくる
　　　↓
授業で指定範囲のテスト
　　　↓
答え合わせと教師による簡単な解説

　この指導過程の一番の問題点は、教師の指導が全くないままに生徒が問

題の答えを家庭で暗記してくるということだ。これでは、「指導内容の定着を図るためにテストする」という大前提が崩れてしまう。答え合わせと簡単な解説はあるようだが、文法事項の形と意味の確認程度の説明で終わり、その文法の使い方を知るための場面提示や定着のための言語活動がないまま次の範囲に進んでいってしまっているのが現状であろう。これでは、形や意味に対する理解さえも深まらないのも当然であり、コミュニケーションでは使うことができない文法学習の典型と言える。

3.5.2 教科書は使用場面の宝庫

　中学校でも高校でもすべての新出文法事項は教科書本文の中に提示されている。これは、意味のある文脈で文法事項を提示することで、その使い方を知ることができるからである。そして、新しく学ぶ文法の形と意味を知ることで、題材を正確に理解できるというコミュニケーションの視点に立った文法指導を可能にするためでもある。特に高校の教科書では、高校生の興味や関心を引くような題材の中でそれぞれの文法事項の使用場面を提示しているので、これを活用することこそが使える文法指導の近道になる。

　中学校・高等学校ともに重要な文法事項として学習する受け身を例に考えてみたい。受け身は、客観的に物事をとらえて表現する場合や、前の文とのつながりをよくするために使われる表現方法である。例えば、自分の通う学校が100年前に建てられたと言いたい場合には、Our school was built one hundred years ago. と受け身を使う。つまり、誰が学校を建てたかという情報は必要ないため、その情報を主語として用いる必要がない受け身が使われるわけである。しかし、使い方を無視して形だけを教える指導では、無理に主語に they を使って、They built our school one hundred years ago. などと能動態で書き換えて指導している場合が見られる。形を理解させるために書き換えてみた後で、それぞれの異なる使用場面を提示するのならともかく、これを同じ意味として書き換え可能などと指導した場合には、生徒は使用場面に関係なくどちらかの形を使うようになってしまい、

その結果、円滑なコミュニケーションを取ることができなくなってしまうであろう。

　前の文とのつながりを示すために、少なくとも2文を続けて提示することで、その使い方を提示することはできる。次の2つの場面で比較してみたい。

例①
場面：友だちと2人で教室に入ったところ、周平がしょんぼりと立っている。
Look at Shuhei. He broke that window.

　第一文で Shuhei が話題（topic）として導入されているので、第二文では Shuhei を he で受けて、he を主語とする、he について説明する文になっている。こうすることで文と文のつながりがよくなるので、第二文は能動態の文になっている。

例②
場面：友達と2人で教室に入ったところ、窓が一枚割れている。
Look at that window. It was broken by Shuhei.

　第一文で that window が話題（topic）として導入されているので、第二文では that window を it で受けて、it を主語とする、it について説明している文になっている。こうすることで文と文のつながりがよくなるので、第二文は受け身の文になっている。
　このように、前の文とのつながり、つまり談話（discourse）の流れを意識したうえで、話題として導入されたものを主語として立て、それにより能動態の文あるいは受け身の文を選択するのである。複数の文を並べ、使用場面を教師が解説することで、文法の使い方の基本的な理解を得ることができる。そして、高校の教科書のような長い英文からなる題材では、さ

らに自然な場面の中での使い方を、英語で書かれた文脈だけを通して学ぶことができるので、十分に活用したい。

3.5.3 教科書を用いた文法指導の留意点

　教科書本文には新出文法事項が使用場面とともに提示されているが、これを活かすためにも指導する際に注意しなければならないことがある。それは、「文法指導のために英文がある」のではないということだ。たとえば、本文の内容理解に入る前に新出文法事項を英文から取り出して、文脈のない単独の文として学習した場合には、ワークブックでの学習効果と変わらなくなり、コミュニケーションとは離れた次元での文法理解で終わってしまうことになる。そうならないためにも、まずは題材内容にフォーカスして、生徒とのインタラクションを通した内容理解から行うことである。その過程で内容をより正確に理解するために新しい文法知識を学び、その使い方を知るという手順で進めることが大切である。あくまで文脈の中で内容理解の助けとして文法事項を扱い、その後、内容理解を伴った音読練習を行う中で文法の形・意味・使用を体にしみこませていくことで、文法規則の自動化（automatization）[18]を図る助けにもなる。

　文法事項についてさらに解説が必要な場合には、一度内容理解を終えた後で、振り返りとして文法を整理する時間を取るとよい。このような指導を通して、生徒が「こういう場面で使うと思ったけれど、自分が考えた通りだった」「なるほど。そういうことだったんだ」と各自の理解を確認する機会を提供するために、教師の説明でフォローしていくようにしたい。文法の参考書や問題集を補助教材として用いる場合にも、教科書を使った文法学習を軸として、新出文法事項との初対面の場を教科書とし、文法の形・意味・使用の3つの視点に立った学習を進める過程で用いるようにしたいものである。

18）明示的に身につけた知識が自動的に使えるようになること。詳しくはDeKeyser（2007）などを参照。

3.6　言語活動を軸とする英文法指導

　本章では、「コミュニケーションのための英文法指導」について考えてきた。一番の留意点をあえて一言で言うならば「授業中に生徒自身が考えて英語を使い、言語活動を通して身につけた文法がコミュニケーションで役に立つ」ということである。「教師の説明」から「生徒の言語活動」へとシフトしていくということにほかならない。新出文法を導入する際にも、教師が解説して「生徒はわかったはず」から、使用場面を提示することによって、「こういうときにはこういう言い方をすれば伝わるんだ」と生徒に考えさせる機会を提供し、その後も継続的にその文法に出会わせたいものである。

　テストの採点や英作文の添削をしながら、生徒が正しく文法を使えていないことにショックを受けることがある。そんな時に「あんなに詳しく文法の説明をしたのに全くわかっていない」と嘆くのではなく、「生徒が文法を使えるようになるだけの言語活動をさせていなかった」と振り返ることができる姿勢を持ちたいものである。

＊本章は、2012年度に公益財団法人日本英語検定協会『STEP英語情報』に連載した「コミュニケーションのための英文法指導」を大幅に加筆・修正したものである。

参考文献
阿野 幸一 (2012-3).『NHK ラジオ基礎英語3』　2012年4月号 -2013年3月号 .NHK出版 .
安藤 貞雄 (2005).『現代英文法講義』. 開拓社 .
井上 義昌編 (1966).『詳解英文法辞典』. 開拓社 .
江川 泰一郎 . (1991).『英文法解説 （改訂三版）』. 金子書房 .
笠島 準一他 (2012).『NEW HORIZON ENGLISH COURSE 1』. 東京書籍 .
菅井 三実 (2012).『英語を通して学ぶ日本語のツボ』. 開拓社 .
高島 英幸編著 (2011).『英文法導入のための「フォーカス・オン・フォーム」アプローチ』. 大修館書店 .
松村 昌紀 . (2012).『タスクを活用した英語授業のデザイン』. 大修館書店 .
田中 茂範 (1995).『「動詞」から始める英文法』. アルク .

文部省（1999）.『中学校学習指導要領解説外国語編』. 東京書籍.
文部科学省（2008）.『中学校学習指導要領解説外国語編』. 開隆堂.
文部科学省（2009）.『高等学校学習指導要領解説外国語編・英語編』. 開隆堂.
安井 稔編（1996）.『コンサイス英文法辞典』. 三省堂.
Aarts, B., Chalker, S., & Weiner, E. (2014). *The Oxford dictionary of English grammar* (2nd ed.). Oxford: Oxford University Press.
Blum-Kulka, S., House, J., & Kasper, G. (Eds.). (1989). Cross-culrural pragmatics: Requests and apologies. Norwood, NJ: Ablex.
DeKeyser, R. (2007). Practicing in a second language: Perspectives from applied linguistics and cognitive psychology. New York: Cambridge University Press.
Ellis, R. (2003). *Task-based language learning and teaching*. Oxford : Oxford University Press.
Ellis, R. (2006). Current issues in the teaching of grammar: An SLA perspective. *TESOL Quarterly*, 40, 80-107
Larsen-Freeman, D. (2001). Teaching grammar. In M. Celce-Murcia (Ed.), *Teaching English as a second or foreign language* (3rd ed., pp. 251-266). Boston, MA: Heinle & Heinle Pub.
Quirk, R., Greenbaum, S., Leech, G., & Svartvik, J. (1985). *A Comprehensive grammar of the English language*. London: Longman.
Long, M. (1991). Focus on form: A design feature in language teaching methodology. In K. de Bot, R. Ginsberg, & C. Kramsch (Eds.), Foreign language research in cross-cultural perspective(pp. 39-52). Amsterdam: John Benjamins.
Nunan, D. (2004). Task-based language teaching. Cambridge: Cambridge University Press.
Swain, M. (1985). Communicative competence: Some roles of comprehensible input & comprehensible output in its development. In S. Gass & C. Madden (Eds.), *Input in second language acquisition* (pp.235-253). Rowley, MA: Newbery House.
Swain, M. (1995). Three functions of output in second language learning. In G. Cook & B. Seidlhoffer (Eds.), *Principles and practice in applied linguistics* (pp.125-144). Oxford: Oxford University Press.

第4章　リーディングとリスニングの指導

藤永　史尚

概要

　本章では、リーディングとリスニングの諸側面と主な指導法について概観する。リーディング指導については、語彙の導入、読解発問、グラフィック・オーガナイザー、多読、音読指導を取り上げる。また、リスニング指導については、音声指導、発話速度の調整、ディクテーション、シャドーイング、視覚情報や字幕の利用について述べる。最後に、それぞれの指導の接点として、「聞きながら読む」指導について触れる。

4.1　リーディングに関する理論
4.1.1　リーディングのプロセス

　リーディングのプロセスについては、これまで様々なモデルが提案されてきているが、どれにおいても、「言語処理」の段階と、それをもとにした「理解」の段階、という2つを何らかの形で想定している。

　リーディングにおける情報処理において、文字を識別して、語句や文を読み取って「言語」そのものを処理する段階は、下位レベル処理（lower-level processing）と分類されている。ここに含まれるのは、次のようなプロセスであると考えられる（Grabe & Stoller, 2011; Richards & Schmidt, 2010; 金谷編, 1995）。

　　（1）　単語認知（word recognition）
　　（2）　文構造解析（syntactic parsing あるいは chunking）
　　（3）　命題的意味の構築（semantic proposition formation）

単語認知とは、文字情報を解読して符号化（decoding）し、語を認識することである。この符号化の際に、声には出さずとも頭の中でこの文字情報を音声化（音韻符号化）しており、その情報も利用されると考えられている（門田・野呂編, 2001）。

　文構造解析の段階では、語の連続を分析して、主述の関係や修飾、非修飾の関係などを見出し、文法的なまとまりを認識することが行われる（白畑・冨田・村野井・若林, 2011）。例えば、*The book fell on the floor.* という英文では、*The book fell* と *on the floor* の部分をまとまりとして認識し、それぞれの文法的な役割を認識することである。

　命題的な意味の構築とは、文脈から切り離して、節や文の字義通りの意味を理解することである。すなわち、*It is kind of cold here, isn't it?* という英文について「寒くないですか」という意味を理解することであり、「窓を閉めてほしい」のような文脈的な意味を含まないのである。

　下位レベル処理が符号化を中心としたプロセスであるのに対し、上位レベル処理（higher-level processing）とは、主として理解（comprehension）に関係するものである。ここでは、先述の下位レベル処理を通して、テクストに示された通りの単語や語順などの情報をもとに、字義通りの意味や全体の内容の要約のようなものを読み手の頭のなかで作り上げていく。さらに、これを文脈や、読み手がもつ背景知識と結びつけたり、実際には書かれていない部分を推論したりしながら、意味を解釈していく（Grabe & Stoller, 2011）。

　読解のそれぞれの段階における情報処理の方向性も重要な問題である。1つは、「部分」から「全体」へと進む処理である。すなわち、文字をもとに認識した個々の言語的要素を積み上げながら、最終的に、全体的な意味の理解に至る過程である。これをボトムアップ処理（bottom-up processing）という（Richards & Schmidt, 2010）。もう1つの方向性は、「全体」から「部分」へ向かう処理で、背景知識、文脈やそれまでに理解した大まかな内容などから予測や推測を行い、部分の意味や個々の言語的要素を特

定する過程である。これは、トップダウン処理（top-down processing）と呼ばれている（Richards & Schmidt, 2010）。実際のリーディングでは、この2つの方向の情報処理が、互いに影響を与えながら、時に補い合うような形で、同時並行的に行われているとされる。すなわち、読み手は、ボトムアップとトップダウン処理の両方を活用しながらリーディングを行っているということである。今日主流の読解モデルは、このような相互作用的処理（interactive processing）の存在を仮定している（金谷編, 1995）。

4.1.2　リーディングにおける下位レベル処理技能

　リーディングにおける下位レベル処理技能の重要性は、かねてから指摘されてきた。なかでも、正確で速い単語認知は読解力のある読み手とそうでない読み手を分ける技能であると考えられている（Samuels, 1994）。母語のリーディングでは、熟達度（proficiency）[1] の高い読み手は、テクスト中のほとんどの単語を注視していることが知られている（Just & Carpenter, 1987）。また、注視時間は、能力が高いほど短く、処理のスピードが速いと考えられる（Grabe & Stoller, 2011）。

　先にも見たように、読解において、その処理は段階ごとに1つ1つ進んでいくのではなく、同時並行的に行われる。下位レベル、上位レベル処理の効率性の観点からは、それぞれの過程における自動性（automaticity）と注意（attention）[2] の関係を重視するモデルが提案されている（LaBerge & Samuels, 1974; Samuels, 1994）。これによれば、読解過程における一連の作業には、それぞれに注意を向けなくてはいけないとされる。したがって、下位と上位レベルの両方の処理に注意は利用される。一方で、一度に向けることができる注意には限りがあるため（Samuels, 1994）、この限界を超えた

---

[1] 言語を様々な状況のなかで運用する能力のこと。正確さ、流暢さ、適切さの観点から、習得した文法、語彙、音声などをどの程度使いこなせるかによって定義される場合が多い（白畑・冨田・村野井・若林, 2011）。

[2] 注意とは、あるものに集中する一方で、その他ものは無視をするような働きのことを指している（Richard & Schmidt, 2010）。

場合には、下位と上位レベルの処理を切り替えながら行うような状態になると考えられる。

　母語（L1）における読解で、文字体系を既に習得してしまっている場合には、文字や単語の認識はほぼ無意識のうちに素早く行われるのが普通である。したがって、この下位レベル処理に注意は必要としないとされている。これが処理の自動性である。したがって、読み手は、より高次の処理である内容理解に集中することができる。

　しかしながら、外国語の場合には、母語と異なる言語体系にどの程度習熟しているかによって、下位レベル処理に必要な注意が変わってくる。熟達度の高くない読み手の場合には、下位レベル処理により多くの注意が必要となり、結果として、全体の処理スピードは遅くなり、内容理解にも影響を与えることになる。

　読解プロセスの自動性と注意の観点からみれば、外国語のリーディング指導における課題の1つは、文字、単語認知を中心とした下位レベル処理技能を高める（自動化する）ことだといえるだろう。このためには、実際に文字を読む練習をできるだけ多くおこなうことが必要であり、それは時間にして何千時間にも及ぶとも考えられている（Grabe & Stoller, 2011）。

4.2　リーディング指導の諸側面
4.2.1　リーディングと内容理解

　リーディングの最終的な目標は、文字の解読ではなく、文章からメッセージを受け取りその意味を理解することである。これには、テクストからそのまま受け取る「文字通りの意味」の理解と、それを解釈して見出す「文脈や読み手の知識などと結びつけた意味」の理解という側面がある。このような観点からは、内容理解を次の3つのレベルに分類することができる（Richards & Schmidt, 2010）。

(1)　事実理解（literal / factual comprehension）
(2)　推論的理解（inferential comprehension）

(3) 批判的・評価的理解（critical/evaluative comprehension）

　事実理解とは、文章中に明示的に書かれている情報について理解することであり、文字通りの意味を読み取ることである。例えば、*I swam in the sea. I saw a lot of fish in the sea.* という英文があるとして、ここから、書き手が「海で泳いだ」、「たくさんの魚を見た」という情報を読み取るということである。

　推論的理解とは、テクスト中にははっきりと書かれていない情報を理解することである。語句の理解のほか、言語情報以外のもの（例えば、読み手の経験や背景知識、直感など）をもとにした推論（inference）を行いながら、文字通りではない意味の理解を行うことである。このような推論にはいくつかの種類があるが、代表的なものは橋渡し推論（bridging inference）と精緻化推論（elaborating inference）である。

　橋渡し推論とは、文章中の照応関係や因果関係の理解から、テクストの一貫性（coherence）を構築するために行われる推論である（卯城編, 2009）。たとえば、「歯は痛みなく抜かれた。歯医者は新しい方法を使った。」という2文のつながり（一貫性）を読み手が理解するためには、「歯」は「歯医者」によって抜かれた、と推論して解釈しなくてはならない（田中・島田・紺渡, 2011, pp.16-17）。読解とは、文と文のつながり、まとまりを見出しながら読み進めていくプロセスであり、この意味で、橋渡し推論は、文章理解に必要不可欠なものだといえる。

　一方、精緻化推論は、読み手の持つ背景知識を、テクストから得られた情報と結びつけ、文章に明示されていない情報を補足して、解釈することである（卯城編, 2009）。これは、「歯は痛みなく抜かれた。患者は新しい方法を気に入った」という2つの文を考えるにあたって、「新しい方法を使って歯を抜いたのは歯医者である」という明示されていない情報を補って理解するような場合である（田中・島田・紺渡, 2011, pp.16-17）。また、「ジョンは、父親と同じ医者になりたいと思っていた」という文を解釈する際、「ジョンは父親を尊敬していたのかもしれない」と考えるような場合も含

まれる（卯城編, 2009, pp.76-77）。

　批判的・評価的理解とは、テクストのメッセージを受け取り、意味を理解するだけはなく、それを自分の知識や経験、考えと比較し、評価する読みである。ここでは、書き手の使う語彙表現、文構造などを通して伝えるイメージや調子（皮肉、怒り、説得など）などに注意を払って精読（intensive reading）することになる。その上で、書き手の意図や意向を正しく理解し、それに対しての意見を持ち、また、時としてそれを表明することも求められる（高梨・卯城編, 2000）。

4.2.2　リーディング指導と読みの形態

　リーディングを読みの形態（reading mode）という観点から考えると、音読（oral reading / reading aloud）と黙読（silent reading）という2つの形態が想定される。ここでは、リーディング指導において、これらがどのような方法、目的で行われるかを見る。

　音読とは、声に出して読むことである。教室では、目的に応じて次のような方法で行われることが多い（金谷編, 1995）。

(1)　斉読（chorus reading）
(2)　グループ読み（group reading）
(3)　自由読み（free reading / buzz reading）
(4)　個人読み（individual reading）

斉読はクラス全員で音読することである。グループ読みは、ある一定の集団（たとえば、教室のある列の席に座る生徒）ごとに読むことを指す。各々が自分のペースで読む場合が自由読みである。個人読みとは、音読練習の後、指名された個人がクラス全体の前で音読を発表する活動のことをいう。

　リーディング指導を念頭に置いた音読の目的は、大きくは次のようなものが考えられる（金谷編, 1995；高梨・卯城編, 2000）。

（1） 文字と音の関係を理解させ、文字から音声化できるようにする
（2） 言語材料（文法、語彙など）の学習
（3） 意味が伝わるように朗読する
（4） 内容の理解

　（1）と（2）は、学んだ知識を定着させて、関連する読解技能を高めるという練習目的で行われる。一方で、（3）は、人に聞かせること（伝達）が目標の活動である。読み取った内容を音声化して表現する方法（発音やイントネーション、声の大きさなど）にも注意を払うことになる。（4）は、声に出して読むことで、文字や単語の認識、意味の理解に至ろうとすることである。なお、音読の効果に関する議論については、4.3.5で扱う。
　黙読とは、発声を伴わない読みである。音読は、個々の語に注意を向け、それらを順番に処理（音声化）することになるが、黙読では、そのような読み方の他に、ある語句や文を無視して部分的に読んだり、ある部分を行ったり来たりすることが比較的柔軟に行われる。したがって、黙読における読み方は一様ではなく、その目的に応じて、さまざまな方法を使いながら行われる。
　その1つは、予測（prediction）である。これは、テクストの文字や語句から得られる情報を自分の持っている情報に照らし合わせ、テクストに書かれている内容について大まかな予想を立てることである。予測を立てながら、それを検証し、必要に応じて、修正したり、確認したりしながら読み進めていくという読み方である。
　また、部分的に読む方法として、スキャニング（scanning）がある。これは、テクストの中からある特定の情報を探して素早く読むことである。これは、必ずしも文章全体の詳細な内容理解を意図して行うものではなく、一字一句をことごとく読むことを必要としていない。たとえば，ある人物について書かれた文章を読む場合に、その人物の生年月日がどこに書かれているかを見つけるためにできるだけ速く目を通す、というような読

み方である（高梨・卯城編, 2000）。

テクストの概要をつかむスキルとして、スキミング（skimming）という読み方がある。これは、テクストが何について書かれているかをざっと把握することである。例えば、新聞を読む場合に、見出しやトピックセンテンスなどのテクストのある部分を選び、その内容理解をもとにして、全体の概要を把握していく読み方である。

スキャニングとスキミングはともに、緻密にテクストを読むためのスキルではない。これらの違いは、前者が読み手にとって必要なある特定の情報を得るための部分的な読みであるのに対し、後者はテクスト全体のメインアイデアをつかむことに主眼がおかれるという点にある。

4.2.3　リーディングを中心とした授業の指導過程

リーディングを中心とした授業は、読解前（pre-reading）、読解中（while-reading）、読解後（post-reading）の3つの段階に分けることができる[3]。読解前の指導は、次に続く読む活動を円滑に進めるための準備と位置づけることができる。この段階では、これから読む文章のテーマについて生徒が既に持っている知識を活性化したり、関連する映像や写真などを提示して新たに知識を補ったりして、内容についての導入を行う。このほか、新出の語彙や文法事項についての解説と練習、文章構造の提示などもここで行われる。

読む前の活動が終わると、実際に文章を読む活動に入る。ここでの目的は、教材の内容理解である。文章全体の概要を読み取らせた後、それから徐々に詳細な情報を読み取らせるようなかたちで指導が行われる。その方法としては、読解発問やグラフィック・オーガナイザーなどが利用される。また、「どのように読ませるか」という部分では、4.2.2でも触れたさまざまな読み方を、読み取らせる情報の性質に応じて、使い分けさせる指導が

---

[3] 各段階における具体的な実践事例については、金谷・青野・太田・馬場・柳瀬編（2009）や金谷・阿野・久保野・高山編（2012）を参照されたい。

行われる。

　最後に、読解後の活動であるが、ここでは、読んだ内容をもとにして、他技能と統合した活動を行う。たとえば、読み取った情報について、生徒自身の視点からまとめ直すことや、考えや意見を述べるようなライティングやスピーキングの活動などが考えられる。また、音読練習や、リスニングとも結びつけて、読んだ文章のシャドーイング練習などを新出の語彙や文法を定着させることを目的に行うこともある。

4.3　リーディング指導法
4.3.1　語彙の導入

　前節でも触れた通り、読む前の活動では、新教材の意味内容の導入が行われる。その過程では、教材の中に含まれる新出文法事項や語彙についての導入も何らかの形で行われることになる。ここでは、語彙の導入に焦点をあて、望月・相沢・投野（2003）の記述をもとに、指導の要点を説明する。

　語彙の導入の際には、まず、「どの語彙を事前に教えておくか」を検討しなくてはならない。検定教科書を使うのであれば、新出扱いとして掲載されている語彙と、本文中に登場する重要語句（本文理解に必要なキーワード）を検討する。これらの語彙から、次のような条件のものを見出す。

（1）　多くの生徒にとって未知語（unknown words）と推定できるもの
（2）　本文理解に不可欠で、文脈からの推測が困難だと考えられるもの

　語彙の導入において、その意味を提示する方法としては、日本語訳を与える、絵や写真などを見せることで視覚化する、定義・例文の利用が代表的なものとして挙げられる。

　日本語訳を与えることは、理解を促すためには効率的な方法であり、よく利用されている。例えば、dog を英語で *a domesticated animal that has a long snout, four legs and a tail...* などと説明するよりも、「犬」としたほうが、学習者への負担も少なく、記憶に残りやすいといえるだろう。日本語訳を

示す際には、日本語と英語は必ずしも一対一応するものではないので、両者のズレや文脈を考慮に入れ、注意深く訳語を選定しなくてはならない。

　意味を説明するにあたって、英語での定義や言い換え、例文を用いて示すことも可能である。定義を用いた言い換えとは、study という単語について、*to learn about a subject by reading and listening ...* のような説明を行うことである。例文を用いる場合は、*Tom has been studying English at school for three years. He has four lessons a week.* といった英文を示しながら study の意味を理解させることになる。実際の指導では、定義と例文のどちらか一方だけを使うというよりは、両者を組み合わせながら説明を行うことになるだろう。日本語訳に頼らないことの利点は、学習者が語彙の説明を英語で受けることによって、その分だけ英語に接触する機会が増えることである。また、ターゲットとなる語彙に関連する同義語や言い換え方法についての学習も同時に行うことができる。

　言葉を言葉で説明する以外に、特定の動作を表す表現や具象名詞（concrete noun）を、実物や絵、写真などの視覚情報を提示して説明する方法がある。言葉だけで説明するよりも具体的なものがイメージしやすく、素早く理解をさせることができるだろう。

　単語をどのぐらい事前に教えておけば良いのかは難しい問題である。文章の大部分（98％以上の語彙）が既知語で構成されていないと、理解に支障をきたすという指摘（Nation, 2009）はあるものの、語彙を事前に全て与えてしまうことは、未知語を推測したり、必要に応じて無視したりして柔軟に読むことの訓練にはならないという点は考慮に入れておく必要があるだろう。また、文章中のどの語が未知語であるか、理解に不可欠かは、読み手の個人差による部分も大きいということにも留意しておくべきである（望月・相沢・投野, 2003）。

4.3.2　読解発問を利用した指導

　読解発問（comprehension questions）の最も重要な役割は、読み取るポイントを示し、教材文の理解を促すことである。同時に、発問に導かれなが

ら読み取ることを通して、内容理解のスキルを訓練することも意図されている[4]。リーディング指導で用いられる読解発問は、その内容により、次のように分類することができる（田中・島田・紺渡, 2011）。

(1) 事実発問（literal questions）
(2) 推論発問（inferential questions）
(3) 評価発問（evaluative questions）

事実発問とは、文章中に明示された情報を読み取らせる質問である。多くの場合は、答えは1つに決まり、読み手は答えを英文の表面上に求め目を動かすことになる。先述した、スキミングやスキャニングといった読み方を行うのである。事実発問の例として、次のような英文を考えてみる。

> Giant pandas are charming. They are white animals with black eyes and ears. They have black "stockings" on their legs. They also have black bands over their shoulders.
>
> （斎藤, 1996, p.159）

この英文について、*What does Giant pandas have on their legs?* という質問をした場合、第3文目の情報をそのまま答えることになるのが事実発問である。このほかに、書かれていることをそのまま答えるのではなく、*What is the passage about?* のように、書かれている情報から一般化して答えるタイプの発問も考えられる。

推論発問は、文章には明示的に示されていない内容を答えさせるものである。ここでは、読み手が自身の持つ背景知識、文脈などをもとに推論を

---

[4] 読解発問を用いた指導法の具体例については、田中・田中（2009）、田中・島田・紺渡（2011）、斎藤（1996）も参照されたい。検定教科書の英文を例に説明がされており、非常に参考になる。

行わなくてはならない（推論については 4.2.1 も参照のこと）。文章の一部を細かく読んだり、全体を見渡したり、繰り返し読んだりするなど、文章をより深く読むことが求められるのである。田中・島田・紺渡（2011）では、次のような英文と発問を挙げてこの点を説明している（pp.20-21）。

(英文)
He threw 3,000 yen bills at the window. She tried to pass him 1500 yen. However, he wouldn't take it. Then, when the two of them went inside, she bought a big bag of popcorn for him.

(発問)
2 人はいったいどこにいるのでしょうか。

ここでは、お金を支払うという行為、建物の中に入る、ポップコーン、といったところから、読み手の持つ背景知識と考えあわせて、「映画館」のような場所ではないか、と推測するのである。

　評価発問とは、読み取った内容について、読み手の意見や態度を答えさせるものである。これは、4.2.1 で触れた「批判的・評価的理解」を求める発問である。たとえば、次のような英文を考える。

What will the trip to Mars be like? Astronauts will have to face many difficult problems on their journey to Mars. In an environment where there is no gravity, people's bodies and bones become weaker. So astronauts must exercise using equipment. There will be other problems. Being in a closed environment like a spaceship, astronauts find it difficult to get a good sleep and to stay in high spirits.

(霜崎他, 2008, pp.64-65)

この英文に対して、*Imagine you make a trip to Mars. What would you do to make your trip more comfortable in a spaceship?* と質問して、読み手としての反応を求める。この発問に答えるために、読み手は、文章で言及されている情報を参照しつつ、自分の意見として「よく眠れるように○○をして、旅を快適にしたい」などと答えるのである。

このような読解発問を授業過程のどの段階で行うかについては、「読む前に提示する」、「読む時に提示する」、「読んだ後に提示する」という3つが考えられる。事前に発問を提示することは、これから読む内容を質問から予測させたり、読む目的やポイントを読み手に理解させたりする役割がある。読む時に提示する場合には、その質問が文章を読み進むときのガイドのような役割を果たし、効率的な読解を促すことができる。読んだ後に提示する場合には、読み取った内容をどの程度記憶しているかを試すことになる。また、発問に答えられない場合には、再読を促すきっかけにもなる。

次に、発問の形態も重要である。すなわち、2択式(真偽問題やYes/Noで答える問題)、多肢選択式(multiple-choice)、自由に答えさせる方式(open-ended)のようなもののうち、どの形態をとるか、ということである。同時に、発問と応答の言語をどうするか、という点も考慮する必要がある。組み合わせとして「英問英答」、「日問日答」、「英問日答」、「日問英問」の形が考えられる(斎藤, 1996)。

発問の提示方法については、口頭で提示する、黒板やホワイトボードに書いて全体に提示する、ハンドアウトにして個人に配る、などが考えられる。答えさせ方も、口頭で答えさせるか、書かせるかによって活動の性格が変わる。すべて英語で、口頭で行う場合には、リスニングやスピーキングの練習も意図されるだろう。

4.3.3　グラフィック・オーガナイザーを利用した指導

前節でみた読解発問は、言葉を使って文章の内容の理解を促していく方法であるが、文章の内容を図式化して示す方法もある。こういった視覚情報のことをグラフィック・オーガナイザー(graphic organizer)という。こ

れは、文章中に含まれる情報の階層性や相互関係、文章の談話構造を図式化してあらわすもので、ベン図、マトリックス、フローチャートのようなものである（Jiang & Grabe, 2007）。図式化の方法は、文章の内容や構成に応じて様々なものが考えられる。ここでは、何かについて描写をしたり、分類したりする文章の内容を図式化するグラフィック・オーガナイザーの作り方を例示する[5]。

Jiang & Grabe（2007）には、描写と分類のグラフィック・オーガナイザーとして、以下のようなものが示されている。

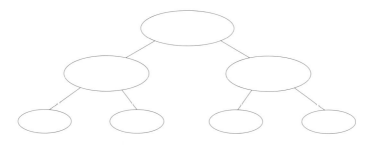

実際の文章をこの形にまとめた例を、「音読」について書かれた以下のパラグラフを例にして考えてみたい。

> Oral reading activities can be classified into the following three types: chorus reading, group reading, and buzz reading. Chorus reading is an activity where the whole class read aloud after the teacher's model reading. In group reading, the whole class are divided into a number of smaller groups and each engages in oral reading. Buzz reading, also called free reading, is to practice oral reading individually.

この文章を、音読の種類の分類と描写と捉えるならば、内容は次のように

---

[5] Jiang & Grabe（2007）には、他に、「定義」、「比較と対象」、「原因と結果」、「過程と順序」、「問題と解決」、「議論」、「賛成と反対」、「時系列」の文章展開に対応したグラフィック・オーガナイザーの例が示されている（pp.44-46）。

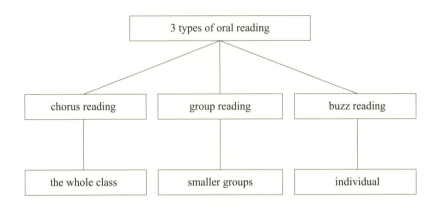

図式化して表すことができるだろう。第1文のトピックセンテンスの内容が一番上にあり、下へ行くほどに詳細な情報となっている。

　このように図示することで文章構成上の特徴を顕在化し、それを意識することは、要点や文と文のつながりを把握することとも関係がある（Grabe & Stoller, 2011）。この意味で、グラフィック・オーガナイザーは、文章に含まれる情報の整理だけではなく、文章構造にも読み手の注意を向けることによって、読解を助けると考えられる。グラフィック・オーガナイザーが読解に与える効果に関して、Jiang & Grabe（2007）は、L1の先行研究を踏まえて、次のような点に言及している。

- グラフィック・オーガナイザー（以下、GOs）は、文章内の情報と文章構造の両方を図式化したもののほうが、単に情報だけを整理したGOsよりも、内容理解を促すという目的からは効果が高い。
- 文章構造を示すGOsは、文章全体がどのように構成されているかというマクロ構造（macrostructure）の理解を促進し、要点を記憶しておくことに役に立つ。
- 教師がGOsを作成して見せるよりも、生徒自身が読みながら作成をしたほうが効果的である。情報をテキストから図という異なる形態に移行するという作業が、積極的な読みを促し、より深い処理を行うきっかけとなる。

- GOs を作成する練習をさせる場合には、要約練習と組み合わせて行うのが効果的である。
- GOs は読む前に示すよりも、読んだ後に示したほうが、内容理解を促すのに役に立つかもしれない。

グラフィック・オーガナイザーの効果を直接調べた研究は、L1 に関するものが多く、L2 の読み手についてのものはあまり多くない（Jiang & Grabe, 2007）。今後の研究が待たれるところであるが、指導技術としては、読解発問とあわせて、文章をさまざまな角度から読ませる方法の1つとして、十分に利用できるものである。

4.3.4　多読指導

リーディング指導には、扱う教材の内容理解のほかに、読みの技能のトレーニングをさせるという側面もある。その方法の1つに、多読（extensive reading）の指導がある。これは、読むことを通してインプットの量を確保するアプローチである。言語の形式面（文法や語彙など）に注意を払いながら細かく分析的に読むのではなく、大意をつかむことに焦点を当てて、できるだけたくさんの英文を読むことである（白畑・冨田・村野井・若林, 2011）。多読をリーディング指導に取り入れる場合には、多読が以下のような側面を持っていることを理解しておく必要があるだろう（Hitosugi & Day, 2004; 木村・木村・氏木編, 2010）。

- 読むテクスト（本や読み物）は生徒が無理なく読める易しいものを用いる[6]。

---

[6] 対象とする学習者の能力に合わせて語彙や文法の難易度を調整したグレーディッド・リーダーズ（graded readers）のようなものから選ぶとよい。一例として、オックスフォード大学出版局から出ている Oxford Bookworms のシリーズがある。これは、レベルが7段階に分けられ、最も易しい Starter では、語彙が 250 語レベルに制限されている。なお、ここでの語の数え方は、語の主要部を中心として、屈折形と派生語も含めて1語とするワードファミリー（word family）の考え方に基づいているようである（たとえば、happy と unhappy という語については、まとめて1語と数える）。また、文法項目についても6種類程度（単純現在、現在進行、未来の表現としての be going to、命令文、動名詞など）に限定されているようである。

- （易しいものを使うので）読むスピードは速めになる。
- 基本的には、個人で、意味に集中して読むため、黙読である。
- 読むテクストは生徒自身で好きなものを選ぶ。
- 読むもののトピックや種類は様々である。
- 辞書等を使って逐一調べながら読むことはしない。
- 教室内に限らず、教室外で自主的な活動としても行われる。

　多読指導においては、文法や語彙の解説や指導を教師の方から行うことは必ずしも意図されていない。むしろ、教師の役割としては、生徒がどのような本を選べば良いかをアドバイスをしたり、教師自身がよい読み手のモデルとして読むことの面白さや意義を語り多読に積極的に取り組むように励ましたりすることである（Harmer, 2007; Hitosugi & Day, 2004）。

　多読指導の目的の1つは、たくさんの英語を（文字として）処理する練習を積むことで、読む力をつけさせることである。これについては、多読を取り入れた指導を行った結果、読解速度や内容理解力が向上したことを報告する研究がある（Al-Homound & Schmitt, 2009; Iwahori, 2008; Rob & Susser, 1989）。また、多読が、単語認知のスピードを向上させることを示唆する研究としては Horst（2009）がある。この研究では、ESL 学習者[7]を対象に6週間に渡って多読を行わせた結果、多読を通して何度も出会った語彙については、それを認識するのに要する時間が短くなったことが報告されている。これらは、多読によって読解速度が向上する可能性を示しているといえよう。

　多読のもう1つの目的は、読むことを通した語彙学習である。しかしながら、Nation（2009）は、多読においては、そのような学習は全て付随的な（incidental）ものとなると指摘している。読み手の注意は言語形式ではなく、意味内容の理解に向いているため、語彙学習の効果が必ずしも強くないと考えられるからである。そういった弱点をカバーするためには、多

---

7) 第2言語としての英語（English as a Second Language）の学習者。日本のように外国語として英語を学ぶ場合と異なり、教室外の日常生活においても英語を使用する環境に置かれている学習者を指すことが多い。

読といってもかなりの量の英文を読む必要があるといえる。たとえば、Nation (2009) は、年間50万語程度の分量を数年間にわたって読む必要があるのではないか、と提案している (p.50)[8]。

生徒が読む英文の量を増やすという点を重視すると、普段の授業に多読の要素を取り入れる方法も考えられる。つまり、毎回授業の5分～10分程度、あるいは週1回の授業を、多読教材を読む時間にあてるのである。週1回10分間程度であっても、検定教科書1冊分以上の分量の語数を読ませることは可能である (野呂, 2008)。

4.3.5 音読の指導

音読の目的については、4.2.2 でも触れたが、ここでは、その目的のうち (1) の「文字と音の関係を理解させ、文字から音声化できるようにすること」と (2) の「言語材料の学習」に関連して、「読みの技能を訓練する方法としての音読」、(4) の「内容の理解」に関連して、「理解の手段としての音読」について考える。

訓練方法のひとつとして捉える音読については、既習の教材に含まれる語彙や文法などの言語面の知識を定着させるための活動として位置づけられる。文章の内容理解を行った後で、音読練習が繰り返し行われることも多い。その効用として、次のようなものがかねてより指摘されてきた (Griffin, 1992; Rivers, 1981; 門田, 2007; 土屋, 2004)。

(1) 音と綴りを対応させる知識の定着
(2) 意味のまとまり（チャンク）ごとに読む
(3) 単語認知の自動化

では、こういった音読練習は、外国語におけるリーディング能力にどの

---

[8] ここで、Nation が念頭に置いている語の数え方については特に言及がないが、ワードファミリー（注6も参照）で考えているのではないかと思われる。

ような影響を与えるのだろうか。これまでの研究では主に読解速度が向上したことが報告されている（鈴木, 1998; 渡辺, 1990 など）。このような研究で扱われる音読練習のなかには、何らかの形で次のような要素が含まれている。

（1） 音読する文章を聞きながら読むリスニングの側面
（2） 同じ文章について繰り返し音読練習をする
（3） 読むスピードを意識させる指導（速く読めるように意識させる）
（4） 意味に集中させる指示（発音の良し悪しに焦点化しない）

　このような練習のなかで、声に出して読むことの意味はどこにあるのだろうか。単語認知をはじめとする下位レベル処理では、読み手の頭のなかで文字情報を音声化すること（音韻符号化）が重要な役割を果たすことは既に言及した（4.1.1 を参照）。音読を、このような内的な音声化を意識させるものと捉えるのであれば（卯城編, 2009）、音読を正確に迅速に行うように指導することは、下位レベル処理技能を訓練し、流暢な読みへとつなげていくものとして位置づけることができるだろう[9]。
　「理解の手段のための音読」については、音読は内容理解に結びつかないと主張されることが多い。したがって、4.2.3 で触れた指導過程のなかで、この目的の音読を用いることはあまり奨励されていないといってよい。これは、声に出すことによって、文章の内容へ十分な注意を向けることができなくなると考えられているからである（天満, 1989）。また、外国語の読解における音読と黙読を比較した研究では、文章の内容を理解するのには黙読の方が有利であるとする報告がある（Bernhardt, 1983; 羽鳥, 1977; 高梨・高橋, 1987）。
　その一方で、L1 の読解では、音読と読解は必ずしも相反するものと捉

---

9) 授業における音読練習の具体的な指導法や留意点については、土屋（2004）や鈴木・門田編（2012）も参照されたい。

えられてはいないようである。先行研究では、学齢の低い読み手や読解力のあまり高くない読み手は音読をした方が、文章の内容をより理解することができる傾向にあったという結果が報告されている（たとえば、Elgart, 1978; Fletcher & Pumfrey, 1988; Miller & Smith, 1985; Swalm, 1972）。また、日常生活においても、難しい文に出会った場合に、読み手が声に出して読んでみて理解をしようとする現象がしばしば見られる。

　L1 リーディングに関する先行研究や、リーディングのプロセスにおける音声情報の役割（4.1.1 参照）を考慮すると、音読と内容理解との間に関連性を見出すことは可能である。ただ、外国語の場合には、文字情報を音声情報に変換することを含む下位レベル処理技能が母語並に自動化しているとは想定しがたい。したがって、発声を伴う音声化（音読）が負担になり、内容理解に影響を与えてしまうことは否定できないであろう。

　しかしながら、音声化することがそれほど負担にならないと思われる条件においてはどうであろうか。Fujinaga（2013）では、高校生を対象にして、次のような条件における音読が内容理解に与える影響を検討している。

(1) 基本的な発音の知識と技能は持っていると推定される読み手を対象にする。
(2) 語彙、リーダビリティ（readability）の観点から平易な英文を音読する[10]。
(3) 意味に集中して読めるように、音読の際の発音の良し悪しなどは重視しない。

---

10) リーダビリティとは、読みやすさの指標で、語彙の難易度、一文の長さの平均、文法的な構造の複雑さ、などの観点から計算されることが多い（白畑・冨田・村野井・若林, 2011）。教育の現場で利用されるものとして、Flesch Reading Ease Score や Flesch-Kincaid Grade Level がある。前者は、0 から 100 のスコアで表され、数字が大きいほど易しいテキストということになっている。後者は、アメリカの学校の学年で考え、たとえば、7 というスコアは 7 年生（中学 1 年生相当）レベルと考えることができる。なお、Microsoft Word には、これらのスコアを算出してくれる機能がある。

内容理解は、読んだ内容をできるだけ多く思い出し、日本語で記述する自由筆記再生テストで測った。その結果、熟達度の高くない読み手については、音読した方が黙読した場合よりも再生テストの成績が良かった。熟達度の高い読み手については、音読した場合も黙読した場合も差は見られなかった。また、文章の中含まれる情報の重要度という観点から見た場合、重要度の高い情報については、音読した方が黙読よりも多くのものが想起されていた。このことから、外国語の場合であっても、音読すること自体は、文章中の情報の理解と記憶を必ずしも妨げるわけではないことが示唆された。対象とする学習者の英語能力、音読させる文章の難易度、音読のさせ方（音声化それ自体が負担にならないようにする）などに注意を払うことで、内容理解と音読を両立できる余地があるといえるだろう。

　授業における「読解中」の活動は、黙読によって様々な角度から内容理解をさせることが普通である。黙読の場合、読解力の高くない読み手は、不用意に飛ばし読みをしてしまい、結果として注意散漫になり、理解が阻害される場合があるという。一方、音読はその性質上、一字一句処理しなくてならないため、それらに半ば強制的に注意が配分されることで、理解に貢献する可能性がある（高橋, 2007）。内容理解にマイナスの影響を与えない条件がそろうのであれば、読解活動におけるテクストの読み方の1つとして音読を位置づけ、指導していくことにも意味があるといえるのではないだろうか。

4.4　リスニングに関する理論
4.4.1　リスニングのプロセス

　リスニングとは、話された言葉の音声を聞き取ってその内容を理解することであり、一般的には listening comprehension のことを指している。このメカニズムについては、リーディングの場合（4.1.1 参照）と同様に、を「音の連なりを語句や文に切り分けて認識する」（知覚）と「聞き取った語句や文をもとに内容を理解する」（理解）という2つの段階に分けることができる。これらにおける情報処理の過程は、「知覚」が下位レベル処理

となり、「理解」の部分がそれよりも上位のレベルの処理ということになる。

　後者のプロセスについては、リスニングとリーディングの間に共通性が認められる（白畑・冨田・村野井・若林, 2011）。実際の指導を念頭に置く場合には、リーディングとリスニングにおける意味レベルの処理については、便宜上、両者を同様のものとして考えておくのがよいだろう。すなわち、音から語句や文が認識され、字義的な理解が行われた後は、それをもとに、聞き手の背景知識や文脈を加味しながら意味の解釈が行われていく、と考えるのである。

　リスニングの情報処理においても、ボトムアップ処理とトップダウン処理の2つが想定できる。すなわち、「知覚」した情報をもとに「理解」し、発話の全体的な意味を組み立てることがボトムアップ、「理解」した情報で「知覚」を助けながら、全体の意味組み立てることがトップダウンである。ボトムアップ処理とトップダウン処理がどのように行われるかについては、学習者の熟達度や、聞くテクストの難易度などに影響を受けると考えられるが、一致した研究結果は得られていないようである（Bacon, 1992; Conrad, 1985; O'Malley, Chamot, & Kupper, 1989）。しかしながら、リスニングにおいてもリーディングの場合と同様に、トップダウンとボトムアップの相互作用的な情報処理が行われると考えられている（冨田・河内・小栗編, 2011）。

4.4.2　リスニングの特徴

　前節で見たように、リスニングのプロセスが、情報の最初の入力が音声であること以外は、リーディングと共通した要素を持っていると捉えるならば、リスニングに特有の問題は、音声知覚を含む下位レベル処理と関連するということになる。主に次のような点が考えられる。

(1)　音は聞いたそばから消えてしまう。
(2)　その音の連なりから、音素を聞き分けて（知覚して）、意味のある

まとまりを見出さなくてはいけない。
(3) 耳に入ってきた順番に情報を処理しなくてはならない。つまり、リーディングのように結論を先に読んだり、後に戻ったりができない。聞き手は取り入れた情報を記憶しながら、次に入ってくる情報とあわせて処理しなくてはならない。
(4) 発話は、話し手のペースで行われ、聞き手が、話し手の発話速度や話し方（ポーズの置き方）をコントロールできるとは限らない。

すなわち、「理解しようとするテクストが、リーディングの場合のように、文字として書かれておらず実体がない」ことと、「情報の取り込みとその処理において聞き手側がコントロールすることが必ずしも容易ではない」ことがリスニングの難しい部分となってくるのである。

4.5 リスニング指導の諸側面
4.5.1 リスニング授業の指導過程

教室におけるリスニング指導の目的は、「音声言語を知覚して処理するスキルの訓練」と「音声で提示される教材の内容理解」であるといえるだろう。リスニング指導の過程は、リーディングと同様に、聞く前（pre-listening）、聞きながら（while-listening）、聞いた後（post-listening）の3つの段階に分けて考えるとよい。これらの大まかな内容は、リーディングの場合と共通する部分もあるため、ここでは、森山（2009）に基づいて、各段階でのねらいについて、簡単に触れるにとどめる。

「聞く前」の活動の目的は、生徒の動機づけやこれから聞こうとする教材への内容理解を高めるための手助けをすることである。この段階では、未習の語彙や文法の説明をしておくことや、続く「聞く活動」で行うタスクに関連して、何を聞き取るべきかをあらかじめ指示すること、聞き取りに必要な音声面での注意点を示すこと、などが行われる。

「聞きながら」の活動とは、実際に英語の音声を聞きながら、その内容を理解することである。この段階では、聞くことと合わせて、教師からの

内容に関する質問、真偽問題、多肢選択問題などを通した内容理解確認が行われる。また、リスニングと他技能とを関連させた言語活動（タスク）を通して、教材の理解を深めていく指導も行われる。

「聞いた後」の活動では、教材の概要を理解したという前提で行う。繰り返し使われている文法事項や語彙に焦点を当てての練習、聞く活動では焦点のあたらなかった部分を取り上げての練習などが行われる。シャドーイング練習（4.6.4 参照）などもこの段階で行われることが多い。

4.5.2　授業における教材の「聞かせ方」

前節では、リスニング指導を「聞く前」、「聞く」、「聞いた後」を3つの段階に分けて考えた。リスニング授業において教材を聞かせる場合、ただ一様に繰り返し聞かせることはなく、目的に応じて、様々な聞き方を使い分けさせるのが普通である。聞き取りの焦点をどこに当てるか、という観点からは、集中的聞き取り（intensive listening）、選択的聞き取り（selective listening）、包括的聞き取り（global listening / extensive listening）の3つのタイプが想定される（森山, 2009; Rost, 2011）。

集中的聞き取りとは、話されている言葉の発音、語彙、文法といった要素に注意を払いながら、細部まで聞き取ることである。実際にどのような言葉が話されたかという部分に焦点が当てられる。教室での活動としては、ディクテーション（＝発話をできるだけ正確に書きおこす）や、シャドウイング（＝聞いた発話のすぐ後に続いてできるだけ正確に繰り返す）がある。なお、これら2つの指導法については 4.6.3 と 4.6.4 で詳述する。

選択的聞き取りとは、聞き手があらかじめ何かしらの目的を持って、特定の情報のみを選んで聞き取ることである。ここでは、テクストの全てに注意を向けるのではなく、必要な情報だけを聞き取って記憶しておき、それ以外のものは無視するのである。どういった情報を聞き取るかは、聞く活動に続く言語活動の内容による。

包括的聞き取りとは、言語そのものではなく内容に集中させながら、一度にある程度まとまった長さのリスニングを行うものである。言語に焦点

を当てた学習というよりは、内容そのものの聞き取りが重視される。使用する教材は、内容に集中するためにも、比較的易しい教材が適しているといえる。基準としては、聞き手が1回聞いてそれなりに理解できるような難易度のものが望ましい（Rost, 2011）。

　指導の焦点は、語彙や文法といった言語的側面よりも、まとまった分量の英語の内容を聞き取り、把握する方略（strategy）である。リスニングにおける内容理解のための方略は様々なものが提案されてきたが、例えば次のようなものが考えられる（森山, 2009; Rost, 2011）。

- 視覚的な手がかり、背景知識、聞こうとしているテキストのジャンル、話の展開などにもとづいて内容を予測する。
- 聞き取れた情報や既知のことから分からない部分を推測する。
- 分かる部分（既習の語彙や文法を含む文など）に注意を向ける。
- インプットが音声だけの場合、聞き取った内容をイメージ化（絵にする）。
- 繰り返される語や句に注意して聞く。
- 理解の程度を確かめ、理解に困難が生じている部分を特定する。
- 聞き取った内容を保持しておくため、それまで聞いた内容を要約する。
- 同じ教材を聞いている生徒がいる場合には、分からない部分について質問し、お互いに理解を確かめ合う。

　教室におけるリスニング指導では、教材となる英文を聞き、その言葉を書き取ったり、受け取った内容について質問に答えたり、どちらかと言えば、一方向の聞き方になることが多いかもしれない。しかしながら、リスニングは、情報を受け取るだけではなく、それを自分なりに再構成し解釈する側面もある。また、コミュニケーションを念頭に置いた聞き取りでは、受け取った情報に対して、聞き手として何かしらの反応をすることも普通であろう。このような点を考慮に入れた聞き取りが、反応的聞き取り（responsive listening）という聞き方である。これは、聞き取った英語の意味を解釈するだけでなく、内容について、感想や意見を述べたり、情報を付

け加えたりすることである（Rost, 2011）。

　このほか、聞いたものに対して、聞き手同士の何かしらのやり取りを行いながらメッセージの理解を行う、相互作用的聞き取り（interactive listening）と呼ばれるものがある（Rost, 2011）。ここでは、特に、リスニングの「理解」の段階における、協働的な学習の側面が強調されている。例としては、聞いた物事について、聞き手同士で協力しながら書き取りや内容の要約を行ったり、さらに発展すると、ディベートやディスカッションをしたりすることも含まれる。また、情報を受け取るという意味でのリスニングとスピーキングやライティングなどの他技能と統合した指導が行われることもある。

　自律的聞き取り（autonomous listening）は、聞きたいものを選ぶ、聞いたものの理解についてフィードバックを求める、自分の考えるように反応する、学習の進捗状況をモニターするといったことを、学習者が教師の指導ではなく、自ら主体的に行うことである（Rost, 2011）。たとえば、CALL教室での授業で、学習者が自由に個人で教材を選び聞き取りを行うという場面は、自律的聞き取りの要素が含まれているといえる。また、授業とは別に、自宅のPCでインターネットを検索して、好きな動画を英語で見る、というのも1つの形といえるだろう。

　自律的聞き取りにおいては、どのような聞き方をするかについても自分の意志で決めることになる。したがって、言語に焦点を当てて聞く（＝集中的）こともあれば、全体的な内容を理解する（＝包括的）ことを意図して聞くこともあるだろう。また、聞きたいと思う特定のことだけを聞きとる（＝選択的）場合や、聞いたものについて感想を述べる（＝反応的）、同じものを聞いている人と聞き取った内容についてやり取りする（＝相互作用的）場合のいずれも考えられる（Rost, 2011）。

4.6　リスニング指導法
4.6.1　音声知識の指導
　聞き手という立場から、話し言葉の音声がどのように発音されるかにつ

いて明示的な知識を与え、聞き取りの訓練をさせることは、音声の「知覚」の能力、技能を高めるためにも重要な要素の 1 つと言えるだろう。では、どのような知識を与えることが有効なのだろうか。Field（2003）は、実際の発話の中では、辞書に載っている発音記号の表記のように発音されるとは限らないことを、リスニングの困難点の 1 つに挙げている。このような現象について、聞き手として必要な知識としては、(1) 脱落（elision）、(2) 同化（assimilation）、(3) リンキング（linking）が主なものとして考えられる。

同化とは、ある音が、隣接する音の影響で、その音と全く同じ音、あるいは、性質上類似した音に変化してしまうことである（Richards & Schmidt, 2010）。子音が 2 つ以上連なっている部分で起こりやすい。たとえば、/s/ と /ʃ/ が連なる場合に、前の音が後続の音の影響をうけて、同じ音になってしまうような場合がこれに当たる（松坂, 1986）。

リスニングにおいて困難となるもう 1 つの音声現象が、脱落（elision）である。これは、音が変化するのではなく、発音そのものが省略されてしまうことである。例えば、station という単語で、/ˈsteɪʃən/ のように発音されるのではなく、[ˈsteɪʃn] のように /ə/ が省略されて発音される場合である。このように、特に /ə/ は強勢がないため脱落しやすいとされている（松坂, 1986）。

リンキングとは、2 つ以上の単語をつなげて、語と語の間にポーズをほとんど置かずに発音される現象のことである。たとえば、語末の /n/ に語頭の母音が続く場合に、しばしば見られる。in an hour という語句が、[inənaʊə] のように発音されるような場合である（寺島, 2000; 山田, 2005）。

以上、同化、脱落、リンキングについて見てきたが、より詳細な説明や具体例については、第 8 章を参照されたい。

4.6.2　提示方法の調整

リスニングにおける大きな困難点の 1 つが、教材の発話速度（speech rate）である[11]。「速すぎてついていけない、音を捕まえることができない」

というのは学習者からよく聞かれる声である。そのため、教材の難易度を下げるために教材の発話速度を調整する、という手法は、リスニング指導のなかでしばしば用いられている。最近ではCALL機器などに、音質を変えずに、速度だけを落とす機能が搭載されており、生徒の実態に合わせて発話速度を調整することは容易になっている。

　では、速度を遅くすれば、教材の内容理解につながるのだろうか。Griffiths（1990）は、日本人英語学習者を対象にして、100、150、200wpmの発話速度が理解に与える影響を検討している。聞いた英語の内容理解は、真偽問題で測定した。結果は、100wpmと150wpmの速さで聞かせた場合の理解度に差は見られず、200wpmで聞かせた場合には、他の2つの速さよりも理解度が落ちたことを報告している。同様に、Griffiths（1992）では、127、188、250wpmの速さを比較している。結果は、127wpmの速さが最も理解度が高く、250wpmが最も低かった。Teng（2001）では、台湾人英語学習者を対象にした調査のなかで、発話速度が聴解に与える影響を調べている。この研究では、110wpmと160wpmの速さが比較されている。それぞれの速さで文章を聞かせた後で、聞いた内容と同じ文章の空所を補充するクローズテストで内容理解を測った。その結果、110wpmで聞かせた方が、成績が良かったことを報告している。同様に、飯村（2004）は、110、160、210wpmの発話速度を比較し、210wpmよりも、110wpm、160wpmの方が、内容理解度が高い傾向にあることを示した。

　発話速度については、対象とする学習者、内容理解の測り方、比較する速度が研究によって異なるため、リスニングに困難をもたらす速度を特定することは難しい。しかしながら、200wpm前後という発話速度は、学習者が内容理解に困難を感じるひとつの目安にはなるかもしれない。

　理解が困難になる発話速度を特定するのではなく、個人にとって最適な

11）発話速度は、1分あたりに話される語数（word per minute / wpm）として示されることが多い。最も単純な計算方法は、発話総語数を時間で割ることである。アメリカ人英語母語話者の発話速度は130wpmから330wpmとされる。このことより、大体200wpm程度を平均的な速さとみなす考え方がある（竹蓋、1984）。

速さで聞くことが内容理解に与える影響の検討も行われている。Zhao (1997) は、文を20個、一定速さ（およそ185wpm）で1回聞く（条件1）、速度調節用の文章を聞き、あらかじめ最適な速度を選んでから聞く（条件2）、聞きながら速度を変えたり繰り返して聞いたりすることができる（条件3）、速度調整はできないが（およそ194wpmの速さで固定）繰り返し聞くことができる（条件4）を比較している。速度調節については、標準設定（およよそ194wpm前後）から25パーセント間隔で6段階に速くしたり遅くしたりすることができた（およそ97から258wpm前後）。それぞれの条件において、リスニング後、多肢選択式のテストで内容理解を測定した。結果は、条件2と3の内容理解度は条件1と4を上回るものであった（条件2と3、条件1と4の間にはそれぞれ有意な差は見られなかった）。また、発話速度については、条件2、3どちらにおいても、194wpmよりも速くして聞いた学習者はいなかった。以上より、発話速度を遅くすることは、聞き手が内容を理解するための手段のひとつとして妥当なものであると考えられる。また、この研究では、速度調節や繰り返しを一様に行って聞かせるのではなく、各々がインプットを自身にとって最適な状態に調整しながら聞くことが、内容理解に役立つことが示唆されている。

　発話の速度を落として聞くことが、教材の当座の理解に貢献する可能性があることはこれまでの研究で示されてきたといえるが、このような聞き方を続けることが、リスニング能力の伸長にあたえる長期的な効果についてはどうであろうか。飯村 (2004) では、日本人高校生を対象として、110、160、210wpmのスピードで聞かせる訓練の効果を比較している。指導を5ヶ月間、20回行った後、リスニング力に差がつくかどうかを調べた。平均発話速度160wpm程度の英文を使ったリスニングテストを指導後に行ったところ、いずれの場合にも差が見られなかったことを報告している。

　以上の一連の研究からは、次のような示唆が得られる。
・ 速度を遅くして聞くこと自体は、教材の内容理解にマイナスには働かない。

- 学習者自身で自分に合った発話速度に調整できるほうが良い。
- 速度を遅くして聞くことを積み重ねても、長期的に見たリスニング力の伸長という観点からは大きな効果が期待できるとはいえない。

リスニングの授業において、発話速度の調整は、学習者のスピードに対する苦手意識を軽減し、内容理解を促すためのひとつの方策として利用するのがよいということになるのかもしれない。

4.6.3　ディクテーション

リスニング指導において、内容を教材の英語を書き取らせるということはしばしば行われる。これは、ディクテーション（dictation）と呼ばれている。ディクテーションとは、聞いたものをできるだけ正確に書き起こす活動のことで、教室ではこれまで良く用いられてきた手法である。発話に含まれる、音素、語彙や文法構造などと言った言語的な側面に注意を向けさせ、その聞き取りの正確さについてフィードバックを与える、意識を促す活動（consciousness-raising activity）のひとつとして位置づけられる（Nation & Newton, 2009）。英文は教師が読み聞かせる場合と録音された英文を聞かせる場合が考えられる[12]。

ディクテーションにはいくつかの種類があるが、もっともシンプルな形は英文を全て書き取らせる「完全ディクテーション（full dictation / pure dictation）」である。これは、一般には次のような手順で行われる。

(1) 全体を一度通して聞かせる（書き取りはここでは行わず、全体的な意味を捉えるように指導する）。

(2) 意味のまとまりごとにポーズをおきながらもう一度聞かせる。ポーズの間で書き取らせる。必要に応じて、同じ部分を繰り返し聞か

---

[12] ディクテーションは、教師が読み上げた（一般的には3回）英文を書き取ること、とするのが伝統的な定義であろう（Richards & Schmidt, 2010）。しかしながら、現在は録音教材も広く普及したため、この限りではない。

せてもよい。意味のまとまりは、生徒の実力に応じて、短くしたり長くしたりするが、3語から7語程度がよい（Nation & Newton, 2009）。
(3) ポーズを置かずにもう一度全体を通して聞かせる。
(4) 書き取った内容の点検を行い、教師からのフィードバックを行う。スクリプトを配布して、生徒自身に点検をさせたり、教師が黒板に発話を書き起こしながら解答を示したりしてもよい。

　完全ディクテーションの利点は、生徒自身が、それぞれに応じて、間違えた部分、聞き取りの弱点を顕在化することができることである。全てを書き取らせるという点で、負荷の高い活動であるため、使用する教材に含まれる語彙や文法事項はなるべく既習である方がよい。また、時間がかかる活動であるため、教材として利用する文章は、あまり長くない方がよい。1分以内で収まる長さが適当であると思われる。語数にして100語から150語程度という提案もある（Nation & Newton, 2009）。
　完全ディクテーションは、全部を書き取らせる関係上、指導の焦点を絞りにくい、時間がかかる、などの欠点がある。また、教室の生徒のレベルが大きく異なる場合には、時間内に書き取ることのできる分量に差が生じてしまい、指導が難しくなることも考えられる。
　部分ディクテーション（partial dictation）では、全てを書き起こすのではなく、教師が指定したいくつかの場所のみを書き取る。リスニングスクリプトに空所を設けたものを印刷して配布し、それをもとに書き取らせるようなやり方である。どの部分を聞かせるかによって指導の焦点を変化させることができる。たとえば、キーワードや内容語（content words）[13]だけを聞き取らせるのであれば、概要をつかむ指導とも関連させることができ

---

13) 内容語は、主に名詞、形容詞、副詞、動詞である。物、性質や状態、動作などを表す語であり、それ自体が意味をもつ言葉と定義することができる（Richards & Schmidt, 2010）。発話では、内容語には強勢が置かれる（なお、この種の強勢についての詳細は第8章も参照されたい）。

る。また、機能語（function words）[14]のみを書き取らせるような場合には、弱く読まれる音を聞き取る練習として使うことができる。

ディクトグロス（dictgloss）は、ディクテーションのように全てを書き起こすのではなく、聞きながらメモをとり、それをもとにして、聞き取った英文をできるだけ忠実に復元する活動である。主な手順は次の通りである。

(1) 全体を通して聞く（メモは取らない）。
(2) メモを取りながら聞く。
(3) メモを持ち寄ってグループワーク（あるいはペアワーク）でテクストを復元する。
(4) グループ同士で復元したものを比較する。

たとえば、*Japan's shipments of TVs in April hit a 10-year low for the month, following a consumption tax hike.*[15] という英文について、次のようなメモをとって、元の英文を作る作業のことである。

J's shipments of TV, 4月 = a 10-year low
following a tax hike

メモをとる際は、例にもあるように、省略したり、場合によっては日本語を使ったりしてもよい。メモの取り方に特に決まりはないが、耳に入ってくる情報に素早く対応できるような工夫をする必要がある。出来上がったメモが、文構造や語順などをなるべく反映したものになると、英文の復元がしやすい。また、メモの内容は、学習者の熟達度によっても変わって

---

14) 機能語とは、文中の語（句）同士の関係や、文と文との関係を示す語である（Richards & Schmidt, 2010）。主に接続詞、前置詞、冠詞、関係詞などであり、発話の際は、原則として強勢が置かれない。
15) NHK World News の英文の一部を引用した。

くると考えられる。たとえば、上級者で、一度にたくさんの情報を記憶しておけるのであれば、メモをそれほど詳細にとらなくても、英文の復元ができるかもしれない。

　ディクトグロスは、メモと記憶だけを頼りに英文の作成を行わなくてはならないため、ただ書き取るだけのディクテーションよりも、語形、語順、綴り、文法などといった言語形式と意味と両方に注意を向ける必要がある。この意味では、負荷が高く、また処理のレベルも深い[16]活動だと言えるだろう。また、さらに重要なのは、グループワークという形で、聞き手である生徒同士の間でやり取りが行われ、相互作用的な聞き取り（4.5.2参照）の要素も含まれることである。

　あまり熟達度の高くない生徒や活動自体に慣れていない生徒を対象にディクトグロスを行う場合、正確な復元が難しい部分については、意味内容が合っており、英語として正しいものが作れていれば、元の英文と異なっていてもよいとするなどの指導上の工夫も必要である。忠実に復元しようとするあまり、音声として提示される言語の形式ばかりに注意が向けられることを防ぐためである。

4.6.4　シャドーイング

　シャドーイングとは、聞こえてきた英語をほぼ同時に口頭で復唱することである。リスニング指導という文脈では、「聞こえてくるスピーチに対してほぼ同時に、あるいは一定の間をおいてそのスピーチと同じ発話を口頭で再生する行為、あるいはリスニング訓練法」（玉井, 2005, pp.34-35）と定義することができる。日常生活においては、聞いた言葉を記憶にとどめ

---

[16] 処理の深さ（depth of processing）を考えるにあたり、(1) 音や文字を通して入力された情報を認識する、(2) 取り込んだ情報を既に持っている知識と結びつける、(3) 意味を理解する、という段階を想定すると、意味処理の度合いが大きい (3) が最も「深い」処理と捉えることができる（Craik & Lockhart, 1972）。ディクトグロスの場合は、音から語句や文を認識するだけでなく、意味内容をできるだけ詳細に理解していないと復元はほぼ不可能なため、聞き取るだけのディクテーションよりも「深い」処理を要求するといえるのである。

ておくために、心の中でその言葉を繰り返すことがあるが、このような内的な発声（subvocalization）を意識的に声に出すことで訓練しようとするのがシャドーイングの目的である（玉井, 2005）。シャドーイングとリスニングの関係としては、シャドーイングの訓練によって、英語の速さについていけるようになり、復唱により短期記憶に残った音声が意味を理解する手がかりとなって、理解を促進すると考えられている。

　学習や指導の焦点をどこにおくかによって、シャドーイングはいくつかに分類することができる。音声に焦点をあてるものとしては、プロソディ・シャドーイング（prosodic shadowing）がある（門田, 2007）。これは、リスニングのうち音声の「知覚」の部分の自動化を訓練するものである。対象となる英文の意味をつかんでいるかどうかは必ずしも問題とせず、聞こえたままを繰り返せるようになることが目的のシャドーイングである。この効用は、音の連なりをとりあえず、語句に切り分けるようにできるスキルが訓練できることである。日常生活においては、音は分かるが意味がわからず、聞こえた言葉をそのまま繰り返して、相手に聞き返すような場面がこれに対応する。このような能力もリスニングにとって重要なもののひとつと考えられる。

　音声だけでなく同時に意味内容にも注意を向ける形態もある。これはコンテンツ・シャドーイング（contents shadowing）と呼ばれている。音声と意味を結びつけることを狙った活動である。リスニング指導においては、プロソディ・シャドーイングが十分にできるようになってから、練習の総仕上げのような形で実施するのが効果的とされている（門田, 2007）。

　ディレイド・シャドーイング（delayed shadowing）は、モデル音声をほぼ同時に繰り返すのではなく、約1秒程度（あるいは数語）遅れて復唱する方法である。これは、シャドーイングのタイミングを送らせることによって、取り込んだ英文を記憶にとどめておく認知負荷（cognitive load）を大きくすることで、一度に処理できる英文の量を増やすトレーニングをすることが目的である。難易度の高い活動であるため、シャドーイングの上級者向けの活動であるとされる（門田, 2007）。

シャドーイングは、モデルとなる音声の英文を見ずに行うことが基本であるが、英文を提示しながら行う形態も使われている。このような、同時に英文を見ながらのシャドーイングは、テクスト・シャドーイング（shadowing with text）と呼ばれている。実質的には、音声を聞きながらの音読でもあるため、パラレル・リーディング（parallel reading）やシンクロ・リーディング（synchronized reading）とも呼ばれている（門田, 2007）。

　シャドーイングの際、はっきりと発音するか、声に出すか出さないかの小声でやるか、という問題も考慮するべきことである。頭の中で復唱できているかどうかを重視するのであれば、声は小さめとなり、発音も同時に鍛えるのであれば発声は大きめではっきりとしたものとなるだろう[17]。

4.6.5　視覚情報の利用

　教室でのリスニング活動は、録音された音声を聞きとったり、教師の読み上げる英語を聞いたりするような、音声のみのリスニングばかりではない。写真や絵を見ながら音声を聞くことや、映像付きのDVD教材を使ってリスニングを行う場面も少なくない。現実世界でのリスニングでは、音声以外にも、話し手の身体言語、表情、ジェスチャーなどの非言語情報を利用しながら、発話の意味を理解しており、この意味で、視覚情報と音声の両方を提示して行うリスニングは、その活動の真正性（authenticity）を高めるのにも役に立つといえる。

　指導と学習の観点からは、提示する視覚情報が与える情報の性質に注目する必要があるだろう。この点に関して、音声中の発話の場面等についての文脈情報か、発話で言及されている具体的な内容と対応した情報か、という2つの観点からの分類が可能である。

　コンテクスト・ビジュアル（context visuals）は、状況設定や登場人物など、聞こうとする音声についての文脈を与える視覚情報のことである（Suvorov, 2011）。音声の詳細な内容に関連する情報は与えられず、あくまでも話題

---

[17] 教室における具体的な指導例に関しては、鈴木・門田（2012）を参考にされたい。

となる場面や話の大きな枠組みなどについての情報を与える性格のものとなる。例としては、次のような英文について与えられる絵が挙げられる。

[英文]

Grandfather: What's this?

Yoko: This is my laptop. I'm getting ready to send e-mail to my friends.

Grandfather: Laptop?

Yoko: It's a computer. I use it to write letters, I mean, e-mail.

（霜崎他, 2008, pp.191-192）

[視覚情報]

視覚情報のもう1つのタイプとして、コンテント・ビジュアル（content visuals）がある。コンテクスト・ビジュアルが、聞こうとしている音声の文脈情報のみを与えるのに対して、コンテント・ビジュアルは、音声の内容に直接的に関連した情報を提供するものである（Suvorov, 2011）。例えば、ある物について描写した発話を聞くにあたって、その話題となっている物の写真などが、コンテント・ビジュアルとなる。聞こうとする英文と提示される視覚情報の関係性は、次の英文と写真のようになる。

> [英文]
>
> Mona Lisa's face is not quite symmetrical. The left corner of her mouth is raised in a smile, but the right side is not clearly smiling. Her expression changes as your eye moves from left to right.
>
> （霜崎他, 2008, pp.91-92）

[視覚情報]

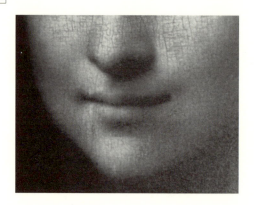

（霜崎他, 2008, p.92）

　このような視覚情報の使い方について、Ginther (2002) は、コンテクスト・ビジュアルが、コンテント・ビジュアルと比較して、リスニング中の理解を促進せず、聞くときに同時提示しない方が良いことを示唆している。これは、先ほど挙げた例からも分かるように、コンテント・ビジュアルのほうが、音声提示される文章の流れに、より結びついた情報を提供できるためあると考えられる。一方で、コンテクスト・ビジュアルについては、聞く前の活動で提示して、トップダウン処理を促すために用いるのがよいとする指摘がある（Vandergrift & Goh, 2012）。
　視覚資料は必ずしも聞き手の理解を促進するものではないことに留意し、その性質を踏まえた上で、聞き手の音声への注意を逸らしたり、混乱を招いたりしないように、適切なタイミングで提示する必要がある。

4.6.6 字幕の提示

DVD などの映像ソフトでは、字幕を表示したり非表示にしたりすることが容易にできるようになり、この機能を授業でも活用することが多くなっている。字幕の効果としては、話されている内容を文字として同時に提示することで、内容の理解および記憶が促されるという点が挙げられる。Markham, Peter, & McCarthy（2001）では、英語を母語とするスペイン語学習者を対象に字幕の効果を検討している。L1 字幕付き、L2 字幕付き、字幕なし、の条件で映像を見せ、その内容理解について、L1 で記述させる筆記再生テスト、内容について多肢選択式の質問（質問と選択肢ともに L2）を用いて測った。その結果、L1 字幕を示したほうが、筆記再生テスト、多肢選択式テストの両方において、他の 2 つの条件よりも成績が良かった。字幕なしの条件は、字幕付きの条件よりも成績が悪かった。同様に、Guichon & McLornan（2008）は、フランス人英語学習者を対象に検討している。ここでは、L2 による筆記再生テストの結果から、字幕（L1 ないし L2）付きで音声と動画を示したほうが、字幕なしの場合よりも多くの内容を記憶していたことが報告されている。

　これらの研究の結果は、字幕の効果を認めるものであるが、内容を記憶する際に、聞き手がどのように字幕を利用したのか、音声に十分な注意を向けていたのかどうかについては分からない部分がある。実際に、初級学習者は、聞いているものを「理解するために読む」傾向があり、上級になるほどに、聞き取ったものを「確認するために見る」ようになるという指摘もある（Vandergrift & Goh, 2012）。リスニング学習の主眼は当然のことながら、音声の聞き取りであり、字幕を見る場合であっても、文字情報のみに依存しないように指導する必要があるだろう。

　また、音声と映像と字幕を一度に処理することが理解に影響を及ぼす可能性も考慮しなくてはならない。字幕は、発話に合わせて表示されるため、比較的短い時間で消えてしまうことが多い。したがって、特に L2 字幕の提示においては、短い間に字幕を読み取るための集中力とリーディング力も必要となる。これは、初級の学習者にとっては負担が大きいと考え

られる。Taylor（2005）が、スペイン語学習者を対象に行った研究では、学習歴が 8 ヶ月程度の初級学習者は、字幕なしの方が L2 字幕付きの場合よりも視聴後の自由筆記再生テストの成績が良く、実験後のアンケートでは、初級学習者は字幕が邪魔になったと答えていたという。

　字幕を利用する場合には、聞き手の注意をいかにして音声や意味内容に向けるかがポイントとなる。状況によっては、理解を補助する手段として字幕を使用しないことを考える必要もあるだろう。

4.7　リーディング指導とリスニング指導の接点

　リーディングとリスニングにおいては、情報入力の起点が、文字と音声というように全く異なっている。しかし、いったん入力が行われると、聴覚情報と視覚情報は同じ内的言語に変換され、さらに上位レベルの処理（テクストの理解）に利用されると考えられている（門田・野呂編, 2001）。また、語彙力や文法力はリスニングやリーディングの成否に大きな影響を与えるものであり、それらは読むこと、聞くことの両方を通じて学習されるものである。以上のような点と、4.4.1 で指摘した、リスニングとリーディングのプロセスの共通性を考えると、リーディングとリスニングを結びつけて指導することには十分に意義がある。

　実際の授業においては、文字と音声とを利用した指導が必ず行われると言ってよい（4.3.5 で触れた音読指導や 4.6.6 の字幕利用など）。読むことと聞くことを組み合わせた指導としては、「聞きながら読む（reading while listening）」（あるいは、「読みながら聞く（listening while reading）」）というものがある。リーディング指導として考えるのであれば、教師の音読や録音されたものを聞かせながら文章を黙読する場面がその例と言えるだろう。リスニング指導として考える場合には、「聞いた後」の活動で、スクリプトを見ながら聞いたり、シャドーイングをしたりするような場面が想定される。

　では、「聞きながら読む」という活動が、リーディングやリスニングの技能を発達させることにどのような影響を与えるのだろうか。リーディン

グ指導の観点からは、読みの速度を向上させる効果が期待されている。このような活動は、実際の授業においては、素早く理解を伴って読めるようになるまで音声を聞きながら何度も読む練習として行われる場合が多い。これは、補助付き繰り返し読み（Assisted Repeated Reading）と呼ばれており、その効果や実践事例はこれまでも報告されてきた（門田・野呂編, 2001; Taguchi, 1997; Taguchi & Gorsuch, 2002; Taguchi, Takayasu-Maass & Gorsuch, 2004）。

　リスニング指導という観点からの文字の利用は、実際に発音される様々な物理的な音をある1つ音素に結びつけることが意図される。門田（2007）は、聞きながら読む活動をテクスト・シャドーイング（4.6.4 参照）と位置づけて行う場合に、リスニング能力の育成に効果があることを示唆している。また、Vandergrift（2007）は、先行研究より、リスニング指導のなかに、トランスクリプトを使って音声を文字で確認する段階を設けることは、発話された一連の音を知覚し、意味のある語句として認識する技能を高めるのに重要であるとしている。しかしながら、このような技能を訓練するものとして「聞きながら読む」ということ自体にどの程度の効果があるかは、十分には明らかになっていない。今後の研究が待たれるところである。

読書案内
1.　金谷 憲・青野 保・太田 洋・馬場 哲生・柳瀬 陽介（編）(2009).『英語授業ハンドブック＜中学校編＞ DVD 付』大修館書店.
　　　中学校での授業を念頭において、授業の基本的な展開例、分野別の指導技術（発音、音読、リーディング、リスニング、スピーキング、ライティングなど）、評価の方法と考え方などが例とともに示されている。また、クラスルーム・マネージメントや教材・教具の使い方、家庭学習の指導などについても説明があり、授業実践に関する重要な話題がコンパクトにまとめられている。付属のDVDには、教室での活動を実演したものが収録されている。
2.　金谷 憲・阿野 幸一・久保野 雅史・高山 芳樹（編）(2012).『英語授業ハンドブック＜高校編＞ DVD 付』大修館書店.

前掲書の高校編。基本的な授業の展開方法や分野別の指導技術など、中学校編と同様に、日々の授業や指導を行っていく上での知っておくべきことが網羅的に示されている。中学英語から高校英語への導入指導のポイントや、英語の授業を英語で行う際の考え方と留意点について、それぞれ1章を割いて説明をしているところが特徴である。付属のDVDには、英語で授業を進めていく方法を実演したものが収録されている。中学校編とともに、本章では紙面の都合上扱えなかった、授業実践の具体的な部分についての知識を補ってくれるであろう。

参考文献

飯村英樹（2004）．インプットの発話速度の違いがリスニング力育成に与える影響．*STEP Bulletin,16,* 125-130.

卯城 祐司（編）（2009）．『英語リーディングの科学―「読めたつもり」の謎を解く』研究社．

金谷 憲・阿野 幸一・久保野 雅史・高山 芳樹（編）（2012）．『英語授業ハンドブック＜高校編＞ DVD付』大修館書店．

金谷 憲・青野 保・太田 洋・馬場 哲生・柳瀬 陽介（編）（2009）．『英語授業ハンドブック＜中学校編＞ DVD付』大修館書店．

金谷 憲（編）（1995）．『英語リーディング論―読解力・読解指導を科学する』河源社．

門田 修平（2007）．『シャドーイングと音読の科学』コスモピア．

門田 修平・野呂 忠司（編）．（2001）．『英語リーディングの認知メカニズム』くろしお出版．

木村 博是・木村 友保・氏木 道人（編）（2010）．『リーディングとライティングの理論と実践―英語を主体的に「読む」・「書く」』大修館書店．

斎藤 栄二（1996）．『英文和訳から直読直解への指導―明日から使える教室技術』研究社．

霜崎 實・飯田 亮三・岩佐 洋一・黒岩 裕・佐々木 弘子・菅野 晃他（2008）．*Crown English Series 1 New Edition.* 三省堂．

白畑 知彦・冨田 祐一・村野井 仁・若林 茂則（2011）．『改訂版 英語教育用語事典』大修館書店．

鈴木 寿一（1998）．音読指導再評価―音読指導の効果に関する実証的研究．外国語教育メディア学会関西支部研究集録, 7,13-28.

鈴木 寿一・門田 修平(2012)．『英語音読指導ハンドブック―フォニックスからシャドーイングまで』大修館書店．

玉井 健（2005).『リスニング指導法としてのシャドーイングの効果に関する研究』風間書房.
高橋 麻衣子（2007). 文理解における黙読と音読の認知過程—注意資源と音韻変換の役割に注目して. 教育心理学研究, 55(4), 538-549.
高梨 庸夫・高橋 正夫（1987）.『英語リーディング指導の基礎』研究社出版.
高梨 庸雄・卯城 祐司（編）（2000).『英語リーディング事典』研究社出版.
竹蓋 幸生（1984).『ヒアリングの行動科学—実践的指導と評価への道標』研究社出版.
田中 武夫・田中 知聡（2009).『英語教師のための発問テクニック—英語授業を活性化するリーディング指導』大修館書店.
田中 武夫・島田 勝正・紺渡 弘幸（2011).『推論発問を取り入れた英語リーディング指導—深い読みを促す英語授業』三省堂.
土屋 澄夫（2004).『英語コミュニケーションの基礎を作る音読指導』研究社.
寺島 隆吉（2000).『英語にとって「音声」とは何か？』あすなろ社.
天満 美智子（1989).『英文読解のストラテジー』大修館書店.
冨田 かおる・河内 千栄子・小栗 裕子（編）（2011).『リスニングとスピーキングの理論と実践—効果的な授業を目指して』大修館書店.
野呂 忠司（2008). 中学・高校生に対する 10 分間多読の効果. 中部地区英語教育学会紀要, 39, 461-468.
羽鳥 博愛（1977).『英語教育の心理学』大修館書店.
松坂 ヒロシ（1986).『英語音声学入門』研究社出版.
望月 正道・相沢 一美・投野 由紀夫（2003).『英語語彙の指導マニュアル』大修館書店.
森山 善美（2009).『教室におけるリスニング指導』大学教育出版.
山田 恒夫・ATR 人間情報科学研究所（2005).『XP 対応　英語リスニング科学的上達法』講談社.
渡辺 浩行（1990). 音読再考—黙読の速度化を促す音読指導の意義と在り方. *Leo, 19*, 110-130.
Al-Homound, F., & Schmitt, N. (2009). Extensive reading in a challenging environment: A comparisonof extensive and intensive reading approach in Saudi Arabia. *Language Teaching Research, 13*(4), 383-401.
Bacon, M.S. (1992). Phases of listening to authentic input in Spanish: A descriptive study. *Foreign Language Annals, 25*(4), 317-333.
Bernherdt, E. B. (1983). Three approaches to reading comprehension in intermediate German. *The Modern Language Journal, 67*(2), 111-115.
Conrad, L. (1985). Semantic versus syntactic cues in listening comprehension. *Studies in*

Second Language Acquisition, 7(1), 59-72.

Craik, F. I. M., & Lockhart, R. S. (1972). Levels of processing: A framework for memory research. *Journal of Verbal Learning and Verbal Behavior, 11*(6), 671-684.

Elgart, D. B. (1978). Oral reading, silent reading, and listening comprehension: A comparative study. *Journal of Reading Behavior, 10*(2), 203-207.

Field, J. (2003). Promoting perception: lexicalsegmentation in L2 listening. *ELT Journal,* 57(4), 325-334.

Fletcher, J., & Pumfrey, P. D. (1988). Differences in text comprehension amongst 7-8-year-old children. *School Psychology International, 9*(2), 133-145.

Fujinaga, F. (2013). Effects of reading mode, proficiency and importance of text information on EFL reading comprehension. *Sojitsu kenkyukiyo, 47*, 127-136.

Ginther, A. (2002). Context and content visuals and performance on listening comprehension stimuli. *Language Testing, 19*(2), 133-167.

Grabe, W., & Stoller, F.A. (2011). *Teaching and Researching Reading*(2nd ed.). Harlow: Pearson.

Griffin, M. S. (1992). Reading aloud. *TESOL Quarterly, 26*(4), 784-787.

Griffiths, R. (1990). Speech rate and NNS comprehension: A preliminary study in time benefit analysis. *Language Learning, 40*(3), 311-336.

Griffiths, R. (1992). Speech rate and listening comprehension:further evidence of the relationship. *TESOL Quarterly, 26*(2), 385-390.

Guichon, N., & McLornan, S. (2008). The effects of multimodality on L2 learners: Implications for CALL resource design. *System, 36*(1), 85-93.

Harmer, J. (2007) *The Practice of English Language Teaching*. Harlow: Pearson.

Hitosugi, C. I., & Day,R.R. (2004). Extensive reading in Japanese. *Reading in a Foreign Language, 16*(1), 20-39

Horst, M. (2009). Developing definitional vocabulary knowledge and lexical access speed through extensive reading. In Z.H. Han and N.J. Anderson (Eds.), *Second Language Reading Research and Instruction: Crossing the Boundaries* (pp.40-64). Ann Arbor: University of Michigan Press.

Iwahori, Y. (2008). Developing reading fluency: A study of extensive reading in EFL. *Reading in a Foreign Language, 20*(1), 70-91.

Jiang, X., & Grabe, W. (2007). Graphic organizer in reading instruction: Research findings and issues. *Reading in a Foreign Language, 19*(1), 34-35.

Just, M.A., & Carpenter, P.A. (1987). *The Psychology of Reading and Language Comprehension*. Boston: Allyn and Bacon.

LaBerge, D., & Samuels, S. J. (1974). Toward a theory of automatic information processing in reading. *Cognitive Psychology, 6,* 293-323

Markham, P. L., Peter, L. A., & McCarthy, T. J. (2001). The effects of native language vs. target language captions on foreign language students' DVD video comprehension. *Foreign Language Annals, 34*(5), 439-445.

Miller, S. D., & Smith, D. E. P. (1985). Differences in literal and inferential comprehension after reading orally and silently. *Journal of Educational Psychology, 77*(3), 341-348.

Nation, I.S.P., & Newton, J. (2009). *Teaching ESL/EFL Listening and Speaking.* New York: Routledge.

Nation, I.S.P. (2009). *Teaching ESL/EFL Reading and Writing.* New York: Routledge.

O'Malley, J.M., Chamot, A.U., & Kupper, L. (1989). Listening comprehension strategies in second language acquisition. *Applied Linguistics, 10*(4), 418-437.

Richards, J.C., & Schmidt, R. (2010). *Longman Dictionary of Language Teaching and Applied Linguistics* (4th ed.). Harlow: Pearson.

Rivers, W.M. (1981). *Teaching Foreign-language Skills*(2nd ed.). Chicago: The University of Chicago Press.

Rob, T.N., & Susser, B. (1989). Extensive reading vs skills building in an EFL context. *Reading in a Foreign Language, 5*(2), 239-251.

Rost, M. (2011) *Teaching and Researching Listening(2nd ed.).* Harlow: Pearson.

Samuels, S. J. (1994). Toward a theory of automatic information processing in reading, revisited. In R.B. Ruddel & H. Singer (Eds.).*Theoretical Models and Processes of Reading* (pp. 816-837). Newark, DE: International Reading Association.

Suvorov, R. (2011). The effects of context visuals on L2 listening comprehension. *University of Cambridge ESOL Examinations Research Notes, 45,* 2-8.

Swalm, J.E. (1972). A comparison of oral reading, silent reading, and listening comprehension. *Education, 92*(4), 111-115.

Taguchi, E. (1997). The effects of repeated readings on the development of lower identification skills of FL readers. *Reading in a Foreign Language, 11*(1), 97-119.

Taguchi, E., & Gorsuch, G.J. (2002). Transfer effects of repeated EFL reading on reading new passages: A preliminary investigation. *Reading in a Foreign Language, 14*(1), 43-65.

Taguchi, E., Takayasu-Maass, M., & Gorsuch, G.J. (2004). Developing reading fluency in EFL: How assisted repeated reading and extensive reading affect fluency development. *Reading in a Foreign Language, 16*(2), 70-96.

Taylor, G. (2005). Precieved processing strategies of students watching captioned video. *Foreign Language Annals, 38*(3), 422-427.

Teng, H. (2001). Impact of speech modification on EFL listening. *Proceedings of 2001 JALT-the Third Pan-Asian Conference (PAC3),* 532-539.

Vandergrift, L., & Goh, C.C. (2012). *Teaching and Learning Second Language Listening: Metacognition in Action.* New York: Routledge.

Vandergrift, L. (2007). Recent developments in second and foreign language listening comprehension research. *Language Teaching, 40*(3), 191-210.

Zhao, Y. (1997). The effects of listeners' control of speech rate on second language comprehension. *Applied Linguistics, 18*(1), 49-68.

第5章　ライティングの評価法

杉田　由仁

概要

　本章では、ライティング評価法の背景を概説し、実際の、あるいは実際に近い言語使用を伴う活動の中で、どの程度課題（task）を達成したかに基づいて行う、直接テスト方式による言語運用能力の評価（タスクに基づくライティング評価法）について導入を行う。つぎに、テスト開発の基本的手順について解説し、その手順に沿って、具体的なライティング・テストの開発事例を紹介する。

5.1　ライティング評価法の背景
5.1.1　評価と測定

　日本の教育文化においては、点数や評定値を付与することそれ自体が「評価（assessment）」と考えられている側面があり、「評価[1]」と「測定（measurement）」という用語が明確に使い分けられているとは言い難い。英語教育における「評価」とは、受検者の英語知識と運用能力に関する数値データやさまざまな情報を収集するプロセスであり、そのプロセスにおいて直接観察することが不可能な受検者の特質や特性を数量化する手続きが「測定」である（Bachman, 2004）。代表的な手続きの1つがテスト（test）であり、テスト課題により誘発された受検者の反応を数量化するための測定具と定義することができる。

---

[1]　"evaluation"の日本語訳として用いられる場合もあるが、本章では以下、"assessment"の訳語として扱う。

評価と測定をこのように分化して捉え直すと、点数や評定値を付与することは、評価と言うよりはむしろ測定と言うべきことがわかる。このことは、Bachman（2004）が評価を測定やテストを含む上位概念として位置づけていることを見ても明らかである。テストなどによる測定結果は受検者に対する評価そのものではなく、あくまでも観察不可能な受検者の特質や特性に割り当てられたものである。したがって、評価を行うためには、測定結果として得られた数値を観察可能な言語運用（performance）に結び付け、ターゲットとなる言語能力を推測（inference）するための規則と手順（rules and procedures）が必要となる。これらの規則や手順はテスト細目や採点手続き・採点基準、テスト実施要項などに明記されるのが通例である。そこで本章では、テスト開発の基本的手順の説明とあわせて、その手順に沿って開発されたテスト課題の細目表について解説し、ライティングにおける「測定」のためのテスト作成方法および「評価」のための規則と手順について、具体的な説明を試みる。

5.1.2　ライティングによる言語運用能力の評価

　日本における英語科のテストは、英語の音韻や語彙・文法などの言語要素の知識が、聞く・話す・読む・書くなどの言語活動を行う技能を修得するための基礎になるという二次元学力構造[2]（例えば Lado, 1961; Davies, 1977）を背景として、言語要素の構成要素[3]を測定することにより技能使用のレベルを推測することができるという言語能力測定モデル基づいて開発が行われてきた。ライティングの評価（assessment of writing）においても、空所補充や文の結合、文の書き換えや和文英訳などの問題形式により、ライティングを行うために必要な文型や語彙、文法規則のような構成要素の知識を測定するテストが主流であった。しかし、いくら言語要素に関する知識があろうとも、それらをコミュニケーションの手段として活用できな

---

[2] 学力を「言語要素」と「技能」の2局面から捉えるモデル。
[3] 一例として、Lado は発音・文法構造・語彙・文化的意味を構成要素としている。

いでいる学習者の指導を通して、言語それ自体を実際に使う能力を評価するためには、構成要素を測定するテストの内容・形式を考えているだけでは不十分であることを、多くの英語教師は経験的に認識している。

　Brown（2004）は、実際の、あるいは実際に近い言語使用を伴う活動の中で、どの程度「タスク／課題（task）[4]」を達成したかに基づいて言語運用を測定する方法を「直接テスト方式（direct testing）」と定義している（pp.23-24）。また、言語の産出面における言語運用（以後「言語運用能力」と呼ぶ）の測定に基づく評価（performance-based assessment）として、英語による面接結果に基づくスピーキング能力評価や、あるトピックに関する英作文の評定結果によるライティング能力評価などを例示している。このような直接テスト方式に対して、スピーキング能力を対話文の並びかえによって測定したり、ライティングに必要な個々の語句や文法構造の知識を試すことにより、ライティング能力を測定するなどの間接的な方法は「間

表5.1: ライティングの直接テストと間接テスト

テスト方式	直接テスト	間接テスト
測定の対象	言語運用能力	言語知識
測定の方法	実際の言語使用を伴うタスク	言語知識を問うテスト課題
代表的なテスト形式	自由英作文、課題作文、要約	空所補充、文の結合や書き換え、和文英訳
長所	1. 言語運用能力の測定面での妥当性が高い 2. 積極的な波及効果[5]を期待できる	1. 実施と採点が容易 2. 採点の信頼性が高い
短所	1. 採点の信頼性が低くなる可能性がある 2. 実施と採点に時間と労力を要する	1. 実際の言語使用を反映しておらず妥当性が低い 2. 波及効果に関しても問題が多い

---

4) 以下、両者を特に区別することはせず「タスク」とする。
5) 言語テストが指導や学習に及ぼす影響のこと（5.2.1参照）。

接テスト方式（indirect testing）」と定義される。ライティングの評価を行うためのテスト方式として、両者の特徴や長所・短所をまとめると表5.1のようになる。

　Weigle（2002）［読書案内1］は、とくにライティングにおける言語運用の評価について「書かれたものはライティングの言語運用を表すものと考えられるので、実際に書くという行為を伴うライティング・テストはすべて言語運用を評価するテスト（performance test）と言える（p.46）」と述べている。つまりこれは、ライティングの言語運用能力評価を行うためには、実際に書くことを伴う直接テスト方式による言語運用の測定が前提になることを示唆するものに他ならない。

　しかし、日本の英語授業においては、言語の正確さを重視した指導が伝統的に行われてきた経緯があり、評価においても間接テストが用いられるのが一般的であった。間接的方法による測定ではなく、直接テスト方式を日本の英語授業に導入するためにはどのようにすべきなのであろうか。この問いに対しては、McNamara（1996）にしたがって、言語運用能力の評価を2つのタイプに類別して考えることが1つの有効な手だてになるのではないかと考えられる。1つ目のタイプは与えられたタスクを完遂することを重視する「強形（strong type）[6]」である。このタイプにおけるタスクは実生活に即した本物の課題となり、その評価も実生活の基準に照らし合わせて行われる。2つ目のタイプは、言語使用そのものを重視する「弱形（weak type）[7]」である。タスクは練習のために実生活での要求を模した課題であり、評価は言語能力の観点から行われる。

　この分類によると、弱形による言語運用能力テストを使用すれば測定対象を言語能力に限定することができるので、テスト作成者はテストの内容および言語形式を評価のねらいに照らし合わせて制限することができる。評価基準も同様に、語彙・文法・構成などの言語の個別的側面を評価の観

---

[6] 受検者がある課題を完成できるかどうかが評価の基準となる。
[7] ある課題により、受検者から採取された言語運用能力のサンプルが評価の対象となる。

点として設定することができる。つまり、弱形による言語運用能力評価であれば、正確さを重視した指導が中心となる日本の英語授業においても十分に応用や活用が可能であると考えられる。Ellis（2003）も Baker（1989）に基づいて同様の分類を行っており、「Direct performance-referenced tests（実社会で実際に行われうるパフォーマンスを評価するテスト）」と「Direct system-referenced tests（言語能力の一つという観点でパフォーマンスを評価するテスト）」という直接テスティングの2類型を提示し、タスクによる言語運用能力評価の可能性について言及している。

さらに、『学習指導要領』においても、前回（平成10年）の改訂から「言語の使用場面と働き」についての具体例が示されるなどの進展が見られる。現行（平成20年度告示版）の『中学校学習指導要領』では、「言語の使用場面の例」として「あいさつ」「自己紹介」「電話での応答」「買い物」「道案内」「旅行」「食事」など「特有の表現がよく使われる場面」や「家庭での生活」「学校での学習や活動」「地域の行事」など「生徒の身近な暮らしにかかわる場面」とそれぞれの表現例が示されている。また、「言語の働きの例」としては、「呼び掛ける」「相づちをうつ」「聞き直す」「繰り返す」などの「コミュニケーションを円滑にする」機能、「礼を言う」「苦情を言う」「褒める」「謝る」などの「気持ちを伝える」機能、「説明する」「報告する」「発表する」「描写する」などの「情報を伝える」機能、「申し出る」「約束する」「意見を言う」「賛成する」「反対する」「承諾する」「断る」などの「考えや意図を伝える」機能や「質問する」「依頼する」「招待する」などの「相手の行動を促す」機能とそれぞれの表現例が示されている。これらの言語の使用場面・機能に基づいてライティング・タスクを開発することは十分に可能であり、今や日本の学校におけるライティング評価に、直接テスト方式による言語運用能力評価を導入することは実現可能な状況になりつつあると言える。

5.1.3　構成概念の定義とタスク細目

Bachman and Palmer（1996）［読書案内2］によると、言語テストの最重

要目的とはテスト受検者の言語能力を推測することである。テストによって測定しようとする能力は「構成概念（construct）」と定義され、この構成概念を記述することがライティング・タスク開発においてどうしても必要な出発点となる。受検者の特質や特性を測定するためには、対象となる構成概念を明確かつ具体的な言語で記述することが不可欠である。Bachmanらによる構成概念の定義方法をまとめると以下のようになる。

（1）「言語能力（language ability）」の内、どのような特定の構成要素を含めるか検討する。
（2）構成要素を「シラバス」あるいは何らかの「言語能力に関する理論モデル[8]」に基づいて記述する。
（3）「方略的能力（strategic competence）」「話題に関する知識（topical knowledge）」について、それぞれ構成概念に含めるか否かについて検討し、含める場合には記述する。

　大学におけるライティング授業のクラス編成を目的として開発されたプロジェクト1（pp.253-284）は、シラバスに基づくテスト開発計画例である。「様々なタイプの文章構成・語用論的特性を駆使できる」という授業目的に基づき、構成概念に含まれる言語能力の構成要素として、下記1）〜4）の言語知識が記述されている。

1）統語論の知識「幅広い統語構造の正確な使用」「文化的な文脈を含む一般的な目的と特殊な目的の語彙使用の領域と正確さ」
2）修辞的構造の知識「情報を構成する特徴に関する知識」
3）結束性の知識「テキストの結束性の関係を明らかにする特徴に関する知識」
4）言語使用域の知識「定型表現や実質的な話における比較的あらたまった言語使用域の運用力」

（邦訳：大友・スラッシャー, 2000, p.280）

---
[8]「第6章 6.1 コミュニケーション能力とは何か」参照のこと。

また、テスト目的との関連で方略的能力や話題に関連する知識は構成概念には含まれず、測定結果に基づいて言語能力構成要素の推測のみを行う計画となっている。

　電話会社の従業員採用および採用後の英語特別教育の必要性決定に関わり開発されたプロジェクト2（pp.285-290）は、言語能力に関する理論モデルに基づくテスト開発計画例である。顧客からの苦情に文書で応答することができるという、非常に限られた目標言語使用領域における英語の文書作成能力を測定することを目的として、下記1）〜5）の言語知識が構成概念に含まれる言語能力の構成要素として記述されている。

1) 統語論の知識「統語構造に関する幅広い知識」
2) 語彙の知識「一般的および専門的な語彙に関する正確で幅広い知識」
3) 修辞的構造の知識「情報の構成方法に関する知識」
4) 結束性の知識「テキストの関係を明確に特徴づける結束性に関する知識」
5) 言語使用域の知識「定型表現や実際の談話に現れる、あらたまった言語使用域、あるいは形式ばらない言語使用域の特徴を示す標識に関する知識」

（邦訳：大友・スラッシャー，2000, p.306）

　さらに、テスト目的との関連で方略的能力は構成概念には含まれないが、話題に関連する知識として「電話会社の顧客からの苦情に（文書で）応答する手順に関する知識」が含まれ、測定結果に基づき当該知識の使用範囲の推測が行われる計画となっている。

　これらのテスト開発計画例に示される通り、構成概念はテストの目的や実施状況に照らし合わせて、その定義に何を含め、何を含めないのかを十分に検討し、適切に記述される必要がある。Bachman（2002）は、テスト・デザインおよび開発に関わる原理の1つとして、定義された構成概念とタスクの統合を行うためには「タスク細目（task specification）」が不可欠であるという提言を行っている。タスク細目とはテスト課題の内容と方法を細部に至るまで記載した文書[9]のことであり、直接観察することができない構成概念を採点法（scoring method）と明確に結びつけ、測定の信頼性を

確保して、テスト結果に基づく推測を可能にする。したがって、構成概念を明確に定義し、適切なタスク細目を作成することは、ライティング・タスクによる測定の信頼性を高め、妥当な評価を行う上で極めて重要な手順の1つであることを念頭に置いてテスト開発を行う必要がある。

5.2 テスト開発の基本的手順

タスクに基づくライティング評価法を導入するにあたり、具体的なテスト開発はどのような手順で行うべきかについては、Bachman and Palmer (1996) が提案した「設計 (design) → 操作化 (operationalization) → 実施 (administration)」の開発プロセスが参考になる。本節では、このプロセスに沿って、テスト開発の基本的手順について解説する。

5.2.1 設計

設計段階では、図5.1に示されるようなテストの有用性（usefulness）を構成するそれぞれの特質（信頼性・真正性・相互性・構成概念妥当性・影響・実用性）の最低許容水準を検討し、設定する。

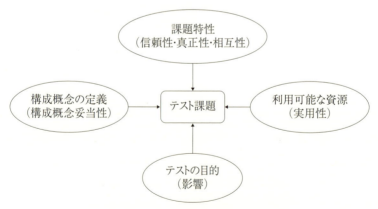

図 5.1: テストの有用性を構成する特質
（邦訳：大友・スラッシャー, 2000, p.186）

---

9) 詳細は、後掲「5.2.2 操作化」において解説が行われている。

課題特性の内、「信頼性（reliability）」とは異なる課題や評定者間で測定結果が一貫している度合いであり、ライティング・テストにおける信頼性は、テスト課題そのもの（トピックなど）と採点に関わる要因（評定尺度・評定者など）に大きく影響を受ける。「真正性（authenticity）」とは測定対象となる言語使用の特徴に対して言語テスト課題の特徴が一致する度合いであり、ライティング・テストにおいてその確保を図るためには、課題はテスト受検者の現実生活における言語使用を想定することが必要となる。また、「相互性（interactiveness）」とはテスト課題をやり遂げる際に、テスト受検者の個々の特性がどの程度どのような形で関わり合うのかの度合いである。一例として、グラフや表により提示されるテスト課題は、各受検者の非言語的・視覚的入力の処理に関わる方略的能力や話題に関連する知識との相互性が高くなる。

「構成概念妥当性（construct validity）」は、テスト得点に基づいて行う解釈の意味、適切さに関係している。つまり、特定の評価目的のために定義された抽象概念（＝構成概念）が、あるテストやテスト課題さらにはこの課題から得られる得点の解釈のための基盤をどの程度与えるのかを示す。ライティング・テストの構成概念妥当性は、1) 評価タスクの妥当性、2) 評価基準の信頼性、3) 評定者の一貫性に基づいて検証が行われるのが一般的である。「影響（impact）」とは、テスト受検者や教師のような個人レベルから、教育組織や社会全体のような大きなシステムに対してテストが及ぼす影響のことである。とくに、テストがカリキュラムや指導に及ぼす影響は「波及効果（washback/backwash）」と呼ばれる。「実用性（practicality）」とは、テスト開発や実施に必要な資源（人的・物的資源、計画・実施・採点に要する時間）と利用できる資源との関係である。テストに利用できる資源が開発・実施に必要な資源と合致あるいは上回る場合に、テストは実用的なものとなる。

5.2.2　操作化

操作化の段階では、「タスク細目」の作成が中心となる。テスト課題の

細目表には通常、以下の事柄が含まれる。

1）テスト課題の目的

　テストの使用目的を明示する。テスト結果に基づいて言語能力のどの側面について推測したいのか。また、その推測に基づいてどのような決定を行いたいのかを明記する。

2）測定すべき構成概念の定義

　言語能力のどの側面について推測したいのかを十分に検討し、測定対象とする言語能力の構成要素を構成概念として定義する。TOEFL の Test of Written English（TWE）や英検 1 級の English Composition などの一般的な英語能力判定テスト（proficiency test）の場合には「言語能力の理論」に基づいて測定対象となる書く能力を定義する。また、各学校で実施される定期試験のような熟達度評価テスト（achievement test）の場合には「シラバスの到達目標」に基づいて定義を行う。構成概念の定義は採点法（scoring method）に大きく影響する。結果は得点あるいは言葉による記述という形式で、必ず測定可能なものでなければならない。

3）テスト課題の実施状況設定に関わる特性

　テスト実施会場の物理的特性（場所、騒音のレベル、温度、湿度、座席の状態、照明など）、テストへの参加者（受検者、実施に関わる人々）、テストが実施される時間等について記述する。

4）時間配分

　受検者がテスト課題に答えるために必要とする時間

5）課題に対する答え方についての受検上の注意

　受検上の諸注意として「テストの目的」「測定される言語能力」「テストの構成と配点」「受検者への指示（課題文・指示文）」「採点法」について記述を行う。これらの内、「指示（prompt）」とは Hyland（2003）が「受検者が応答すべき刺激（p.221）」と定義しているように、受検者が実際にライティングにより回答を行う課題内容である。この指示を明確に与えることにより、テスト作成者が意図する応答を受検者から引き出すことが可能となる。

6）入力の特性と期待される応答の特性

入力の特性は、チャンネル（聴覚か、視覚か、その両方か）、形式（言語か、非言語か、その両方か）、言語（母語か、目標言語か、その両方か）、長さ（単語、句、文、パラグラフ、長い談話）、入力のタイプ（項目または指示）、速度性の度合い（入力情報を処理しなければならない速度）、伝達方法（「生」か、「再生」か、その両方か）という観点から記述される。また応答の特性は、チャンネル・形式・言語・長さに関しては入力の特性と同様に記述されるが、応答のタイプは選択型の応答（多肢選択課題など）、発表能力限定型の応答（単一の語句や文、発話など）、発表能力拡張型の応答（2つ以上の文や発話、口頭・文書による自由作文など）という3タイプに類別される。速度性の度合いは、テスト受検者が応答を計画し、実行しなければならない時間量について記述が行われる。

7）採点法

テスト課題に対する受検者の応答を、構成概念の定義に基づいてどのように定量化するかを検討し、応答の評価基準となる採点法を記述する。現存するライティング評価法の中から、代表的な採点法を紹介する。

(1) 全体的評価法（holistic scoring）

ライティングの全体的な印象に基づいて評価を行う全体的評価法の代表格はTOEFLのTWEである。ライティングの内容・構成・文法や語彙などを総合的に勘案し、6段階で評定を行う評価システムとなっている。評定を短時間で行うことができるので、大規模実施のライティング・テストにおける評価法の主流となっている。しかし、たとえば、Kroll（1990）やWeigle（2002）が指摘するように、実際の評価における観点設定は個々の評定者に委ねられるため主観に頼る評定となる面があり、その結果として評定者間に評定のばらつきが生じ、信頼性が低下する危険性がある。

Cambridge First Certificate in English（FCE）についても、TWEと同じく6段階の全体的評価法を採用している。具体的な評価システムとして、内容・構成・結束性・文法や語彙に加え言語使用域と形式、読み手に与える効果などを評価の観点とする「全体的印象尺度（general impression scale）」

に基づいて評定が行われる。TWE以上に多様な受検者に対応する必要から、テスト課題も多種多様で、それぞれの課題別に評価細目が必要となる。妥当性は確保されるが、実用性の面で検討を要するといえる。

(2) **分析的評価法**（analytic scoring）

全体的な印象に基づいて評価を行う全体的評価法に対して、ライティング能力を構成する特徴ごとに評定を行い、それぞれの特徴に配点を行う分析的評価法がある。この評価方法を代表するのがESL Composition Profile（Jacobs et al., 1981）である。この尺度においては、内容（30点）、言語使用（25点）、構成（20点）、語彙（20点）、句読法（5点）という配点が行われている。評定者はこれらの観点を共有して評価を行うことになるので、全体的評価法よりも信頼性の高い評価結果を得ることができる（Hamp-Lyons, 1991; Huot, 1996; Weir, 1990）。また、受検者にとっても結果の解釈が容易である。しかし、例えば評価の観点が4つ設定されていれば、それぞれの特徴に注目して同じ答案に4回目を通す必要も生じるという実用性における課題がある。さらに、各観点における得点の合計点が、受検者の総合的なライティング能力であるとする得点解釈の妥当性に関しても問題が指摘されている。

(3) **単特性評価法**（primary-trait scoring）

全体的評価法および分析的評価法のように、「内容」「構成」「語彙・文法」といった汎用性のある言語の個別的側面に基づいて行う評価法とは異なり、特定のテスト課題に特化して行うライティング評価法がある。その1つが、単特性評価法である。この評価法は、テスト課題によって顕在化される1つの特性に照らし合わせて、よく書けているか否かを評定者が判定を行うというものである（Hamp-Lyons, 1991）。その一例として、NAEP Scoring Guide（Lloyd-Jones, 1977）には、転覆したボート上で面白そうに飛び跳ねている5人の子どもたちの絵を見て、子どもの1人としてあるいは1人の傍観者として感情表現をするという課題により、指定された人物の立場から想像的に感情表現を行うことができているか否かを見るという実例が示されている。この評価法によれば、評価対象となる特性が1つに絞

り込まれているので評価の観点が明確であり、評定の信頼性および妥当性が担保される。しかし、特定の課題専用のガイド・ブックをテスト課題ごとに準備する必要があり、実用性に問題があるといえる。

(4) **多特性評価法**（multiple-trait scoring）

単特性評価法と同程度の、評定における信頼性と妥当性を担保し、さらに大規模実施ではなく教室レベルでの実用性確保をめざして考案されたのが多特性評価法である。語彙・文法力・文章力・正確さ・流暢さ・論理構成などのように、個々のテスト課題に特化しない、汎用性のある複数の特性に基づいて行う評価法である（Hamp-Lyons, 1991; Davies et al., 1999）。分析的評価法と共通性はあるが、多特性評価法の方がテスト課題とその評価対象となる構成概念との関連をより重視する（Hamp-Lyons, 1991; Hyland, 2003）。実例として Michigan Writing Assessment があるが、考えと議論・論理的特徴・言語使用の3特性に基づく評定尺度により評価が行われる。評定結果は分析的評価とは異なり、各特性の得点を合計せずに個別得点のまま報告が行われるので、評定の信頼性と得点解釈の妥当性は担保される。しかし、分析的評価法と同様に、同一の答案に対して複数回の評価が要求されることになり、実用性の面で課題が残されている。

(5) **ルーブリック**（rubric）

近年、スピーキングやライティングなどのパフォーマンス評価において注目されているのが、ルーブリックという評価ツールを用いた採点法である。ライティングのルーブリックは、ライティング評価の観点と到達の度合いを評定者と受検者に具体的に知らせるという重要な役割を果たす（久留・大年・正木・金志, 2011）。表5.2は分析的なルーブリックの例であるが、評価の観点となる「評価規準」と各観点における到達の度合いを判定する「評価基準」のマトリックスで構成され、各セルの中に該当するサンプルの特徴を記した記述子が入る。この他に、評価規準を複数に分けずに全体的に評価する形式のものもある。

表 5.2: ライティング評価のためのルーブリック例

評価規準 （観点）	評価基準（到達の度合い）		
	A（3）	B（2）	C（1）
内容・構成	説明内容の構成が非常に論理的である	説明内容の構成が論理的である	説明内容の構成があまり論理的ではない
語彙・文法	語彙使用が適切で文法的な誤りがほとんどない	語彙使用が概ね適切で文法的な誤りがややある	語彙使用が不適切で文法的な誤りがかなりある

5.2.3 実施

開発されたテストを、実際に受検者に対して実施する段階である。この段階には、少数の受検者に対して、作成されたテストがどのように機能するかを確かめる事前テスト（pre-test）と、より大きなサンプルサイズの受検者に対して実際のテストを活用して行う予備テスト（pilot test）が含まれる（Weigle, 2002）。

中学校や高等学校の教室レベルにおける実施では、同僚教師たちの協力を得て事前テストを行い、とくにテスト課題の「指示」が意図する応答を受検者から引き出すことができるかどうかを吟味することの重要性が指摘されている（Reid & Kroll, 1995）。また、TOEFL の TWE などの大規模実施のライティング・テストについては、予備テスト結果を量的に分析し、評定者間信頼性などの検証を行うことが前提となる。

5.3 ライティング・テストの開発事例

本節では、テスト開発の基本的手順に沿って、3種類のテスト開発事例を紹介する。

5.3.1 英語能力判定テスト（高校入試問題）の事例

あなたが「みんなに紹介したい人」について5文以上の英文を書きなさい。（平成24年山梨県公立高校入試問題より）

実際に、高校入試問題として出題されたテスト課題を、英語能力判定テストとして再開発するための細目表は表5.3の通りである。

表5.3: テスト課題の細目表

テスト課題の目的
　高校入試問題であり、テスト受検者にとっての利害関係はかなり大きい。受検者が志望する高校の合否を決定する目的で使用される。

構成概念の定義
　(1) 内容・構成の適切さ：与えられた課題に対して、5文以上の英文で関連性が明確である情報を効果的に書く力
　(2) 言語的正確さ：語彙や文法、スペル、句読法などにおける正確さを意識して書く力

テスト課題の実施状況設定に関わる特性
　場所は教育委員会より指定された公立高校会場。騒音レベルは静寂が保たれている。温度・湿度は快適である。座席は普通教室における1人用の学習机。照明は良好。用具は鉛筆・紙等の日常的に使い慣れているもの。参加者は受検者と試験監督を行う教員。実施時間帯は日中（9:00〜15:00）。

時間配分
　大問1〜3（リスニング）、大問4（長文読解・英作文）、大問5（長文読解・自由英作文）を含め、50分間。

課題に対する答え方についての受検上の注意
　(1) 受検上の注意
①これからあなたの英文を書く能力に関してテストを行います。
②下記の「指示」をよく読みなさい。
③解答用紙記入欄の1行に1文ずつ書きなさい。
④他の問題も含め、50分間で完成しなさい。
　(2) 指示
①状況と役割：あなたは自分の知っている人の中から1名を選び、その人に関する紹介文を英語で書くことを求められています。
②目的：あなたが「みんなに紹介したい人」について5文以上の英文を書きなさい。
③読み手：採点を行う教員
④文章構成：英文は5文以上書きなさい。提示する情報は内容がはっきりしていて論理的に構成されていることが望まれます。I am going to write about（紹介を行う人物名）の文で書き出しなさい（ただし、この文は5文には含まれません）。紹介する文と文のつながりがよくわかるように書きなさい。
⑤言語：言語はややあらたまったものにしなさい。できるだけ正しい英文を書くようにしてください。
⑥採点：あなたが書いた英文は「内容・構成の適切さ」と「言語的正確さ」の観点から10点満点で採点されます。

入力の特性と期待される応答の特性
　入力の特性は、チャンネル（視覚）、形式（言語）、言語（日本語）、長さ（上記①〜⑥、やや長い）、入力のタイプ（指示）、速度性（なし）、伝達方法（生）。応答の特性は、チャンネル（視覚）・形式（言語）・言語（英語）・長さ（5文以上）、応答のタイプは発表能力拡張型の応答（5つ以上の文）、速度性（なし）。

採点法
　採点の信頼性を高めるために、観点別に評定尺度・ルーブリックを作成する。観点は「構成概念」として定義した「内容・構成の適切さ」と「言語的正確さ」である。それぞれの観点の重要度にしたがって、前者を6点、後者を4点に重みづけを行う（評価ルーブリック例1参照）

評価ルーブリック例1

観点・基準	内容（6）	内容（5）	内容（4）	内容（3）	内容（2）	内容（1）	内容（0）
言語（4）	内容：5文以上の英文で、情報を非常に効果的に伝えている　言語：すぐれている、ほとんど誤りはない	内容：5文以上の英文で、情報を効果的に伝えている　言語：すぐれている、ほとんど誤りはない	内容：4つの英文で、情報を伝えている　言語：すぐれている、ほとんど誤りはない	内容：3つの英文で、情報を伝えている　言語：すぐれている、ほとんど誤りはない	内容：2つの英文で、情報を伝えている　言語：すぐれている、ほとんど誤りはない	内容：1つの英文で、情報を伝えている　言語：すぐれている、ほとんど誤りはない	内容：情報が伝えられていない　言語：すぐれている、ほとんど誤りはない
言語（3）	内容：5文以上の英文で、情報を非常に効果的に伝えている　言語：やや誤りがある	内容：5文以上の英文で、情報を効果的に伝えている　言語：やや誤りがある	内容：4つの英文で、情報を伝えている　言語：やや誤りがある	内容：3つの英文で、情報を伝えている　言語：やや誤りがある	内容：2つの英文で、情報を伝えている　言語：やや誤りがある	内容：1つの英文で、情報を伝えている　言語：やや誤りがある	内容：情報が伝えられていない　言語：やや誤りがある
言語（2）	内容：5文以上の英文で、情報を非常に効果的に伝えている　言語：誤りがある	内容：5文以上の英文で、情報を効果的に伝えている　言語：誤りがある	内容：4つの英文で、情報を伝えている　言語：誤りがある	内容：3つの英文で、情報を伝えている　言語：誤りがある	内容：2つの英文で、情報を伝えている　言語：誤りがある	内容：1つの英文で、情報を伝えている　言語：誤りがある	内容：情報が伝えられていない　言語：誤りがある

言語（1）	内容：5文以上の英文で、情報を非常に効果的に伝えている 言語：誤りが多い	内容：5文以上の英文で、情報を効果的に伝えている 言語：誤りが多い	内容：4つの英文で、情報を伝えている 言語：誤りが多い	内容：3つの英文で、情報を伝えている 言語：誤りが多い	内容：2つの英文で、情報を伝えている 言語：誤りが多い	内容：1つの英文で、情報を伝えている 言語：誤りが多い	内容：情報が伝えられていない 言語：誤りが多い
言語（0）	内容：5文以上の英文で、情報を非常に効果的に伝えている 言語：誤りが非常に多い	内容：5文以上の英文で、情報を効果的に伝えている 言語：誤りが非常に多い	内容：4つの英文で、情報を伝えている 言語：誤りが非常に多い	内容：3つの英文で、情報を伝えている 言語：誤りが非常に多い	内容：2つの英文で、情報を伝えている 言語：誤りが非常に多い	内容：1つの英文で、情報を伝えている 言語：誤りが非常に多い	内容：情報が伝えられていない 言語：誤りが非常に多い

（注）本ルーブリックは、受検者が書いたサンプルと各セルの記述を照らし合わせて評価するという作業をより効率的に行うことができるように開発した評定者志向の改良型ルーブリックである。網掛け部分は、該当するサンプルが無いと想定されるグリッドを示す。

5.3.2 熟達度評価テスト（定期試験問題）の事例

「現在完了時制」について学習した単元を出題範囲とする定期試験問題

高校における定期試験問題として「現在完了時制」への熟達度を評価するためのテスト課題を開発するための細目表は表 5.4 の通りである。

表 5.4: テスト課題の細目表

テスト課題の目的
　高校 1 年生の定期試験問題であり、テスト結果は学期末の成績、能力別クラスへの振り分け、学年末の進級合否判定に使われるなど、受検者にとっての利害関係は大きい。また、教師の指導方法の改善や授業計画の検討を目的として使用される。

構成概念の定義
　（1）現在完了形を用いて適切な英文を書くことができる
　（2）正しいスペル、句読法で英文を書くことができる
　（3）自分の人生について 150 語程度の文章を書くことができる

テスト課題の実施状況設定に関わる特性
　場所は受検者が在籍する公立高校教室。騒音レベルは静寂が保たれている。温度・湿度は快適である。座席は普通教室における1人用の学習机。照明は良好。用具は鉛筆・紙等の日常的に使い慣れているもの。参加者は受検者と試験監督を行う教員。実施時間帯は日中。

時間配分
　他の問題を含め、50分間。

課題に対する答え方についての受検上の注意
　（1）受検上の注意
　①これからあなたの英文を書く能力に関してテストを行います。
　②下記の「指示」をよく読みなさい。
　③解答用紙記入欄の1行に1文ずつ書きなさい。
　④他の問題も含め、50分間で完成しなさい。
　（2）指示
　①状況と役割：あなたは、あなた自身の人生（意義や目的）について英語で書くことを求められています。
　②目的：「私の人生」というテーマで150語程度の英文を書きなさい。
　③読み手：採点を行う教員
　④文章構成：英文は150～200語で書きなさい。I am going to write about my life. を書き出しの文としなさい（ただし、この文は150～200語には含まれません）。次のa～cの質問に対する解答を本文の内容として、それぞれの英文の正確さ（単語のスペルや句読法）に注意して書きなさい。また、bに関しては「現在完了時制」の文を用いて解答を書くようにしなさい。
　　　a. What is important to you in your life?
　　　b. What have you accomplished in your life?
　　　c. What are your hopes and dreams for the future?
　⑤言語：言語はややあらたまったものにしなさい。正しい英文を書くことを意識してください。
　⑥採点：あなたが書いた英文は「文の正確さ（語彙・文法・句読法）」と「内容の適切さ（150～200語）」の観点から10点満点で採点されます。

入力の特性と期待される応答の特性
　入力の特性は、チャンネル（視覚）、形式（言語）、言語（日本語）、長さ（上記①～⑥、やや長い）、入力のタイプ（指示）、速度性（なし）、伝達方法（生）。応答の特性は、チャンネル（視覚）・形式（言語）・言語（英語）・長さ（5文以上）、応答のタイプは発表能力拡張型の応答（5つ以上の文）、速度性（なし）。

採点法
　採点の信頼性を高めるために、観点別に評定尺度・ルーブリックを作成する。観点は「構成概念」として定義した「文の正確さ」と「内容の適切さ」である。それぞれの観点の重要度にしたがって、前者を6点、後者を4点に重みづけを行う（評価ルーブリック例2参照）。

評価ルーブリック例2

観点・基準	言語(6)	言語(5)	言語(4)	言語(3)	言語(2)	言語(1)	言語(0)
内容(4)	言語：現在完了の用法・単語のスペリングや句読法が正しい 内容：120〜150語	言語：現在完了の用法は正しいが、スペリングや句読法にやや誤りがある 内容：120〜150語	言語：現在完了の用法は正しいが、スペリングや句読法に誤りがある 内容：120〜150語	言語：現在完了の用法は正しいが、スペリングや句読法に誤りが多い 内容：120〜150語	言語：現在完了の用法・単語のスペリングや句読法に誤りがある 内容：120〜150語	言語：現在完了の用法・単語のスペリングや句読法における誤りが多い 内容：120〜150語	言語：現在完了の用法・スペリングや句読法における誤りが非常に多い 内容：120〜150語
内容(3)	言語：現在完了の用法・単語のスペリングや句読法が正しい 内容：90〜119語	言語：現在完了の用法は正しいが、スペリングや句読法にやや誤りがある 内容：90〜119語	言語：現在完了の用法は正しいが、スペリングや句読法に誤りがある 内容：90〜119語	言語：現在完了の用法は正しいが、スペリングや句読法に誤りが多い 内容：90〜119語	言語：現在完了の用法・単語のスペリングや句読法に誤りがある 内容：90〜119語	言語：現在完了の用法・単語のスペリングや句読法における誤りが多い 内容：90〜119語	言語：現在完了の用法・スペリングや句読法における誤りが非常に多い 内容：90〜119語
内容(2)	言語：現在完了の用法・単語のスペリングや句読法が正しい 内容：60〜89語	言語：現在完了の用法は正しいが、スペリングや句読法にやや誤りがある 内容：60〜89語	言語：現在完了の用法は正しいが、スペリングや句読法に誤りがある 内容：60〜89語	言語：現在完了の用法は正しいが、スペリングや句読法に誤りが多い 内容：60〜89語	言語：現在完了の用法・単語のスペリングや句読法に誤りがある 内容：60〜89語	言語：現在完了の用法・単語のスペリングや句読法における誤りが多い 内容：60〜89語	言語：現在完了の用法・スペリングや句読法における誤りが非常に多い 内容：60〜89語
内容(1)	言語：現在完了の用法・単語のスペリングや句読法が正しい 内容：30〜59語	言語：現在完了の用法は正しいが、スペリングや句読法にやや誤りがある 内容：30〜59語	言語：現在完了の用法は正しいが、スペリングや句読法に誤りがある 内容：30〜59語	言語：現在完了の用法は正しいが、スペリングや句読法に誤りが多い 内容：30〜59語	言語：現在完了の用法・単語のスペリングや句読法に誤りがある 内容：30〜59語	言語：現在完了の用法・単語のスペリングや句読法における誤りが多い 内容：30〜59語	言語：現在完了の用法・スペリングや句読法における誤りが非常に多い 内容：30〜59語
内容(0)	言語：現在完了の用法・単語のスペリングや句読法が正しい 内容：30語未満	言語：現在完了の用法は正しいが、スペリングや句読法にやや誤りがある 内容：30語未満	言語：現在完了の用法は正しいが、スペリングや句読法に誤りがある 内容：30語未満	言語：現在完了の用法は正しいが、スペリングや句読法に誤りが多い 内容：30語未満	言語：現在完了の用法・単語のスペリングや句読法に誤りがある 内容：30語未満	言語：現在完了の用法・単語のスペリングや句読法における誤りが多い 内容：30語未満	言語：現在完了の用法・スペリングや句読法における誤りが非常に多い 内容：30語未満

（注）本ルーブリックは、評定者志向の改良型ルーブリックである。

5.3.3 タスクに基づくライティング・テストの事例

第3の事例として、筆者が開発を行っている「日本人英語学習者を対象としたタスクに基づくライティング・テスト（Task-Based Writing Test for Japanese Learners of English: TBWT）」を紹介する。

テスト・デザインの出発点となる構成概念の定義を行う上で、Bachmanらが提示した「言語能力（language ability）」、「方略能力（strategic competence）」、「話題に関する知識（topical knowledge）」など[10]は、テスト開発における全体的枠組みとテストにおける言語運用を解釈する基礎を与えるものとして評価することができる。しかしSkehan（1998）[読書案内3]は、構成概念に含まれる構成要素をリスト的に設定したのでは受検者の潜在能力と実際の言語運用を関連づけて説明することができないと指摘し、この関係を説明するためには「言語処理（language processing）」に関わる観点が必要であると主張した。Skehanの言語処理能力メカニズムは「規則に基づく体系（rule-based system）」と「記憶に基づく体系（memory-based system）」という2つのシステムによって説明される。前者は言語形式に焦点がおかれ、言語産出時における意味の明瞭化や正確さを高める機能を持つ。また後者は語彙の意味に焦点がおかれ、迅速かつ容易に言語産出に活用することができる。そして、この2つの体系はコミュニケーションの文脈や目的に適合するように随時使い分けられ、二重処理（dual modes of processing）が行われるというモデルである。

この二重処理モデルの概念に基づき、Skehanはコミュニケーションにおける諸要求を調和的に処理する「活用力（ability for use）」という構成概念を提示し、これにより潜在能力と言語運用の調停が行われるとした。そしてこの構成概念に基づき、受検者の言語使用を誘出するタスクを考案し、実際の言語使用に近い条件下においてそれを課すことにより、言語運用能力の測定を行うという「タスクに基づくテスト法（task-based approach to testing）」を提唱した。

---

10)「5.1.3 構成概念の定義とタスク細目」を参照。

Skehanの「活用力」を構成概念とするテスト法においては、実在すると想定される困難度尺度上に配列された困難度の異なるタスクの存在が言語運用能力評価を行うために不可欠な前提条件となる。しかし、Bachman (2002) はSkehanが提示したタスクの困難度を決定する3特徴（言語的複雑さ、認知的複雑さ、伝達のストレス）では、テストによる言語能力の推測そのものが不可能であることを指摘した。つまり、タスクの困難度とは3特徴のような言語運用時における独立した個々の特徴によって決定されるのではなく、自らが提案する3因子（タスク固有の特徴、受検者の属性、両者の相互作用）のように受検者属性とタスクの相互作用によるものであり、タスクに基づくテスト法とは、Skehanが主張する言語処理に関わる条件の操作のみでは不十分で、むしろ評価対象となる言語能力（構成概念）の様々な要素について勘案することが重要であるとBachmanは主張するのである。これが「構成概念に基づくテスト法（construct-based approach to testing）」と呼ばれる開発手法であり、その最たる特徴はテストのデザイン・開発手順およびテスト活用の各段階において、テストを構成する評価タスクの細目と評価対象となる能力定義の両方を兼ね備えているということである（例：Alderson et al., 1995; Bachman & Palmer, 1996; Brown, 1996）。Bachman (2002) の言葉を借りるならば「最も有用性の高い評価とは、タスクと構成概念の両者をデザイン・開発・活用の各段階において、計画的に統合して行われる評価である（p.471）」と言える。

　上述の論考より、これからのタスクに基づくライティング評価法の枠組みにおいては、Skehanが提唱したテストにおける言語運用に影響を与える言語処理に関わる条件を操作することによるテスト法およびBachmanの主唱する構成概念に基づくテスト法とは、相反する評価法として分類されるのではなく、むしろ言語運用能力テスト実施において相互補完的に機能する評価システムとして発展的に統合されるべきであると言える。杉田 (2013) では、評価タスクの開発は構成概念に基づいて行い、テストにおける言語運用については言語処理に関わる条件操作を加味して実施する「構成概念に基づく言語処理的テスト法（construct-based processing approach to testing)」というモデルが紹介されている。TBWT は、このモデルに基づいて開発を試みた日本人学習者のためのタスクによるライティング・テストであり、その細目は以下の通りである。

1) テスト課題の目的

特別な訓練を受けたライティング評価の専門家ではなく、実際に教室で指導にあたる中学校・高等学校の英語科教員が、タスクを測定手段として信頼性・妥当性の高いライティングによる言語運用能力の評価を行うことを目的として使用される。

2) 構成概念の定義

(1) 正確さ（Accuracy）

規則に基づく体系への依存度が高く、その測定対象となる言語能力は、Bachman and Palmer (1996) による文法能力（grammar competence）とテキスト能力（textual competence）によって構成される「構成能力・知識（organizational competence/knowledge）」である（図5.2）。

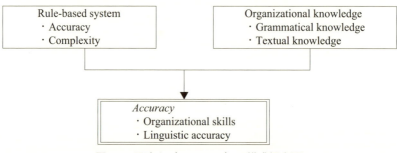

図 5.2: 正確さ（Accuracy）の構成概念図

文法能力とは「形式的に正確な発話や文を発表、理解することと関係がある（邦訳:大友・スラッシャー, 2000, p.78）」、テキスト能力は「2つ以上の発話や文からなる言語のまとまりであるテキストを発表、理解することと関係がある（邦訳 p.78）」という概念に基づき、「読み手に内容を正確に把握させるために論理的に文章を書く力（文章構成力: organizational skills）」と「語彙や文法、スペル、句読法などにおける正確さ（言語的正確さ:

linguistic accuracy）」が言語能力を構成する要素（言語能力特性）となる。

（2）伝わりやすさ（Communicability）

意味内容を伝えるための「流暢さ（fluency）」に関わる構成概念の定義であるが、話し言葉と書き言葉では産出に関わるプレッシャー等が異なる（Brown, 1994）、産出言語の測定方法が異なる（Ellis & Barkhuizen, 2005）などの指摘があることから、TBWT の構成概念を定義する用語として「流暢さ」をそのまま用いることは、必ずしも適切ではない。そこで、TBWT の測定対象となるもう1つの言語能力は、記憶に基づく体系への依存度が高く、機能的能力（functional competence）と社会言語学的能力（sociolinguistic competence）によって構成される「語用論能力・知識（pragmatic competence/knowledge）」であると定義されるので「伝わりやすさ（Communicability）」という用語を用いる（図 5.3）。

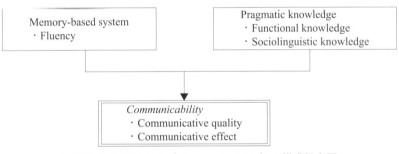

図 5.3: 伝わりやすさ（Communicability）の構成概念図

機能的能力は「私たちが発話や文およびテキスト間の関係や言語使用者の意図を理解することを可能にしている（邦訳：大友・スラッシャー, 2000, p.80）」、社会言語学的能力は「私たちが特定の言語使用の設定に適切な言語を作り出したり、解釈することを可能にする（邦訳 p.81）」という概念に基づき、「書かれている内容を、読み手が支障なく、明瞭に理解することができること（伝達内容の質：communicative quality）」と「与えられた課題に対して適切かつ十分に、関連性が明確である考えを効果的に示すこと（情報伝達の効果：communicative effect）」が言語能力特性となる。

3）テスト課題の実施状況設定に関わる特性

　場所は受検者が在籍する中学校あるいは高等学校の教室。騒音レベルは静寂が保たれている。温度・湿度は快適である。座席は普通教室における1人用の学習机。照明は良好。用具は鉛筆・紙等の日常的に使い慣れているもの。参加者は受検者と試験監督を行う教員。実施時間帯は日中。

4）時間配分

　Accuracy タスクは20分間、Communicability タスクは10分間。

5）課題に対する答え方についての受検上の注意

（1）**Accuracy タスクの説明**

　この課題では、指定された内容を伝える英語の手紙をどのくらい正しい英文で書くことができるかをテストします。最初に、与えられたトピックについて自分自身のことをよく考えなさい。つぎに、英語の手紙の形式に合わせて、できるだけ正しい英文でトピックの内容を含む自己紹介の手紙を書きなさい。解答のための時間は20分間で、語数は100〜120語程度としなさい。なお、採点は次の3つの観点から行います。

①　与えられたトピックの内容を含む、自己紹介を目的とした手紙文としての適切さ

②　言語的側面（文法・語彙・スペル等）の正確さ

③　文章の形式的側面（構成・展開法）の適切さ

（2）**Accuracy タスクの指示**

You are going to stay with Parker Family in Britain this summer. Write a 100-120 word letter introducing yourself to your host family. Before writing, think of the following topics.

・Your name and age

・Your job, profession, or major in school

・Your family and pets

・Your interests and hobbies

・Your favorite places, foods, activities

・Your experience in traveling abroad

・Some things you want to do while you are in England

| |
| |
| |
| |
| |
| |
| |
| |

(3) **Communicability タスクの説明**

　この課題では、限られた時間の中で英文によるメモを書き、英語でどのくらい情報を伝えることができるかをテストします。最初に与えられた"Discussion Topic"に対する自分の答をできるだけ多く考えます。つぎに、その内容を（例）にならい簡潔に、わかりやすい英語で書き表すようにします。解答のための時間は10分間で、語数に制限はありません。1つでも多くの考えを英語で書き表すようにしてください。なお、採点は次の3つの観点から行います。

　①課題の意図をよく理解して書かれた内容になっているか

　②自分の考えや意図がわかりやすく伝えられているか

　③内容を効率的に伝えるために適切な語彙や表現を使用しているか

(4) **Communicability タスクの指示**

　You are going to have discussion on the following topic, "Why do you study English?" In order to prepare for the discussion, think of as many answers to the question as possible. Then make notes about it in the following table.

> Discussion Topic: Why do you study English?
> － 　(例) To travel abroad _____
> － 　To _____
> － 　To _____

6) 入力の特性と期待される応答の特性

　両タスクの入力特性における差違は「語用論的特徴」に認められ、Accuracy タスクの機能は「想像的な (imaginative)[11]」であるのに対し、Communicability タスクのそれは「発見的な (heuristic)[12]」である。この差違により、Accuracy タスクでは自己紹介の内容を容易に想像できるため言語形式における正確さを重視して書く活動が、また Communicability タスクでは討議テーマに対する自分の意見・考えを発見的に書く活動がそれぞれ促進されると考えられる。さらに、期待される応答の特性に関しては、「長さ」「タイプ」「速度性の度合い」「言語の特性」において両者の違いが予測される。長さやタイプに関しては、Accuracy タスクが字数制限の範囲内での文レベルの応答を期待するのに対し、Communicability タスクは字数制限が無く、語句レベルのできるだけ多くの応答を期待する。また、言語処理条件を調節するために、Communicability タスクには時間的余裕が与えられないが、Accuracy タスクには一定程度の余裕が与えられ、速度性の度合いが異なっている。さらに、言語の特性に関しては、Accuracy タスクにおいては文法的に正しい文章レベルの応答が期待されるが、Communicability タスクにおいてはそのような言語的特性は期待されない。このように、それぞれのタスクが評価対象とする言語能力（構成概念）の測定を高い精度で行うことができるように細目が整えられてい

---

11)「夏休みに予定しているイギリスでのホームステイ」のように、想像的世界を作り出すために言語を使うこと。
12)「なぜ英語を学ぶのか」のように、身の回りの世界の知識を広げるために言語を使用すること（詳細は Bachman & Palmer, 1996, p.70）。

る。

7) 採点法

　現存する主要なライティング評価法である「全体的評価法」「分析的評価法」「単特性評価法」「多特性評価法」について検討を行ったところ、信頼性・妥当性・実用性のすべてを満たす評価システムは存在しないという結論に至った。そこで、各評価法の長所を活かすことにより、TBWTにおける評価法を考案することにした。

　TBWTの最たる特徴は、正確さ（Accuracy）および伝わりやすさ（Communicability）という構成概念を顕在化させるそれぞれの評価タスクを考案し、評定尺度についても正確さと伝わりやすさに特化してそれぞれ作成するという点にある。つまり、Accuracyタスクの評定尺度には、文章構成力と言語的正確さを評価の観点とする記述が、またCommunicabilityタスクのそれには、伝達内容の質と情報伝達の効果を観点とする記述が行われることになる。このような作成方式により、評定者は1人の受検者に対して2種類（2回）の評定作業を要求されるが、各回の評定における観点は明確であり、評価タスクとその構成概念との関連性も高く、信頼性および妥当性が担保された評価システムが整えられることになる。すなわち、個々のテスト課題に特化しない、汎用性のある正確さと伝わりやすさ

Accuracyタスクの評価基準

評価対象となる言語能力特性：Accuracy（grammar, organization, vocabulary, rhetoricなど、言語の形式的側面における運用能力の正確さ）	
文章構成力（Organizational skills）：読み手に内容を正確に把握させるために論理的に文章を組み立てる力	言語的正確さ（Linguistic accuracy）：語彙や文法、スペル、句読法などにおける誤り
・文章の構成および展開がうまくできている ・論理展開の方法が適切で説得力がある ・さまざまな連結詞の使用により、文章構成が明確である	・部分的に誤りはあるが、語彙使用が適切である ・主語と動詞の一致、時制、単数・複数、語順および語法、冠詞、代名詞、前置詞の使用にほとんど誤りがない ・スペル、句読法、大文字使用、段落分けの仕方にほとんど誤りがない

という構成概念に基づいて行うという面では多特性評価法を、評定尺度については正確さと伝わりやすさに特化してそれぞれ作成するという面では単特性評価法をそれぞれ採用し、考案した。

この答案には、上記の評価基準が

A	(5)	きわめてあてはまる
B+	(4)	かなりあてはまる
B	(3)	わりとあてはまる
B-	(2)	少しあてはまる
C	(1)	あてはまらない

Communicability タスクの評価基準

評価対象となる言語能力特性：Communicability（意味・内容の伝達を重視し、言語による効率的な情報伝達を行うことのできる能力）	
伝達内容の質（Communicative quality）：書かれている内容を、読み手が支障なく、明瞭に理解することができる	情報伝達の効果（Communicative effect）：与えられた課題に対して適切かつ十分に、関連性が明確である考えが効果的に示されている
・言語使用能力が確かなものであることがわかる ・自分の考えを表現したり、意図を伝えることのできるすぐれた構文力・語彙力がある	・与えられた課題に対してそつ無く回答している ・課題に対する関連性が十分にある考えが数多く提示され、効果的に内容が伝えられている

この答案には、上記の評価基準が

A	(5)	きわめてあてはまる
B+	(4)	かなりあてはまる
B	(3)	わりとあてはまる
B-	(2)	少しあてはまる
C	(1)	あてはまらない

読書案内

1. Weigle, S. C. (2002). *Assessing writing*. Cambridge: Cambridge University Press.
   ライティング評価の専門書。ライティング能力そのものの捉え直しから始め、ライティングのパフォーマンス評価における構成概念、評価タスクのデザイン、採点方法等について詳述されている。研究にも実践にも取り入れられる評価法が探求されている。

2. Bachman, L.F., & Palmer, A.S. (1996). *Language testing in practice: Designing and developing useful language tests*. Oxford: Oxford University Press.
   言語テストの作成に関する専門書。テスト開発の理論的基礎から、テスト開発の実際、テスト開発計画の実例について詳述されている。特に、言語テストの特質である「有用性」に着目した言語テストの作成法が探求されている。

3. Skehan, P. (1998). *A cognitive approach to language learning*. Oxford: Oxford University Press.
   言語習得のメカニズムに関する専門書。コミュニケーション能力の3要素（正確さ、複雑さ、流暢さ）を調和的に処理するモデルを、2つのシステム（規則に基づく体系・記憶に基づく体系）によって説明し、タスクに基づく指導とテスティング、言語習得の個人差に配慮した教授法の重要性が述べられている。

参考文献

久留 友紀子・大年 順子・正木 美知子・金志 佳代子（2011）. EFL ライティング・ルーブリックの検証―授業での運用を通じて―　JACET 関西支部ライティング指導研究会紀要. 第 9 号. 13-24.

杉田 由仁（2013）.『日本人英語学習者のためのタスクによるライティング評価法―構成概念に基づく言語処理的テスト法』大学教育出版

Alderson, J. C., Clapham, C., &Wall, D. (1995). *Language test construction and evaluation.* Cambridge University Press.

Bachman, L. F., & Palmer, A.S.(1996). *Language testing in practice: Designing and developing useful language tests.* Oxford University Press.［大友賢二・ランドルフ・スラッシャー（訳）(2000).『実践言語テスト法』大修館書店］

Bachman, L. F. (2002). Some reflections on task-based language performance assessment. *Language Testing, 19*, 453-76.

Bachman, L. F. (2004). *Statistical analyses for language assessment.* Cambridge University Press.

Baker, D. (1989). *Language testing: A critical survey and practical guide.*London: Edward Arnold.

Brown, H. D. (1994). *Principles of language learning and teaching.* NJ: Prentice Hall Regents.

Brown, H. D. (2004). *Language assessment: Principles and classroom practices.* NY: Pearson Education.

Brown, J. D. (1996). *Testing in language programs.*Upper Saddle River, NJ: Prentice Hall Regents.

Davies, A. (1977). The construction of language tests. In J.P.B. Allen, & A. Davies (Eds.). *The Edinburgh course in applied linguistics: Testing and experimental methods.* Vol. Ⅳ. Oxford University Press.

Davies, A., Brown, A., Elder, C., Hill, K., Lumley, T., & McNamara, T. (1999). *Dictionary of language testing, Studies in Language Testing 7,* Cambridge University Press/UCLES.

Ellis, R. (2003). *Task-based language learning and teaching.* Oxford University Press.

Ellis, R., & Barkhuizen, G. (2005). *Analysing learner language.* Oxford University Press.

Hamp-Lyons, L. (1991). *Assessing second language writing in academic contexts.* Norwood, NJ: Ablex.

Huot, B. (1996). Toward a new theory of writing assessment. *College Composition and*

Communication, 47, 549-566.
Hyland, K. (2003). *Second language writing*. Cambridge University Press.
Jacobs, H. L., Zinkgraf, D.R., Wormuth, V.F., Hartfiel, V.F., & Hughey, J.B. (1981). *Testing ESL Composition: A practical approach*. Rowley, MA: Newbury House.
Kroll, B. (1990). The rhetoric/syntax split: Designing a curriculum for ESL students. *Journal of Basic Writing, 9*, 40-55.
Lado, R. (1961). *Language Testing: The construction and use of foreign language Tests*. London: Longman.
Lloyd-Jones, R. (1977). Primary trait scoring. In C. R. Cooper & L. Odell (Eds.), *Evaluating writing* (pp. 33-69). NY: National Council of Teachers of English.
McNamara, T.F. (1996). *Measuring second language performance*. London: Longman.
Reid, J. M., & Kroll, B. (1995). Designing and assessing effective classroom writing assignments for NES and ESL students. *Journal of Second Language Writing, 4*, 17-41.
Skehan, P. (1998). *A cognitive approach to language learning*. Oxford University Press.
Weigle, S. (2002). *Assessing writing*. Cambridge University Press.
Weir, C. J. (1990). *Communicative language testing*. Hemel Hempstead: Prentice Hall.

第6章　スピーキングの評価法

根岸　純子

概要

　本章では、外国語あるいは第二言語によるスピーキングの評価に焦点を当てる。まず、スピーキングおよびコミュニケーション能力に関する基本的理論と評価について、さらにスピーキング・テストの特徴と先行研究について紹介する。つぎに、実際の研究遂行に必要なデータ収集の方法、研究の事前準備について解説する。最後に、筆者の行った研究について述べる。

6.1　コミュニケーション能力とは何か

　Fulcher（2003）は、スピーキングを「人とコミュニケーションを行うための、口頭での言語使用である」（p. 23）と定義している。コミュニケーションは話し言葉だけを指すものではなく、書き言葉、さらにジェスチャーなどの非言語（non-verbal）による伝達も含めるが、ここでは口頭言語による、考えや情報のやり取りに限定する。

　人と人とが口頭言語によってコミュニケーションを行う場合には、双方向のやり取りが発生し、いわゆる意味の交渉（negotiation of meaning）[1]が行われる。Long（1987）によれば、この意味の交渉が理解可能なインプットを促し、第二言語習得に有益に働くという。一方、一人で絵の描写をしたり、複数人で教科書の英語対話を丸暗記して発表し合ったりするような

---

1) コミュニケーションが何らかの原因でうまくいかなかった時に使われる談話修正（discourse repair）のこと（小池編，2003）。

活動は、意味の交渉が介在しないという点においてコミュニケーションとは言い難いとも言える。それでは、コミュニケーションを行う能力とは、どのようなものから成り立っているのであろうか。よく取り上げられるいくつかの枠組みについて、以下に概観する。

6.1.1　Chomsky から Hymes へ

　言語学の分野で、具体的な状況における、実際の言語使用を意味する言語運用（performance）に対して、能力（competence）という語を最初に使用したのは Chomsky（1965）である。これは言語能力（linguistic competence）のことで、理想化された話し手・聞き手が、持っている言語知識を基に文を生成したり文法性を判断したりする能力を意味している。

　言語を自然科学的にとらえる Chomsky の考え方に対し、社会言語学者である Hymes（1972）は、子どもたちや言語教育と関わったりする場合には、話者間にみられる能力差を想定すべきであるとした。その上で、文法の知識だけでなく、社会文化的な文脈での適切さ（appropriateness）に関する知識も含む言語使用（language use）を重視すべきだとする、コミュニケーション能力（communicative competence）という概念を提案した。

6.1.2　Canale and Swain による communicative competence

　Canale and Swain（1980）および Canale（1983）は、前述の Chomsky（1965）および Hymes（1972）の概念を発展させ、コミュニケーション能力について新たな枠組みを提案した。それは、母語話者を想定していた Chomsky や Hymes とは異なり、第二言語教育と評価を念頭に置いた枠組みであった。

　Canale and Swain（1980）におけるコミュニケーション能力は3つの構成要素から成る。第一は文法能力（grammatical competence）であり、語彙・語形・構文・発音・綴り・意味などの規則を身に付け、文を構成する能力のことである。第二は社会言語能力（sociolinguistic competence）と言われるもので、言語使用の社会文化的規則および談話規則の2つから成っている。

前者は、話題・参加者・対話の規範といった社会的文脈を適切に理解し、適切に発話する能力のことであり、後者は結束性（cohesion）[2]と一貫性（coherence）[3]の規則を使用できる能力を指している。第三は方略的能力（strategic competence）で、発話や対話に支障が出た場合に、言語や非言語によるコミュニケーション方略を使用して切り抜けていく能力のことである。具体的には、言い換え・繰り返し・ためらい・回避・推測・明確化・婉曲表現などの言語表現、あるいはジェスチャーなどの非言語手段などを使用したり、背景知識や言語の手がかりを活用したりして対処していく能力である。

　Canale（1983）では、Canale and Swain（1980）が改訂され、上述の社会言語能力に含まれていた談話規則が談話能力（discourse competence）となって独立した。これは、上述の通り、文の単位を超えたまとまりのある談話を作り上げる能力のことで、形式的な結束性と意味における一貫性を持った談話を理解したり、発話したりする能力を指している。Canale（1983）が談話能力を加えたことにより、コミュニケーション能力は、①文法能力、②社会言語能力、③談話能力、そして、その3能力を支える④方略的能力の4構成要素から成り立つと考えられるようになった。

6.1.3　Bachman and Palmer の communicative language ability

　つぎに、Canale and Swain（1980）、Canale（1983）のモデルを発展させたもので、テスト開発における理論的枠組みとして評価の高い Bachman（1990）および Bachman and Palmer（1996）のコミュニケーション言語能力（Communicative Language Ability: CLA）、あるいは言語能力[4]について言及す

---

[2] 結束性とは、文を構成する要素の意味が、別の要素に依存して解釈される場合の談話的つながりを指す。たとえば、I bought a pen yesterday. I like it. における代名詞 "it" を使用した「同一指示」など（小池編, 2003; Halliday & Hasan, 1976）がある。
[3] 一貫性とは、言語の使用者が持つ知識など、テクスト内の要素以外の何かによってもたらされる談話のつながりを指す。これは知識をもとに、命題がどのような関係でつながっているかを、その意味や命題の果たす役割の観点から推論によってとらえるものである（小池編, 2003）。

る。この枠組みからみると、言語使用者が持っている特性は、個人的特徴（personal characteristics: 年齢・性別・母語など）、トピックに関する知識（topical knowledge: 現実世界に関する一般的知識）、情意スキーマ（affective schemata: そのトピックに対して持っている自身の感情で、言語使用を促進したり制限したりするもの）、そして言語能力（language ability）の4つである。この枠組みにおける言語能力は、方略的能力（strategic competence）と言語知識（language knowledge）とから構成されていて、上記それぞれの要因の相互作用により言語が使用される。

方略的能力は、Canale and Swain（1980）によると、コミュニケーションに支障をきたした場合の補完能力とされていたが、Bachman and Palmer（1996）は、これを言語能力外に位置づけ、言語使用を司る機能（executive function）を持ったものと定義するとともに、目標設定（goal setting）、評価（assessment）、計画（planning）を行う能力とした。

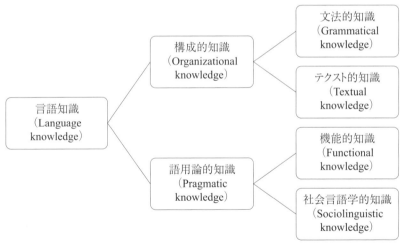

図 6.1: 言語知識の領域（Bachman & Palmer, 1996）

4）Bachman and Palmer（1996, 2010）は、CLA の枠組みを改訂するとともに、CLA から"communicative"を削除して言語能力（language ability）とし、特定の状況における言語使用に限定した枠組みにした。

一方、方略的能力とともに言語能力の構成要因とされている言語知識は、図 6.1 のような領域から構成されている。構成的知識とは、発話や文およびテクストをどのように構成するかという知識で、文法的知識とテクスト的知識に分類されている。文法的知識とは、形式的に正しい発話や文を作ったり理解したりする知識をいい、テクスト的知識とは、2 文以上の発話や文からなるテクストを作ったり理解したりするための結束性などについての知識をいう。一方、語用論的知識は機能的知識と社会言語学的知識に分類されている。機能的知識とは、言語使用者の意図とテクストとの関係を解釈するための知識で、たとえば、「郵便局への道を教えていただけますか」という発話の機能が場所を教えて欲しいという依頼であって、「はい」や「いいえ」を期待しているのではないと理解するための知識である。また、社会言語学的知識とは、適切な言語使用をするための慣用的な知識で、方言や特定の社会的状況・集団で使われる言語などの知識をいう[5]。

6.1.4　Kramsch 他の interactional competence

　上述したコミュニケーション能力に関する様々な概念や枠組みの共通点は、それらの能力が個人に帰すものであるという点である。これに対し、Kramsch（1986）、Chapelle（1998）や Young（2000）は、個人のパフォーマンスを評価してきたこれまでのコミュニケーション能力に対し、すべての話者が協働的に参加して相互行為を行うインタラクション能力（interactional competence）の構成概念について論じている。従来のコミュニケーション能力は、どのような状況や文脈でも運用できるという考え方に基づいていたが、インタラクション能力は話者の間で協働的に構築される（co-constructed）ものであることから、特定の場において、より経験のある他者との協働相互行為により習得されるという考え方に基づいている。

5）コミュニケーション能力に関する種々の概念や用語の違いなどについては、柳瀬（2006）に詳説されている。

この点を踏まえ、この章においては、スピーキング評価の対象とする学習者同士の目標言語によるやり取りを「インタラクション」として扱う。

6.2　スピーキング評価の妥当性と信頼性

　以上のような様々な理論に基づいて、各々の目的を持ったテストが開発されたり、評価基準が作成されたりするが、テストには妥当性および信頼性が必要とされる。

　スピーキング・テストの妥当性は、そのテストが、測定すべきスピーキング能力を正確に測定しているか否かによって判断することができる。たとえば、英語によるインタラクション能力の測定を目的としている場合、絵の描写というタスクのみを実施し、文法的正確さを重視した評価基準による評価をしたのでは、目的に合致しない妥当性の低いテストとなる可能性がある。より妥当性の高いスピーキング・テストを作成するためには、測定目的に合致した複数のテストを組み合わせることが望ましい。

　また、スピーキングなどのパフォーマンス・テストの信頼性とは、同一の受検者に対し、異なる評定者が評価した場合でも同様の結果が得られるか（評定者間信頼性［inter-rater reliability］）、あるいは同一の評定者がある受検者を複数回評価した場合でも、同様の結果が得られるか（評定者内信頼性［intra-rater reliability］）ということを意味している。スピーキング・テストの評価は、評定者の主観にその多くを依存するため、信頼性を保つのが難しい。この問題を解決するためには、より適切な評価基準の使用、評定者の評価能力の向上が重要となる［読書案内1、2、3、4］。

6.3　評価
6.3.1　評価基準：ヨーロッパ言語共通参照枠（CEFR）

　前述の通り、スピーキングの評価は、受検者のパフォーマンスを評定者が評価するという、主観的な形式に頼らざるを得ないため、妥当性・信頼性の高い評価基準を準備しなければならない。

　これまで、様々な評価基準が作成されてきているが、ここでは、ヨーロッ

パ言語共通参照枠（Common European Framework of Reference for Languages: CEFR）について紹介する[6]。

　CEFR は 2001 年、欧州評議会（Council of Europe）が多言語・多文化の環境において、40 年以上にわたる様々な言語研究をもとに作成したもので、スピーキングに限らず言語全体に関する枠組みとなっている。CEFR では評価基準はもちろんのこと、言語学習者の習得目標・言語教授・カリキュラム・教科書作成等に関わる情報が公開されている。現時点では、明確な目標の下で単独受検者や面接形式用はもちろん、複数受検者によるインタラクション用評価基準も公開しているのは CEFR のみである。

　CEFR には共通参照レベル（Common Reference Level）と呼ばれる学習者の能力を示す基準があり、基礎段階の言語使用者を表す Basic User には A1・A2、自立した言語使用者である Independent User には B1・B2、熟達した言語使用者である Proficient User には C1・C2 があり、全体として 6 レベルに分かれている。

　評価基準には、全体の印象で評価する全体的評価基準（holistic rating scale）と項目ごとに評価する分析的評価基準（analytical rating scale）がある。CEFR においてスピーキングの全体的評価基準として使用可能なものは、表 6.1 に示した「共通参照レベル：全体的な尺度（Common Reference Levels: global scale）」と言われるものである（Council of Europe, 2001, p. 24）。一方、分析的評価基準としては、言語使用の質的な面に焦点を当て、主な言語使用のカテゴリーを横軸に、6 段階のレベルを縦軸に表した「共通参照レベル：話し言葉の質的側面（Common Reference Levels: qualitative aspects of spoken language use), pp. 28–29」がある（表 6.2）。後者では、「使用領域の幅（range）」「正確さ（accuracy）」「流暢さ（fluency）」「やり取り（interaction）」「一貫性（coherence）」という言語使用カテゴリーが 5 つ提示されている。

　CEFR には賛否両論が存在している。この枠組みが評価されている点と

---

[6] 他の主要な評価基準については Luoma（2004）を参照してほしい。

表6.1: 共通参照レベル：全体的な尺度

熟達した言語使用者	C2	聞いたり、読んだりしたほぼ全てのものを容易に理解することができる。いろいろな話し言葉や書き言葉から得た情報をまとめ、根拠も論点も一貫した方法で再構成できる。自然に、流暢かつ正確に自己表現ができ、非常に複雑な状況でも細かい意味の違い、区別を表現できる。
	C1	いろいろな種類の高度な内容のかなり長いテクストを理解することができ、含意を把握できる。言葉を探しているという印象を与えずに、流暢に、また自然に自己表現ができる。社会的、学問的、職業上の目的に応じた、柔軟な、しかも効果的な言葉遣いができる。複雑な話題について明確で、しっかりとした構成の、詳細なテクストを作ることができる。その際テクストを構成する字句や接続表現、結束表現の用法をマスターしていることがうかがえる。
自立した言語使用者	B2	自分の専門分野の技術的な議論も含めて、抽象的かつ具体的な話題の複雑なテクストの主要な内容を理解できる。お互いに緊張しないで母語話者とやり取りができるくらい流暢かつ自然である。かなり広汎な範囲の話題について、明確で詳細なテクストを作ることができ、さまざまな選択肢について長所や短所を示しながら自己の視点を説明できる。
	B1	仕事、学校、娯楽で普段出会うような身近な話題について、標準的な話し方であれば主要点を理解できる。その言葉が話されている地域を旅行しているときに起こりそうな、たいていの事態に対処することができる。身近で個人的にも関心のある話題について、単純な方法で結びつけられた、脈絡のあるテクストを作ることができる。経験、出来事、夢、希望、野心を説明し、意見や計画の理由、説明を短く述べることができる。
基礎段階の言語使用者	A2	ごく基本的な個人的情報や家族情報、買い物、近所、仕事など、直接的関係がある領域に関する、よく使われる文や表現が理解できる。簡単で日常的な範囲なら、身近で日常の事柄についての情報交換に応ずることができる。自分の背景や身の回りの状況や、直接的な必要性のある領域の事柄を簡単な言葉で説明できる。
	A1	具体的な欲求を満足させるための、よく使われる日常表現と基本的な言い回しは理解し、用いることもできる。自分や他人を紹介することができ、どこに住んでいるか、誰と知り合いか、持ち物などの個人的情報について、質問をしたり、答えたりできる。もし、相手がゆっくり、はっきりと話して、助け船を出してくれるなら簡単なやり取りをすることができる。

(吉島他訳, 2004, p. 25)

しては、機能的能力が詳述されていること、話し言葉や書き言葉を評価するのに優れていること、個人の言語学習を記録する「ポートフォリオ」が学習者の発達を促す教育的な働きがあることなどである（Little, 2005; Weir, 2005）。一方、否定的意見も散見される。例えば、この参照枠は多言語を念頭に置いていることから、能力記述文（descriptor）[7]の表現が抽象的であること、能力記述文の表現に一貫性がなく同義語が様々なレベルに配置されていて、評定者を混乱させる可能性があることなどが批判されている（Figueras, North, Takala, Verhelst, & Van Avermaet, 2005）。また、CEFR自体が使用者中心（user-oriented）の基準であることから、評価に使用するには不適であるとの指摘もある（Weir, 2005; Little, 2005; Alderson, Figueras, Kuijper, Nold, Takala, & Tardieu, 2006）。

6.3.2　評価

　前述の通り、第二言語による口頭パフォーマンスにおいては評定者が評価することが多いが、たとえ厳密な評価基準があったとしても、人間が行う作業であることから、主観が入ったり一貫性が損なわれたりすることがある。つまり、実際の評価においては、評定者と受検者、受検者とタスク、タスクと評定者間で相互作用が起こり、評価スコアに不一致が生じてしまうことがある。また、評定者によっては、ある受検者に対しての評価が厳しく（あるいは甘く）なったり、また、評価基準を異なって解釈したり、一貫性がなかったりすることも起こりうる。そのため、評定者に対する事前の評価訓練は必須であるといえる。その結果、不規則なエラーを減少させることや、個人内の一貫性を向上させることは可能であるが、評価の厳しさ・甘さを完全に排除することは不可能であるといわれている（McNamara, 1996; Lumley, 2002）。

---

[7] 能力記述文は記述子とも言われ、表6.1や表6.2中の「〜ができる」等で表されている文で、各レベルでできる内容が書いてある。この「〜ができる」型の能力記述文（'Can Do' descriptors）は、日本でも取り入れられ始めている（文部科学省（2014）による、英語科のCAN-DO形式による学習到達目標設定の推進など）。

表6.2 共通参照レベル：話し言葉の質的側面

	使用領域の幅	正確さ	流暢さ	やり取り	一貫性
C2	細かい意味のニュアンスを正確に伝えたり、強調したり、区別したり、あいまいさを避けるために、いろいろな言語形式で自由に言い換えができる。非常に幅広い語彙、慣用表現、口語体表現も上手に用いていることができる。	例えば、先を考えたり、他人の反応に注意を向けながらも、複雑な言葉を文法的に正しく使える。	自然な流れの口語体で、ある程度の長さの自己表現ができる。長いところは避け、相手がそれと気づかないぐらいである。	非言語標識、イントネーション意識を軽々と上手に使い、明らかに上手に会話をすることができる。発言の機会を自然に上手に言及つかみ、前の発言を示唆したりしながら、会話の流れに寄与することができる。	適切に多様な談話構築手法と幅広い接続表現、結束手段を用いて、具体性があり、脈絡があり、また一貫性のある談話をすることができる。
C1	幅広い言葉の使いこなしができ、一般的、学術的、仕事、娯楽の幅広い話題について、言いたいことを制限せずに、適切な文体で自分をはっきりと表現できる。	文法的な正確さを大体において維持することができる。誤りはめったに犯さないし、まず気づかれない。し、実際に犯したとしてもたいていは自分で訂正できる。	概念化が難しいときのみ、言葉の自然な滑らかさが妨げられるが、それ以外は、ほとんど苦労せずに自己表現できる。	手持ちの談話表現からふさわしい語句を選んで、自分の話を切り出したり、話を続けることができる。自然に他の話や相手の発言を関係づけられる。	談話構築手法、接続表現、結束手段が使いこなせ、明瞭で流れるような、構成の整った話をすることができる。
B2+					
B2	充分に言葉を使いこなすことができ、一般的な話題に関して、ある程度に幅広い言葉を用いて、ある程度複雑な文をわざわざ言葉を探さなくても自分の観点をはっきりと示し、説明をすることができる。	比較的高い文法能力を示す。誤解を起こすような誤りはしない。たいていの間違いは自分で訂正できる。	文例や表現を探すのに詰まったりするが、気になるような長い休止はほとんどない。テンポも同じ程度の長さで表現することができる。	いつもエレガントとはいかないが、適切に発言し、会話を終わらせ、身近な話題や議論の結論を確認したり、人の発言を誘ったり、理解を確認したり、話を展開させることができる。限会話を獲得することができる。必要なら会話を話題に誘い、話を展開させることができる。	使うことができる結束手段は限定されているが、発言は長くまとまりがあるが、発言のつながりのある談話にすることができる。

第6章 スピーキングの評価法

B1+ / B1	家族、趣味、興味、仕事、旅行、現在の出来事のような話題については、流暢さは十分ではないが、言い換えをするだけの語彙を使いながら表現することに十分に有している。	予測可能な状況で、関連した言葉でよく用いられる「決まり文句」や文型をかなり正確に使える。	長い一続きの自由な発言をすることを考えた言い直し、文法を探したり、語彙を探した際の言いよどみや言い直しが目立つことが多く、修正的に繰り返すつつが、分かりやすく話を進めることができる。	身近な個人的関心事について、一対一なら、話をし始め、続け、終わらせることができる。お互いの理解を確認するために、誰かが言ったことを部分的に繰り返してもらうことができる。	一連の短い、不連続な単純な要素を連結して、直線的な発話ができる。
A2+					
A2	覚えたいくつかの言い回しや数少ない語句、あるいは定式表現、基本的な構文を使って、日常的な状況の中でなら、限られている情報を伝えることができる。	まだ基本的な間違いが決まったところで出てくるが、いくつかの単純な構造を正しく用いることができる。	休止が目立ち、話し出しの仕方や、言い直し、違いが非常にはっきり見られるが、短い話ならできる。	質問に答えられ、簡単な質問に対応することができる。自分で会話を続けることはほとんどできていないが、話について十分に理解していることが多いが、自分から話しかけていることを分からせることができる。	'and', 'but', 'because' などの簡単な接続表現を使って言葉のまとまりを結びつけることができる。
A1	個人についての情報や具体的な状況に関する基本的な語や言い回しは使える。	限られた文法構造しか使えず、基本文も暗記している範囲での使える。	表現を探したり、あまり知らない語の発音をしたり、コミュニケーションを修正するために言いつっかえ、つっかえるが、単発的な、予め用意された発話なら話すことができる。	個人的な質問について、詳しく質問をしたり、答えることができる。繰り返し、言い換え、修正にコミュニケーションに完全に頼っているが、簡単な会話はできる。	語のまとまりや単語を、'and', 'そして', 'それでは', 'then' などごく基本的な接続表現を使って結びつけることができる。

(吉島他訳, 2004, pp. 30-31)

6.4 スピーキング・データの種類と先行研究

スピーキング能力を測定するには、まず、受検者のスピーキング・データの収集手段を検討する必要がある。データとなるものとしては、単独でのスピーキング活動や面接官によるインタビュー、受検者同士のインタラクションなど様々なものがあげられる。いずれを採用するかによって使用する評価基準も異なってくる。ここでは、各種スピーキング・データの特徴とそれぞれの利点・欠点、さらに先行研究について述べる。

6.4.1 テスト形式による相違
(1) 単独の受検者による言語産出

単独受検者の産出言語は、絵や写真などの描写、機器への録音・録画、スピーチ、口頭プレゼンテーション、音読などから得ることができる。それらを用いる利点として、受検者同士の相互作用がないことからパフォーマンスに影響を及ぼす要因が少ないため、受検者同士を比較しやすいこと、特定の文型や語彙を引き出しやすいこと、受検者も公平なテストであるとの印象を持ちやすいことなどを挙げることができる。一方、単独のスピーキング活動は、現実の会話で起こり得る意味の確認や交渉などがなく、自然な会話とは言い難いことから、Young（2000）は、「言語を実際に使用しているとはいえない」と批判している。

(2) 面接官によるインタビュー

スピーキング・テストとしてまず思い浮かぶのは、インタビューではないだろうか。この形式では、訓練を受けた評定者が面接をしながら評価することができること、面接官が意図した質問をすることによって特定の文型や語彙を引き出しやすいこと、単独のスピーキング活動と比較してより現実の対話に近いことなどを利点として挙げることができる。しかし、多くの受検者は質問に答えるだけになってしまうこと、非対称な力関係の下で実施されていることにより意味の交渉が起こりにくいこと、受検者の緊張度が高いことなどが欠点とされている（Johnson & Tyler, 1998）。

(3) 複数の受検者によるインタラクション

2名以上の受検者がタスク、ディスカッション、ロール・プレイなどを行う形式は、インタラクションや意味の交渉の重要性が叫ばれつつある昨今、少しずつ増加する傾向にある。これらの形式の利点として、単独発話や面接と比較してより自然な発話が記録できること、受検者が対話をコントロールすることにより緊張度を下げることができること、与えられた状況下でダイナミックなインタラクションを構築できること（Swain, 2001）、実践的であること、実際の教室でのスピーキング活動を活用できること（Bachman & Palmer, 1996）などを挙げることができる。また、教育機関などでは、より少ない時間でより多くの受検者を対象に教師が評価に専念できることも大きな利点の一つであるといえる。しかし、欠点として、受検者は面接訓練を受けていないため、トピックに沿った対話を進めるなどの責任を持つ者がいないこと、様々な要因が複雑に絡み合うことによって評価が難しくなること、評定者間の信頼性が低くなること（Van Moere, 2006）などがある。

組み合わせる対話者の違いによるパフォーマンスの質の変化についての研究は数多く実施されているものの、得られた結果は様々で統一した見解には至っていない。ペアのインタラクションに関しては、対話者が面接官であるか受検者同士であるかを比較した研究、あるいは対話者の性格や言語力の違いによる影響などを研究したものが多い。一般的に、受検者は面接官と話すよりも受検者同士で話した方が高得点を得る傾向があると言われている。また、外向的な性格や言語力の高い受検者と組んだ方がやや有利になるという研究結果（Bonk & Van Moere, 2004; Berry, 2004）もある一方で、それらの間には統計的有意差は認められない[8]という報告（Davis, 2009）もなされている。また、対話が協働的に行われた場合には、より高いインタラクション能力があるとみなされ、高評価につながるとされている

---

8) 結果の差が統計上「意味がある」とは言えない、つまり、偶然で起こった確率が高いということを意味している（山内編，2003）。

(Galaczi, 2004; 2008)。社会言語学的観点による質的分析によると、ペアの対話では、インタビューと比較してより複雑で協働構築的な会話が行われ、意味の交渉や確認なども増加するという報告、また、ペアやグループでインタラクションをする際に起こる意味の交渉は第二言語習得を促すという研究結果(Swain & Lapkin, 2001)も報告されていることから、インタラクションには波及効果(washback)も期待できる。

6.4.2　タスクによる相違
(1)　自然発話
　通常の会話を行えるような場所を設定し、自然な発話を促すというこの形式では、緊張度が低くなり自然な対話が記録できるという利点がある一方、特定の発話は期待できないこと、記録時間が長くなりがちであることなどが欠点として挙げられる。
(2)　誘導タスク (elicitation task)
　誘導タスクでは、特定の状況を与えた上でスピーキング活動を促すため、自然発話ではなかなか産出されないデータが得られることが多い。たとえば、ロール・プレイにより依頼や拒否などの発話行為(speech acts)を引き出したり、意図的なトピックを与えて特定の文構造を引き出したりすることができる。この場合、誘導タスクがあるとはいえ、面接と比較すればより自然な対話が期待できる。

6.4.3　データ収集方法による相違
(1)　縦断的データ (longitudinal data)
　縦断的データとは、同一受検者から長期間にわたり継続的に収集して得られるデータで、同一受検者の中間言語(interlanguage)[9]の発達過程を、時間を追って分析可能であるという利点を有している。しかし、長期間、

---

9) 第二言語および外国語の学習者が、言語を習得する過程で生み出す言語の型のことであり、母語とも目標言語とも異なっているので、こう呼ばれることがある(高橋・山崎・小田・松本訳, 2013)。

同一受検者から継続的にデータを取ることは困難を伴い、徐々に受検者が減少してしまうことから、多数の受検者を対象とすることは難しいといえる。

(2) 横断的データ（cross-sectional data）

横断的データとは、異なる多数の受検者から一度に収集されたデータのことである。横断的研究は、縦断的な研究と異なり、多くの受検者からデータを収集しやすい利点がある一方、同一受検者の中間言語の発達過程を追うことが困難であるという欠点がある。この問題を補完するため、発達段階を想定して受検者をレベル分けして分析を行うことが多い。

以上のように、データの収集には様々な方法がある。実際に口頭試験を実施して受検者のスピーキング能力を評価する場合は、単一の方法によるのではなく、複数の試験を組み合わせて実施することが理想的である。たとえば、ケンブリッジ英検の First Certificate in English（FCE）の中で20％のウェイトを占めるスピーキングのパートでは、以下のように、複数の試験を組み合わせて実施している。第1部：面接官との対話3分。第2部：受検者Aは写真を渡され、それについて1分間話す。Aが話し終わると、受検者Bはその写真について面接官から質問を受ける。第3部：写真を渡された受検者2名が協働して意志決定をする。第4部：第3部と同じ写真を見ながら、もう1名Cを加えて同意・不同意・正当化などの話し合いをする、という方式を採用している。

6.5 スピーキング・データ

6.5.1 個人情報保護

研究者として論文発表の可能性がある場合や、将来にわたって収集したデータを使用する場合には、データ収集前に受検者から同意書を得るとともに、受検者の人権を保護する必要がある。とくにスピーキング・データを収集する際には、受検者の発話を録音・録画することも多いため、各受検者のプライバシーには十分に配慮しなければならない。具体的には、①

研究の目的・方法・期間などを記述した「研究計画書」により受検者に内容を説明する。さらに、②「同意書」に納得した受検者からのみ自筆署名を得る。この同意書には、研究の開始前・開始後に拘わらず研究への同意をいつでも撤回できること、また撤回しても何ら不利益を受けないこと、研究における個人のプライバシーや人権は厳重に管理し個人を特定しないことや結果の公表方法などについて明記しておく必要がある。そして、同意書に自署した対象者からのみスピーキング・データを収集することが求められる。

6.5.2 スピーキング・データの収集方法と事前処理

スピーキング・データは、単独受検者の場合は音声のみでも分析可能であるが、複数受検者の場合は発話している受検者を特定するため、ビデオの併用が望ましい。

自らの研究目的に合致しているのであれば、他の研究者が収集・公開しているコーパス[10]を利用することも可能である。コーパスには、すでに品詞・構文・形態素などのタグ付けがされており、コンピュータを利用して必要な情報を効率的に取り出すことができる。また、自らが収集したデータとコーパスを比較することも可能であるが、その際、コーパスと同様の方法でのデータ収集が必要な場合もある。

6.5.3 書き起こし

録画・録音データが揃った後の作業は書き起こしである。分析方法が記述中心の質的なものである場合だけでなく、統計手法を用いるような量的なものであっても、多くの場合、書き起こしが必要である。書き起こしは時間を要する作業であり、簡易な方法というものはないが、無料ソフトウェア[11]を活用することも可能である。

---

10) 和泉・内元・井佐原（2004）; CHILDS（http://childes.psy.cmu.edu/）; British National Corpus（BNC, http://www.natcorp.ox.ac.uk/）など。

以下は書き起こしをする際の表記（transcription convention）例[12]である。表記方法は、会話分析・談話分析・エスノグラフィーなど、質的分析の分野により様々な形式が存在している。6.6には実際の書き起こし例を掲載した。

[	オーバーラップした発話（overlapping utterance）
(2.0)	隣り合う発話間のポーズ・秒（pause）
=	次の発話との間に合間のないラッチ（latching）
.	下降調（文末など）（falling intonation）
?	上昇調（質問の意味ではない）（rising intonation）
CAPITAL	強調（helLOなど）（stressed syllable）
:	延ばし（ah:::など）（a prolonged stretch）
…	未終了発話（unfinished utterance）
Italics	日本語由来の語（*sushi*など）
<<Japanese>>	母語の使用
(inaudible)	不明瞭あるいは理解不能な発話（inaudible or incomprehensible utterance）
(laughter)	笑い（laughter particle）
/word/	間違った発音（severely mispronounced word）
< >	著者コメント（author's description）
(BC)	あいづち（backchannel）

6.6　グループ・インタラクションの分析例

スピーキング・データの分析例として、グループ・インタラクションに関する筆者の研究 Negishi（2011）の一部を紹介する。ここでは、単独ない

---

11) Transana（http://www.transana.org/）や Transcriber（http://trans.sourceforge.net/）などがある。
12) Atkinson and Heritage（1984）、Negishi（2011）による。

しペアのスピーキングについては言及していないが、単独の場合にはやり取りがないということ以外は基本的に同様の方法により分析可能である。当該研究の目的は、日本人英語学習者（ここでは受検者という）の英語コミュニケーション能力を質的・量的両面から分析しその特性を見いだすこと、評定者による評価と学習者の発話にみられる質的・量的特徴との関連性を調べることである。

6.6.1 データ収集および書き起こし

　分析対象であるスピーキング・データは、中学校2校から45名、高等学校2校から45名、大学3校から45名の計135名、45グループが行ったグループ・インタラクションから収集した。受検者は各教育機関内で無作為に3名ずつのグループに分けられ、異なるトピック（school, family, friend, hobby, English, dream, culture）[13] が書かれた7枚のカードの中から1枚を選択した。各自約5分間の準備時間が与えられた後、向かい合いで椅子に座り、自己紹介の後、選択したトピックに関して5分間超の対話を行った。筆者は対話を録画し、自己紹介部分を除いて5分0秒に編集したDVDを、評価用および書き起こし用資料として作成した。分析用の書き起こし作業時には、DVDから音声のみを取り出し、Transcriberを使用して書き起こした。

6.6.2 評価手順

　修士以上の学位を有し英語教育に携わっている日本人教師10名による評価作業を実施した[14]。評定者はCEFRのトレーニング・ビデオ（North

---

13) 与えるトピック（promptともいう）に関する研究では、評定者による評価の差の方が大きいことから、トピックの違いはあまり問題にならないとする報告があること（Van Moere, 2006）、また、参加者の事前準備を避けるため、複数のトピックを準備した。
14) 評定者として日本人英語教員を選んだ理由としては、実際の教育現場で最も起こる可能性の高い状況であること、また過去の研究で、非母語話者でも母語話者と同等の評価ができるという報告があること（Chalhoub-Deville & Wigglesworth, 2005; Kim, 2009）による。

& Hughes, 2003）による評価訓練後、受検者同士が対話を行っている DVD をコンピュータ上で視聴しながら評価作業を行った。その際、CEFR （Council of Europe, 2001）の全体的評価基準と分析的評価基準である 5 種類の言語使用カテゴリーについて、A1 以下および A1・A2・B1・B2・C1・C2 の 7 段階で評価を行った。評定者が付与した評価値の素点は多相ラッシュ・モデルにもとづいて分析し、モデルが推定する受検者の能力値を評価値として利用した[15]。

6.6.3 言語使用カテゴリー分析

(1) 量的分析例：語彙の多様性

　表 6.2 にある 5 種類の言語使用カテゴリーで示されている「使用領域の幅」、「正確さ」には、複雑さを表す文言、たとえば、「複雑な文を用いて」「複雑な言葉」「文法構造」といった表現が散見される。複雑さ（complexity）と正確さ（accuracy）、流暢さ（fluency）の 3 種類は、古くから第二言語学習者の産出データを客観的に測定する方法として用いられるとともに、それらには二律背反の性質があることが知られており、研究者らはこれらの特徴をまとめて分析するなどの工夫を行ってきている（Skehan, 1989; Ellis & Barkhuizen, 2005.）。近年は、それぞれの頭文字を取って CAF と呼ばれるようになった（Housen & Kuiken, 2009）。ここでは、CAF の幅広い領域の中で、「使用領域の幅」の能力記述文中にある「幅広い言葉の使いこなし」「語彙を充分に有し」等の文言から、語彙の豊富さに関する項目の分析方法の一部として、(a) 語数（number of tokens）、(b) 異なり語数（number of types）、(c) 語彙レベルの 3 項目について具体例と研究結果を挙げて解説する。

---

[15] 多相ラッシュ分析は、評定者の厳しさ、課題の難しさ、受検者の能力といった複数の相（facets）、および各々の相互作用が評価に与える様々な影響を可能な限り相殺することにより、評定者の出した素点から受検者の能力を推定する分析法である。ラッシュ分析の基本については靜（2007）、多相ラッシュ分析については McNamara（1996）によって詳説されている。

例として、高校生による対話の抜粋部分を分析対象として説明する。

1	24L	M**** how how many persons in your family.
2	24R	my family has four people. eh my father and my mother my sister and my. eh: my father eh is uh is uh live lives in Gumma alone. because of his business.
(BC)	24L	uh...
	24R	eh: eh my sister is a college student of **** university. eh: she is two older two years older than I. how about Mr. A****?
3	24L	my family has four four people. my father my mother and younger brother. eh-toh my my father lives in Singapore now because of his business. my younger brother is eh-toh third grade of junior high school. that's all. how about you.

（注）左端の数字は話者交替におけるターンの順番、(BC: backchannel)はあいづち、左から2番目は受検者のIDである。*は固有名詞部分。休止（ポーズ）は省略してある。

　この抜粋部分における語数（a）は、あいづちの「uh…」は含め、「eh、uh、eh-toh」等のフィラー（filler）は除き、話者ごとに語数を数えた結果、24Lの語数は48語、24Rは49語となった。異なり語数（b）は、語数から同一単語を除いた数になる。ここでは24Lが複数回使用している語が12語あるため、48 − 12 = 36が異なり語数となる[16]。同様にして、24Rは49 − 16 = 33が異なり語数である。異なり語数が多いほど語彙が豊富であり、逆に異なり語数が少なければ、同じ単語を繰り返し使用していることから、語彙が貧弱であると判断することができる。上記の説明では、

---

16) ここでは、辞書の見出し語と同様、同じ品詞の活用形は同一単語として扱っている（例：studyとstudiedは同一）が、目的によっては異なり語としてカウントする場合もある。言い淀みなども扱い方が異なる場合がある。

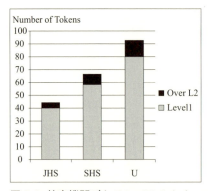
図6.2: 教育機関ごとのレベル1およびそれ以上のレベルの5分間対話中の個人平均語数（JHSは中学校、SHSは高等学校、Uは大学を表す）

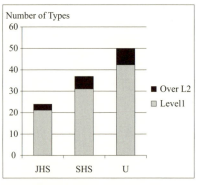
図6.3: 教育機関ごとのレベル1およびそれ以上のレベルの5分間対話中の個人平均異なり語数（JHSは中学校、SHSは高等学校、Uは大学を表す）

対話の一部分の語数や異なり語数を使用しているが、実際には、5分間の対話における語数や異なり語数で比較した。また、「100語当たり」といった、一定の語数における異なり語を測定する場合もある。

　語彙レベル（c）は、ある語がどのレベルに位置するかを測定するものである。たとえば、大学英語教育学会作成の基本8000語リスト（JACET 8000, 大学英語教育学会基本語改訂委員会, 2003）に同梱されているソフトウェアで測定することができる。JACET 8000は、基本語のレベル1の1,000語から上級のレベル8まで1,000語ずつに分けられており、ソフトウェアv8anを使用することにより、データ中の語数、異なり語数、語彙レベルを算出することが可能である[17]。ここで紹介している研究の発話データでは、全体的には基本的な1000語（図6.2、6.3のLevel 1の部分）が数多く使用されていたものの、上級の教育機関にいくほど、語数・異なり語数・上級レベルの語数（図6.2、6.3のOver L2の黒で表されている部分）が増えていくことがみてとれる。

---

17) JACET 8000 のレベル分けができるサイトもある（http://www.tcp-ip.or.jp/~shim/）。

(2) 質的分析例：総合的インタラクション形式

　近年は、量的分析を補う意味で質的分析を行うという方法も多用されるようになってきている。ここでは、5種類の言語使用カテゴリー中の「やり取り」を質的に分析する。量的分析に比べ、質的分析は、研究者の主観による部分も多い。そのため、客観性を担保するために、他の研究者と別々に分析した上ですり合わせを行い、分析者間の一貫性を保つ必要がある。

　「やり取り」を表すインタラクションに関しては、CEFR評価基準中の「自分の話を切り出したり、話を続ける」「話を展開させる」「自分の発言を他の話や相手の発言に関係づけられる」等の文言から、受検者同士がお互いにどのような形でインタラクションをしているのかを「総合的インタラクション形式（Global Interactional Patterns）」と名付け、質的に分析した。

　基本となるものは、Galaczi（2004, 2008）の提案した「インタラクション形式（Interaction Patterns）」である。Galacziは、ケンブリッジ英検のFirst Certificate in English（FCE）受検者のペアによる対話を会話分析（conversation analysis: CA）の手法で分析した結果、協働的（collaborative）、非対称的（asymmetrical）、並列的（parallel）インタラクション3つと混合型インタラクションの計4つの形式が観察されたと報告している

　協働的インタラクションというのは、双方が話し手と聞き手として話者交替をしながら、高い相互性（mutuality）[18]と高い平等性（equality）[19]を示す形式で、自分または対話者が開始した話題を協働的に発展させていく形式である。短く頻繁な話者交替、質問、間の回避、支援的な対話の重なり、頻繁なあいづち等が特徴で、Galacziの分析では30%の受検者が該当しており、FCEテストの評価が最も高かったという。

　並列的インタラクションでは、2名の対話者が平等に話題を始め発展さ

---

[18] ここでの相互性とは、対話に対してお互いにどの程度寄与しているかを意味している。
[19] ここでの平等性とは、課題に対してどの程度統制力を持っているかを意味している。

せていくのであるが、話者はそれぞれ自己の話を発展させることに集中していて、対話者の話題にはあまり関与しない。つまり、話者は聞き手としてよりも話し手としての役割を担い、お互いを支援しながら話題を積み上げていくということはしない。Galaczi の研究では FCE 受検者の約 30% がこの形式で、評定者から与えられた評価は最も低かったという。

非対称的インタラクションにおいては、一方の話者の話が優勢で、もう一方は受け身である。話題を発展させていくという点では中程度の相互性をみせるが、一方が対話をリードする形式で、FCE 受検者の 10% がこのタイプであったという。

最後が 2 つのインタラクション形式の混合型で、Galaczi の研究では、協働的および並列的インタラクションの混合型が 23%、協働的および非対称的インタラクションの混合型が 7% であったという。

以上の Galaczi の研究はペアによる対話であるが、筆者の研究では、同様の方法でグループ 3 名による対話を分析した。その結果、Galaczi のインタラクション形式にはなかったタイプの対話形式が観察され、筆者は、それを「低発展的インタラクション (under-developed interaction)」と名付けた。この形式のインタラクションでは、受検者同士の相互性は高いものの、与えられたトピックについて話を発展させていくことができず（低発展的）、評価が低くなっていた。

以下に筆者の研究における各インタラクション形式の例を挙げる。まず、中学生の間でみられた、協働的インタラクションの例である。

抜粋 1（中学生グループ）

32	13M	do you like the school? Y**** S****.
33	13R	ah, yes.
34	13M	oh. who who do you like who do you like mmm teacher in school.
35	13R	I like Mr. M****.
36	13M	OH. T**** how about T******.

37	13L	eh I like Mr. K****.
(BC)	13M	oh.
38	13R	K****? which math or Japanese.
39	13L	<<Japanese words>> Mr. Japanese.
40	13R	Japanese teacher.
41	13L	Japanese teacher.
42	13M	why why do you like Mr. K****.
43	13L	he is he was my teacher. I was uh last year.

（注）左端の数字は話者交替におけるターンの順番、(BC: backchannel) はあいづち、左から2番目は受検者のIDである。＊は固有名詞部分。休止（ポーズ）は省略してある。

上記の対話から読み取れることを解説する。この中学生グループは、初学者であることから対話には間違いが多くみられ、各発話は短い。しかしながら、3名とも自己あるいは対話者の話題を協働的に発展させようと努力している。最も受動的な対話者は13Lであり、13Mおよび13Rは、何とか13Lの発話を引き出そうと、36ターン目で"How about T (13L's name)?"、42ターン目で"Why do you like Mr. K (his teacher's name)?"といった質問を投げかけている。また、13Lが39ターン目で"Mr. Japanese"という間違った言い方をした際には、13Rが正しい言い方である"Japanese teacher"を提案し、13Lは41ターン目でそれを取り入れている。"oh"といった、13Mの頻繁なあいづちは、他の話者に対話への参加を促すよう勇気づけているように思われる。後に例示する低発展的インタラクションと比較すると、一つの話題に対してインタラクションが長く続いている。この3名の受検者は中学生に与えられた評価の平均値よりもそれぞれ高い評価を与えられている。

次に大学生グループの非対照的インタラクション例を示す。

抜粋2（大学生グループ）

7	35R	aah huh huh huh yeah. And so so I**** and T**** (two prefecture names) is uh un same same words intonation. and en mmm cou- in a count country words as similar to I**** and T**** and F**** (another prefecture name). do you know?
8	35M	sorry? pardon?
9	35R	hooh hooh hooh? uh so I**** and T****'s eh countrywords is similar. uh so mmm for example and uh so mid so uh <<*deresuke*>> and <<*gojyappe*>> and <<*aonajimi*>> do you know? do you know Y**** (L's name) ?
10	35L	uh yes=
11	35R	=yes.
12	35L	I think <<*aonajimi*>> is uh uh Tokyo word is <<*aoaza*>>=
13	35R	=yes yes so yes.
14	35M	it's very painful.
15	35R	hooh hooh so it's very it's very painful. so and uh mmm hah by the way and do you and do you think about about uh relationship Japanese culture and eh A- Asian culture. so toh I think Japanese culture Japanese culture eh:: so Japanese culture *mottainai* eh *mottainai* thoughts but Asian cul- so Asian culture and uh people don't think *mottainai*. and eh do you know that?
16	35L	no.
17	35R	NO!
18	35L	I don't know that.

非対照的インタラクションにおいては、上記例35Rのように、話し好きな1名の話者に対して他の2名が聞き手に回るという形式になっている。優勢に話している話者は、語数が多いのにもかかわらず、間違いやためらい、繰り返しが多く、必ずしも高評価を得られていなかった。

三番目は、並列的インタラクションの例である。並列的インタラクションにおいては、話者は与えられたトピックを発展させようとしつつも相互性は低く、発展性も低い。

抜粋3（高校生グループ）

1　25M　　uh, what is your hobby, K****.

2　25R　　my hobby is reading book and reading comic and and playing TV game and I'm very indoor man so I love in I love playing in my house. what your hobby.

3　25M　　my hobby is playing sports. uh especially especially I I like playing basketball or American football.（laughter）so uh play uh playing basketball is uh very much eh? eh: but I I don't like read a book uh uh::: so so much. how about you I****.

4　25L　　my hobby is to playing tennis play tennis. uh eh-toh <<Japanese words>> mmm eh when I was junior high school student I was I belonged to the tennis club. eh mah it was fun（laughter）very much.

　"uh, what is your hobby, K（25R's name）?"をきっかけにして始まった対話であるが、3名はそれぞれ自分の趣味について話をしている。自分の趣味は読書だという25R、それに対して25Mはスポーツの話をしている。このやり取りの中で他の話者の発話に関連性のあるコメントは、3ターン目、25Mの"I I don't like read a book uh uh::: so so much."のみであり、3人目の25Lは他2人の発話には全く触れていない。この3名の対話は、この形式のまま、他の話者の話の内容には関心を示さずに続いていく。
　最後に、低発展的インタラクションの例を以下に紹介する。

抜粋4（中学生グループ）

9　11L　　because I like tennis. is the club fun?

第6章　スピーキングの評価法　205

10	11M	yes yes it is. how about you.
11	11R	yes it is.
12	11L	(inaudible)
13	11M	do you play tennis well.
14	11L	no I don't. how about you.
15	11M	mmm no I amn't don't. how about you.
16	11R	(inaudible) no I don't.
17	11M	<<Japanese words>>
18	11L	do you like your club T****.
19	11R	yes I yes I do. how about you M****.
20	11M	mmm I mmm I'm… yes I do.

　ここで、学校という話題について話している3名は、深く考えなければならなくなるような質問を避けているようにみえる。その代わりに"how about you?"を多用（10、14、15、19ターン目を参照）しながら、易しい質問を次々と繰り出している。その結果、話者交替も頻繁である。最初の質問は「クラブは楽しいか」という9ターン目の発話で、11Lが11Mにたずね、11Mが11Rにたずね、一回りする。次の質問は13ターン目に「テニスが上手か」と11Mが11Lに質問し、次のターンで11Lが11Mに質問する。そして、今度は15ターン目に11Mが11Rに同じ質問をしている。最後の一回りは18ターン目に始まる「クラブが好きか」という質問である。これらの早い話者交替は中学生グループではよく見受けられた。3名の中学生は相互性も平等性も高いという点において、Galacziの協働的インタラクションを行っているようにもみえるが、肝心の、話題を協働的に発展させていくということができておらず、同じ質問を使い回しているだけである。そのため、低発展的インタラクションであると判断した。この3名の受検者は中学生に与えられた評価の平均値よりもそれぞれ低い評価を与えられている。

　当該研究の質的分析の目的の1点目は、受検者の取るインタラクション

形式の特徴と発達的特性を調べることであった。分析の結果をまとめると、Galaczi（2004, 2008）のインタラクション形式にはみられなかった、「低発展的インタラクション（under-developed interaction）」が観察された。Galacziのモデルにこの形式のインタラクションがなかったのは、FCE受検者が中・上級の第二言語学習者であったのに対し、筆者の研究では初学者が含まれていたためと思われる。それ以外は、Galacziの基本的な3形式と同様のインタラクションがみられた。発達的特性という面から考えると、低発展的インタラクションにおいては、受検者間の相互性（mutuality）は高かったが、話題を発展させていくことに困難が生じていることから、インタラクションが最も未発達であると考えられた。インタラクション能力という観点から他の3つの形式をみると、対話者の話への反応が希薄な並列的インタラクションが低発展的インタラクションに次いで未発達であると感じられた。次が非対照的インタラクションで、一見すると、発話語数の多い話者の言語能力が高く、そうでない話者のそれが低いように思われるが、必ずしもそうではなく、優勢に話している話者は単に話し好きであるか、あるいは相手のことを考えない様子がみられた。そして、4つのインタラクション形成の中では協働的インタラクションが相互性も発展性も高く、最も高いインタラクション能力を発揮していた。

　質的分析における2点目の目的は、受検者の対話に対して評定者が出した評価との関連性を調べることであった。協働的なインタラクションが最も高得点、次が非対照的、その次が並列的インタラクションであることは、Galacziの研究結果と同様であったが、低発展的インタラクションはそれよりも低い評価となった。

　図6.4は、低発展的インタラクションを含む、総合的インタラクション形式を図にまとめたものである。

　以上、量的分析、質的分析のごく一例の紹介となったが、スピーキングの分析は時間を要するものが多いせいか、研究そのものが少ないというのが現状である。そのため、今後、興味を持って研究に取り組む読者が増えることを期待している[20]。

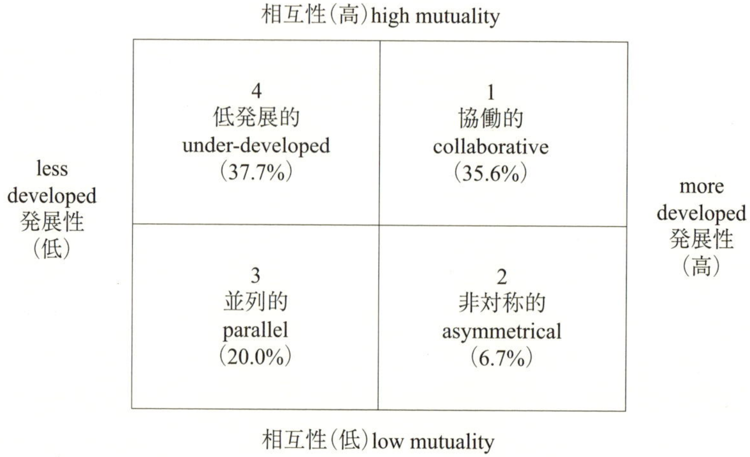

```
                    相互性(高)high mutuality
              ┌──────────────┬──────────────┐
              │      4       │      1       │
              │   低発展的    │    協働的     │
              │under-developed│ collaborative│
   less       │   (37.7%)    │   (35.6%)    │   more
developed     ├──────────────┼──────────────┤ developed
  発展性       │      3       │      2       │   発展性
   (低)       │    並列的     │   非対称的    │    (高)
              │   parallel   │ asymmetrical │
              │   (20.0%)    │    (6.7%)    │
              └──────────────┴──────────────┘
                    相互性(低)low mutuality
```

（注）それぞれの領域の数字は評価の高さを示し（1が最も高い評価、4が最も低い評価）、括弧内の％は、その形式と判断されたインタラクションの割合を示す。

図6.4: 低発展的インタラクションを含む総合的インタラクション形式

読書案内

1. 馬場 哲生（編著）(1997).『英語スピーキング論―話す力の育成と評価を科学する』桐原書店.
    スピーキングについて理論・教育・学習・研究の多方面から網羅している良書。書かれてから時が経っているので参考文献等は古いが、内容的には今でも十分使える内容である。スピーキングについての和書は学習法や発音に偏りがちで、評価や研究について書かれているものは少ない。近年出版された書籍では、以下の2、3が参考になるが、スピーキング評価に割かれている頁数は多くない。
2. 冨田 かおる・小栗 裕子・河内 千栄子（編）(2001).『リスニングとスピーキングの理論と実践―効果的な授業を目指して』大修館書店.
3. 石川 祥一・西田 正・斉田 智里（編）(2011).『テスティングと評価―4技能の測定から大学入試まで』大修館書店.
4. Hughes, R. (2011). *Teaching and researching: Speaking* (2nd ed.). New York:

---

[20] この章は、根岸（2011）の博士論文の一部を加筆・修正したものである。

Routledge.

スピーキング関係の洋書は、テストやタスク開発担当者向けのものが多く、妥当性や信頼性中心に述べているものが多いが、この本は、上記の馬場（1997）同様、理論面、教育面、具体的な研究などについて網羅している。

参考文献

和泉 絵美・内元 清貴・井佐原 均（編著）（2004）.『日本人1200人の英語スピーキングコーパス』独立行政法人情報通信研究機構・アルク.

小池 生夫（編）（2003）.『応用言語学事典』研究社.

靜 哲人（2007）.『基礎から深く理解するラッシュモデリング』関西大学出版部.

大学英語教育学会基本語改訂委員会（2003）.『大学英語教育学会基本語リスト（JACET8000）』大学英語教育学会（JACET）.

高橋 貞雄・山崎 真稔・小田 眞幸・松本 博文（訳）（2013）.『ロングマン 言語教育・応用言語学用語辞典』南雲堂.［Richards, J. R, & Schmidt, R. (2010). *Longman dictionary of language teaching and applied linguistics.* Harlow: Longman.］

文部科学省（2014）.「今後の英語教育の改善・充実方策について 報告～グローバル化に対応した英語教育改革の五つの提言～」http://www.mext.go.jp/b_menu/shingi/chousa/shotou/102/houkoku/attach/1352464.htm 2014年11月14日アクセス.

柳瀬 陽介（2006）.『第二言語コミュニケーション力に関する理論的考察：英語教育内容への指針』溪水社.

山内 進（編）（2003）.『言語教育入門―応用言語学を言語教育に生かす―』大修館書店.

吉島 茂・大橋 理枝・奥 聡一郎・松山 明子・竹内 京子（訳）（2004）.『外国語教育Ⅱ―外国語の学習、教授、評価のためのヨーロッパ共通参照枠―』朝日出版社.［Council of Europe (2001). *Common European Framework of Reference for languages: Learning, teaching, assessment.* Cambridge: Cambridge University Press.］

Alderson, J. C., Figueras, N., Kuijper, H., Nold, G., Takala, S., & Tardieu, C. (2006). Analysing tests of reading and listening in relation to the Common European Framework of Reference: The experience of the Dutch CEFR construct project. *Language Assessment Quarterly, 3*(1), 3–30.

Atkinson, J., & Heritage, J. (1984). Transcript notation. In J. Atkinson, & J. Heritage (Eds.), *Structures of social action: Studies in conversation analysis* (pp. ix

−xvi). New York: Cambridge University Press.

Bachman, L. F. (1990). *Fundamental considerations in language testing*. Oxford: Oxford University Press.

Bachman, L. F., & Palmer, A. S. (1996). *Language testing in practice: Designing and developing useful language tests*. Oxford: Oxford University Press.

Bachman, L. F., & Palmer, A. S. (2010). *Language assessment in practice: Developing language assessments and justifying their use in the real world*. Oxford: Oxford University Press.

Berry, V. (2004). *A study of the interaction between individual personality differences and oral performance test facets*. Unpublished doctoral dissertation. King's College, University of London.

Bonk, W. J., & Van Moere, A. (2004). *L2 group oral testing: The influence of shyness/ outgoingness, match of interlocutors' proficiency level, and gender on individual scores*. Paper presented at the Language Testing. Research Colloquium.

Canale, M. (1983). From communicative competence to communicative language pedagogy. In J. Richards & J. R. Schmidt (Eds.), *Language and communication* (pp. 1−27). London: Longman.

Canale, M., & Swain, M. (1980). Theoretical bases of communicative approaches to second language teaching and testing. *Applied Linguistics, 1*(1), 1–47. doi:10.1093/applin/I.1.1

Chalhoub-Deville, M., & Wigglesworth, G. (2005). Rater judgment and English language speaking proficiency. *World Englishes, 24*(3), 383–391. doi: 10.1111/j.0083-2919.2005.00419.x

Chapelle, C. A. (1998). Construct definition and validity inquiry in SLA research. In L. F. Bachman & A. D. Cohen (Eds.), *Interfaces between second language acquisition and language testing research* (pp. 32–70). New York: Cambridge University Press.

Chomsky, N. (1965). *Aspects of the theory of syntax*. Cambridge, Mass: MIT Press.

Council of Europe (2001). *Common European Framework of Reference for languages: Learning, teaching, assessment*. Cambridge: Cambridge University Press.

Davis, L. (2009). The influence of interlocutor proficiency in a paired oral assessment. *Language Testing, 26*(3), 367–396. doi:10.1177/0265532209104667

Ellis, R., & Barkhuizen, G. (2005). *Analysing learner language*. Oxford: Oxford University Press.

Figueras, N., North, B., Takala, S., Verhelst, N., & Van Avermaet, P. (2005). Relating examinations to the Common European Framework: A manual. *Language Testing, 22*(3), 261–279. doi:10.1191/0265532205lt308oa

Fulcher, G. (2003). *Testing second language speaking.* London: Pearson Education.

Galaczi, E. D. (2004). *Peer–peer interaction in a paired speaking test: The case of the First Certificate in English.* Unpublished doctoral dissertation, Teachers College, Columbia University.

Galaczi, E. D. (2008). Peer-peer interaction in a speaking test: The case of the First Certificate in English examination. *Language Assessment Quarterly, 5*(2), 89–119. doi: 10.1080/15434300801934702

Halliday, M. A. K., & Hasan, R. (1976). *Cohesion in English.* London: Longman.

Housen, A., & Kuiken, F. (2009). Complexity, accuracy, and fluency in second language acquisition. *Applied Linguistics, 30*(4), 461–473. doi:10.1093/applin/amp048

Hymes, D. (1972). On communicative competence. In J. B. Pride, & J. Holmes (Eds.), *Sociolinguistics: Selected readings* (pp. 53–73). Harmondsworth: Penguin Books.

Johnson, M., & Tyler, A. (1998). Re-analyzing the OPI. How much does it look like natural conversation? In R. Young & W. He (Eds.), *Talking and testing: Discourse approaches to the assessment of oral proficiency* (pp. 27–51). Philadelphia, PA: John Benjamins.

Kim, Y. (2009). An investigation into native and non-native teachers' judgments of oral English performance: A mixed methods approach. *Language Testing, 26*(2), 187–217. doi:10.1177/0265532208101010

Kramsch, C. (1986). From language proficiency to interactional competence. *The Modern Language Journal, 70*(4), 366–372. doi: 10.1111/j.1540-4781.1986.tb05291.x

Little, D. (2005). The Common European Framework and the European Language Portfolio: Involving learners and their judgements in the assessment process. *Language Testing, 22*(3), 321–336. doi:10.1191/0265532205lt311oa

Long, M. H. (1987). Native speaker/non-native speaker conversation in the second language classroom. In M. H. Long, & J. C. Richards (Eds.), *Methodology in TESOL: A book of readings.* Boston: Heinle.

Lumley, T. (2002). Assessment criteria in a large-scale writing test: What do they really mean to the raters? *Language Testing, 19*(3), 246–276. doi:10.1191/0265532202lt230oa

Luoma, S. (2004). *Assessing speaking.* Cambridge: Cambridge University Press.

McNamara, T. F. (1996). *Measuring second language performance.* New York: Longman.

Negishi, J. (2011). *Characteristics of group oral interactions performed by Japanese learners of English.* Unpublished doctoral dissertation. Waseda University.

North, B., & Hughes, G. (2003). *CEF illustrative performance samples: For relating language examinations to the Common European Framework of Reference for languages: Learning, teaching, assessment (CEF).* Eurocentres and Migros Club Schools.

Skehan, P. (1989). *Individual differences in second language learning.* London: Pergamon.

Swain, M. (2001). Examining dialogue: Another approach to content specification and to validating inferences drawn from test scores. *Language Testing, 18*(3), 275–302. doi:10.1177/026553220101800302

Swain,M., & Lapkin, S. (2001). Focus on form through collaborative dialogue: Exploring task effects. In M. Bygate, P. Skehan, & M. Swain (Eds.), *Researching pedagogic tasks* (pp. 99–118). Harlow: Longman.

Van Moere, A. (2006). Validity evidence in a university group oral test. *Language Testing, 23*(4), 411–440. doi:10.1191/0265532206lt336oa

Weir, C. J. (2005). Limitations of the Common European Framework for developing comparable examinations and tests. *Language Testing, 22*(3), 281–300. doi:10.1191/0265532205lt309oa

Young, R. (2000). *Interactional competence: Challenges for validity.* Paper presented at the Annual Meeting of the American Association for Applied Linguistics, Vancouver, Canada. ERIC 444361. Retrieved on November. 2, 2008, from http://www.wisc.edu/english/rfyoung/IC_C4V.Paper.PDF.

第 7 章　第二言語の語彙の習得と指導

上田　倫史

概要

　本章では、第二言語（L2）学習において非常に重要な位置を占める L2 の語彙とその習得に焦点を当てる。語彙の知識とはいったい何を指すのかという基本的な問題から始まり、どのようなメカニズムで語彙は習得されるのか、あるいは、語彙を指導する際にはどのようなことに留意しなければならないのかといった様々な観点から語彙の習得を考察していく。

7.1　はじめに

　語学学習や語学指導の分野において、Palmer（1917）が述べたように、第二言語学習者（L2 学習者）は外国語の熟達度が上がれば上がるほど、より大きな語彙を獲得しているという考えが浸透している。そのため、「語彙数が多い」、あるいは「語彙サイズが大きい」ということは良いことであり理想的だとされている。このように考えられている語彙であるが、実際には語彙とはどのようなもので、どのように L2 学習者によって習得されているのであろうか。この章では、語彙とは何かを語彙知識の側面から考察するとともに、その発達メカニズムを概観する。また、語彙を指導する際の留意点について述べる。

7.2　語彙数とは

　前節で述べたように、語学学習や語学指導の分野においては「語彙数が多い」、言い換えれば「語彙サイズが大きい」ということは良いことであり、理想的だとされている。ここで言われる「語彙数」あるいは「語彙サ

イズ」とはどのようなものを指しているのであろうか。この節では、語数の数え方、語彙頻度など、語を考える上で重要な概念を紹介し、語彙をどのようにとらえるかを概観していく。

7.2.1 語数とは

単語をどれくらいの数知っているかということを考える場合に、まず問題となるのは、語をどのように定義して数えるかということである。たとえば、500語の英語の作文があった場合、この作文に含まれる語は何語かと聞かれると、おそらく 500 と答えるであろう。このように答えた場合は、作文に含まれるすべての語を数えている。このように作文に含まれるすべての語、すなわち総語数のことをトークン（token）とよぶ。しかし、実際には a, the, I, to, and といった（不）定冠詞、人称代名詞、前置詞、接続詞などのある特定の語が繰り返し使われている可能性がある。これらの何度も繰り返し出てくる同じ語を1つと数え（このように語を数える場合の語のことを異なり語［タイプ：Type］と呼ぶ）計算をする場合は、作文の語数は500よりも少なくなる。

語を数える別の単位としてレマ（lemma）がある。基礎になる語と屈折形のグループをひとつと数えたものである（Daller, Milton, & Treffers-Daller, 2007）たとえば work, works, working, worked のそれぞれの単語は動詞 WORK という一つのレマとして数えられる。レマは辞書の見出し語（headword）と同義で用いられたり（小池編, 2003）、しばしば語（word）と呼ばれ、語数を数える際の単位としてもつかわれる（Daller et al., 2007）。

さらに、別の語を数える単位としてワードファミリー（word family）がある。これは基礎となる語（base word）とその派生語および屈折形をひとつの仲間、すなわち家族（family）と捉えてひとつの単位とする数え方である。たとえば、stimulate という基本になる語とその変化形である stimulates, stimulating, stimulation, stimulant, stimulative などを1ワードファミリーと数える。ワードファミリーという語の捉え方の背景には、学習者は基礎となる語や、派生語、屈折形を一つのグループとして理解している

という考えがあり、学習者は基礎となる語を理解しさえすれば、その派生語や屈折形を一つ一つバラバラに学習しなくても容易に同じワードファミリーに属していると簡単に判別ができ、それらの派生語や屈折系の意味理解が容易になるといわれている（Bauer & Nation, 1993）。しかし一方でL2学習者は語彙の産出の際には、ワードファミリーに含まれる単語すべてを産出の面で使えない可能性があることも指摘されている（Schmitt & Zimmerman, 2002）。いずれにせよ現在では、このワードファミリーという語の捉え方（数え方）は語彙研究の分野では広く使われている。

上記でみてきたように、レマとワードファミリーは似通った概念であるが、語数を数える単位として使用した場合、数値の面で違いが生じる。つまり、レマを単位として語数を計算した場合よりも、ワードファミリーを単位として語数を計算したほうがより少なくなる。たとえばLaufer（1992）は、英語では見出し語で5,000語はワードファミリー換算では3,000語になると報告している。このため、語彙数を報告した研究ではどちらの単位で語彙数を計算しているかに注意をされたい。レマ単位で報告された語数とワードファミリーで報告された語数を比較する場合は、Milton（2009, p.12）が提案している変換式を利用するとよい。その変換の仕方は、ワードファミリーで計算された数値に1.6を掛けるとものである。これにより、レマで数えた場合のおおよその語数が得られるとしているが、あくまでも大雑把な目安であり、正確な変換式ではないことに十分注意されたい。

7.2.2　語彙頻度

語彙数以外に、第二言語（L2）の語彙の獲得において重要な語彙の指標の一つに語の頻度（word frequency）がある。語の頻度とは、通常の語の使用においてある語がどのくらい頻繁につかわれるかを表す。Nation（2013）はこれを高頻度語（high-frequency words）、中頻度語（mid-frequency words）、低頻度語（low-frequency words）の三つのレベルに分けている。英語に関して言えば、高頻度語は比較的少なく、2,000から3,000ワードファミリーぐらいであるといわれている[1]。また、繰り返し何度も目にする機会があ

るのが高頻度語の特徴である。中頻度語は、それほど頻繁に出現するわけではないが、高頻度語を学習した次の段階で学ばれるべき語であり、7,000ワードファミリーから成り立つ。低頻度語は、上記の高頻度語、中頻度語以外の語であり、無数に存在する。

　頻度と語彙獲得の関係は一般的に、L2 の学習が進むにつれ、高頻度語から低頻度語を獲得するといわれている（Milton, 2007）ため、語彙学習あるいは語彙指導において、この語彙頻度の情報は極めて有益である。

7.3　語彙知識とは

　どのような要素が語彙知識に含まれているかは研究者の間でも様々な意見があり、また、語彙知識を語彙能力（lexical competence）と呼ぶ場合もあり、語彙知識の定義もさまざまである。この節では、語彙知識を産出の面とその性質により分類する方法を紹介し、つぎにさまざまな研究者が提案している語彙知識について、Richards (1976)、Nation (2001)、Henriksen (1999) の提案する語彙知識を例として、語彙知識がどのように定義されているかについてそれぞれみていく。

7.3.1　広い語彙知識と深い語彙知識

　語彙知識を大別する仕方として、「広い」あるいは「深い」といった語を使って分類する仕方がある。この分け方により分けられた語彙知識を、語彙知識の広さ（breadth of vocabulary knowledge）と語彙知識の深さ（depth of vocabulary knowledge）と呼ぶ。Anderson and Freebody (1981) によれば、語彙知識の広さとは「いくつの語を知っているか？」という語彙数を表し、語彙知識の深さとは「ある特定の語をどれくらいよく知っているか」といった、語を使用するためにその語についてのあらゆる知識（たとえば、同意語、反意語、コロケーション、出現頻度、語連想など）を表す。一般的に

---

1) 高頻度語の語数は研究者によって見解が異なる。Schmitt and Schmitt (2014) は 3,000 ワードファミリーを、Nation (2013) では 2,000 ワードファミリーを主張している。

語彙知識を測るテストは大別すると、概ねこの語彙知識の分け方に従ってL2学習者の持っている語彙数か、語彙に関するより深い知識を測る問題に分類されることが多い。

7.3.2 受容語彙（Receptive vocabulary）と産出語彙（Productive vocabulary）

語彙の知識を使用の側面から二つに大別することがある。それらは受容語彙（receptive vocabulary）と産出語彙（productive vocabulary）とよばれる。受容語彙とは、聞いたり読んだりしてわかる語彙のことであり、産出語彙とは、話したり書いたりする場面において、実際に使用できる語彙のことである。産出語彙と受容語彙の数には開きがあり、受容語彙は産出語彙の2倍かそれ以上の大きさがあるという報告もある（Melka, 1997）。一般的に、L2の学習の初期段階での受容語彙と産出語彙の間の数の開きは非常に大きいが、L2の学習が進むにつれてその差は徐々に縮まっていくといわれているが、それでも受容語彙と産出語彙の間の数の開きは残るとされる。

7.3.3 語彙知識

以下ではさまざまに提案されている語彙知識の例としてRichards（1976）、Nation（2013）、Henriksen（1999）の提案する語彙知識の定義を見ていく

Richards（1976）の提唱する語彙知識

Richards（1976）[2]はある「語」（word）を知っているということを7つの点から以下のように定義している[3]。

---

2) Richards（1976）では実際は8つの項目を語彙の知識として提示している。ここで記載されていない項目は、「大人になると統語的知識はあまり発達しないが、語彙は大人になっても発達がみられる。」という語彙習得に関する項目である。
3) Richardsの語彙知識の説明には、もともと語彙知識を説明しようという意図はなく、Meara（1996）のようにそれほど包括的に語彙の知識を説明しているものではないという批判もあることに注意されたい。

ある「語」を知っているということは：
① 話し言葉や書き言葉の中で、その「語」にどの程度の確率で出会うかを知っていることである。
② さまざまな機能や状況に応じてその「語」の使用に制限があることを知っていることである。
③ その「語」に関連した統語的なふるまいを知っていることである。
④ その「語」の基底形式（underlying form）やその「語」から作られる派生語を知っていることである。
⑤ その「語」と別の語の関連性を知っていることである。
⑥ その「語」の意味的価値（semantic value）を知っていることである。
⑦ その「語」に関連したたくさんの異なる意味を知っていることである。

（Richards, 1976, p. 82 より筆者が一部改変）

　上記の項目では、①は語の出現頻度（word frequency）に関する知識、②は語の使用範囲（レジスター）[4]に関する知識、③は語の持つ統語に関する知識、④は派生語生成の規則に関する知識、⑤は語の持つ意味のネットワークに関する知識をそれぞれさしている。⑥は統語的知識に関連のある「語」の特性についての意味的価値に関する知識をさしている。ここでいう意味的価値とは、たとえば man という語には人間（[+human]）で男（[+male]）という意味素性（semantic feature）が情報として含まれているかどうかを理解しているということを示している。⑦は関連語彙に関する知識のことを示している。

---

4) レジスターとは、たとえばイギリス英語では 'tap' というがアメリカでは 'faucet' を使用するというような語の使用の違いや、ある語は砕けた場面で使うか、それともフォーマルな場面で使われるべきか、といったどのような範囲で語の使用が可能かを示す。

Nation (2013) の提案する語彙知識

　Nation (2013) は語彙知識を語の「形式」、「意味」、「使用」の3つに大きく分類し、つぎにこれらそれぞれの項目をさらに細分化している。それら細分化された項目は、受容と産出2つの点から定義している。(表7.1)

　それぞれの「形式」、「意味」、「使用」がどのように細分化されるかを見ると、まず「形式」は、「話し言葉」と「書き言葉」という分類とともに、語の語幹 (word stem) や接辞 (affix) などの語を構成する語の構成素 (word parts) の3つに下位分類され説明されている。また「意味」は、語の「形式と意味」の関係、「概念と指示対象」の関係、そして語と語の間の「連想関係」の点から分類されている。つぎに「使用」は、語の使用の統語的側面、共起関係、語の使用範囲についての観点から下位分類されている。(表7.1)。

表 7.1: 語彙知識

形式	話し言葉	受容	「語」がどのような音（発音）をしているか
		産出	「語」がどのように発音されるか
	書き言葉	受容	「語」がどのような形（つづり）をしているか
		産出	「語」をどのように書き、綴るか
	語の構成素	受容	「語」のうちのどの構成素が認識可能か
		産出	意味を表すためには、「語」のどの構成素が必要であるか。
意味	形式	受容	どのような意味が、「語」の形式からあらわされるか
		産出	どのような「語」の形式が意味を表すために使用されるか
	概念と指示対象	受容	概念の中にはどのようなものが含まれるか
		産出	どのようなものを概念が指し示すのか

	連想	受容	その「語」によって我々がほかのどのような「語」を連想させられるか
		産出	その「語」の代わりにほかにどのような「語」を使用することができるか
使用	統語的機能	受容	その「語」がどのような文法パターンで現れるか
		産出	その「語」をどのような文法パターンで使用しなければならないか
	コロケーション	受容	どのような「語」や語の種類がその「語」とともに使われるか
		産出	どのような「語」や語の種類とその「語」を用いなければならないか
	使用制限	受容	いつ、どこで、どれくらい頻繁にその「語」に遭遇するか
		産出	いつ、どこで、どのくらい頻繁にその「語」を使用するか

(Nation, 2013, p.49 より筆者が一部改変)

　この表に示されるように、Nation は前項（3.3.1）の Richards（1976）の語彙知識の定義と同様に、語彙知識を、多面的にとらえ、包括的に語彙知識の記述を試みている。一方で、Richards や Nation のように語彙知識を詳細にリスト化するのとは別の方法で、語彙の知識を定義しようとする試みもある。次にその例を見る。

Henriksen（1999）の提唱する語彙知識
　Henriksen（1999）は、語彙知識を 3 つの指標を用いて説明している。それら 3 つの要素とは、「部分－完全知識（partial-precise knowledge）」、「語彙知識の深さ（depth of knowledge）」、「受容－産出（receptive-productive）」である。
　部分－完全知識とは、語の理解に関する指標で、単にある語が認知できたり、その語に関する知識があやふやな状態から、最終的にはその語の完

全な理解に至るという発達の段階をしめしている。つぎに、語彙知識の深さとは前節（7.3.1）で見たように、ある語の使用法やその語の持つ周辺的な情報（たとえば、同義語、反意語など）をどの程度知っているかを示すものであり、習得の観点から言えばどの程度意味ネットワークの構築ができているかを示す指標である。最後に、受容－産出であるが、これは前節（7.3.2）でも見たように、読んだり聞いたりということでしか使えなかった語彙、つまり受容語彙が、書いたり話したりできるようになる、つまり産出語彙となる発達の過程を示したものである。このように、Henriksenの唱えるモデルは、語彙の包括的な説明というよりも発達過程を重視した語彙の説明となっている。

以上、語彙の知識に関する3つのモデルを見てきたが、それぞれのモデルに共通していえることは語彙知識とはさまざまな項目の集合体としてとらえられているということであり、語彙知識が一つの要素からのみでは説明できないということである。

7.4　語彙習得

本節では、語がどのように習得されていくかを、第一言語（L1）と第二言語（L2）の場合に分けてみていく。L1の語彙習得モデルとしては、子どもの語彙の発達がどのように起こるかを説明したAitchison（1994）のモデルを概観する。つぎに、L2での習得に関してはメンタルレキシコンという概念から説明する。

7.4.1　第一言語における語彙習得

L1の語彙の習得はどのように進み、また語彙を増やしていくのかという語彙習得過程を、Aitchison（1994）が提案するモデルを以下にみていくことにする。

Aitchisonの語彙習得モデルでは、ラベルづけ（labelling）、箱詰め（packaging）、ネットワーク構築（network-building）という三つの段階[5]を経て子どもの語彙は獲得されるとしている。

ラベルづけの段階においては、幼児は聞いた音声、たとえば'dʌk'という音を聞いて、'duck（アヒル）'という事物（つまり言語記号）と結び付ける、すなわち、ラベルづけを行う[6]。しかし、この場合の'dʌk'という音は大人の言う、いわゆる duck ではなく、もっと狭い範囲で duck という事物（たとえば、お風呂に入る際に遊ぶアヒルの形をしたおもちゃなどの特定の物）と結び付けられる。このラベルづけの段階は、大体2歳より前にみられるという。

ラベルづけの段階の次が箱詰めの段階である。この段階では特定の事物に結び付けられた語の指示するものをほかの事物へさらに広げるようになり、概念を形成していく。この過程では、獲得された概念が大人の持つ概念の範囲とは異なることがあり、大人の概念よりも狭く限定された事物（つまりあるカテゴリーの成員の下位項目）にだけ概念名が適用される場合を過少外延（underextension）とよび、大人の概念と同じ事物と近く、似ている事物ではあるが大人の持つ概念よりも広い範囲の事物に適応される場合を過大外延（overextension）とよぶ（Clark,1993）。たとえば、「犬」という語を幼児が獲得する際、初めは、「四本の足があるもの」を「犬らしさ」と感じ、ほかの四本の足を持つたとえば牛や羊やシマウマにいたるまで、犬と呼ぶかもしれない。つまり、犬という概念が過大外延化される。しかし、子どもは「犬は吠える」などのさらに細かい情報を得ることにより、しだいに本来の意味での「犬」の概念を獲得していくとされる。

つぎに、ネットワーク構築の段階になると、子どもは語と語との関連性を見出し、その結果、語彙が増えるにつれて語の意味の間で意味のネットワークが形成されていく[7]。語の結びつきには等位関係（co-ordination）、

---

5) Aitchison（1994）はタスクという言葉を使い説明をしているが、ここでは発達の過程を強調するためあえて段階という言葉を用いた。
6) Aitchison（1994）はレベルづけの段階は実はもっと複雑であると説明している。実際のラベルづけの過程では、最初は語がある状況における特定の部分（この場合はアヒル）を指すとの認識はなされていないが、語を特定の状況からほかの状況でも利用するようになり、しだいにどのような状況でも特定の事物をさすものとして語を使用するようになる。

共起関係（collocation）、上位語関係（superordination）、同意語関係（synonymy）があり、それぞれの語の間でお互いに結びつくことで語のネットワークが構築される。この語彙ネットワークはゆっくりと構築され、一生を通じて行われるとされる。

このように、ラベルづけ、箱詰め、ネットワーク構築という三つの段階[8]を経て子どもの語彙は獲得され、発達していく。では、このような過程をたどりながら、どのように語数を増やしていくのであろうか。研究によれば、1歳6ヶ月ごろまでに、子どもは一般的に50から200語を習得し、2歳までには500から600語を習得するという[9]。3歳になると使える語が1,000語を超え、5歳になると3,000語が使えるようになり、12歳ごろにはおよそ7,000から8,000語にまで語彙数が増えるといわれる[10]（Clark, 1993; Aitchison, 1994; Nation, 1990）。このように、L1の語彙習得では、3歳から12歳ごろまでは、計算上一年で1,000語ずつ語数を増やしていく。また、その後も語彙数は増え続け、語彙の習得は生涯を通じてなされる。

7.4.2 第二言語における語彙習得

前節では、L1の語彙習得モデルを概観した。この節ではL2の語彙習得がどのように行われるかを、メンタルレキシコン（mental lexicon）という概念を利用し説明したモデルを概観する。メンタルレキシコンとは心内辞書あるいは心的辞書とも呼ばれ、語彙知識を、語に関する様々な情報が書

---

7) この段階では個々の単語のネットワークの構築が、音韻関係、意味関係、統語関係に関してなされるとされる。（望月・相澤・投野；2003）
8) Aitchison（1994）はタスクという言葉を使い説明をしているが、ここでは発達の過程を強調するためあえて段階という言葉を用いた。
9) 幼児期に少ない語しか獲得しなかったものが、2歳ごろに突然爆発的なペースで語彙を獲得することを語彙爆発あるいは、語彙スパート（vocabulary spurt）と呼ぶこともある。研究者には語彙スパートを認めないものもいる。Bloom（2000）を参照されたい。
10) ワードファミリー換算による報告では、15歳になるとおよそ4,000から5,000ワードファミリーを獲得し（Nation & Waring, 1997）、18歳ではおよそ17,000ワードファミリーを獲得し、大学を卒業した英語母語話者ではおよそ20,000ワードファミリーを使用しているといわれている（Nation, 1990）。

き込まれた頭の中にある辞書という比喩によって示したものである。以下では、L1 と L2 のメンタルレキシコンの構造の相違点はどのように考えられているかを考察する。つぎに、概念と L1 と L2 の語の結びつき方の側面から説明する改訂階層モデル（revised Hierarchical model）と、概念と L1 と L2 の語の結びつき方と語彙記載項（lexical entries）がどのように変化していくかを説明した Jiang（2000）のモデルを紹介し、L2 習得における語彙習得の研究分野においてメンタルレキシコンを用いて語彙の習得過程をどのように説明しているかを見ていく。

L2 におけるメンタルレキシコン

　バイリンガル研究において、バイリンガルによる 2 つの言語の使用の実態やバイリンガルのメンタルレキシコンの構造の研究がなされてきた。バイリンガルのメンタルレキシコンの研究においては、メンタルレキシコン内の意味概念（いわゆる概念）と L1 と L2 の言語記号（いわゆる語）の間の関係の点から、複合型（compound）、等位型（coordinate）、従属型（subordinate）の 3 つのパターン分かれるとしている。等位型では L1 と L2 の言語記号に、それぞれ別々の意味概念がつながっている。複合型の場合、L1 と L2 の言語記号は同じ意味概念と結びついている。従属型の場合は L2 の言語記号は L1 の言語記号に結びついており、L2 は意味概念と直接結びついておらず、L1 の言語記号を介してのみ意味概念が理解される（Klein, 1986）。

改訂階層モデル

　改訂階層モデルとは、Kroll and Stewart（1994）によって提案されたバイリンガルにおける L2 のメンタルレキシコンのモデルである。前節で見たように、もともと、バイリンガルのメンタルレキシコン研究においては、バイリンガルの頭の中でそれぞれの言語がどのような関係にあるかが研究されてきており、特に L1 と L2 のそれぞれの語（言語記号）が概念とどのように結びついているかに関心が向けられていた。Kroll and Stewart のモデルでは L1 と L2 のそれぞれの語が概念と繋がる、前節でいう複合型の

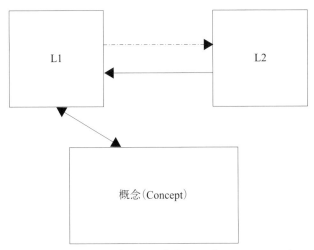

図 7.1: Kroll & Stewart (1994) による初期の段階のメンタルレキシコンのモデル (Kroll & Stewart [1994] に基づき作成)

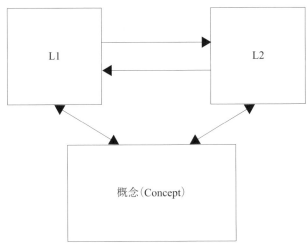

図 7.2: Kroll & Stewart (1994) による L2 の発達がみられた後のメンタルレキシコンのモデル (Kroll & Stewart [1994] に基づき作成)

構造をしたメンタルレキシコンのモデルである。

　このモデルでは、初期の段階ではL2の語はL1の訳語を経由して概念にアクセスするが（図7.1のL2からL1への実線矢印）、L2の学習が進むにつれてL2の語が直接概念と結びつくようになる。しかし、L1の語をL2の語に訳す場合と、L2の語をL1に訳す場合とで訳にかかる時間に差があることからL1の語と概念の結びつきに比べて結びつき方が弱いとされている。また、L2の発達につれてL2の語と直接概念が結び付くようになるが、L1の訳語を経由して概念にアクセスする経路は残るとされる（図7.2）。

　以上見てきたように、改訂階層モデルにおいては複合型のメンタルレキシコンを基に、L2の発達に伴うメンタルレキシコンのL2と概念の結びの変化を説明している。

JiangのL2語彙習得モデル

　ここでは、Jiang（2000）のL2語彙習得のモデルについて見ていく。Jiangが説明しているL2の語彙発達モデルは、Levelt（1989）のL1におけるメンタルレキシコンのモデル[11]を基にしている。Leveltはメンタルレキシコンの構造を語彙記載項により説明をしている。語彙記載項にはレマ（lemma）と語彙素（lexeme）より成り立っているとする。レマは意味の情報と統語の情報から、語彙素は語の形態（morphology）に関する情報と音韻（phonology）に関する情報から成り立っているとしている（図7.3）。

　JiangのL2のメンタルレキシコン獲得の説明の前に、L1の語彙獲得とL2の語彙獲得の注目すべき違いを見ておく。JiangはL1とL2における語彙の獲得における違いを二つ挙げている。違いの一つ目は、L2の語のインプットが質、量ともに少ないという点である。もう一つの違いは、すでにL2学習者のメンタルレキシコンの中ではL1の概念と語の関係性が形成されているという点である。これらの違いは、L2学習者に第二言語の

---

11) Levelt（1989）の提案しているモデルは、本来は母語話者の音声言語の産出及び理解がどのようなプロセスで行われるかというモデルであり、その中での語彙知識がどのように関わっているかを示したものである。

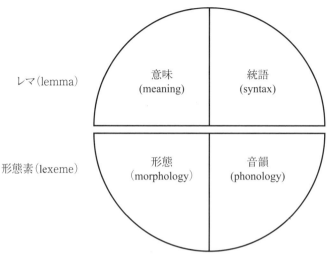

図 7.3: Levelt (1989) によるメンタルレキシコンのモデル
(Levelt, 1989 に基づき作成)

語彙の獲得に様々な影響を与える。前者は、L2 学習者が L2 の語の意味、統語、形態の情報を抜き出し、それらの情報を語彙記載項に記載することができない原因となる。また、後者は、L2 の新しい語を学ぶ際に、既存の L1 の語彙に関する知識に頼ることとなり、L2 の語彙を L1 を通して理解しようとするため、文脈におけるヒント (cue) に注意をしなくなるという問題が起こる。

　Jiang はメンタルレキシコンの語彙記載項が L2 習得において、どのように変化をしていくかを次の 4 つの段階に分けて説明している。まず、第一段階では L2 のメンタルレキシコンはレマに当たる部分が空になっている (図 7.4 左)。この段階では L2 の語の意味、統語、形態の情報が語彙記載項にはほとんどない状態にあり、学習者はこれらの情報が利用できない。また、L2 の語の意味は、L2 の語とそれに対する L1 の語の間の関連づけがなされることで、その語が指し示す概念を理解することになる。つまり、この段階では、L2 の語の理解や使用は、常にその語に対応する L1 の語を参照することによりなされる (図 7.4 右)。

第 7 章　第二言語の語彙の習得と指導　227

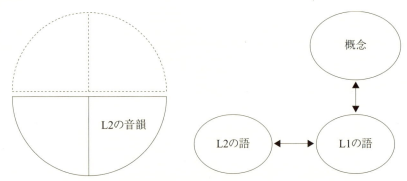

図 7.4: 第一段階における概念と L1、L2 それぞれの関係
（Jiang, 2000, p.52 に基づき作成）

　次の第二段階では、L2 の経験が増えるにつれて、L2 の語とそれに対応する L1 の訳の結びつきが強まり [12]、L2 の語の形と L1 の対応する語のレマの情報が同時に活性化するようになり、その結果として L2 に対応するL1 の語のレマの情報が空であった L2 のメンタルレキシコンにおける語彙記載項を埋めるために、L1 の意味と統語の情報が L2 のメンタルレキシコンにコピーされる（図7.5左）。またこの段階になると、L2 に対応する L1

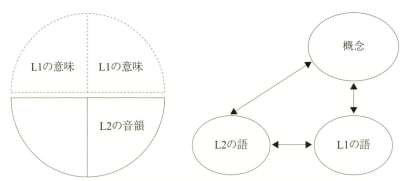

図 7.5: 第二段階における概念と L1、L2 それぞれの関係
（Jiang, 2000, p.53 に基づき作成）

12）結びつきが強まると、反応する速度が速くなるといわれている。

の語を介在して概念にアクセスしていたものが、L2から直接概念にアクセスができるようになる（図7.5右）。しかし、L1の対応する語を介在するルートのほうの結びつきが依然として強い。

　最後の第三段階では、L2の意味、統語、形態の情報がL2のインプットから抽出され、語彙記載項に統合される。つまり、この段階になって初めてL2のメンタルレキシコンのすべての語彙記載項が埋められる。（図7.6左）また、第二段階ではL2の語は直接概念につながりを持ち、アクセスもできる状態であったが、L1の対応する語を媒介して概念にアクセスするルートのほうがより強かった。しかしこの第三段階に入ると、L2の語はL1の対応する語を媒介せずに直接概念と結びつくようになる（図7.6右）。

　このように、JiangのモデルはL1の語彙知識とL2の初期段階の語彙知識が違うという点を考慮し、L2により多く触れることにより、しだいにL2に欠落していた語彙記載項が埋められ、L2の語彙知識がL2を母語として話している人の語彙知識に近づいていく過程を説明している。

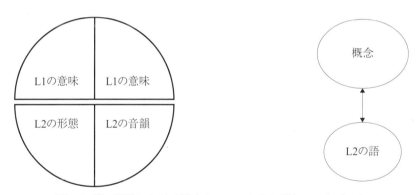

図7.6: 第三段階における概念とL1、L2それぞれのつながり方
（Jiang, 2000, p.53に基づき作成）

7.5　語彙の学習

前節では、語彙の習得のモデルと習得のメカニズムを紹介した。ここでは、L2 の語彙を学習という側面から見ていく。語彙の学習の仕方として、努力して意識的に語を覚えようとするものと、覚えようと努力をせずに知らず知らずのうちに無意識に語の意味を覚えるものがある。前者を意図的語彙学習（intentional vocabulary learning）後者を偶発的語彙学習（incidental vocabulary acquisition）という。以下では意図的語彙学習、偶発的語彙学習とはどのようなものかを概観する。

7.5.1　意識的語彙学習

語彙を自分の意志で、意識的に学習しようとする試みる学習を意識的語彙学習と呼ぶ。意識的に語彙を学習する方法としては、たとえばフラッシュカードを使ったり、語彙リストを使ったり、単語カードを作ったりなど様々なものがある。ここでは、単語カード（word cards）を使う学習法とキーワード法（keyword method）を例にとり、意識的語彙学習がどのようになされるかを見ていく。

単語カード

単語カードによる語彙学習においては、L2 の語の形式と意味を結びつけ記憶することが最大の狙いである。一般的に、単語カードの一方の面に L2 の語、句、文などを書き、もう一方の面にはその L1 での訳を書いておき記憶するものである（Nation & Webb, 2011; Nation, 2013）。しかし、単語カードを作るだけでは実際は学習には十分ではなく、単語カードを使うには様々なテクニックが必要である。Nation and Webb（2011）は様々な単語カードの効用についての研究から、単語カードを使った学習では次の 8 点が重要だと述べている。

1. 語の形式を見て意味を思い出す。（一度に語の形と意味を見てはいけない）

2. 1、2度単語カードを覚える作業繰り返したら、しばらく時間をおいて、また見直しをする。それを繰り返し、徐々に見直しまでの時間を長くする。
3. 単語カードにはL1の訳を使う。
4. 順番で覚えるのを避けるために、単語カードの順番を常に変える。
5. 単語カードは初めは少ない数の語数（たとえば、20語くらい）から始め、スペルや発音に対する直感が養われたら単語カードの語数を増やす。
6. 必要であれば語呂合わせによって意味を覚える。
7. 関連のある語の形や意味を同じ意味を持つもの（たとえば、フルーツの名前など）を単語カードの束に入れるのは学習を難しくするので避ける。
8. 単語カードを見る時は単語を声に出して言う。

（pp.30-31 より筆者が一部改変）

上記からもわかる通り、単語カードを用いた意図的語彙学習は語を意識して記憶するという点がきわめて重要である。しかし、文脈から外れて語の意味だけを覚えることから、語の実際の使用に結びつかないという点から非難をされることが多い（Nation & Webb, 2011;Nation, 2013）。

キーワード法

キーワード法はAtkinson（1975）によって提唱された語彙指導法である。キーワード法の基本原理はイメージ介在による対連合学習法[13]であり、イメージを利用することによって学習や記憶を促進するとういう心理学上の知見を、語彙学習に応用したものである。（田頭・森, 1981; 森・田頭, 1981）

Hulstijn（1997）によれば、キーワード法を行うには三つの段階がある。それぞれの段階は以下の通りである。

第1段階：学ばれるべきL2の単語の音声か綴り、またはその両方が似ているL1あるいはL2の単語をキーワードとしてえらぶ。

第2段階：学習者がキーワードをすぐに思い出すことができるように、ターゲットになる語とキーワードを連想により、強く関連づける。

第3段階：キーワードの示すものとターゲットになる語を結びつけて視覚的イメージを作りだす。(より記憶しやすくするためにより変わったものの方が良い。)

では、実際にどのようにキーワード法を語彙学習に利用するかを英語の名詞 'dentist' (＝歯医者) を例にとってみていく[14]。まず、第一段階として、"dentist" に似た音の日本語の単語を見つける。ここでは音が似ている「でんとしている」という語句をキーワードとして選ぶ。第2段階として、「歯医者」と「でんとしている」を結び付け「歯医者がでんとしている」というようにターゲットの 'dentist' とキーワード「でんとしている」をすぐに思い出すことができようにする。第3段階として、「歯医者が椅子にでんと座っている(でんとしている)状態」を視覚的にイメージする。このようにして、'dentist' という語と「椅子にでんと座っている(でんとしている)状態」を強く結びつけ、思い出しやすい連想を作ることにより、意識的に単語を覚えるのである。

このキーワード法も、語の使用から切り離されているという点で非難されることが多い。また、このキーワード法には、キーワードとターゲットをこじつけでも覚えて、記憶にとどめようとすることが求められるため、発音や綴りなどの側面が無視される傾向がある。さらに、連想を作り出すのが簡単なものとそうでないものがあるということがキーワード法の欠点

---

13) 対連合学習法とは「(単語)のペア(対)の結合関係を、ペアの一つがもう一つの再生や再任を可能にするまで学習する」方法のことである。(藤永・仲 監修, 2004)
14) ここでの説明は、望月・相澤・投野 (2003) p.100 の説明の例を基に作成した。

とされる。しかし、キーワード法は長期の記憶の保持に優れているという利点も報告されている（Nation & Webb, 2011）。

7.5.2　偶発的語彙学習

　偶発的語彙学習とは学習者の目的は単語の学習以外のことであったにもかかわらず、単語を意識しないうちに学習することを指す。偶発的学習は、Craik and Lockhart（1972）らが提案した学習と記憶に関する仮説である、処理深層仮説（The Depth of Processing Hypothesis）を理論的背景としている。処理深層仮説においては、新しい情報が、記憶されるかどうか（長期記憶として保存されるかどうか）はその情報の処理水準が深いか浅いかに左右されるとしている。これを語彙の学習に当てはめて考えると、語の発音、綴り字、文法項目、意味、他の語との意味的関係などにより注意を払うなど、より念入りに新しい語彙情報が処理されれば（すなわち、より深く語彙情報が処理されれば）、語彙の記憶率がさらに高まるということになる（Laufer & Hulstijn, 2001）。

　偶発的語彙学習に関して、Laufer and Hulstijn（2001）は語彙の保持率を決定づける要因として、タスクにおける「関与」（involvement）を挙げており、関与は「必要性」（need）、「探索」（search）、「評価」（evaluation）からなるとされる。「必要性」とは他者からの押しつけ、あるいは自発的に何かを達成しようとする動機づけとして必要性を感じることを指す。また、「探索」とは第二言語における知らない単語の意味を見つけだそうとすることを指し、「評価」とはある単語がある文脈に適合するかどうか評定（評価）することを指す。「評価」をする際に、ほかの語と与えられた語を比較したり、ある特定の意味をほかの意味と比較したり、ある語とほかの語を組み合わせたりするなどの活動が行われる。

　Laufer and Hulstijn（2001）は処理水準仮説を基に、タスクにおける関与の観点から関与負荷仮説（Involvement Load Hypothesis）を唱えている。この仮説においては、語彙処理の段階において必要性、探索、評価の三つの要因が「関与」する程度（負荷）が高ければ高いほど、語彙学習における語

彙の保持率が高くなると主張している。

　このような偶発的語彙学習は、リスニング、リーディング、ライティング、スピーキングなどのタスクに付随して行うものであり、さまざまな研究成果が報告されており、語彙の定着率も高いことが報告されている。[15]

7.5.3　まとめ

　この節では意図的語彙学習と偶発的語彙学習について見てきた。意図的学習法（特に、単語カードや語彙リスト学習）は廃れた学習法として、現在ではその効能についてはあまり顧みられないことが多いが、いくつかの研究では意図的学習はコミュニケーションをとるために必要な語彙を獲得するには十分な効果があるとして、効果を見直す意見もある。(Fitzpatlick, Ai-Qarni &Meara, 2008; Nation & Webb, 2011)。

　また、偶発的語彙学習は、さまざまなタスクに伴う副産物としての学習であり、指導の効果が高いことが様々な研究で報告されている。一方で、もともと語彙を学習すること自体が目的ではないため、関与負荷仮説でいうところの関与が十分でなければ、満足のいく結果が得られない可能性もある。また、偶発的語彙学習だけでは必要な語数を獲得するのには限界があるともいわれている。そのために意図的語彙学習と偶発的語彙学習を組み合わせることにより欠点を補うことも教育的方法の一つとして考えられる（望月・相澤・投野, 2003）。

7.6　語彙指導への示唆

　どの程度の語彙数を獲得するべきかの目安は、第二言語学習者ばかりでなく、語学教員にとっても重要な問題である。もちろん、語彙数が多ければ多いほどよいという主張に異を唱えるものはいないであろうが、教育的観点に立てば、どの程度の語彙数が必要となるかを目的に合わせて設定す

---

[15] 偶発的語彙学習が必ずしもうまくいかない例も報告されている。たとえば、Hulstijn (1992) などを参照されたい。

ることができれば有用であろう。以下では、教育上目標とされるべき語彙数とはどのくらいなのかを見ると同時に、実際に語彙を指導する際の注意点について概観する。

7.6.1　必要な語彙数とは

　まず、書かれたものを理解するにはどの程度の語彙が必要かを見ていく。この場合、重要なのは書かれた内容を理解する度合いである。すなわち、テキスト中のどれくらいの単語を知っていればテキストの内容を十分に理解することができるかということである。テキスト中の語彙を知っている割合を語彙カバー率（lexical coverage）と呼ぶ。必要とされる語彙カバー率は研究者により 90％から 99％までとさまざまである[16]。たとえば、Nation and Waring（1997）は、2,000 ワードファミリーを知っていると、書かれたテキストのおよそ 80％、砕けた話し言葉のテキストのおよそ 96％を理解できるとしている。

　しかし、テキスト中に書かれた内容を理解するためには、知らない語（未知語）を正しく推測できなければならない。未知語の予測がどのくらい成功するかを考慮に入れると、必要な語彙カバー率が変わってしまう。そのため、研究によっては未知語の推測の成功がどの程度までできればよいとするかにより、異なった語彙カバー率が提案されている。たとえば、Laufer（1998）は、テキスト中の未知語の意味を正しく推測し理解するためには、そのテキスト中に使用されている単語の 95％を知らなければならないと報告している。また、Hu and Nation（2000）は、正しくテキストの内容を理解するためにはテキストの 98％を知る必要があると主張している。

　では、実際に英語を学習する場合にどれくらいの語彙数が必要とされるのだろうか。英語学習における目標を英語母語話者並みの英語運用能力を

---

16) 詳しくは Laufer（1998）、Hu & Nation（2000）、Schmit, Jiang, & Grabe（2011）などの研究を参照されたい。

身につけるとした場合、英語母語話者の持つ語彙力に相当する20,000語を獲得したほうが良いということになるが、実際は、現実的に非常に困難だといえよう。研究者により見解は異なるが、おおむね次のような語数が目標値として提案されている。Nation and Waring（1997）は、それなりの英語の理解力を身につけるためには3,000から5,000ワードファミリーが必要であり、実際に読み書きができるために（すなわち、産出語彙）は約2,000から3,000ワードファミリーぐらいが必要であると述べている。

さらに具体的な提案をしている研究もある。たとえば、Hulstijn（1997）は中等教育を受けた大人が、日常生活で見られるさまざまな種類の専門的ではない内容の文章を読んで95％の語をわかりたいと思うのであれば、少なくとも受容語彙としては10,000語の基礎的語彙を身につけるべきだとしている[17]。また、産出語彙は少なくとも1,000語を身につけるべきだと主張している[18]。一方、Nation（2006）は、書かれた文章の98％を理解したいのであれば、8,000から9,000ワードファミリーが必要であり、話される内容の98％を理解したいのであれば、6,000から7,000ワードファミリーが必要だと報告している。

以上見てきたように、英単語を指導する際には、コミュニケーションに必要な3,000から5,000ワードファミリーを身につけさせることを目標とするべきであろう。その後、受容語彙に関してはどの程度の正確さで文章などを理解したいかにより、さらに多くの語彙数を身につけた方がよいということになろう（Nation & Waring, 1997）。この際に注意するべきは、どのような語でもよいわけではないということである。指導の際は、まず高頻度の単語から教え、次第に低頻度の単語を教えたほうが良いといわれている（Nation, 1990）。この根拠は、Francis and Kucera（1982）の高頻度の語とテキスト内のカバー率の関係を調査した結果に基づく。この研究の報告

---

[17] Hulstijn（1996）はオランダ語の習得の研究をもとに述べた数字であるが、ほかのインド・ヨーロッパ語族の学習者にも同じような数字があてはまると主張している。
[18] Hulstijn（1996）が1,000語が必要であるとする根拠は、この語彙数がCEFRのA2レベル（Waystage Level）で必要とされる語彙数であるからである。

よれば、1,000 語の高頻度語のカバー率は 72％であり、2,000 語の高頻度語のカバー率は 79.9％であるとされる。いずれにせよ、教える側、学習する側の目的によって、必要となる語彙数と語彙頻度が変わる可能性があるという点に注意するべきであろう。

7.6.2　語彙の指導

　この節では、実際に語彙を指導する際に注意するべき点について見ていく。Nation（2008）は、語学の教員の最も重要な仕事として「計画（planning）」「学習方略訓練（strategy training）」「テスト（testing）」「語彙指導（vocabulary teaching）」を挙げている。以下にそれぞれについて詳しく見ていく。

　語彙を指導する際に、語彙指導を計画することは非常に重要である。特に指導計画を考える際に、「意味に焦点を当てたインプット（meaning-focused input）」、「意味に焦点を当てたアウトプット（meaning-focused output）」、「言語に焦点を当てた学習（language-focused learning）」、「流暢さを発達させること（fluency development）」を考えるべきだと Nation は主張している。「意味に焦点を当てたインプット（meaning-focused input）」はリスニングや、リーディングのタスク、「意味に焦点を当てたアウトプット」はスピーキングやライティングのタスクにおいて語彙を理解させたり、実際に使えるように指導することを意味する。また、「言語に焦点を当てた学習」とは、L2 の語の意味や形式語の使用法といった側面に注意を向けさせることが重要で、このことにより学習者は L2 の語の意味を文脈から推測したり、単語カードを作ることを学んだり、語あるいは語の構成素を使ってみたり、辞書を使用するという学習者の語彙学習のストラテジーを身に着けることを促すこととなる。また、易しい教材を選んでタスクを学習者に行わせると、よりすばやく L2 の語を使えるようになる。これが流暢さを発達させることにつながると Nation は主張している。

　学習方略訓練とは、(1) L2 の語の意味を文脈から推測する、(2) 単語カードを作ることを学ぶ、(3) 語あるいは語の構成素を使う、(4) 辞書を使用するという 4 つをさす。とくに (2)、(3)、(4) の学習方略は教師の手助

けなしで、学習者が実際に語を使えるようになるためには重要である。

　語彙を指導した後で、実際にどの程度学習者に語彙が定着したかどうかを調べることは、教師にとって事後の指導方針を考える上で極めて重要な情報である。これを測るのが語彙テストである。また、学習者の側にとっては、テストをされることにより学習の動機づけともなると考えられる。

　最後に、もともと語彙の指導はリーディングやライティングなどの指導とは異なり、付属的な分野として扱われてきたために、さほど重要視されてこなかったという背景がある。このため、Nation は語彙の指導の重要性を強調している。とりわけ、以下の8点を注意して語彙を指導するべきだと Nation は主張している。

1. 高頻度の語彙と語彙学習方略を体系立てて教える。
2. 学習の量と強さは心理プロセスの質による[19]。心理プロセスの質は、注意を向けたり、語の取出し、語の使用などにより高めることができるので、これらの活動を行うようにする。
3. 可能な場合は L1 の訳語をあたえるようにする。
4. 学習のために与えられた意味は、その語の使用や意味を含むような根本的な意味を記述していなければならない。
5. 語はその語に近い語彙項目、同意語・反意語などと一緒に教えてはならない。
6. 何度も繰り返し語の理解を促し、のちにその語に遭遇した場合により重要度が増すようにしなければならない。
7. 直接的に語彙を教えることは、(1) L2 の語の意味を文脈から推測する、(2) 単語カードを作ることを学ぶ、(3) 語と語の構成素を使う、(4) 辞書を使用するという4つの学習方略の一部でしかなく、意図的に注意を向けさせる手段である。

---

19) ここでいう心理プロセスとは5.2節で述べた、偶発的語彙学習のことを念頭に述べられている。

8. 学習者は自己の語彙学習を制御し、語彙の学び方や学ぶ語彙の選び方を教わるべきである。

（Nation, 2008, pp.5-6 より一部改変）

以上、語彙の指導における留意点について見てきた。語彙の指導はスピーキング、リスニング、ライティング、リーディングの四技能の学習に付随するものであり、単独で扱われることはほとんどないといってもよい。さまざまなタスクの中で、語彙を指導する際にどのようなことに注意を促しているという点において、Nation の主張は極めて意義のある示唆を与えてくれている。

7.7　語彙の測定（語彙テスト）

　L2 の語彙力と L2 の言語能力の間には強い相関があり、L2 の語彙力を調べること、様々な他の L2 の言語能力を形成している様々な能力（たとえばリーディング力やライティング力など）を予想できる可能性があるという。(Anderson & Freebody, 1981）また、実際の外国語の教育の場面においても、指導した範囲で扱った語彙が学習者に定着しているかを確認することもよくあるだろう。実際に語彙能力を測る様々な方法が提案されている。本節では、L2 学習者の持つ語彙能力を測るテストを目的ごとに概観し、L2 学習者の語彙を測る際の注意点を見ていく。

7.7.1　語彙の豊かさ

　ライティングの能力を測る指標の一つに語彙の豊かさ（lexical richness）を測るものがある。これは、エッセイや日記などの書かれたテキストの中にどのくらいさまざまな語彙を使用しているかを測るものであるが、テキストの語彙の豊かさは語彙の発達と相関が高いので、あえてこの節で扱うこととする。

　語彙の豊かさを測る指標には様々なものがあるが、ここではタイプ・トークン率（Type/Token Ratio:TTR）と Laufer and Nation（1995）の提案している

語彙頻度プロファイル（Lexical Frequency Profile: LFP）について見ていく。

まず、タイプトークン率（TTR）とは、エッセイなどの書かれたものの中で出現する異なり語を総語数で割ったものである。以下がTTRを計算する式である。

$$\text{TTR (Type Token Ratio)} = \frac{\textit{異なり語 (Types)}}{\textit{総語数 (Tokens)}}$$

TTRが高いということは、繰り返し使用された語が少ないことを示し、さまざまな異なる語を用いているということを示す。この指標は簡単な指標であり、利用しやすい。一方で、標本のサイズに左右されるため注意が必要である[20]（小池編，2003；Durán, Malvern, Richards, & Chipere, 2004）。

つぎに、語彙頻度プロファイル（LFP）について見ていく。LFPは書かれたものの中における4つの語彙頻度レベル[21]（1,000語レベル、2,000語レベル、学術語彙レベル（Academic Word List:AWL）、その他）ごとの語彙使用を書かれたものの中の総語数で割ったパーセンテージで示すものである（Laufer & Nation, 1995）。以下がLFPの計算式である。

$$\text{LFP} = \frac{\textit{各レベルにおける語の数}}{\textit{総語数}} \times 100$$

ここでLaufer and Nation（1995）の例に基づきLFPの算出方法を具体的に示す。たとえば、200語の作文があり、その200語のそれぞれの語彙頻度レベルは以下のようなものであったとする。（表7.2）

---

[20] Durán, Malvern, Richards, & Chipere（2004）はTTRの問題点を克服する様々なLexical Diversityに関する指標を概観しているので参照されたい。

[21] 1,000語レベルとは最も頻度の高い語1,000を指し、2,000語レベルとは最も頻度の高い1,000語のつぎに頻度の高い1,000語を指す。また、学術語彙レベルとは2,000語レベルには現れないが、学術的なテキストに高頻度で現れる570ワードファミリーからなる3,100語が含まれている。この学術語彙リストは、大学語彙リストの改訂版である。大学語彙リストは836ワードファミリーからなる語彙リストである。大学語彙リストについてはNation（1990）を、また学術語彙リストについてはCoxhead（2000）を参照されたい。

表7.2: 200語の作文に含まれる語彙の語彙頻度レベルにおける内訳

語彙頻度レベル	1000語レベル	2000語レベル	学術語彙レベル	その他
出現数	150	20	20	10

　表7.2のとおり、各レベルにおける内訳は75％（1,000語レベル）、10％（2,000語レベル）、10％（学術語彙レベル）、5％（その他）となる[22]。この指標の長所は、Laufer and Nation（1995）が述べているとおり、学習レベルの差を指標の中に取り入れているため、LFPはL2の能力の異なる学習者のライティングを同じ指標を使ってあらわすことができる点であろう。

　以上、ライティングにおける語彙の豊かさの指標を見てきた。これらの指標は、どの程度ライティング力が発達したかを示すものとして、L2ライティングの研究で使用されており、ここで紹介したもの以外にもさまざまな指標が提案され、議論されている。利用する際はそれぞれの指標の持つ欠点を理解して使用することをお勧めする。

7.7.2　語彙テスト

　ここでは、開発されている語彙テストや語彙のテストの仕方について見ていく。現在、語彙テストは、様々な種類のものが開発され、改良されてきている。ここでは語彙テストの例として、産出語彙を測るテスト、語彙サイズを測るテスト、語彙知識深さを測るテストを例として、どのような内容のテストが開発されているかを見ていく。つぎに、実際にテストを作る際にどのような点に注意するべきかを見ていく。

語彙レベルテスト（Vocabulary Levels Test）

　受容語彙を測るテストは、見てわかる、あるいは聞いてわかるかどうか

---

[22] LFPはスコアが4つ出てわかりにくいため、Laufer（1995）は、その欠点を補う解決策としてBeyond 2000を提案している。Beyond 2000とは学術語彙とその他の語彙が、書かれたテキスト全体の語彙の何パーセントを占めるかで表されている。

を調べるものである。作られているテストは書かれた語の意味を尋ねるものが多く、また L2 の語に対しての L1 での意味を複数の選択肢の中から選ばせる、いわゆる多肢選択式の問題が典型的である。ここでは、このタイプのテストの例として、Nation の作成した語彙レベルテスト[23]を見る。

語彙レベルテストは 2,000 語レベル、3,000 語レベル、大学語彙レベル (university word level)、5,000 語レベル、10,000 語レベルの 5 つの語彙頻度レベルから成りっている。また、それぞれのレベルの問題は、6 つのセクションから成り立ち、一つのセクションは 6 つの語と 3 つの定義 (definition) から成り立っている。以下に 2,000 語レベルの問題を示す。

2,000 語レベルの問題の例:
1. apply
2. elect　　　　　　　＿＿＿＿ choose by voting
3. jump　　　　　　　＿＿＿＿ become like water
4. manufacture　　　　＿＿＿＿ make
5. melt
6. threaten

(Nation, 1990, p.256 より抜粋)

問題の採点の仕方は、語と定義の組み合わせが正しければ 1 点を与える。すべての問題に正解すれば 18 点となる。このテストでは 15 点から 16 点をとればそのレベルの語彙が 85％から 90％は理解されていると判断し、そのレベルの語彙をマスターしているとみなす (Laufer & Nation, 1999)。

Lex30

Lex30 は L2 学習者の産出語彙を測るために Meara and Fitzpatrick (2000)

---

[23] このテストは web 上で受験可能となっている。以下の URL に公開されている。
http://www.er.uqam.ca/nobel/r21270/levels/

によって作成された語彙測定テストである。このテストでは語の連想（word association）をどの程度でできるかを見ることにより、語彙知識の深さを測ることを目的としている。テストは30の刺激語（stimulus words）からなり、受検者はこれらの刺激語に対して関連があると思われる語をそれぞれ4語ずつ、制限時間（15分）以内にできるだけかかなければならない。刺激語はすべて高頻度語からなり、さまざまな関連語を連想して書かせるようなものが選ばれている（Meara, 2009）。テストの具体的な例を以下に示す。

Lex30の項目の具体例：
attack
board
close

（Meara のサイトより抜粋）

このテストはウェブ上[24]で公開されており、どの程度の産出語彙を持つかの結果が受検をすると即座に提示される仕組みとなっている。

語連想テスト（Word Association Test）

語連想テストは、Read（1993, 1998）により作成された深い語彙知識を測るテストである。このテストは、受容語彙を測るテストとなっており、提示される語（これを目標語［target word］と呼ぶ）から、関連のあると思われる語（これを関連語［associate］と呼ぶ）を8つの選択肢の中から4つ選ぶ形式をとっている[25]。また、このテストでの目標語と関連語の関係は次のようなものが想定されている。

---

24) Lex 30 は以下の URL において公開されている。http://www.lognostics.co.uk/tools/Lex30/

系列的関係（paradigmatic）：
　目標語と答えとなる語は同意語（synonyms）か少なくとも意味が近いものである。（例：abstract-summary, adjust-modify など）

統合的関係（syntagmatic）：
　目標語と答えとなる語はフレーズ内で共起する。あるいは連語関係にある。
　（例：edit-film, team-sport, abstract-concept など）

分析的関係（analytic）：
　答えとなる語は、目標語の一面や構成要素の一つを示すようなものであり、また辞書みられるような、目標語の定義の一部を形成するようなものである。
　（例：team-together, edit-publishing, export-overseas など）

　　　　　　　　　　　　　　　　　　（Read, 2000, p.181 より抜粋）

このテストの例は以下のようなものになっている。

語連想テストの例 [26]

sudden
| beautiful quick surprising thirsty | change doctor noise school |

common
| complete light ordinary shared | boundary circle name party |

　　　　　　　　　　　　　　　　　　（Read, 2000, p.184）

---

25) 新しいテストでは、Read (2000) は目標語を形容詞に限定している。その理由は、語彙力のある学習者がこのテストを受けた場合、選択肢自体から関連語を見つけ出すことができるなどの問題があったためである。また、新しいテストでは、系列的関係と統合的関係のみを目標語と関連語の間に設定している。本文中の例は新しいテストの内容である。

このテストの例を sudden の項目で具体的に見る。左の枠内の選択肢は系列的関係を問うものであり、同意語の quick と surprising が答えになっている。また、右の枠内の選択肢はすべて名詞となっており、統合的関係を問う内容となっており、change と noise が共起関係にあるため答えとなっている。

語彙テストの作成

前節において異なる目的で作られたテストを紹介した。語彙テストを作成する目的は授業で学習した語彙知識が定着しているかを測ったり、どの程度の語彙数があるかを調べたりとさまざまであろうが、実際に問題を作成するに当たってどのような出題形式をとればよいのであろうか。本節では、Laufer, Elder, Hill, and Congdon（2004）が提案する語彙テストで測る能力に合わせて提案された4つの出題形式について概観する。

語彙の種類には、3.2節でみたように受容語彙と産出語彙に大別できる。しかし、Laufer, Elder, Hill, and Congdon（2004）はこの分類は非常に曖昧であると主張している。Laufer らは、この曖昧さを克服するために、語の意味を知っている程度を受容語彙の知識と産出語彙の知識に再現（recall）と認識（recognition）を加えたタイプ1から4までの4つに分類することを提案している。この分類に応じたテストの出題形式を、melt という語を目標語とした問題を作る場合を想定したそれぞれのタイプごとの出題形式を以下に見ていく。

まず、タイプ1は産出語彙と再現を合わせたものである。これを産出―再現（active recall）と Laufer らは呼んでいるこの形式では語の定義を示し、その定義に合う語を空所に書き込むことになる。この際、目標語以外の語の回答を防ぐために、目標後の最初の文字が事前に与えられている。

26）実際のテストは以下のウェブサイトで受けることが可能である。http://www.lextutor.ca/tests/associates/

タイプ1の出題形式の例：

Turn into water m_____

（Laufer et al., 2004, p.206）

　タイプ2では受容語彙の知識と再現を組み合わせている。タイプ2の形式を受容－再現（passive recall）と呼ぶ。ここでの出題形式では、受検者はL2の語の意味（ここではmeltの意味）を理解していることを示さなければならない。具体的にはその語がどのようなときに使用されるかを示す文を完成させるような問題となる。以下に例を示す。

タイプ2の出題形式の例：

When something *melt* it turns into _____

（Laufer et al., 2004, p.206）

ここでは、許容される答えは一つではなく、可能な答えは複数となる。上記の例では可能な答えはwater、fluid、liquidなどとなる。
　つぎに、タイプ3の出題形式を見ていく。タイプ3では産出語彙の知識と認識（目標語を見分けることができるか）を測ることを目的としている。タイプ3の形式を産出－認識(active recognition)と呼ぶ。タイプ3の出題形式としては、4つの選択肢から語の定義にある語を選ぶものが考えられる。

タイプ3の出題形式の例：

Turn into water
a. elect b. blame c. melt d. threaten

（Laufer et al., 2004, p.207）

　このタイプの出題形式では、実際には産出を課す問題とはなっていないが、語彙の産出能力は再現により確認できるとするNation (2001)の主張に基づき、産出面を測ることができると主張している。

最後にタイプ4の出題形式を見ていく。タイプ4では受容語彙の知識と認識を測ることが目的となっている。ターゲットとなる melt を提示し、そそ語義として適切なものを選ぶ形式である。

タイプ4の出題形式の例：

Melt

a. choose b. accuse c. make threats d. turn into water

(Laufer et al, 2004, p.207)

以上、語彙テストの出際の形式について見てきた。語彙テストを作成する際にはどのような目的で作られたかも重要であるが、その際にどのような語彙知識を測りたいかにより、テストを作る際は出題形式にも細心の注意を払うべきだとする Laufer らの主張は、実際に語彙テストを作る際の良い指針となるであろう。

7.8 おわりに

本章では、L2の語彙とは何かを、語彙知識、語彙習得、語彙テスト、語彙指導法などの点から概観した。L2の語彙とは何かを理解し、L2語彙の習得モデル、語彙能力の測定法、語彙の指導法や学習法を知ることは外国語教育や外国語学習に重要なことである。この章で紹介したL2語彙の研究は現在もさらに進んでおり、本章で紹介した以外にもさまざまな習得モデル、測定法、指導法が提案されている。L2語彙の指導法や学習法など、それぞれの目的に合わせて語彙習得モデル、語彙テスト、語彙指導法を選び出したり、組み合わせたり、工夫することが重要であろう。

読書案内
1. 望月 正道・相澤 一美・投野 由紀夫（2003）『英語語彙の指導マニュアル』大修館書店
2. Nation, I. S. P. (1990). *Teaching and Learning Vocabulary*. Heinle&Heinle.
3. Nation, I. S. P. (2008). *Teaching Vocabulary: Strategies and Techniques*. Heinle Cengage Learning.

実際に語彙をどのように指導するべきかのヒントを与えてくれる書として上記の3冊をお勧めしたい。すぐに役立つ実例が多く掲載されている。

4. 門田修平（編著）(2003)『英語のメンタルレキシコン：語彙の獲得・処理・学習』松柏社
   メンタルレキシコンのその他のモデルや、心理言語学からの視点でメンタルレキシコンを詳細に説明している。

参考文献

藤永 保，仲 真紀子（監修）(2004).『心理学辞典　普及版』　丸善株式会社
門田 修平（編著）(2003).『英語のメンタルレキシコン―語彙の獲得・処理・学習』．松柏社
小池 生夫（編集主幹）．(2003).『応用言語学辞典』研究社
望月 正道・相澤 一美・投野 由紀夫（2003).『英語語彙の指導マニュアル』（第4刷）大修館書店．
森 敏明・田頭 穂積．(1981).「キーワード法によるスペイン語単語の習得」『教育心理学研究 29 (3)』, 252-255.
田頭 穂積・森 敏明．(1981).「外国語の語彙取得におけるキーワード法の有効性」『広島大学教育学部紀要第一部（30)』, 191-196.
Aitchison, J. (1994). *Words in the Mind: An introduction to the Mental Lexicon*, Second Edition. Blackwell Publishers.
Anderson, R. C., & Freebody, P. (1981). Vocabulary knowledge. In J. T. Guthrie（Ed.）. *Comprehension and teaching: research review*. Newark, DE: International Reading Association.
Atkinson, R. C. (1975). Mnemotechnics in second language learning. *American Psychologist, 30*, 821-824.
Bauer, L., & Nation, P. (1993). *International Journal of Lexicography*, Vol. 6 No. 4. Oxford University Press.
Bloom, P. (2000). *How Children Learn the Meanings of Words*. The MIT Press.
Clark, E. V. (1993). *The Lexicon in Acquisition*. Cambridge University Press.
Coxhead, A. (2000). A new academic word list. *TESOL Quarterly, 34,* 213-234
Craik, F. I. M., & Lockhart, R. S. (1972). Levels of processing: A framework for memory research. *Journal of Verbal Learning and Verbal Behavior 11*, 671-684.
Daller, H., Milton, J., & Treffers-Daller, J. (2007). *Modelling and assessing vocabulary Knowledge*. Cambridge : Cambridge University Press.

Duán, P., Malvern, D., Richards, B., & Chipere, N. (2004). Developmental Trends in Lexical Diversity. *Applied Linguistics, 25*(2), 220-242.

Fitzpatrick, T., Ai-Qarni, I., & Meara, P. (2008). Intensive vocabulary learning: a case study. *Language Learning Journal, 36*(2). 239-248.

Francis, W. N., &Kucera, H. (1982). *Frequency analysis of English usage.* Boston: Houghton Mifflin Company.

Henriksen, B. (1999). Three dimensions of vocabulary development. *Studies in Second Language Learning*, 21, 303-317.

Hu, M., & Nation, I. S. P. (2000). Vocabulary density and reading comprehension. *Reading in a Foreign Language, 23,* 403–430.

Hulstijn, J. H. (1992). Retention of Inferred and given word meanings: Experiments in Incidental vocabulary learning. In P. J. L. Arnaud & H. Bejoint (Eds.). (1992). *Vocabulary and applied linguistics.* Macmillan Academic and Professional.

Hulstijn, J. H. (1997). Mnemonic methods in foreign language vocabulary learning: theoretical considerations and pedagogical implications.203-224. In Coady, J. &Huckin T. (Eds.) (1997). *Second Language Vocabulary Acquisition.*

Hulstijn, J. H. (2001). Intentional and incidental second language vocabulary learning: A reappraisal of elaboration, rehearsal and automaticity. In Robinson, P. (Ed.). (2001). *Cognition and Second Language Instruction.* Cambridge University Press.

Jiang, N. (2000). Lexical representation and development in a second language. *Applied Linguistics, 21*(1), 47-77.

Klein, W. (1986). *Second language acquisition.* Cambridge University Press.

Kroll, J. F. & Stewart, E. (1994). Category inference in translation and picture naming: Evidence for asymmetric connections between bilingual memory representations. *Journal of Memory and Language, 33,* 149-174.

Laufer, B. (1992). How much lexis is necessary for reading comprehension? In P. Arnaud &H. Béjoint. (Eds.). *Vocabulary and applied linguistics.* London: Macmillan, 126 - 132.

Laufer, B. (1995). Beyond 2000. A measure of productive lexicon in a second language. In L. Eubank, L. Selinker, & M. S. Smith (Eds.). *The current state of interlanguage (Studies in Honor of Wiliam E. Rutherford)* pp. 265-272. Amsterdam and Philadelphia, PA: John Benjamins.

Laufer, B. (1998). The development of passive and active vocabulary in a second language:same or different? *Applied Linguistics, 19*(2), 255-271.

Laufer, B., Elder, C., Hill, K., & Congdon, P. (2004). Size and Strength: do we need both to measure vocabulary knowledge? *Language Testing, 21*(2), 202-226.

Laufer, B., &Hulstijn, J. H (2001). Incidental Vocabulary Acquisition in a Second Language: The Construct of Task-Induced Involvement. *Applied Linguistics 22*(1), 1-26.

Laufer, B., & Nation, I.S.P. (1995). Vocabulary size and use: Lexical richness in L2 writing production. *Applied Linguistics, 16*(3). P. 307-322.

Laufer, B., & Nation, I. S. P. (1999). A vocabulary-size test of controlled productive ability. *Language Testing, 16*(1) 33-51. DOI: 10.1177/026553229901600103

Levelt, W. J. M. (1989). *Speaking: from intention to articulation*. Cambridge, Mass.: MIT Press.

Meara,P. (1996). The vocabulary knowledge framework. Retrieved from http://www.lognostics.co.uk/vlibrary/meara1996c.pdf

Meara, P. (2009). *Connected words: Word associations and second langauge Vocabulary Acquisition*. Amsterdam: John Benjamins Publishing Co.

Meara, P., & Fitzpatrick, T. (2000). Lex30: An improved method of assessing productive vocabulary in an L2. *System, 28*(1) 19-30.

Melka, F. (1997). Receptive v. productive aspects of vocabulary. In Schmitt, N. and Michael McCarthy（Eds.）(1997). *Vocabulary: Description, acquisition and pedagogy*. Cambridge University Press.

Milton, J. (2007). Lexical profiles, learning styles and the construct validity of lexical size tests. In Daller, H., Milton, J. &Treffers-Daler, J. (2007). *Modelling and assessing vocabulary knowledge*. Cambridge University Press. pp.47- 58.

Milton, J. (2009). *Measuring second language vocabulary acquisition*. Bristol, UK: Multilingual Matters.

Nation, I. S. P. (1990). *Teaching and learning vocabulary*. Heinle&Heinle Publishers.

Nation, I. S. P. (2001). *Language vocabulary in another language*. Cambridge: Cambridge University Press.

Nation, I. S. P. (2004). How large a vocabulary is needed for reading. *The Canadian Modern Language Review, 63*(1), 59-82.

Nation, I. S. P. (2006). How large a vocabulary is needed for reading and listening? *The Canadian Modern Language Review, 63*(1), 59-81.

Nation, I. S. P. (2008).*Teaching vocabulary: Strategies and techniques*.Boston: Heinle, CENGAGE Learning

Nation, I. S. P. (2013). *Learning vocabulary in another language, Second edition*. Cambridge University Press.

Nation, I.S.P., & Waring, R. (1997) Vocabulary size, text coverage and word lists. In Schmitt, N. and McCarthy, M. (1997). *Vocabulary: Description, Acquisition and Pedagogy*. Cambridge University Press.

Nation, I. S. P., & Webb, S. (2011). *Researching and analyzing vocabulary*. U.S.: Heinle, Cengage Learning.

Palmer, H. E. (1917). *The scientific study and teaching of languages*. London: Harrap.

Read, J. (1993). The development of a new measure of L2 vocabulary knowledge. *Language Testing, 10.* 355-371.

Read, J. (1998). Validating a test to measure depth of vocabulary knowledge. In A. Kunnan. (ed.). *Validation in language assessment*, 41-60. Mahwah, NJ: Lawrence Erlbaum.

Read, J. (2000). *Assessing vocabulary*. Cambridge: Cambridge University Press.

Richards, J. C. (1976). The Role of Vocabulary Teaching. *TESOL Quarterly, 10*(1), 77 – 89.

Schmitt, N., & Schmitt, D. (2014). A reassessment of frequency and vocabulary size in L2 vocabulary teaching. *Language Teaching, 47*(4). 484-503.

Schmitt, N., & Zimmerman, C. B. (2002). Derivative Word Forms. What Do Learners Know? *TESOL Quarterly, 36*(2), No.2, Summer. 145-171.

Waring, R. (1997). A comparison of the receptive and productive vocabulary sizes of some second language learners. In *Immaculata: The Occasional Papers at Notre Dame Seishin University*, 94-114 Received Feb 2, 2014 from http://www.fltr.ucl.ac.be/fltr/germ/etan/bibs/vocab/vocsize.html

Van Zeeland, H., & Schmitt, N. (2013). Lexical coverage in L1 and L2 listening comprehension: The same or different from reading comprehension. *Applied Linguistics, 34*(4), 457-479.

第 8 章　英語の音声

北川　彩

概要

　英語の発音を効果的に指導するためには、英語音声学を理解し、当該分野の研究に通じておくことが必要である。本章では、音声学の 3 分野である調音音声学（articulatory phonetics）[1]、音響音声学（acoustic phonetics）、聴覚音声学（auditory phonetics）の観点から英語の母音、子音、韻律的特徴について概説し、その上で、分節音の習得に関して提案されている 3 つのモデルと、その中のひとつのモデルにもとづいた筆者の研究を紹介する。実践的な音声指導の確立につなげてほしい。

8.1　発音を指導するために

　外国語の音は、多様な友だちの集まりのようなものだ。その中には、出会ったその瞬間から意気投合して大親友になれる友もいれば、何かのきっかけに少しずつ分かり合える友もいる。また、どんな友だちであっても、時にはけんかすることもある。いろんな関係があるけれど、いつも自分のそばにいるのが友だちだ。そばにいて必ず分かり合えると信じているもの、外国語の音とはそんな存在に思える。

　では、その友と学習者がよりよい関係を築けるよう手助けするために、音声の指導者には何が必要だろうか。Celce-Murcia, Brinton, and Goodwin（2010）が示す音声指導の変遷を振り返りながら考えてみたい。まず 1800

---

[1] 本章では特別な断りがない限り、イギリス英語の標準とされている容認発音（Received Pronunciation: RP）の発音表記を用いる。RP については、8.2 でも述べる。

年代終わりから 1900 年代初めには、直接教授法（the Direct Method）が出現したことにより、学習者が聴いた音を単純に真似し、記憶し、再現できるようになることを目指した指導が行われていた。しかし、1888 年に国際音声記号（International Phonetic Alphabet: IPA）の初版が定められたことによって、学習者の直感と模倣に任せたこのような指導法に変化が起こり始め、1940 年代から 50 年代には、アメリカ構造主義言語学と行動主義心理学にもとづいたオーディオリンガリズム（Audiolingualism）やオーラル・アプローチ（the Oral Approach）がアメリカとイギリスでそれぞれ登場する。これらの指導法においても、直接教授法と同様に、学習者は音を模倣し繰り返すというドリルを行うが、指導者は図や発音記号などを用いて調音法も教授する。学習者の母語と目標言語（target language）を比較し、学習すべき内容を分析的に取り出すというのが大きな特徴である。1960 年代になると音声指導は重視しないという認知的アプローチ（the Cognitive Approach）も起こるものの、1970 年代に入ると新しい音声指導法がさらに開発される。指導者が言葉で説明するよりも、ジェスチャーや道具を用いて視覚にも訴えながら学習者の気づきを引き出し、音声を指導するというサイレント・ウェイ（the Silent Way）や、学習者の自由な発話を教材とし、発音練習の程度や達成目標も学習者が選べるように設計されたコミュニティ・ランゲージ・ラーニング（Community Language Learning: CLL）はその例である。そして 1980 年代以降は、言語使用の第一の目的はコミュニケーションにあるとするコミュニカティブ・アプローチ（the Communicative Approach）が主流となる。具体的な教授法に関する議論はあるものの、コミュニケーションのための発音ということに主眼を置き、語だけではなく、文や談話を用いて音声を多面的にバランスよく教えるという時代に今やなっている。

　こうした教授法の変化をたどると、具体的な指導法が確立され、音声指導は着実に発展してきたようにみえる。しかしながら、指導現場に目を向けると、実際の指導内容が指導者の中で必ずしも体系づけられているとは言えない。さまざまな教授法が提言され実践されるようになったとしても、

肝心な中身として、何を音声指導の目標とし、どのような素材を用いて、どういった手法で音声要素を教えるのかは、未だに指導者それぞれの直感や経験にもとづいているという現状がある（Derwing & Munro, 2005）。Derwing and Munro（2005）が主張するように、指導者は研究を理解し、研究者は指導現場を理解し、研究による発見が指導現場に活かされるような協力体制が今後必要になってくるだろう。そうすることで、指導者自身が学習者に合わせて音声指導の目標を定め[2]、意味のある教材を作り、効果的な手法[3]を選択して、学習者に教授することができる。それこそが音声の指導者に求められていることであろう。

8.2　分節音

　あらゆる言語は母音（vowel）と子音（consonant）の両方を持つ。これらは、音声の中でどちらも個々の音のことを指すためひとくくりに分節音（segment）と呼ばれる。そして、生成において声道（vocal tract）を通る空気が阻害を受けるかどうかによって区別される。母音の生成では、肺から押し出された空気がその圧力で声帯（vocal folds/cords）を振動させ[4]、その空気は声道の中で大きな阻害を受けずに口から外へ吐き出される。一方、子音は、音によって肺からの空気[5]が声帯振動を伴う場合と伴わない場合があるが、いずれにせよ声道内で何らかの阻害を受けて生成される音で

---

[2] 清水（2011）は、国際的なコミュニケーションの場面における目標として設定されてきた英語の発音を概観し、日本人英語学習者のための目標も提案している。参考にするとよい。

[3] Celce-Murcia, Brinton, and Goodwin（2010）だけではなく、Goodwin（2001）、Nunan（2003）、東後他（2009）にもさまざまな教材や実践的手法が紹介されている。

[4] 母音は基本的に声帯の振動を伴うが、日本語では、声帯振動を伴わない子音に挟まれた /i, u/ は声帯振動を失う。したがって、たとえば、「北」[ki̥ta] の発音では、[k] と [t] に囲まれた [i̥] は声帯が振動しない。発音記号の [i] に付け足された補助記号（diacritic）の [̥] は、この母音の無声化を表す。

[5] 肺からの空気を用いて音を生成する方法を肺気流機構（pulmonic airstream mechanism）と呼ぶが、子音の中には、放出音（ejective）、入破音（implosive）、舌打ち音（click）のように非肺気流機構（non-pulmonic airstream mechanism）を使って生成されるものもある。

ある。こうした阻害の有無によって母音と子音は分類され、容認発音（Received Pronunciation: RP）[6] には 20 の母音と 24 の子音、一般米語（General American: GA）[7] には 15 ないし 16 の母音[8] と 24 の子音がそれぞれの音韻体系に記述されている。本節では、これら母音と子音それぞれの調音、音響、聴覚上の特徴について述べる。とくに調音については、図 8.1 の音声器官（speech organ）と舌（tongue）の部位を確認しながら読み進めてほしい。

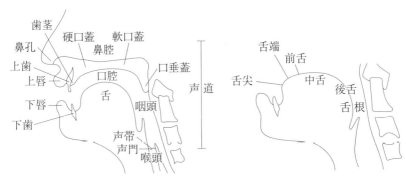

図 8.1: 音声器官と舌

8.2.1 母音の調音

母音はその生成過程において空気の阻害を受けないが、各母音の音色（quality）は、舌と唇を使って異なる口腔（oral cavity）と咽頭（pharynx）の形が作られることによって生まれる。したがって、母音は舌の位置（vowel location）、舌の高さ（vowel height）、唇の形（lip position）によって定義される。とくに英語母音の舌の位置と高さは、図 8.2 や図 8.3 のような母音台形（vowel quadrilateral）を使って視覚的に示されることが多い。

舌の位置と高さとは、舌のどの部位がどれくらい口蓋（palate）に近づ

---

[6] イギリス英語の標準として RP が有名だが、純粋な RP 話者はごく僅かであることから、BBC 発音（BBC English）などもイギリス英語の標準とみなされている。

[7] 主にアメリカ中西部で使用されている標準のアメリカ英語で、ニュースキャスターにも使用される発音である。

[8] /ɑː/ と /ɔː/ の区別をしない話者もいるため、15 か 16 とされている。

くのかということを表す。調音上、前舌（front）は硬口蓋（hard palate）、後舌（back）は軟口蓋（soft palate / velum）に向かって盛り上がるため、生成の際に最も盛り上がる舌の位置という指標によって、前舌母音（front vowel）、中舌母音（central vowel）、後舌母音（back vowel）の3種類の母音がある。そして高さの指標にもとづいて、その盛り上がりの程度に応じて高さが高いものから、狭母音（close vowel）、半狭母音（close-mid vowel）、半広母音（open-mid vowel）、広母音（open vowel）[9]と分類する。唇の形については、唇をすぼませるかどうかによって円唇（rounded）と非円唇（unrounded）に分けられる。さらに非円唇を、口角を横に広げる張唇（spread）、力の入っていない状態の弛唇（neutral）に区別することもある。こうして分類された母音は、たとえば、/u:/ なら円唇後舌狭母音（close back rounded vowel）のようにラベリングされる。

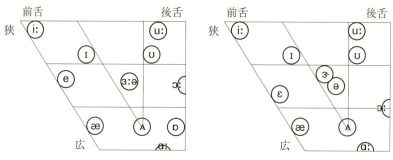

図 8.2: RP（左）と GA（右）単母音の母音台形

図 8.2 は、Wells（2000）を参照し、RP と GA の単母音（monophthong）の配置を○によって示した母音図である[10]。舌の位置は、横に見て左側

---

[9] 狭母音と広母音は舌の盛り上がりによる口蓋との距離に由来する呼び名であるが、盛り上がりの高さから、それぞれ高母音（high vowel）と低母音（low vowel）とも呼ばれる。

[10] ○は音の位置を示し、○や○の近くにはその音の発音記号が付与されている。/e/ と /ɛ/、/ɜː/ と /ɝ/ は同じ音として認識されるが、音声的には異なるため、RP と GA それぞれの表記において一般的な記号を用いた。また、RP の /ɜː/ と /ə/ は、長さの違いを除いて音色は同じとされているため、ひとつの○を共有している。

が前舌母音、右側が後舌母音となるように描かれ、舌の高さは、縦に見て上に狭母音、下に広母音が示されている。ただし、唇の形に関する情報は含まれていない。また、一般的に示されているこのような母音図は、聴覚的印象により母音を配置した基本母音図（cardinal vowel chart）[11]にもとづいているため、調音位置を正確に表したものではないという点を理解しておかなければならない。

　日本語には /a, i, u, e, o/ [12] の5つしか母音がないが、図8.2からも分かるように、英語には11ないし12の単母音が存在している[13]。英語母音の音韻空間の方が細分化された区分を持ち、調音では、舌の位置や高さ、唇の形をより微細に用いることを必要としていると言ってよい。そしてこうした違いが、日本人英語学習者が英語母音を学習する上でひとつの障害となっている。

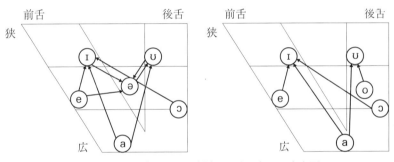

図8.3: RP（左）とGA（右）二重母音の母音台形

11) Daniel Jones が、各言語の母音を分類する上で基準となるよう設定した母音のことで、それぞれ8つの母音から成る第一基本母音（primary cardinal vowels）と第二基本母音（secondary cardinal vowels）がある。
12) 日本語の「う」は音声的には [ɯ] であるが、音素表記（phonemic transcription）にはできるだけその言語で使用されているアルファベット文字を用いることが望ましいとされているため（竹林、1996）、日本語の「う」には /u/ が通常用いられる。音素（phoneme）や発音の表記については、8.3 にて詳しく述べる。
13) それぞれの母音の詳しい調音法については、日本語と比較をしながら説明している五十嵐（1981）、松坂（1986）、東後（1989）などを参考にするとよいだろう。

図8.3は、Wells（2000）を参照し、RPとGAの二重母音（diphthong）を○と矢印によって表した母音図である。二重母音とは、ふたつの母音が連続した音色を持ち、かつひとつの音として知覚される母音のことである。調音の過程において音色の変化があるので、図中の矢印はその動きを示したものになっている。日本語にも二重母音のようにふたつの単母音が連続する場合はあるが、それがひとつの音ではなく、ふたつの音の連続として知覚されるという点において、英語の二重母音とは異なる。たとえば、英語のpieと日本語の「パイ」では、前者が1音節とされるのに対して後者は2音節とされる。さらに調音においても、英語の二重母音におけるふたつ目の音と日本語の連続する母音のふたつ目の音を比べると、日本語の方は音色がはっきりしているが、英語の方は調音が完全には達成されず、音色もはっきりしないという違いが観察されている。知覚における相違は、この調音上の相違が原因となっていると言えるかもしれない。

　RPとGAの二重母音の数が大きく異なる原因として、/r/の発音があげられる。RPのような英語は非r音方言（non-rhotic accent）と呼ばれ、/r/が発音されるのは、音節（syllable）[14]の頭部（onset）にある場合と、母音で始まる語に先行する語の末尾[15]に現れる場合のみである。それに対して、GAはr音方言（rhotic accent）[16]であり、音節中のどの位置に現れても/r/が発音される。こうした違いにより、GAでは、RPにおいて/ə/（schwa）となる二重母音の2番目の要素が/r/となり、二重母音/ɪə, eə, ʊə/が使われない。その分、GAよりもRPの二重母音の数が多くなっている。

---

[14] ひとつの音よりも大きく、語よりも小さい、音の集まりの単位のことを音節と呼ぶ。音節は、核（nucleus）と呼ばれる音を中心として、その前後には頭部（onset）と尾部（coda）と呼ばれる要素を伴って構成されるが、核のみで音節を作ることも可能である。また、英語では、核に現れる音は母音か音節子音（syllabic consonant）[n̩, l̩]のみで、その他の子音が核になることはない。[n, l]に付けられている[̩]の記号は、その音が音節子音であることを意味している。

[15] 詳しくは8.3.2でも述べるが、たとえば、later onのrはonが母音で始まっているので、[ˈleɪtər ɒn]のように発音される。

[16] アメリカ英語の中でも、ボストン方言（Boston accent）やニューヨーク市方言（New York City accent）は非r音方言である。

以上のように、舌の位置と高さや唇の形によって母音は分類することができる。ただし、別の観点から母音を捉えた場合、他にもいくつかの分類方法がある。たとえば、長さの違いによって長母音（long vowel）と短母音（short vowel）、強勢の有無によって弱母音（weak vowel）と強母音（strong vowel）、音韻上の視点から、音節での現れ方によって緊張母音（tense vowel）と弛緩母音（lax vowel）、開放母音（free vowel）と抑止母音（checked vowel）に類別することもある。論じる事柄に応じて、こうした母音の分類の使い分けがされる。

8.2.2　母音の音響音声学と聴覚音声学

　かつての音響分析はオシロスコープのようなサウンド・スペクトログラフ（sound spectrograph）と呼ばれる機械を用いて行われていたが、現代ではコンピュータによる音の分析もできるようになった[17]。こうした機器が出力する波形（waveform）[18]やスペクトログラム（spectrogram）[19]などを用いて、母音も音響的に観察することができる。

　母音の特性を示す音響的特徴の中で主要なものは、フォルマント（formant）と長さ（duration）である。とくにフォルマントは母音の音色を反映するため、各母音の音色の弁別について調査したいようなときには必ず観察される要素であると言ってよい。このフォルマントとは、基本周波数（fundamental frequency: F0）の倍音（harmonics）[20]の中で最もよく共鳴し

---

17) Praat、WaveSurfer、Speech Filing System は、無料の音声分析ソフトである。
18) 生成された音による空気の粒子の振動を、時間軸で捉え、波で表したもののことを言う。
19) 音を構成する成分とその強さを示したものをスペクトル（spectrum）と呼び、横軸に時間、縦軸に周波数をとり、色の濃さで成分の強さを表し、時間ごとのスペクトルを描き出すのがスペクトログラムである。
20) 母音やいくつかの子音は、正弦波（sinusoidal wave）という周期的な変化を表す波動の集まりから成る複合音（complex sound）である。この複合音は、フーリエ変換によって複数の正弦波へと分解され分析される。そして、その中で最も低い周波数を持つ正弦波の周波数が複合音の周波数となり、これが F0 と呼ばれるものである。さらに、複合音は F0 を整数倍した倍音を成分として持つことが知られている。この成分を強さとともに表示したものが前述のスペクトルである。

ている周波数のことである。舌の位置と高さ、唇の形によって変形される声道は、それぞれ異なる共鳴周波数（resonant frequency）を持つ。声帯振動によって作られた音源は F0 を基準とする倍音から成り、それがこの声道を通ると、共鳴周波数周辺の成分が大きくなるという加工を受ける。こうして大きくなった周波数の成分は、数値の低いものから第一フォルマント（first formant: F1）、第二フォルマント（second formant: F2）、第三フォルマント（third formant: F3）と以降も順に名付けられているが、母音の音色を特徴づけるフォルマントは F1、F2、F3 であるということが知られている。図 8.4 はイギリス英語母語話者による theatre [ˈθɪətə] の発音のスペクトログラムである。下線部が母音 [ɪə] と [ə] の部分であり、スペクトログラム

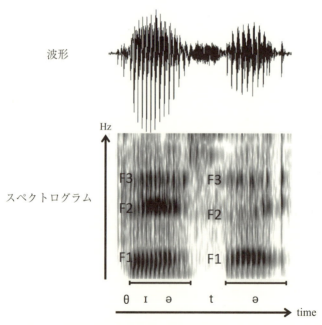

図 8.4: theatre の [ɪə] と [ə] のフォルマント

に見られる濃いエネルギーを示す横線がフォルマントである[21]。単位はヘルツ（Hertz: Hz）で表される。

F1 と F2 は、それぞれ舌の高さと舌の位置におよそ相当するということが分かっているため、すべての母音の F1 と F2 を分析すると図 8.2 や図 8.3 のような母音図に表すことができる。F1 の値を縦軸に、F2 の値を横軸にとってプロットし、軸を反転させる。こうして得られた母音図は、図 8.2 や図 8.3 の母音図とある程度比較することもできるので、母音の分析には F1 と F2 が非常によく用いられる。

ただし、このような母音の音響分析において注意しておくべき点がいくつかある。第一に、フォルマントの値は生成された音を物理的に計測したものであるため、その音が実際に耳に届いたときに人が受ける聴覚的印象とは異なるということである。人の聴覚は周波数が低い音の変化には敏感であるが、高くなるほど変化を感知しにくくなる。こうした聴覚の特徴は音響分析の結果には反映されないので、聴覚的印象に関心がある研究では、Hz を単位とする F1、F2、F3 の値を聴覚単位であるメル（mel）やバーク（Bark）に変換するということが行われる。第二に、フォルマントの値は絶対的に決まっている訳ではないということである。これらの値は話者の声道の長さや大きさによって決まり、声道が短く小さい話者は値が高めに、長く大きい話者は低めになる。したがって、実測したフォルマントの値が Ladefoged（2001a, p. 172）や Kent and Read（2002, pp. 119-123）に示されているような値と異なるからといって、話者が間違った母音を生成したということにはならない。F1、F2、F3 の値から相対的に観察できるパターンを読み取ることが必要になる。とはいえ、話者間の直接比較ができないということは研究上不都合であるため、話者間の標準化が行われることがよくある。標準化にはいくつかの手法が提示されているが、Adank, Smits, and

---

[21] スペクトルの対数をとり、逆フーリエ変換したものをケプストラム（cepstrum）と呼ぶ。これによって、音を構成する各周波数の成分の大きさをなだらかに示したスペクトル包絡（spectral envelope）を得ることができ、フォルマントはこのスペクトル包絡の山として現れる。

van Hout（2004）は 12 の手法を比較し、Lobanov（1971）の方法の有用性を主張している。第三に、前述の通り音響分析の結果を F1 と F2 から作成される母音図としてまとめることがあるが、ここには F3 や音の長さの情報は反映されていないということである。唇の形や舌の反り具合といった調音上の特徴は F3 に現れるということが知られており、また長さも、いくつかの母音が /ː/ の補助記号（diacritic）を常に伴って表記されるように、母音では大切な特徴のひとつである。こうした特徴もふまえて総合的に母音を捉える必要がある。

8.2.3 子音の調音

　母音が舌の位置、舌の高さ、唇の形で定義されたように、子音にもそれぞれの音を定義するための基準がある。それが声の有無（voicing）、調音位置（place of articulation）、調音様式（manner of articulation）である。表 8.1 には、この基準をもとに上段の英語表記には英語の子音、下段の日本語表記には日本語の子音が記述されている。横には唇による阻害を持つ子音から声帯による阻害を持つ子音までが並ぶように調音位置が示され、縦には声道内の阻害の大きいものから小さいものが並べられて調音様式による分類が表されている。声を伴う有声音（voiced）[22]と息のみを伴う無声音（voiceless）の区別は、枠の中の左に無声音、右に有声音を配置することによって示されている。こうして分類された子音は有声無声、調音位置、調音様式の順番でラベリングされ、たとえば /k/ の音なら無声軟口蓋破裂音（voiceless velar plosive）のように呼ばれる。

　調音位置は、調音の際に動かさない器官である受動調音器官（passive articulator）と、動かす器官である能動調音器官（active articulator）によって

---

[22] 有声音とは声帯振動によって作られる声を伴う音であるが、有声音であっても調音の間必ずしもずっと声帯振動を伴う訳ではない。Gimson and Cruttenden（1994）によると、調音に必要な空気量や筋肉の緊張度合いにおける違いにもとづいて、有声音と無声音の多くは、それぞれ軟音（lenis）と硬音（fortis）に類別される。軟音の方が硬音よりも空気量が少なく、調音器官の筋肉緊張度も低い。

表 8.1: 英語と日本語の子音

	bilabial 両唇音	labiodental 唇歯音	dental 歯音	alveolar 歯茎音	post-alveolar 後部歯茎音	palatal 硬口蓋音	velar 軟口蓋音	uvular 口蓋垂音	glottal 声門音
plosive 破裂音	p b p b			t d t d			k g k g		
affricate 破擦音					tʃ dʒ				
nasal 鼻音	m m			n n			ŋ	N	
tap or flat たたき音/弾音				r*					
fricative 摩擦音		f v	θ ð	s z s z	ʃ ʒ				h h
approximant 接近音				r*		j j	w** w*		
lateral approximant 側面接近音				l					

注：* 英語の接近音 /r/、日本語のたたき音 /r/、日本語の接近音 /w/ は、IPA が示す記号を用いると、音声的にはそれぞれ [ɹ]、[ɾ]、[ɯ] である。** 英語の有声両唇軟口蓋接近音 /w/ は、二重調音によって正確には表に入れることはできないが、便宜上最も近い分類に記述した。日本語の子音は、竹林（1996）を参考に示したものである。

定められる。ただし、能動調音器官には舌と唇[23]しかないため、両唇音（bilablial）、唇歯音（labiodental）、声門音（glottal）以外の調音位置の名称は受動調音器官に由来するものとなっており、その名から調音において実際に動かすべき器官は分からない。各子音の調音に必要な器官を具体的に示すよう、表 8.2 は表 8.1 と対応した表となっている。

調音様式は、子音が口腔内で受ける阻害に応じて 3 段階の狭窄の程度

---

[23] 能動調音器官の観点から、下唇を使う音を唇音（labial）、舌尖か舌端を使う音を舌頂音（coronal）、前舌を使う音を前舌音（frontal）、後舌を使う子音を後舌音（dorsal）と分類することもある。

表 8.2: 英語と日本語の子音に関連する能動調音器官と受動調音器官

調音位置	能動調音器官	受動調音器官
両唇音	下唇	上唇
唇歯音	下唇	上の前歯
歯音	舌尖か舌端	上の前歯
歯茎音	舌尖か舌端	歯茎
後部歯茎音	舌端	歯茎の後ろ側
硬口蓋音	前舌	硬口蓋
軟口蓋音	後舌	軟口蓋
口蓋垂音	後舌	口蓋垂
声門音	声帯	—

(degree of stricture) により大きく分けられている[24]。第一の狭窄は、口腔内のどこかが完全に閉鎖される完全閉鎖（complete closure）であり、破裂音（plosive）と鼻音（nasal）はこのグループに入る。これらをまとめて閉鎖音（stop）と呼ぶが、軟口蓋背面閉鎖（velic closure）の有無によって破裂音と鼻音は異なる。破裂音は、完全閉鎖によって口腔内の気圧が上がり、空気が外に出ようとする作用によって閉鎖が破裂し、生成される。一方、鼻音は、口腔内の完全閉鎖を伴いながら、軟口蓋が垂れ下がることで空気が鼻腔へと流れ、鼻孔（nostril）から空気が出ることで生成される音である。第二の狭窄は、空気の乱流（turbulence）を起こす口腔内における狭い接近（close approximation）であり、摩擦音（fricative）がここに分類される。摩擦音は、空気が口腔内で作られた狭めを通り抜ける際に乱流が起こり、生成される。とくに乱流の大きい /s, ʃ/ は歯擦音（sibilant）と呼ばれ、他の

---

24) この狭窄によって調音の際に声道内で大きな空気圧の上昇を伴う音を阻害音（obstruent）、伴わない音を共鳴音（sonorant）と呼ぶ。破裂音、破擦音、摩擦音が前者にあたり、残りの子音と母音は後者にあたる。ただし、ふるえ音、たたき音、弾音の分類は意見の分かれるところである。

摩擦音とは区別されることがある。第三の狭窄は、狭い接近よりも狭窄の程度が小さい、広い接近（open approximation）である。接近音（approximant）がこのタイプに属し、摩擦音よりは小さく母音よりは大きい阻害が作られて生成される。英語では /j, w, r, l/ が接近音に分類される。さらに、空気が口腔の真ん中を通るのか、それとも口腔の真ん中の通り道が遮断され舌や歯茎の横を通るのかによって、中央音（median）と側音（lateral）にも区別される。英語の4つの接近音の中では、/l/ のみが側音である。また、接近音は母音のような音色を持つか持たないかで /j, w/ と /r, l/ に分けることもでき、前者は半母音（semivowel）、後者は流音（liquid）と呼ばれる。こうした3つの狭窄の程度によって調音様式は大別されているが、以上では分類しなかった音として、破擦音（affricate）、たたき音（tap）、弾音（flap）[25]、ふるえ音（trill）がある。破擦音は破裂後すぐに摩擦が起こる、たたき音と弾音は閉鎖の時間が短い、ふるえ音は閉鎖と破裂が繰り返される、というそれぞれ独特な調音を持っているが、どれも完全閉鎖を伴うという意味で、第一の狭窄のグループに分類するのが妥当だろう。

　子音を示した表8.1を読むにあたり、注意すべき点がある。ひとつは、IPAが定める発音記号の一覧表であるIPAチャート（IPA chart）においてその他の記号（other symbols）として扱われている、英語の /tʃ, dʒ, w/ の調音法である。/tʃ, dʒ/ は調音様式の異なるふたつの音が短い時間で連続した音であるという点で、/w/ はふたつの調音器官を同時に用いて生成される音であるという点で、他の子音よりも複雑であり、性質を異にする。/w/ のような調音法を二重調音（double articulation）[26]と呼び、/w/ は後舌

---

[25] Ladefoged（2001a）によると、たたき音と弾音は舌の動きの方向によって区別され、たたき音は上下、弾音は後ろから前という舌の動きにより生成される。

[26] 二重調音では、2か所の調音器官が同じ調音様式をとることを条件とする。2か所の調音器官が異なる調音様式をとる場合は、狭窄の大きい方を主要調音（primary articulation）、小さい方を副次調音（secondary articulation）と呼んで区別する。副次調音として、硬口蓋音化（palatalization）、軟口蓋音化（velarization）、唇音化（labialization）、咽頭音化（pharyngealization）が例としてあげられる。それぞれには [ʲ][ˠ][ʷ][ˤ] の補助記号が用いられるが、8.3.1に述べる /l/ の軟口蓋音化はとりわけ英語では一般的なものであるため、この音には [ɫ] という独自の発音記号が与えられている。

が軟口蓋に近づくと同時に唇が丸みを帯びて生成される。もうひとつ注意すべきこととして、表 8.1 に示された英語と日本語の子音はどれも音素（phoneme）であるということである。音素と異音（allophone）の概念については 8.3.1 に記すが、実際の発話においては、表 8.1 に示された音が調音法に変化を与えられながら、音環境に応じてさまざまな音色を持つ音声として現れる。

　では、日本語と英語が持つ子音の中で、共有されていない音素は何だろうか。こうした音は日本人英語学習者にとって音声習得上の課題となる可能性がある。そこで表 8.1 にある英語と日本語の子音を比較すると、鼻音の /ŋ/、破擦音の /tʃ, dʒ/、摩擦音の /f, v, θ, ð, ʃ, ʒ/、接近音の /r, l/ [27] は、日本語にない英語の子音であることが分かる。一方、鼻音の /ɴ/、たたき音の /ɾ/ は、日本語にはあるが英語にはない子音である。とくに、摩擦音については共通する音が /s, z, h/ と少なく、摩擦音の数自体が日本語よりも英語の方が多い。また、英語における 4 つの接近音のうちふたつを日本語が持っていないことも、特徴的な相違と言える。

8.2.4　子音の音響音声学と聴覚音声学

　子音の音響分析は母音よりもやや複雑である。母音にとってのフォルマントのようにその音の特性の大部分を安定して測定できるものが限られおり、フォルマント、先行する母音と後続する母音へのフォルマント遷移（formant transition）やフォルマントの軌跡（locus）、エネルギーの分布、長さなどを総合的に捉えて観察しなければならない。とはいえ、それぞれの子音には比較的よく特徴が現れている音響的要素もある。破裂音の有声開始時間（Voice Onset Time: VOT）とフォルマント遷移、鼻音のフォルマント、

27）前表 8.1 に示したように、日本語の「わ」と「を」の発音に現れる接近音 /w/ は音声的には [ɯ] と表記され、唇の丸みを持たないという点で英語の [w] と異なる。しかし、どちらも接近音であるため、ここでは共有されている音とみなした。一方、日本語のら行の子音は /r/ と表記されるが、音声的に接近音ではなく、たたき音 [ɾ] や閉鎖音 [d] である。したがって、同じ記号が用いられている音ではあるが、英語の /r/ は日本語にない音とした。

摩擦音のエネルギー分布、接近音のフォルマントがそうした音響的特徴に当たる[28]。ここでは、子音の中でも比較的よく行われるVOTによる破裂音の音響分析、日本人英語学習者にとって弁別が難しいとされている [l] と [ɹ] の音響分析を紹介したい[29]。

　英語の破裂音は、完全閉鎖の破裂（burst）の後に気音（aspiration）と呼ばれる [h] のような音を伴うことがあり、この気音の有無などによって、破裂から後続する母音の声帯振動が開始するまでには遅れが生じる。この遅れのことをVOTと呼ぶ。とくに語頭の音節に起こる無声破裂音の /p, t, k/ については、音響的にも聴覚的にもVOTの長さの違いが3つの音を弁別し、さらに、有声破裂音 /b, d, g/ と弁別するための主要な要素のひとつにもなっている。VOTの長さは [k] が最も長く、[t] と [p] が順番に続く（Kent & Read, 2002）。この傾向はほとんどの言語で見られるが、実際のVOTの長さは同じ破裂音でも言語間で違いがあり、たとえば日本語のVOTは英語のVOTより短い。したがって、その影響を受けた日本人英語

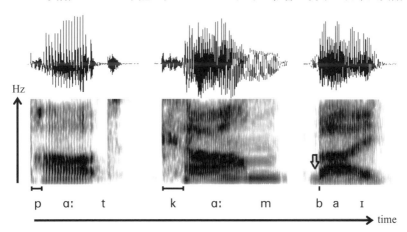

図8.5: イギリス英語母語話者の [p, k, b] のVOT

---

28) それぞれの子音の詳しい音響分析については、Ladefoged（2003）や Kent and Read（2002）を参照するとよい。
29) 子音の分析においてフォルマントを扱う際にも音響と聴覚の違いを考慮する必要があるが、すでに 8.2.2 で述べたのでここでは触れない。

第8章　英語の音声　267

学習者が生成する英語の無声破裂音のVOTは短く（Riney & Takagi, 1999）、正しく聞き取られないことがある。

　図8.5はイギリス英語母語話者の発音したpart、calm、byeの発音における[p, k, b]のVOTを示したものである。スペクトログラムの中で下線が引かれている部分がそれぞれのVOTである。測定された[p, k, b,]のVOTは順番に48 ms、77 ms、1 msであった。したがって、前述の通り[p]よりも[k]の方が長く、無気音の[b]のVOTは極めて短いことが分かる。[b]の矢印で示された箇所に観察される黒い横線は一見VOTのようにみえるかもしれない。しかし、これは有声閉鎖音の閉鎖中に現れる音響的な特徴のひとつとされる、ボイス・バー（voice bar）と呼ばれるものである。閉鎖中のボイス・バーの有無によって、有声音と無声音を音響上区別することもできる。

　[l]と[ɹ]を比較するには、フォルマントの違いを観察するのが有効だろう。第一にフォルマントの濃さが違う。[l]はエネルギーが弱く、前後の母音よりも明らかにフォルマントの色が薄いが、[ɹ]は前後の母音とのフォルマントの濃さに[l]のような差はない。第二にフォルマントの動きにそれぞれの特徴がある。[l]では比較的安定したフォルマントが観察できるが、[ɹ]のフォルマントは大きく変動する。第三にF3が異なる。[ɹ]の最も大きな特徴は低いF3の値である。このF3の影響により、F1とF2の値も低くなる傾向にある。[l]にはこのような低いF3は観察されない。Saito and Lyster（2012）は、F3の低さが/r/の知覚において唯一重要な特徴としている。

　図8.6はイギリス英語母語話者と日本人英語学習者のlegroom ['legɹuːm]の発音をスペクトログラムに表したものである。下線部がそれぞれの[l]と[ɹ]の箇所を示している。フォルマントを観察すると、イギリス英語母語話者によって発音された英語の[l]と[ɹ]には、上述の違いがあることが分かる。一方、日本人英語学習者の[l]と[ɹ]には、[l]の特徴であるエネルギーの低さ、安定したフォルマントの動き、[ɹ]の特徴である低いF3が見られない。流音を特徴づけるフォルマント自体観察されず、complete closureと示した部分には、日本語のら行の子音[r, d]を特徴づける短い閉

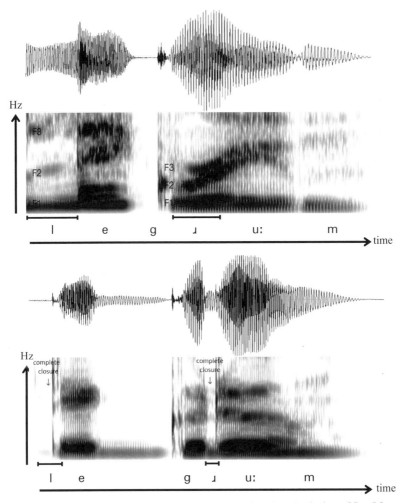

図 8.6: イギリス英語母語話者（上）と日本人英語学習者（下）の [l] と [ɹ]

鎖が現れている。

8.3 発話の中での音

8.2 では英語の母音と子音について述べてきたが、こうして示される音の体系はその言語の音素にもとづいているという点を理解しておかなけれ

ばならない。音素とは、実際に生成される音の音声的特徴を表すものではなく、その言語において意味を弁別する音の最小単位と定義される、抽象的な概念としての音である。それぞれの音素は、単独で発音された際の調音法によっても分類できるものであるが、発話の中で生成される音は、その音の基本となる調音が音環境に合わせて調整されながら現れる。さらに言えば、同じ音素として扱われている場合でも、実際の音は言語間で音声上微妙に異なる[30]。このように調音上、音響上多少異なる音であっても、その言語を使用する聞き手によってひとつの音として認識される音を音素、一方、実際の発話の中で音環境によって定められた音色を帯びて現れる音を、音素と区別して異音[31]と呼ぶ。発話において、同じ音素であっても完全に同じ音で発せられることはなく、異なる音環境の中でその都度音色が決まるので、現れるすべての音は異音と言える。

そして、こうした異音の音環境を作り出すのが音の連続であり、この音の連続において生じる音声現象はさまざまある。とくに英語は日本語よりも複雑な音節構造を持つ言語であるため、結果としてさまざまな音環境が生まれ、日本語にはない現象が起こり、音が変化する。語と語が連続する連結発話（connected speech）では、ある音の特徴が前後に広がって調音される同時調音（coarticulation）[32]だけではなく、音がなくなる、音がつながるといった現象も生じる。語が単独で発音されるときの発音を引用形（citation form）と呼んで連結発話での発音と区別するのは、連結発話において、こうした音声現象によって生じる音の変化が多様であるということを意味していると言えよう。本節では、英語における代表的な異音と、音の連続において起こる音声現象について述べる。

30）たとえば、8.2.3 では /s/ を英語と日本語で共通する音として述べたが、実際は英語の /s/ の乱流の方が大きい。

31）発音の表記では、音素には / /、異音には [ ] が用いられる。異音は、発音記号や補助記号を用いて表記されるが、注目すべき音のみを異音表記（allophonic transcription）し、他を音素のまま表記して [ ] に示すこともある。

32）注 26 で述べた副次調音の中でも、音の連続によって引き起こされるものは同時調音の一種である。

8.3.1 異音

音素と異音の関係は、「じゃがいも」という集合を表す概念的な言葉と、「メークイン」「男爵」「キタアカリ」のようなじゃがいもの品種を具体的に表す言葉の関係に似ている。異音の音声的特徴を正確に表記する精密表記（narrow transcription）[33]は発音記号と必要な補助記号を [ ] で囲って示されるが、それはじゃがいもにその品種が分かるように貼られるシールと同じようなものである。そして、ひとつの音素に所属するための異音同士の条件として、お互い音声的には調音上似ていること、音韻的には相補分布（complementary distribution）[34]の関係にあること、という2点があげられる。つまり、「メークイン」「男爵」「キタアカリ」が植物として似ていて、かつ異なる環境でそれぞれが育つということが証明されれば、この3種のじゃがいもは異音であると認められる。

発話中に現れる音は、常に前後の音の影響を受けるのであらゆる音が異音となるが、音環境は多岐にわたるため、それらを詳しく表記していくと異音の種類も膨大なものとなる。したがって、表8.3には英語の代表的な異音として、気音による異音、軟口蓋音化（velarization）による異音、た

表8.3: 英語における異音の代表的な例

気音	有気音	port [pʰɔːt] take [tʰeɪk] cone [kʰəʊn]
	無気音	sport [spɔːt] stake [steɪk] scone [skəʊn]
軟口蓋音化	暗いL	deal [diːɫ] feel [fiːɫ]
	明るいL	lead [liːd] leaf [liːf]
たたき音化*	たたき音	fatty [ˈfæɾi] potato [pəˈteɪɾoʊ]
	無声歯茎破裂音	fatigue [fəˈtiːg] pasta [ˈpæstə]

注：*たたき音化はGAに見られる現象であるため、GAの発音を記した。

---

33) 音素のみを表記するものを簡略表記（broad transcription）と呼ぶ。
34) ふたつ以上の音が、それぞれ異なる音環境に現れることを言う。たとえば、A、B、Cという3音が相補分布の関係にあるということは、Aが現れる環境にBとCは現れず、Bが現れる環境にAもCも現れないというように、それぞれが違う音環境に起こるということを意味する。

たき音化（tapping）による異音をあげるが、これらは異音の一部にすぎない。

先に述べた相補分布の関係から、それぞれの異音には、その音が現れる特定の音環境がある。まず8.2.4でも触れた気音は、/p, t, k/ が強勢のある音節の初めに現れるときに伴う音である。有気音（aspirated）は [ʰ] という補助記号で表記され、無気音（unaspirated）には記号が付かない。自身の発音が気音を伴っているかどうか確かめるには、口の前にティッシュペーパーをかざして表8.3にある語を発音してみるとよい。ティッシュペーパーが大きく舞えばはっきりとした気音を伴っている証拠である。つぎに、暗いL（dark l）という名で知られる軟口蓋音化する /l/ は、子音の前か語末で起こり、[ɫ] と表記される。対して、軟口蓋音化しない /l/ は明るいL（clear l）と呼ばれ、母音が後続するときに現れる。音声的な特徴に関して言えば、暗いLは舌尖を歯茎に付けたまま後舌を軟口蓋に向かって持ち上げることで生成される副次調音のひとつで、明るいLに [u] の音が加わったように聞こえる。ただし、明るさ、暗さの程度は、GAとRPで多少異なる。最後に、たたき音化は主にGAに見られる異音で、/t, d/ の前後が母音、かつ語中の場合は後続する母音に強勢がないときに現れる。たたき音なので [ɾ] と表記される。たたき音は日本語の「らりるれろ」にも使われており、舌端とそれが接する硬口蓋上の点を少し前にすれば、日本人英語学習者にとっては調音上それほど難しい音ではない。

日本語にも多くの異音が存在する。たとえば「審判団」/sinpandaɴ/ の撥音「ん」はどれも「ん」と表記されるが、音声的には異なる。音素としてはいずれも /ɴ/、異音としてはそれぞれ順に [m][n][ɴ] である。「はひふへほ」ではすべて同じ子音が使われているように感じるが、/h/ という音素に対して「ひ」には [ç]、「ふ」には [ɸ] という異音が現れる。他にも、/s/ の異音として「し」の子音 [ɕ][35]、/t/ の異音として「ち」の子音 [tɕ] や「つ」の子音 [ts]、/z/ の異音として「じ」の子音 [dʑ, ʑ][35] や「ず」

---

35) [ɕ, ʑ] は、舌端の歯茎への接近と前舌の硬口蓋への接近が同時に起こり生成される、二重調音のひとつである。

の子音 [dz]、/n/ の異音として「に」の子音 [ɲ]、/r/ の異音として「ら」の子音 [ɾ, ɖ] がある（竹林, 1996）。8.2.3 で述べた通り、英語に比べて日本語の音素となる子音の種類はそれほど多くはないが、異音に関して言えば、日本語にも多くの子音が登場する。

8.3.2 音の変化を起こす音声現象

英語には複数の子音が連続する子音結合（consonant cluster）が多く、子音で終わる音節も許されている。音が連続する実際の発話においてはそうした違いも影響し、日本語にはない音声現象が英語では起こる。中でも主要な現象として、同化（assimilation）、脱落（elision）、添加（addition）、リンキング（linking）があり、とくに、同時調音による現象のひとつである同化は、調音位置や調音様式が大きく変化した異音を生み出すこともある。

同化とはある音が前後の音の影響を受けてその音に調音上近づくこと、脱落とは音がなくなること、添加とは音が加えられること、リンキングとは音と音がつながることを言う。さらに同化に関しては、前の音から後ろの音への同化を進行同化（progressive/perseverative assimilation）、後ろの音から前の音への同化を逆行同化（regressive/anticipatory assimilation）、ふたつの

表 8.4: 音の変化

同化	進行同化	open [ˈəʊpᵊm]* back and forth [ˌbæk ŋ ˈfɔːθ]**
	逆行同化	hotplate [ˈhɒppleɪt] great man [ˌgɹeɪp ˈmæn]
	融合同化	actually [ˈæktʃəli] this year [ðɪʃˈɪə] ***
脱落		family [ˈfæmli] west coast [ˌwes ˈkəʊst]
添加		rinse [ɹɪnts] water and salt [ˌwɔːtəɹ ən ˈsɔːlt]
リンキング		cut and paste [ˌkʌtəmˈpeɪst] kick it [ˈkɪkɪt]

注：*[ᵊ] は、[ə] を省略して発音しても、省略せずに発音してもよいことを示す。**back and forth では [ə, d] の脱落も同時に起こっている。*** 語間にあるふたつの音が影響し合うことによってひとつの新たな音へ変化するので、語と語をつなげて発音を表記した。

音が相互に影響し合う同化を融合同化 (coalescent assimilation) と呼び、影響の方向によっても分類されている[36]。こうした音の変化は語中にも語間にも起こる。表8.4 はこれら音の変化を例とともにまとめたものである。

同化の中でも進行同化はまれであり、逆行同化と融合同化はよく起こる。ただし、融合同化が現れる音環境は限定的で、/t, d, s, z/ と後続する /j/ が合わさり、/tʃ, dʒ, ʃ, ʒ/ という中間音となるのが主なものである。一方、逆行同化は種類が多く、代表的なものには 1) 破裂音の破裂方法の変化、2) 無声子音に後続する /j, w, r, l/ の無声化、3) /p, b, m, k, g/ に後続された語末の /t, d, n/ と、/ʃ, ʒ/ に後続された /s, z/ の調音位置の変化 (Gimson & Cruttenden, 1994) がある。破裂音の破裂方法の変化については、1-1) 不完全破裂 (no audible release)、1-2) 鼻腔破裂 (nasal release)、1-3) 側面破裂 (lateral release) の3種類に細分化することもできる。表8.4 の例は 3) に相当するものであるが、以下には他の逆行同化の例も示す[37]。

1-1)　　hot tea [hɒt̚ ˈtiː]　　　　＜先行する破裂音が破裂しない＞
1-2)　　kidney [ˈkɪdⁿni]　　　　＜破裂音が軟口蓋で破裂する＞
1-3)　　little [ˈlɪtˡl̩]　　　　　　＜破裂音が舌の側面で破裂する＞
2)　　　play [pl̥eɪ]　true [tr̥uː]　quick [kw̥ɪk]
3)　　　pen pal [ˈpem pæl]　nice shoes [naɪʃ ˈʃuːz]

脱落には、主なものとして、弱母音 /ə/ や弱形 (weak form)[38] に起こるものと、3つの子音連続の真ん中の /t, d/ に起こるものがある。いずれも音が完全になくなるという特徴を持つ。後者のタイプについては、とくに /p, k, tʃ, s, f, ʃ/+/t/ か /b, g, dʒ, ð, z, v, l, n/+/d/ の語末の後に、子音を語

---

[36] 松坂 (1986) は何が同化するのか、どれくらい同化するのかによる分類もあげている。
[37] 1-1)、1-2)、1-3) にそれぞれ付与されている補助記号 [̚][ˡ][ⁿ] は、上記の異なる破裂方法を示すものである。
[38] 弱形について詳しくは 8.4.2 で述べる。

頭に持つ語が後続する場合において多く見られる（Gimson & Cruttenden, 1994）。

添加の例の代表には、/ns/ や /nʃ/ の各音の間に /t/ が入る添加と、RP のような非 r 音方言に起こるつなぎの r（linking r）や割り込みの r（intrusive r）の添加がある。つなぎの r とは、綴りにあるが引用形では発音されない語末の /r/ に、母音から始まる接尾辞が付いたり、母音から始まる語が後続することによって発音される /r/ のことを言い、一方で割り込みの r とは、綴りにはないが語間で母音が続くときに挿入される /r/ のことを言う。いずれの添加も、調音上の都合でこうした現象が生じる。

最後に、リンキングとは子音で終わる語と母音で始まる語が並んだときに音がつながる現象のことである。語間で音を区切らずにそのままつながっているものとして発音する。さらに、リンキングが語末の /t, d/ に起こる場合は、表 8.3 に示されたたたき音化を伴うということが GA では見られる。"Shut up!" が日本人英語学習者の耳には「シャラップ！」と聞こえるのはそのためである。

8.4　韻律的特徴

韻律的特徴（prosodic features）も超分節音（suprasegmentals）も、分節音以上の単位に関わる要素のことを言う。このふたつの用語はしばしば同義として用いられるが、前者はロンドン学派、後者はアメリカ構造主義言語学に発する用語であり、根本的なアプローチの仕方が違う。したがって、どちらも音声学で扱われる主要な要素を共通して意味しているものの、結果的に韻律的特徴と超分節音には多少異なる点もある。たとえば、超分節音は発声（phonation）のようなパラ言語学的（paralinguistic）な要素も含む。一方で、狭義における韻律的要素はこれを含まず、音のピッチ（pitch）、音の大きさ（loudness）、テンポ（tempo）、リズム（rhythm）の変化のことを表す（Crystal, 1985）[39]。8.3 で述べた音の変化も分節音を超える現象とい

---

39) これは元来の定義によるものだが、Cruttenden (1997) はピッチ、音の大きさ、音の長さ（length）の変化を韻律的特徴としてあげている。

う点では韻律的、超分節音的ではあるが、同時に個々の音に生じるという意味で分節音的な現象でもあるため、別に扱った。本節では、音節以上に関わる英語の韻律的特徴として、強勢、リズム、イントネーションについて述べる。

8.4.1 強勢

強勢とは、音の大きさ、音の長さ、ピッチの変動、音色によって、発話のある部分に他の部分よりも卓立（prominence）が与えられることを言う[40]。したがって、強勢は比較対象のない1音節の語には存在せず、2音節以上の語、あるいは2音節以上からなる語句や文にのみ生じる。強勢とは絶対的なものではなく、相対的なものであると言える。

英語の強勢には語強勢（word stress）と文強勢（sentence stress）があり、まず語強勢とは、決まった音節に置かれる語レベルの強勢のことである。たとえば、黒い点で区切られた3音節からなる /fə.net.ɪks/ では、2番目の音節 /net/ に強勢が置かれ、その音節は他の音節よりも際立って聞こえる。このことを /net/ に語強勢があると言い、/fəˈnetɪks/ のように [ˈ] の補助記号を強勢のある音節の前に付けてその位置を表す。音節数が多い語は、最も際立って聞こえる第一強勢（primary stress）以外にも2番目に目立って聞こえる第二強勢（secondary stress）を持つことがあり、第二強勢は /ˌfəʊnɪˈtɪʃən/ のように [ˌ] で示される。英語におけるこうした語強勢の位置は語によって決まっている。

日本語において英語の語強勢に近いものは、おそらく高低アクセント（pitch accent）だろう。日本語の高低アクセントでは各モーラ（mora）[41]が

---

40) 強勢とアクセントの定義は明確でないことが多い。本節では Cruttenden（1997）にもとづいて、音の大きさ、音の長さ、ピッチの変動、音色のいずれかによる抽象的な意味での卓立を強勢、ピッチの変動による卓立をアクセントする。
41) モーラとは、英語の音節に相当する日本語のリズム単位である。注14で述べたように、音節はひとつの母音を中心に構成されるが、母音だけではなく、撥音の「ん」、促音（geminate）の「っ」も単独で日本語のモーラを形成することができる。また、音節とモーラでは長母音の扱いが異なり、たとえば、英語の /ɑː/ は1音節だが、日本語の「あー」や「ああ」は2モーラとなる（窪薗, 1999）。

高いピッチか低いピッチを持ち、そのパターンには、「きまま」のようにアクセント核[42)]がない語は2モーラ目以降が高くなる、「え˥がお」のように第一モーラにアクセント核のある語は1モーラ目が高くそれ以降は低くなる、「たのし˥い」のように第二モーラ以降にアクセント核のある語は2モーラ目からアクセント核を持つモーラまでが高くなる、とったアクセント型がある。語レベルでピッチの変動が起こるという点で英語の語強勢と似ているように思えるかもしれない。しかし Venditti (2005) によると、日本語の高低アクセントは、各モーラに付与されている高低のピッチが語の意味の弁別に関わるものの、一方で英語のような卓立の機能はなく、ピッチ変動の仕方と意味の関係性もない。そして、そうした機能上の違いからも、英語のピッチ変動の仕方の方がさらに多様であるとしている。したがって、英語の語強勢と日本語の高低アクセントは異なるものである[43)]。

語強勢に対して、文レベルでの強勢を文強勢と呼ぶ。語強勢は各語に決まって与えられている強勢のことであるが、語と語が集まり語句や文になると、語同士に強弱の差が生まれる。その中である語の音節に置かれる強勢が文強勢である。たとえば、夕食後の別れ際に4)のように述べたとする。

4) Thank you for the wonderful dinner.

この発話の中で、すべての音節に強勢が置かれる訳ではない。強勢が置かれるのは●のみであり、・には強勢が置かれない。置かれる強勢度合いは品詞などによって多少違いがあるが、4)では [θænk]、[wʌn]、[dɪ] のみ

---

42) ピッチが急激に下がるモーラのことをアクセント核と呼ぶ。本章では、アクセント核を持つモーラは [˥] の記号で示した。
43) ただし、動詞の record [ɹɪˈkɔːd] と名詞の record [ˈɹekɔːd] の例にあるように、英語でも強勢の位置が品詞を区別し、語の意味の弁別に関わることもある。厳密に言えば、このような強勢の使い方は韻律的要素には含まれない。

が強勢を持つ。したがって、これら3音節が文の強音節（stressed syllable）、残りが弱音節（unstressed syllable）となる。

　では、文強勢は文中のどの語の音節に置かれるのだろうか。4)のwonderfulやdinnerに置かれた文強勢の位置が示すように、語強勢を持つ音節の中から文強勢を持つものが選ばれるということを基本とし[44]、さらに、1音節であるために語強勢のなかったthankのような語も、他の語との相対的な関係から文強勢を持つことができる。そして、その語に文強勢が与えられるかどうかの判断基準として一番手にくるものは、品詞である。品詞は、発話における意味内容を伝えることを主な役割とする内容語（content word）と、内容語をつなぐという文法的役割を主とする機能語（function word）に分類することができ、文強勢は内容語に置かれ、機能語には置かれないということが原則とされている。したがって、基本的に、内容語に属する名詞、動詞、形容詞、副詞、疑問詞には文強勢があり、一方、機能語に属する冠詞、前置詞、代名詞、接続詞、助動詞、be動詞、副詞の一部[45]には文強勢がない。ただし、これには「特別な文脈がない場合」という条件があり、文脈によっては内容語の文強勢が弱くなり、機能語に文強勢が現れることもある。たとえば"Thank you."とお礼を述べられたことに対して「こちらこそありがとう」という意味を込めて"Thank you!"と返す時には、機能語である代名詞のyouに対比を表す文強勢が置かれる。

8.4.2　リズム

　英語のリズムは、文強勢にもとづいている。文強勢を持つ強音節が比較的等間隔に現れることによって、英語の強弱リズムが作られる。このよう

---

44) ただし、語句や文においてふたつの語の第一強勢や第二強勢が隣接すると、強勢移動（stress shift）によって語強勢の位置が変わることがある。たとえば、CNN newsは [ˌsiː en ˈenˈnjuːz] ではなく [ˈsiː en ˌen ˈnjuːz] となる。
45) ここで言う副詞の一部に当てはまるものには、just、so、文頭のthereがある（竹林、1996）。

に強音節間に等時性（isochrony）があるリズムのことを、強勢拍リズム（stress-timed rhythm）と呼ぶ。一定のテンポで手を叩きながら 4) を読み上げ、自身の発音が強勢拍リズムになっているか確かめてみるとよい。

　このリズムを実現するために目を向けておくべき音声的側面のひとつは、等時性を保つために弱音節は弱く素早く発せられる傾向にあるということである。とくに、機能語は文強勢を受けないということが基本であるため、多くの機能語には強形（strong form）と弱形があり、弱音節は弱形で発音されることで弱く素早く発音される。たとえば、the [ði:] は [ði, ðə]、for [fɔ:] は [fə]、her [hɜ:] は [hə, ə]、because [bɪˈkɒz] は [bɪˈkəz, kəz]、can [kæn] は [kən]、are [ɑ:] は [ə]、just [dʒʌst] は [dʒəst] といった、母音の弱化や子音の脱落を特徴とする弱形をそれぞれ持つ。このような弱形の発音によって文強勢が際立ち、より英語らしいリズムとなる。

　日本語に関して言えば、日本語のリズムはモーラ拍リズム（mora-timed rhythm）である。日本語はモーラ間で目立った強弱の差をつけるような言語ではないため、英語リズムの基本となっているような強勢は存在しない。代わりに各モーラがほぼ等間隔の長さを持つことによって、リズムの等時性が保たれるという言語である。こうした英語と日本語のリズムの相違は、日本人英語学習者が英語リズムを身につける上でひとつの課題を生むことになるだろう。

8.4.3　イントネーション

　ピッチの変動が関わる言語学的要素はふたつに大別される。ひとつは、語の意味を弁別するための語彙的トーン（lexical tone）である。たとえば、音節レベルでのピッチ変動を表す中国語の声調や、2 モーラ以上の語の意味を弁別するために語レベルで決められたピッチ変動を表す日本語の高低アクセントがそれに当たる。もうひとつは、文法的、心的態度を表すために語、語句、文といった発話単位に用いられるイントネーション（intonation）である。英語には、注 43 で述べたような品詞を区別するという機能以外に、日本語や中国語のように語の意味の弁別を行う語彙的トーンとしての

ピッチ変動は存在せず、英語においてピッチの変動が主に問題となるのはイントネーションである。異なるイントネーションの型によって、話者の心的態度、文の文法的意味、話者の社会における立場などが伝えられる（Wells, 2006）。

イントネーションをどう捉えるのかという問題は、イントネーション研究の中で長く検討されてきた。したがって、英語のイントネーション表記にはさまざまな方式がある。主なものとして、渡辺（1994）によれば、音調強勢記号（tonetic stress marks: TSM）を用いた O'Connor & Arnold 方式、Halliday 方式、ピッチ・レベルを用いた Pike 方式や Trager & Smith 方式、Bolinger 方式、Brazil 方式、Pierrehumbert 方式に由来する Tone and Break Index（ToBI）などがある。表記や類型とは一線を画すが、工学の分野から生まれた藤崎モデルもイントネーションの捉え方のひとつを提案するものである。どの表記が最適であるかは、イントネーションをどう捉えるか、どのような目的でその表記を用いるのかによっても異なる。したがって、ここではこうした議論には踏み込まず、これらの表記の中で、イギリス英語の表記には今も広く用いられている O'Connor & Arnold 方式と、多くの言語にも応用され、現代におけるイントネーション表記の主流のひとつとなっている ToBI について、概略を述べることとする。

O'Connor and Arnold（1973/1994）は、TSM の先駆けとなった Palmer 方式や TSM をより詳細なものへと発展させた Kingdon 方式を基礎として、イギリス英語のイントネーション表記法を確立した。O'Connor & Arnold 方式は、まず語群（word group）[46] 内を前頭部（pre-head）、頭部（head）、核（nucleus）、尾部（tail）という要素に分類し、3 種類の前頭部、5 種類の頭部、7 種類の核音調（nuclear tone）とを組み合わせることで、イントネーションをパターン化するというものである。最終的に語群全体のピッチパター

46）語群とは、ひとつのピッチパターンが当てはめられる発話の単位のことである。この単位には、研究者によっていくつかの異なる用語が使われており、sense group、rhythm unit、tone unit、tone group、intonation group、intonation phrase などがある。

ンとして 10 の音調群（tone group）を提示している。この 10 の音調群へと分類するために発話がたどる分析過程を、5）の例を用いて説明する。

ぜ：前頭部
と：頭部
か：核
び：尾部

第一に、ポーズや句末音の伸長（phrase-final lengthening）[47]などを目印として、発話を語群へと分割する。語群の境は |、後続の語群と関連性の低い発話の終わりは || で示すので、5）は語群 1 の Kate と、語群 2 の I can't believe this is happening に区切られていることが分かる。第二に、語群の中で文強勢のある音節を特定し、かつその中からアクセント[48]が置かれる語を判断する。5）では語群 1 の Kate、語群 2 の can't と lieve と hap の音節に文強勢があり、かつアクセントが置かれている。アクセントの置かれたこれらの音節がイントネーションを形作るので、ここには必ず何らかのピッチの記号が付与される。第三に、アクセントのある音節を基準に、語群を前述の 4 要素、核、頭部、前頭部、尾部に分ける。核は語群の中で最後に現れるアクセントのある音節と定義されている[49]ので、5）の中で Kate と hap がそれぞれの語群の核となる。4 つの要素の中で、この核のみが必須とされている。核に先行する部分の中で、最初のアクセントのある音節から核の直前の音節までが頭部とされ、5）では、語群 1 にはないが、語群 2 の can't から is までがそれに相当する。頭部より前の弱音節は前頭部と呼ばれ、5）の場合、語群 1 は前頭部を持たないが、語群 2 は I を前頭

---

47) 語群の境界では、境界直前の語末音節における核や尾部の長さが伸びることがある。これを句末音の伸長と呼ぶ。
48) O'Connor and Arnold（1973/1994）は、頭部と核の文強勢をアクセントと呼ぶ。
49) ただし、情報の新旧の範囲によって広い焦点（broad focus）と狭い焦点（narrow focus）があり、発話の一部のみが新情報となっている狭い焦点では、その部分が核となる。したがって、核の決定には文脈に応じた情報の焦点も考慮する必要がある。

部としている。核に後続する部分がすべて尾部となり、5)の語群1には尾部がなく、語群2にはpeningという尾部がある。最後に、核、頭部、前頭部の各要素をピッチの変動の型によって分類する。とくに核音調はイントネーションの持つ意味を決定づける上で最も重要なものである。5)の語群1の核Kateには下降上昇調(fall-rise)、語群2の核hapには高下降調(high fall)の核音調が与えられており、それぞれ[ˇ]と[`]の記号で表記されている。語群2の頭部のピッチは高頭部(high head)で、[ˈ]の記号がcan'tに付与されており、さらに語群2の頭部にはアクセントが置かれたふたつ目の音節lieveがあるので、ここにはピッチがcan'tより低くないという意味の[°]が記されている。前頭部である語群2のIは低前頭部(low pre-head)であるため何も記号が付けられていない。こうしたイントネーションの仕組みの中で、語群に区切ること、アクセントのある音節を特定すること、核に核音調を与えることは、Michael Hallidayによるトナリティ(tonality)、トニシティ(tonicity)、トーン(tone)にそれぞれ相当し、合わせて3Tsとも呼ばれている。

では、3種類の前頭部、5種類の頭部、7種類の核音調にはどのような

表8.5: 前頭部・頭部・核音調の種類

前頭部	頭部	核音調
なし	なし	ˎ 低下降調(low fall)
低前頭部(low pre-head)	ˌ 低頭部(low head)	ˋ 高下降調(high fall)
ˉ 高前頭部(high re-head)	ˈ 高頭部(high head)	ˆ 上昇下降調(rise-fall)
	↘ 下降頭部(falling head)	ˏ 低上昇調(low rise)
	↗ 上昇頭部(rising head)	´ 高上昇調(high rise)
		ˇ 下降上昇調(fall-rise)
		˃ 中平坦調(mid-level)

注：低前頭部には音調記号が与えられていない。また頭部の種類には、高頭部が階段頭部(stepping head)、下降頭部が滑落頭部(sliding head)、上昇頭部が登頂頭部(climbing head)となる強調型もある。

表 8.6: 10 の音調群

低落下型（the Low Drop）	（低前頭部＋）（高頭部　＋）低下降調
高落下型（the High Drop）	（低前頭部＋）（高頭部　＋）高下降調
離陸型（the Take Off）	（低前頭部＋）（低頭部　＋）低上昇調
低バウンド型（the Low Bounce）	（低前頭部＋）　高頭部　＋　低上昇調　or
	高前頭部＋　　　　　　　　　低上昇調
スイッチバック型（the Switchback）	（低前頭部＋）（下降頭部＋）下降上昇調
幅跳び型（the Long Jump）	（低前頭部＋）　上昇頭部＋　高下降調
高バウンド型（the High Bounce）	（低前頭部＋）（高頭部　＋）高上昇調
ジャックナイフ型（the Jackknife）	（低前頭部＋）（高頭部　＋）上昇下降調
高飛び込み型（the High Dive）	（低前頭部＋）（高頭部　＋）高下降調
	＋（低アクセント＋）低上昇調
テラス型（the Terrace）	（低前頭部＋）（高頭部　＋）中平坦調

注：右欄に示した音調群が具体的にとる型において、（　）に囲まれた要素はなくてもよい。

ものがあるだろうか。用いられる音調記号とともにまとめたものが表 8.5 である。そして、それらの組み合わせの中でよく用いられるパターンとして提示されている 10 の音調群が、表 8.6 に示されている。

　ひとつの文は基本的にどの音調群の型によっても表現することができるが、それぞれの音調群には独自の意味や態度があるため、どの音調群を選択するかによって当然伝わる意味合いは変わる。たとえば、低落下型で "Do you ˎlove me?" と恋人が尋ねてきたら、「ちゃんと好きなの？」とシリアスな表情で聞いているはずだ。高バウンド型で "Do you ´love me?" と問うてきたら、「私のこと好き？」と何気なく聞いている印象を受けるだろう。離陸型で "ˌDo you ˏlove me?" と尋ねてくるなら、「本当に好きなの？（信じられない！）」と疑いの気持ちを持っている。自分から "Do you love me?" と投げかけて、スイッチバック型で "Do I ˇlove you?" と返されたのであれば、「あなたのことを好きかって？（もちろん！）」と恋人はその質問に驚いて

いる様子が伝わってくる。

　以上のように、各音調群は意図する意味合いに応じてどの文のタイプにも使われるものであるが、中でも頻繁に結びつく音調群と文のタイプがある。O'Connor and Arnold（1973/1994）にあげられている文のタイプのうち、6)平叙文、7)Yes-No 疑問文、8)WH 疑問文を取り上げ、それぞれに対して一般的に使われる音調群を例示する。

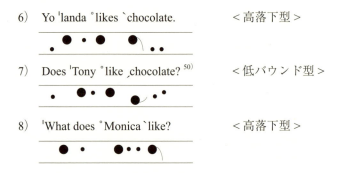

　ToBI は、High（H）と Low（L）の 2 レベルのピッチによってイントネーションを表記するという Pierrehumbert 方式から発展したもので、自律分節韻律理論（autosegmental-metrical theory: AM 理論）のひとつである。英語以外の言語のイントネーション表記もできるように、たとえば、日本語には J-ToBI、スペイン語には Sp-ToBI といったものが開発されている。ToBI は、F0 曲線をもとに各構成要素に対して同じピッチの型を当てはめることによってそれぞれの要素に意味を与えている方式である。したがって、O'Connor & Arnold 方式のように核音調と先行する部分に別々のピッチ変動パターンを与えるという考え方はない。また、H と L によってピッチ

---

50) GA では、高上昇調が核に用いられる高バウンド型の方が Yes-No 疑問文には一般的な音調群とされているが、ここでは O'Connor & Arnold（1973/1994）の記述にもとづいて、低バウンド型の例を示した。

を表記するので、変動の大きさは示す必要がないという点も O'Connor & Arnold 方式との違いである。これは、ToBI がすべての韻律上の特徴を表記しようとはしないことを原則としていることによる。イントネーションのパターンを示すために必要な最低限の情報のみを捉え、量的な特徴を示すことはせず、また他の表記や辞書から予測できるような情報も表記しない。したがって、リズムや語のまとまりといった韻律構造、およびイントネーションのパターンというふたつの側面に焦点を当てて表記することを目的としているのが、ToBI の特徴と言える。詳しい表記については Beckman and Elam（1997）、Beckman, Hirschberg and Shattuck-Hufnagel（2005）に示されているので、以下にはこれらを参考に、表記法に関する要点をまとめる。

　ToBI 表記は、トーン層（tone tier）、単語層（orthographic tier）、BI 層（break index tier）、注釈層（miscellaneous tier）の 4 層から成る。韻律的特徴を直接表しているという意味で重要な層が、トーン層と BI 層である。トーン層では、F0 曲線にもとづいてピッチの変動が H と L の連続で記され、ピッチ・アクセント（pitch accent）には H*（H star）か L*（L star）、句アクセント（phrase accent）には H-（H minus）か L-（L minus）、境界音調（boundary tone）には H%（H percentage）か L%（L percentage）が付与されるようになっている。BI 層では、ポーズや句末音の伸長などを観察しながら単語間や単語とサイレンスのつながりの強さを検討し、それが各単語の終わりに付ける 0「つながりが最も強い」から 4「つながりが最も弱い」の数字で示される。残りふたつの層である単語層と注釈層には、前者に単語、後者に笑いや泣きなどのできごとが加えられる。こうした ToBI の表記が実際どのように用いられるのか、9) にて例示する。

9)　　Kate, I can't believe this is happening.　　　　　単語層
　　　　H*L- H*　　　H*　　　　H* L-L%　　　　　トーン層
　　　　　3 1　　1　　　1　1 1　　　　　4　　　　　BI 層
　　　　　　　　　　　　　　laugh<　　laugh>　　　　　注釈層
　　　　中間句 1　　　中間句 2
　　　　　　　　イントネーション句

　ToBI 表記を行うには、主に 2 段階を要する。ひとつは、発話をイントネーション句（intonation phrase）や中間句（intermidiate phrase）に分け、そこに句アクセントや境界音調を与えることである。ToBI では、ポーズなどによって完全に区切れているひと塊の発話をイントネーション句と呼び、このイントネーション句はひとつ以上の中間句から成る。イントネーション句と中間句の終わりは、BI 層にて 4 か 3 で示される句切れにそれぞれ相当し、そこには H- か L- で表される句アクセントが与えられる。9) はふたつの中間句によってイントネーション句が構成されている例で、Kate は中間句 1 の終わり、happening は中間句 2 およびイントネーション句の終わりとなっている。したがって、それぞれには L- の句アクセントが与えられている。さらに happening のように中間句とイントネーション句の終わりを兼ねている箇所には、句アクセントと境界音調が組み合わされた表記、H-H%、H-L%、L-H%、L-L% のいずれかが用いられる。9) の happening の終わりに L-L% が与えられているのはそのためである。もうひとつの段階は、ピッチ・アクセントを表記することである。ピッチ・アクセントはイントネーション句の中で強勢を持ち、卓立される音節に与えられ、H や L の右側に [*] を付与して示す。9) では、中間句 1 の Kate、中間句 2 の can't と lieve と hap に H* のピッチ・アクセントがあることが示されている。また、中間句とイントネーション句における最後のピッチ・アクセントはとくに核アクセント（nuclear accent）と呼ばれ、その他のピッチ・アクセント、つまり前核アクセント（prenuclear accent）よりも卓立されるという特徴がある。したがって、中間句 2 の hap は can't や lieve より

も卓立が生じることとなる。

　このようにして ToBI ではイントネーションを表記する。その際使用されるピッチ・アクセントは、句アクセントの2種類と境界音調の2種類に組み合わさるよう、5つのパターンにまとめられている。先述の通り、O'Connor & Arnold 方式が前頭部、頭部、核それぞれを別のピッチ変動パターンで分析するのとは異なり、ToBI では前核アクセントと核アクセントに別々のピッチ・アクセントのパターンを当てはめることはしない。核であるかないかには関係なく、卓立されるすべての音節は表 8.7 にある 5 パターンのうちのひとつのピッチ・アクセントをとり、それらが句アクセント、境界音調と結び付き、ひとつのイントネーションの型を形成する。

表 8.7: ToBI 表記のパターン

ピッチ・アクセント		句アクセント	境界音調
H*	\<peak accent\>	H-	H%
L+H*	\<rising peak accent\>	L-	L%
L*	\<low accent\>		
H+!H*	\<stepped accent\>		
L*+H	\<scooped accent\>		

注：H*、H、H- には、同じ中間句内で先行する H よりも低くなることを意味するダウンステップ（downstep）の記号 [!] を付けることができる。

　表 8.7 に示されたパターンや記号を使用する上での注意として、何点か追記しておく必要があるだろう。第一に、句アクセントの H- は徐々に上がるアップステップ（upstep）のピッチが続くことを意味し、H-H% ではそのままピッチの上昇が見られる。したがって、H-L% は低いピッチへと下降することを示すのではなく、ピッチが上昇していく H-H% よりは上がらないということを表している。第二に、イントネーション句の始まりには記号を付与しないのが基本であるが、高めのピッチから始まり、それが前後のピッチの影響からは説明できないような場合は、%H を付ける。第三に、これら ToBI の表記法を用いて実際のイントネーションを表記す

る際には、判別が難しい場合もあるということを認識しておくことが大切である。たとえば、L+H* と H*、L*+H と L+H*、L-L% と L-、H-L% と H- の判別がつきにくいときもある。F0 のみに根拠を求めるのではなく、文脈も考慮に入れ、かつ耳でよく確認しながら表記する必要があることも心に留めておくべきだろう。

　イントネーションのパターンが持つ意味という観点から上記ふたつの表記法を見ると、O'Connor & Arnold 方式では 10 の音調群が型ごとにまとまった意味を持つのに対し、ToBI ではピッチ・アクセント、句アクセント、境界音調のそれぞれが意味を持ち、これらを統合して意味を捉えるというアプローチになっている。それぞれの詳しい意味については O'Connor and Arnold（1973/1994）と Pierrehumbert and Hirschberg（1990）にあるので、ここでは扱わない。

　最後に、ToBI 表記の例として、O'Connor & Arnold 方式にて示した文と同じ例文に ToBI のトーン層表記を与えたものを、10) から 12) に記す。

10)　Yolanda likes chocolate.
　　　H*　　H*　　H*　L-L%
11)　Does Tony like chocolate?
　　　H*　　H*　　L*　L-H%
12)　What does Monica like?
　　　H*　　　H*　　H* L-L%

　日本語のイントネーションについて少し触れる。日本語のイントネーションの大きな特徴は、語レベルに起こる高低アクセントによってほとんど決まっているということである。強調やアクセント句の形成による影響もあるが、基本的にはそれぞれの語が持つアクセント型は保たれる。一方で、イントネーションの中で高低アクセントの影響を受けない箇所は、主として文節末や文末、文節頭や文頭である。とくに文節末や文末の音調は、英語の核に現れる音調と同様にピッチの変動の選択を持つ。郡（2003）は、

標準語とされる東京アクセントには、疑問型上昇調、強調型上昇調、顕著な下降調、上昇下降調、平調の 5 種類の型があるとしている。

8.4.4 韻律的特徴の音響音声学と聴覚音声学

英語では、語には決められた語強勢があり、文になるといくつかの語に文強勢が置かれ、この文強勢がリズムを刻み、イントネーションの型を作る。したがって、それぞれの分析には、ピッチ、音の大きさ、音の長さといった韻律に関わる要素が複雑に絡み合っている。このことは、図 8.7 の波形やスペクトログラムを観察してもよく分かるだろう。ただし、韻律的特徴の分析においても、母音や子音と同様、音響と聴覚の違いに注意を払う必要がある。音の大きさとピッチはとくに聴覚上の指標であり、それぞれ音の強さ（intensity）と F0 によって音響的に測定され、スペクトログラムに表される。長さに関して音響と聴覚の差が問題になることはあまりないが、英語では、ミリセカンド（millisecond: ms）などの単位で物理的に測定される継続時間としての長さを duration、音韻で語られる聴覚的な長さを length と呼び、用語上区別することもある（Crystal, 1985）。図 8.7 は

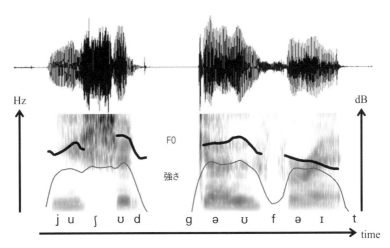

図 8.7: You should go for it. のスペクトログラム

イギリス英語母語話者の You should go for it. を解析したもので、ここではとくに、強さと F0 に着目したい。

　まず音の強さについて述べる。音の強さは、音が発せられることで振動する空気の粒子の移動距離に関係しており、波形の振幅（amplitude）、スペクトログラムの色の濃淡[51]によって表され、一般的に音響音声学では、デシベル（decibel: dB）という単位で計測される。たとえば、図 8.7 の you と should を比べると、should の波形の方が大きな振幅を持ち、スペクトログラム上のフォルマント全体の色も should の方が少し濃い。図 8.7 のスペクトログラムには、時間ごとに dB で測定された強さの変動も細い線で示されているので、should の方が強いことがここからも分かる。ただし前述の通り、このように表される音響的な音の強さは、人の耳が感じる音の大きさとは必ずしも一致しない。周波数にも関係し、人の耳は 2000 Hz から 5000 Hz の音の強さには敏感だが、周波数の低い音や高い音の強さには鈍感である（Johnson, 2003）。このような聴覚の特徴を考慮したフォン（phon）やソーン（sone）という単位もあるが、強さを表す単位に使われている dB は、音の強さをそのまま表したものではなく対数をとって求めた数値の単位であるため、聴覚の特徴を反映した音の大きさの単位として用いられることも多い。

　つぎに、F0 を観察したい。図 8.7 の太い線が F0 曲線と呼ばれるものであり、音響音声学では Hz の単位で測定される。注 20 でも述べたように、F0 の値は音の成分のうちで最も低い周波数を持つものと一致するので、音を成分へと分解することにより F0 は抽出できる。また、F0 の値はそもそも声帯が 1 秒間に振動する回数に相当するため、ラリンゴグラフ（laryngograph）のように声帯振動を直接計測できる機器を使えば、より正確に測定することもできる。ただし、物理的な指標である F0 の高さは、聴覚で捉えられるピッチの高さと必ずしも比例するものではない。F0 の

---

51) スペクトログラムの濃淡は、音を構成する各周波数の成分の振幅を表したものである。振幅が大きいものは濃く、小さいものは淡くなる。

値の個人差は大きく、話者自身の中でも発話の流れに沿って大きく変動し[52]、F0 が高くなるほど高さの変化を感じ取りにくくなるという傾向がある。したがって、聴覚的な印象を扱う場面では、母音の F1 と F2 に行ったように Hz を mel や Bark に変換したり、F0 変動が聞き手の聴覚にはどのように届いているのかを研究したいときには、単位を Hz からセミトーン（semitone: ST）（Mennen, 2007）や equivalent rectangular bandwidth（ERB）（Hermes & van Gestel, 1991）などに変換するという処理がなされることがある。F0 の高さには個人差があり、母音のフォルマントと同様に F0 の値自体が問題になる訳ではないので、こうした単位を用いることで話者間の比較ができるようにもなる。

　以上を踏まえ、強勢、リズム、イントネーションの音響分析を紹介する。まず、語強勢や文強勢を実現する聴覚的要素は、8.4.1 でも触れた通り、音の大きさ、ピッチ、長さ、音色である。強勢という言葉自体が音を強めることを意味しているので大きさのみが関連しているように誤解されがちであるが、実際はそうではない。英語の強勢において大切なのはピッチであり、つぎに長さ、そして大きさとされている（Cruttenden, 1997）。とくにピッチについては高くなったり（Ladefoged, 2001b）、変動するという特徴がある。したがって、強勢を音響的に分析するようなときは、音の大きさだけではなく、他の要素も観察する必要がある。

　図 8.8 はイギリス英語母語話者の vocabulary の発音を解析したものである。ここにはピッチの高さによる強勢、つまりアクセントが顕著に現れている。vocabulary では、下線によって示されている第二音節 [kæb] の母音に強勢があり、その音節は、太い線で示された F0 曲線から分かるように、先行する [vəʊ] や後続する [julᵊɹi] よりも F0 が明らかに高い。長さに関して言えば、[vəʊ] が二重母音を含むことや [julᵊɹi] にフォルマントを持つ子音が続いていることからも、特別に [æ] が長いということはないが、細

52）Cruttenden（1997）によると、平均しておよそ男性は 120 Hz、女性は 220 Hz、子供は 265 Hz の高さである。また、Ashby and Maidment（2005）は平均的な変動域として、男性は 80 Hz から 210 Hz、女性は 150 Hz から 320 Hz という数値を示している。

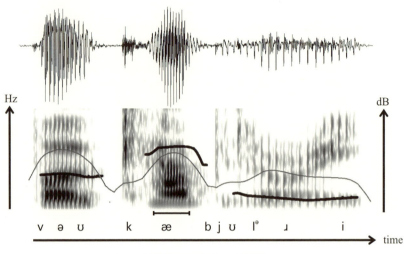

図 8.8: vocabulary の強勢

い線で示されている dB の曲線から音の強さを観察すると、[æ] の最高値 77.6 dB は第一音節 [əʊ] の最高値 79.5 dB よりも小さく、必ずしも音が大きいことが強勢につながっている訳ではないことが分かる。

つぎに、リズムの音響分析について述べる。英語の強勢拍リズムの特徴を音響的に捉えたいというような研究においては、文強勢のある強音節間の時間を計測し、比較するという方法がある。しかしながら、多くの研究者は音響的な測定によって強勢拍リズムの存在を証明するには至っておらず（Roach, 1982）、Ladefoged (2001a) も音節数、母音や子音のタイプ、強調といった要因で長さは伸縮し、英語のリズムも強勢による完全な等時性を保っている訳ではないとしている。したがって、リズムは物理的なものではなく、聴覚印象にもとづくものという主張が現在のところ主流である（Cruttenden, 1997; Gimson & Cruttenden, 1994）。英語のリズムについて分析する場合、強音節間の時間だけではなく、たとえば、強音節と弱音節の母音の長さ、強さ、音色、そしてポーズの位置や頻度、といった観点から観察してみる必要があるだろう。

最後に、イントネーションの音響分析について記す。8.4.3 において、

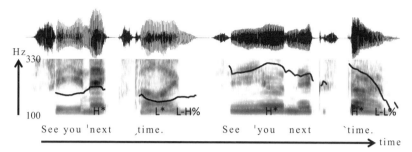

図 8.9: イギリス英語母語話者（左）と日本人英語学習者（右）の See you next time. のイントネーション

イントネーションとは、語、語句、文という発話単位におけるピッチ変動パターンのことであると述べた。したがって、F0 の動きを観察するとイントネーションを音響的に分析することができる。先に述べた通り、ToBI の表記もこの F0 をもとにして行われる。

図 8.9 は、イギリス英語母語話者と日本人英語学習者の F0 曲線を 100 Hz から 330 Hz の幅で表示したものである。両者にはそれぞれ、O'Connor & Arnold 方式と ToBI によるイントネーション表記が付与されている。O'Connor & Arnold 方式の言葉で表現すると、どちらも核が time にあるということは共通している一方で、核音調の種類と頭部の始まる位置が異なる。核音調には、低上昇調と高下降調のどちらの種類も許容されるが、you にアクセントがありここから頭部が始まるという日本人英語学習者のイントネーションは、とくに前後の文脈がない場合には不自然に聞こえるだろう。このように F0 を用いると、イントネーションを観察することができる。

8.5　分節音の習得モデル

ここまでは調音音声学、音響音声学、聴覚音声学について概説してきたが、本節では音の習得について述べたい。分節音と韻律的特徴を比べると、前者に関する研究は非常に多く行われており、さらに分節音に関してはいくつかの音声習得モデルが提案されている。その代表となるものが、

Flege（1987, 1995）の Speech Learning Model（SLM）、Best（1995）の Perceptual Assimilation Model（PAM）、Kuhl and Iverson（1995）や Kuhl（2000）の Native Language Magnet Theory（NLM）である。

8.5.1　SLM

　SLM は、第二言語（second language: L2）の音声習得が最終的にどのように、どこまで達成されるのかということをモデル化したものである。Flege（1987）は SLM の前身となる研究で、ここでは L2 音を第一言語（first language: L1）音と比較して「同じ（identical）」「新しい（new）」「似ている（similar）」に分類することにより、L2 音の学習を予測している。「新しい」L2 音とは、L1 の音体系の中にそれに相当する音がなく、音響的にどの L1 音とも異なるもの、一方、「似ている」L2 音は、音声的には異なる特徴を持っているものの、L1 の音体系の中で容易にその音に相当すると断定できる音を持っているもののことである。この分類のもとで「似ている」L2 音とされた音は、ある L1 音と L2 音を同じ音として知覚してしまうという equivalence classification のメカニズムによって、独自の音声カテゴリーを形成することができないという。これが SLM の基盤となる主張である。

　Flege（1995）は SLM について詳細に提示しており、基本となる 4 の仮定とそれにもとづく 7 の仮説を記述している。その中で音声習得に関して最も核になる仮説は、L1 音と L2 音を比較した場合に、知覚上似ていれば似ているほど L2 音は L1 音とは別の音声カテゴリーを形成しにくく、異なれば異なるほどそれが容易になるというものである。よって、理論上の根幹は Flege（1987）と変わるものではなく、Flege（1995）では周辺の議論がより詳細に発展的に行われている。分節音の知覚をベースとし、その生成上の習得も含めて、ある程度 L2 を習得している初歩段階ではない学習者の学習を予測するモデルとなっているのが、SLM の特徴である。

8.5.2　PAM

　PAM では、非母語の音は学習者の母語[53]の音韻空間におけるその音の

類似性(similarities)や相違(discrepancies)に応じて知覚される傾向がある、ということを理論の前提とする。そして、この類似性や相違を調音方法の近さから判断し、非母語の音が母語の音声カテゴリーにどのように知覚上同化していくのかということ、さらにあるふたつの非母語音がどの程度弁別されるのかということを予測するのがこのモデルである。したがって、SLMのように学習プロセスや習得の可能性に焦点を当てたものとは異なる。

PAMが基本とするこうした理論にもとづき、同化の仕方の前提となる知覚同化3パターンと、非母語のある2音の具体的な同化6タイプが、以下のように提案されている。まず知覚同化の3パターンには、(1) assimilated to a native category という「母語のカテゴリーへ同化される」パターン、(2) assimilated as uncategorizable speech sound という「母語の特定の音声カテゴリーには入らないが、言語音として母語の音韻空間上のどこかへ同化される」パターン、(3) not assimilated to speech という「母語の音韻空間上のどこにも入らず、非言語音のようなものとして認識される」パターンがある。(1)の同化パターンは、(1-a)「カテゴリー内のよい典型音として同化する」、(1-b)「容認はされるが理想的ではない音としてカテゴリーに同化する」、(1-c)「明らかにカテゴリー内では逸脱した音として同化する」のように、カテゴリーへのはまり度に応じてさらに3つに細分化されている。そして、これらを組み合わせ、学習言語におけるある2音の具体的な同化の仕方と弁別の程度を予測するものとして、Two-Category Assimilation (TC Type)、Category-Goodness Difference (CG Type)、Single-Category Assimilation (SC Type)、Both Uncategorizable (UU Type)、Uncategorized versus Categorized (UC Type)、Nonassimilable (NA Type) の6タイプが提示されている。以下に説明するこれら6タイプが、どの知覚同化パターンを持つ音の組み合わせなのかということを、弁別度の予測とともに表8.8にまとめた。TC Typeとは、非母語のある2音が母語の別々の

---

53) L1とほぼ同義であるが、原文にもとづいてPAMに関してはこちらの用語を用いる。

カテゴリーに同化することによって両音を正確に弁別できるもの、CG Type とは、非母語の 2 音が母語の中の同じカテゴリーに同化するが、同化する音としてのはまり度に差異がある音なので両音の弁別は比較的よくできるもの、SC Type とは、非母語の 2 音が母語の中の同じカテゴリーに同化し、かつ同化する音としてのはまり度が同じなので両音の弁別が困難なものである。以上の 3 つは、ふたつの音が両方とも母語の音声カテゴリーのどこかに同化するタイプと言える。残りの 3 パターンとして、非母語の 2 音が両方とも母語のどのカテゴリーにも同化しない言語音として認知されるため、音韻空間上どこにそれぞれが位置するかによって両音の弁別の程度が変わる UU Type、非母語の 2 音のうちひとつは母語のあるカテゴリーに同化し、もう片方はどのカテゴリーにも属さない言語音として認知されるので、両音がとてもよく弁別される UC Type、非母語の 2 音が母語の音韻空間上からははずれて非言語音として認知され、両音が比較的よく弁別される NA Type があげられている。PAM はこのように非母語の 2 音の関係を分類することで、知覚上の弁別度を予測する。

表 8.8: 同化 6 タイプの知覚同化パターン組み合わせと弁別度の予測

Type	TC	CG	SC	UU	UC	NA
2 音の	(1-a)	(1-a)	(1-b/c)	(2)	(1)	(3)
組み合わせ	(1-a)	(1-b/c)	(1-b/c)	(2)	(2)	(3)
弁別度	E	M 〜 VG	P	P 〜 VG	VG	G 〜 VG

注 : E = excellent; VG = very good; G = good; M = moderate; P = poor

8.5.3　NLM

　NLM は、あらゆる音を認知し弁別できるという子どもの能力を徐々に制限してしまうものは何か、という L1 音声習得上の疑問から生まれたモデルである。そして、NLM はこの原因となるものとして、マグネット効果（magnet effect）をあげている。マグネット効果とは、特定の言語音のシャワーを浴びることによって、音声知覚の土台となる音響空間に母語の

カテゴリーを中心としたゆがみが生じることを言う。その影響として、ある音の知覚が容易になったり、困難になったりする。NLM はこうした現象が大人の外国語学習にも関わっていると考え、L1 が外国語音の知覚にどう影響を及ぼすのかということも説明する。他のモデルと同様、知覚を音声習得のベースとしたモデルであり、NLM は生成への影響や韻律の知覚についても指摘している。

　NLM の提案するマグネット効果についてもう少し補足する。各言語における音素は、8.3 でも述べた通り、音声学的に見れば実に様々な音となって生成される。それをひとまとめにして聞き手はひとつの音として知覚するのであるが、NLM はそうした様々な音の中で、ある音声カテゴリーのよい典型音（good exemplar）のことをプロトタイプ（prototype）と呼び、このプロトタイプはカテゴリー内の他の音よりも同定しやすいとしている。そして、このプロトタイプはマグネットのように周辺の音を引きつけ、プロトタイプと周辺の音の知覚上の弁別を困難にする。音声カテゴリーのよい典型音とみなされない音はノンプロトタイプ（nonprototype）と呼ばれ、この音にはそうしたマグネットの力は働かない。たとえば、日本人英語学習者が英語のある音の弁別は容易で、また別の音の弁別は難しいと感じる。この原因を、日本語のプロトタイプによって知覚上の空間がゆがめられてしまったことによる影響とするのが NLM の理論である。そしてこの空間において、日本語のプロトタイプの周辺にある似ている英語の音同士の弁別は困難となり、ノンプロトタイプの近辺や、あるプロトタイプと別のプロトタイプの境界にあるような音同士の弁別は容易となる。

8.6　母音の習得に関する研究

　今や音声研究には、音響的、聴覚的な要素を欠かすことができない。人を評価者として用いる研究も多くあるが、音声の本質を解明するためには様々な角度から統合的に音を観察することが重要であり、そのひとつの手法が、音そのものを音響や聴覚の側面から捉え、現象を説明することである。そこで本節では、本章においても概説した音響分析を用いたひとつの

研究、Kitagawa（2012）を紹介する。研究の詳細についてはKitagawaにあるので、研究の概要、音響分析によって得られたデータをグラフ化したもの、結論をまとめたものをここに記す。

　Kitagawa（2012）は、特別な発音の訓練を受けたことのない日本人英語学習者が、英語の単母音 [iː, ɪ, e, æ, ʌ, ɑː, ɔː, uː, ʊ, ɜː] の音色を最低限弁別することと、英語母語話者のように弁別することを目標とした場合、それぞれどの程度達成できるのかということを調査したものである。生成上の習得を研究対象としているため、その予測をより明確に提示しているSLMを理論的背景としている。実験では、イギリス英語母語話者12名とアメリカ英語母語話者7名の母音[54)]、そして母音の習得レベルによって

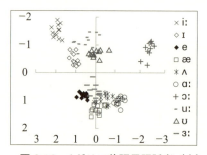 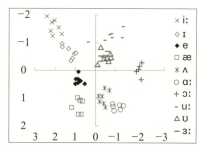

図8.10: イギリス英語母語話者（左）とアメリカ英語母語話者（右）の母音

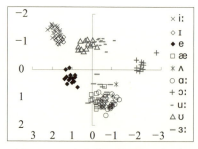 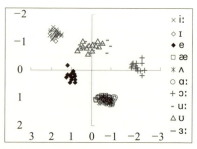

図8.11: 日本人英語学習者上位グループ（左）と下位グループ（右）の母音

---

54) イギリス英語とアメリカ英語を代表する話者として、それぞれBBC発音とGAに近い訛り（accent）を持つ話者を選んだ。

選ばれた日本人英語学習者上位グループ14名と下位グループ14名の母音を、F1とF2を用いて音響分析し、聴覚的印象を検討できるよう測定値をmelへと変換した。その結果を表したものが図8.10と図8.11である。F2がx軸に、F1がy軸にプロットされている。これらの散布図を比較すると、たとえば、日本人英語学習者下位グループでは顕著に重なり合っている [æ, ɑː, ʌ, ɜː] の音は、日本人英語学習者上位グループでは重なりの部分が減り、イギリス英語母語話者にはそれぞれの音がぎりぎり境界を作って弁別され、さらにアメリカ英語母語話者になると完全に音が散らばって弁別がより明確になされていることが分かる。

　以上のデータを統計的に検討しながら、特別な発音のトレーニングを受けたことのない日本人英語学習者が、先に述べたふたつの目標に対して、どこまで母音の音色を自然に習得できるのか、習得が難しい母音の音色はどれか、ということを考察した。その結果、[iː, e, æ, ʌ, ɑː, ɔː, uː] は、日本人英語学習者が特別な訓練を受けない場合であっても生成できるようになる母音であり、一方、[ɪ, ɜː, ʊ] については弁別が十分とは言えず、習得が難しいということが分かった。イギリス英語、アメリカ英語それぞれと比較すると、[ɪ, ɜː, ʊ] に加えて、イギリス英語を目標とするのであれば [uː, e, ʌ]、アメリカ英語を目標とするのであれば [æ] の改善が必要ということも明らかとなった。

8.7　まとめ

　学習者に効果的な音声指導を行うためには、指導者が調音音声学に関する適切な知識を身につけていることはもちろんのこと、音響音声学や聴覚音声学にもとづいて行われている研究にも通じ、実践での試行錯誤を通して自身の指導を体系化していくことが求められる。本章では、そのために必要な音声学の分野を概説し、筆者によるひとつの研究を示した。まずは指導者自身が友だちとの時間を過ごすように発音を楽しみ、それが学習者に伝わることを願ってやまない。

参考文献

五十嵐 新次郎 (1981). 『英米発音新講 (改訂新版)』南雲堂.
窪薗 晴夫 (1999). 『日本語の音声』岩波書店.
郡 史郎 (2003). イントネーション. 上野 善道 (編), 『朝倉日本語講座 3: 音声・音韻 (pp. 109-131)』朝倉書店.
清水 あつ子 (2011). 国際語としての英語と発音教育. 音声研究, 第 15 巻第 1 号, 44-62.
竹林 滋 (1996). 『英語音声学』研究社.
東後 勝明 (1989). 『日本人に共通する英語発音の弱点』ジャパンタイムズ.
東後 勝明・御園 和夫・松坂 ヒロシ・高本 裕迅・阿野 幸一・秋田 麻美子・大城 賢・小川 直義・金森 強・菊池 武・串田 美保子・楠元 仁子・佐藤 眞理子・田邊 祐司・塚越 博史・戸高 裕一・長谷川 宏司・原田 哲男・平坂 文男・三浦 弘 (2009). 『必携 英語発音指導マニュアル』北星堂書店.
松坂 ヒロシ (1986). 『英語音声学入門』研究社.
渡辺 和幸 (1994). 『英語イントネーション論』研究社.

Adank, P., Smits, R., & van Hout, R. (2004). A comparison of vowel normalization procedures for language variation research. *Journal of the Acoustical Society of America, 116*(5), 3099-3107. doi:10.1121/1.1795335

Ashby, M., & Maidment, J. (2005). *Introducing phonetic science*. Cambridge, UK: Cambridge University Press.

Beckman, M. E., & Elam, G. A. (1997). *Guideline for ToBI labelling* (version 3). Retrieved from http://www.cs.columbia.edu/~agus/tobi/labelling_guide_v3.pdf

Beckman, M. E., Hirschberg, J., & Shattuck-Hufnagel, S. (2005). The original ToBI system and the evolution of the ToBI framework. In S-A. Jun (Ed.), *Prosodic typology: The phonology of intonation and phrasing* (pp. 9-54). Oxford, UK: Oxford University Press.

Best, C. T. (1995). A direct realist view of cross-language speech perception. In W. Strange (Ed.), *Speech perception and linguistic experience: Issues in cross-language research* (pp. 171-204). Timonium, MD: York Press.

Celce-Murcia, M., Brinton, D. M., & Goodwin, J. M. (2010). *Teaching pronunciation* (2nd ed.). Cambridge, UK: Cambridge University Press.

Cruttenden, A. (1997). *Intonation* (2nd ed.). Cambridge, UK: Cambridge University Press.

Crystal, D. (1985). *A dictionary of linguistics and phonetics* (2nd ed.). Oxford, UK: Basil Blackwell.

Derwing, T. M., & Munro, M. J. (2005). Second language accent and pronunciation teaching: A research-based approach. *TESOL Quarterly*, *39*(3), 379-397. doi: 10.2307/3588486

Flege, J. E. (1987). The production of "new" and "similar" phones in a foreign language: Evidence for the effect of equivalence classification. *Journal of Phonetics*, *15*, 47-65.

Flege, J. E. (1995). Second language speech learning: Theory, findings, and problems. In W. Strange (Ed.), *Speech perception and linguistic experience: Issues in cross-language research* (pp. 233-277). Timonium, MD: York Press.

Gimson, A. C., & Cruttenden, A. (1994). *Gimson's pronunciation of English* (5th ed.). New York, NY: Arnold.

Goodwin, J. (2001). Teaching pronunciation. In M. Celce-Murcia (Ed.), *Teaching English as a second or foreign language* (pp. 117-137). Boston, MA: Heinle & Heinle.

Hermes, D. J., & van Gestel, J. C. (1991). The frequency scale of speech intonation. *Journal of the Acoustical Society of America*, *90*(1), 97-102. doi: 10.1121/1.402397

Johnson, K. (2003). *Acoustic and auditory phonetics* (2nd ed.). Malden, MA: Blackwell.

Kent, R. D., & Read, C. (2002). *The acoustic analysis of speech* (2nd ed.). Clifton Park, NY: Delmar Cengage Learning.

Kitagawa, A. (2012). How Japanese learners learn to produce authentic English vowels. *The Bulletin of the Graduate School of Education of Waseda University, Separate Volume*, *20*(1), 217-234.

Kuhl, P. K. (2000). A new view of language acquisition. *Proceedings of the National Academy of Sciences, USA*, *97*, 11850-11857. doi: 10.1073/pnas.97.22.11850

Kuhl, P. K., & Iverson, P. (1995). Linguistic experience and the "perceptual magnet effect." In W. Strange (Ed.), *Speech perception and linguistic experience: Issues in cross-language research* (pp. 121-154). Timonium, MD: York Press.

Ladefoged, P. (2001a). *A course in phonetics* (4th ed.). Boston, MA: Heinle & Heinle.

Ladefoged, P. (2001b). *Vowels and consonants*. Oxford, UK: Blackwell.

Ladefoged, P. (2003). *Phonetic data analysis: An introduction to fieldwork and instrumental techniques*. Malden, MA: Blackwell.

Lobanov, B. M. (1971). Classification of Russian vowels spoken by different speakers. *Journal of the Acoustical Society of America*, *49*, 606-608. doi:

10.1121/1.1912396

Mennen, I. (2007). Phonological and phonetic influences in non-native intonation. In J. Trouvain & U. Gut (Eds.), *Non-native prosody: Phonetic description and teaching practice* (pp. 53-76). Berlin, Germany: Mouton de Gruyter.

Nunan, D. (2003). *Practical English language teaching*. New York, NY: McGraw-hill.

O'Connor, J. D., & Arnold, G. F. (1973). *Intonation of colloquial English* (2nd ed.). London, UK: Longman.

(片山 嘉雄・長瀬 慶来・長瀬 恵美 (訳) オコナー, J. D., & アーノルド, G. F. (1994). 『イギリス英語のイントネーション』南雲堂.)

Pierrehumbert, J., & Hirschberg, J. (1990). The meaning of intonational contours in the interpretation of discourse. In P. R. Cohen, J. Morgan, & M. E. Pollack (Eds.), *Intentions in communication* (pp. 271-311). Cambridge, MA: The MIT Press.

Riney, T. J., & Takagi, N. (1999). Global foreign accent and voice onset time among Japanese EFL speakers. *Language Learning*, *49*(2), 275-302. doi: 10.1111/0023-8333.00089

Roach, P. (1982). On the distinction between 'stress-timed' and 'syllable-timed' languages. In D. Crystal (Ed.), *Linguistic controversies: Essays in linguistic theory and practice in honour of F. R. Palmer* (pp. 73-79). London, UK: Edward Arnold.

Saito, K., & Lyster, R. (2012). Effects of form-focused instruction and corrective feedback on L2 pronunciation development of /ɹ/ by Japanese learners of English. *Language Learning*, *62*(2), 595-633. doi: 10.1111/j.1467-9922.2011.00639.x.

Venditti, J. J. (2005). The J_ToBI model of Japanese intonation. In S-A. Jun (Ed.), *Prosodic typology: The phonology of intonation and phrasing* (pp. 172-200). Oxford, UK: Oxford University Press.

Wells, J.C. (2000). *Longman pronunciation dictionary* (2nd ed.). London, UK: Longman.

Wells, J. C. (2006). *English intonation: An introduction*. Cambridge, UK: Cambridge University Press.

第9章 統語論と日英語比較

大矢　政徳

概要

　この章では、統語理論の一つである語彙機能文法（Lexical-Functional Grammar: LFG）の理論的枠組みを概説し、この枠組みが前提とする語彙情報の重要性について、英語と日本語との統語構造的差異の例を通じて説明する。

9.1　統語論とは何か

　統語論（Syntax）とは、英語や日本語といった個別の自然言語において単文が作り出される原理と過程についての研究であり、より一般的には、あらゆる自然言語に共通している単文構成の原理についての研究でもある（Chomsky, 1957, p.11）。人は毎日新しい文を話しており、それらの文の数に上限はないように思われる。したがって、人は記憶の中に蓄えた単文のリストから任意の単文を選んで発話しているのではなく、新しい文を生成する何らかの原理を知っていて、その原理にそった文を発話していると考えるのが自然である。例えば、以下の例を見てみよう。文頭の*は、この文が文法的に正しくないと判断されることを示している。英語の母語話者は、英語では頻度を表す副詞が動詞と目的語の間に現れた文は文法的でないと直感的に判断できる。

(1)
a. Thelma　often　meets　her　university　friends.
　テルマは　しばしば　会う　彼女の　大学の　友達．

b. *Thelma　　meets　　often　　　　her　　　university　　friends.
　　　テルマは　　会う　　しばしば　　彼女の　　大学の　　　友達.
　　　　　　　　　　　　　　　　　（Haegeman & Guèron, 1999, p.14）

　一方で、フランス語母語話者は、フランス語では頻度を表す副詞が主語と動詞の間に現れた文は文法的ではないと直感的に判断できる[1]。

　(2)
　　a. *Thelma　　souvent　　rencontre　　ses　　amis　　de l'université.
　　　テルマは　　しばしば　　会う　　　　彼女の　友達　　大学の
　　b. Thelma　　rencontre　　souvent　　ses　　amis　　de l'université.
　　　テルマは　　会う　　　　しばしば　　彼女の　友達　　大学の
　　　　　　　　　　　　　　　　　（Haegeman & Guèron, 1999, p.15）

　単文が文法的であるか否かに関する母語話者の直観は、非文法的な文を提示されて「これは非文法的な文である」と明示的に教えられることによって培われるのではない。そのような非文法的な文の数は膨大な量に上り、それらすべてを記憶していると考えるのは非合理的だからである[2]。むしろ、個別言語において非文法的であるとされる文は、個別言語の文を生成する原理に何らかの形で違反しているがゆえに直観的に非文法的であると判断される、と考えるのが合理的である。
　生成文法（Generative Grammar）では、この一般的原理を普遍文法（Universal Grammar）と呼び、個別言語の統語構造はこの原理に従って構成されていると仮定している。そして、個別言語ごとの違いは、普遍文法内部で可変的な部分（パラメータ）が個別言語ごとに設定されることによって生じる、と考える（Chomsky & Lasnik, 1993）。文法的な文と非文法的な文

---

1) 英語とフランス語の統語構造の差異に関する詳細な議論は、Pollock（1989）を参照。
2) この点について、Chomsky（1980）は「刺激の貧困」（poverty of stimulus）という表現を使っている。

例をデータとして用い[3]、個別言語の文法がどのように構成され、それらがどのように普遍文法から導き出されるのかを探求するのが一般的な研究手法である。

生成文法研究が妥当なものであるかどうかに関しては、二つのレベルが想定されている（Chomsky, 1965, pp.26-27）。まず、記述的妥当性（descriptive adequacy）を満たしているレベルでは、個別言語の文法は母語話者の言語的直観（たとえば、上記例文（1）と（2）の文法性判断）を正しく記述していれば妥当なものとして認められる。一方、説明的妥当性（explanatory adequacy）を満たしているレベルでは、個別言語の文法がどのようにして普遍文法から導き出されるのかを説明していれば妥当なものとして認められる。

これまでに統語論の分野でさまざまな理論が提案されているが、限られた紙面でそれらの理論すべてを説明するのは不可能である。したがって、この章では語彙機能文法（Lexical-Functional Grammar, LFG）を取り上げ、統語理論理解への導入とする。

9.2 Lexical-Functional Grammar（LFG）の理論的背景

LFG は Bresnan（1978）によって最初に提唱されて以来、多くの研究者たちによってさまざまな分野に応用されてきた統語理論である（Bresnan, 1982, 2001; Butt, King, Niño, & Segond 1999; Dalrymple, 2001; Kaplan & Bresnan, 1982）。Kaplan and Bresnan（1982）は、LFG は「（ある言語の）母語話者がもっている統語知識を明示的に表現するための形式」であり、「自然言語の統語構造の一般的な性質を説明し、かつ個別言語の統語構造研究の手段として利用可能であるように構成されている」と述べている。LFG では、単文に含まれる文法的情報を複数の形式で表現している。それらの形式には、構成要素構造（constituent structure, c-structure）、機能構造（functional

---

3) 生成文法研究では、文脈のない書き言葉を分析対象としている。文脈的判断や、話し言葉に特有な言いよどみや言いかえなど不完全な文の影響を捨象し、理想化した形での単文を対象とするからである。

structure, f-structure)、そして項構造（argument structure, a-structure）が含まれる。構成要素構造は、文中の構成要素（名詞句、動詞句など）の順序や階層関係を表現する。一方、機能構造は主語や目的語といった文中の文法機能（grammatical functions）の関係を表現する。構成要素構造は異なる言語間でさまざまな形をとるが、機能構造は異なる言語間で基本的には共通した形をとっている。LFG では、文法機能、そして名詞の数や性といった素性など、自然言語に共通している文法知識がさまざまな言語の単文中にどのように表現されているかを、構成要素構造と機能構造との対応関係や、項構造内部の意味役割（thematic roles）と文法機能との対応関係によって表現しようとするのである。この点が、構成要素構造のみを考える文法理論とは異なっている。そして、LFG は 1970 年代後半に提案されて以来[4]、大幅な理論改訂を経ることなく、多くの自然言語の統語構造分析に応用され、これまでに多くの研究成果が蓄積されている[5]。さらに自然言語処理の分野において、LFG の枠組みに基づいた多言語構文解析アプリケーション（Xerox Language Environment: Butt et al., 1999）も開発されており、コンピュータとの親和性も高い。LFG が持つ記述的妥当性の高さ、そして応用範囲の広さを勘案すると、第二言語習得の分野においても LFG の枠組みに基づいた研究が今後発展する可能性がある（例：学習者言語を LFG の枠組みで記述する）。この点で、LFG について理解を深めることは意義があると言える。

9.3　構成要素構造と機能構造の対応関係[6]

　この節では、構成要素構造と機能構造の対応関係について説明する。この対応関係は、8.2 の冒頭で触れた「単文が作り出される原理と過程」を

---

[4]　LFG が提案されるにいたった歴史的背景については、Dalrymple（2001）が簡潔にまとめている。
[5]　1996 年から現在に至るまでの LFG の枠組みに基づく研究成果については、Butt and King（1996）で入手可能である。
[6]　この節は、Oya（2014b）の一部に加筆・訂正したものである。

説明する方法として理解することが出来る。LFG の枠組みでは、この対応関係は単調（monotonic）であるとされている（Bresnan, 2001, p.73）［読書案内 1］。つまり、単文中の各単語の語彙情報がひとつひとつ付け加えられていき、最終的には単文全体の情報へと組み合わされるのである。この過程は単一化（unification）とも呼ばれている（Shieber, 1986）。この単一化の過程は、恣意的な組み合わせではなく、厳密に定義づけられた手順に沿って進む。LFG の枠組みでは、単一化の過程は構成要素構造に付与された機能記述（functional descriptions）に沿って進められる。語彙（lexical）機能（functional）文法と名付けられている所以である。この過程を、例文（3）とその構成要素構造（4）[7]から考えてみよう。

(3)

John studies languages.

(4)

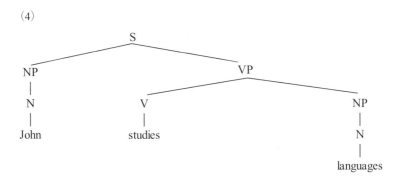

構成要素構造は、句構造規則（phrase-structure rules, or PS rules）によって生み出される。例えば、構成要素構造（4）は、下の句構造規則から生み出される。

---

7) X バー理論（X-bar theory）（Chomsky, 1970）に基づいた構成要素構造を想定する場合もあるが、ここでは統語カテゴリ S を用いた構成要素構造を提示する。

(5)

S → NP VP
　　　(↑ SUBJ) = ↓　↑ = ↓

(6)

VP → V NP
　　　↑ = ↓　(↑ OBJ) = ↓

(7)

NP → [DET] N
　　　(↑ DET) = ↓　↑ = ↓

　NP（noun phrase, 名詞句）や VP（verb phrase, 動詞句）といった統語カテゴリ（syntactic categories）ひとつひとつに対して、機能構造が対応している。この対応関係は、統語カテゴリの下に書き込まれた機能記述によって定義づけられている。これらひとつひとつの機能構造が組み合わされ、最終的には統語カテゴリ S がこの単文全体の機能構造と対応しているのである。

　一つの機能構造は、その名前、属性（attribute）、そしてこの属性が持っている値（value）から構成されている（Kaplan & Bresnan, 1982, p.176）。例えば、機能構造 *f1* が属性 a に関して値として b を持つ場合は、*f1*［a　b］と表現する。この機能構造を機能記述で表記すると、(*f1* a) = b となる。機能構造 *f2* が属性 a に関して値として別の機能構造 *f3* を持つ場合は、*f2*［a　*f3*［　］］となり、機能記述では (*f2* a) = *f3* となる。さらに、機能構造 *f4* と機能構造 *f5* が等しい場合には、*f4,f5*［　］と表記される。

　ここでは、構成要素構造規則 (5)、(6)、そして (7) が、どのように機能構造との対応関係を表しているかを、段階を追ってみてみよう。まず、構成要素構造規則 (5) は、単文は名詞句と動詞句とに分かれることを表している。機能記述の上向き矢印は、この統語カテゴリの上にある統語カ

テゴリと対応する機能構造を指し示している。そして、機能記述の下向き矢印は、この統語カテゴリそれ自体に対応している機能構造を指し示している。

上向き矢印と下向き矢印は、機能構造の名前で置き換えられる。下の構成要素構造規則では、上向き矢印はすべて $f1$ で置き換えられている。この $f1$ は、統語カテゴリ S に対応している機能構造の名前である。一方、統語カテゴリ NP に付与された（↑SUBJ）＝↓の下向き矢印は $f2$ で置き換えられる。$f2$ は、統語カテゴリ NP に対応している機能構造の名前である。そして、統語カテゴリ VP に付与された↑＝↓の下向き矢印は $f3$ で置き換えられる。$f3$ は VP に対応している機能構造の名前である。

(8)

S → NP VP
　　($f1$ SUBJ) = $f2$　　$f1$ = $f3$

矢印が機能構造の名前で置き換えられた機能記述（$f1$SUBJ）＝ $f2$ は、機能構造 $f1$ がその属性の SUBJ に関して値として $f2$ を持つことを表している。一方、機能記述 $f1$ = $f3$ は、機能構造 $f1$ と $f3$ とが等しいものであることを表している。つまり、構成要素構造規則 (8) は、構成要素構造と機能構造との対応関係を表現していることになる。この対応関係を表したものが下記の図 9.1 である。双方向に向いた矢印は、構成要素構造と機能構造とが同値であり、同じことを別の形式で表現していることを示す。

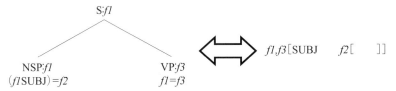

図 9.1: 構成要素構造規則 (8) で表現された構成要素構造と機能構造との対応関係

次に、構成要素構造規則 (6) は、統語カテゴリ VP が V と NP とに分かれることを表している。上向き矢印と下向き矢印が機能構造の名前で置き換えられたものが下記の (9) であり、V の下の機能記述は $f3$ と $f4$ とが等しいものであることを、そして NP の下の機能記述は機能構造 $f3$ がその属性の OBJ に関して値として $f5$ を持つことを表している。

(9)
VP → V   NP
   $f3 = f4$ $(f3 \text{OBJ}) = f5$

つまり、構成要素構造規則 (9) は、下の構成要素構造と機能構造との対応関係を表現している。

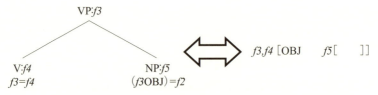

図 9.2: 構成要素構造規則 (9) で表現された構成要素構造と機能構造との対応関係

そして、構成要素構造 (7) は、NP が DET と N に分かれることを示している。DET とその機能記述が括弧に入っているのは、これらが必須の要素ではないことを表している。矢印が機能構造の名前で置き換えられたものが下記の (10) であり、DET の下の機能記述は機能構造 $f2$ がもつ属性 DET の値は機能構造 $f6$ であることを表現しており、一方 N の下の機能記述は機能構造 $f2$ と機能構造 $f7$ とが等しいことを表現している。

(10)
NP → [DET   ] N
     [$(f2 \text{DET}) = f6$] $f2 = f7$

したがって、構成要素構造規則（10）は、下の構成要素構造と機能構造との対応関係を表現している。

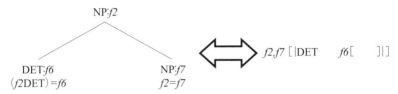

図 9.3: 構成要素構造規則（10）で表現された構成要素構造と機能構造との対応関係

これらの構成要素構造と機能構造との対応関係は、文全体では以下のとおりである。

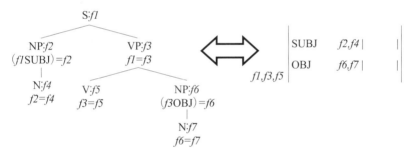

図 9.4: 構成要素構造規則（8）、（9）、（10）で表現された構成要素構造と機能構造との対応関係

この構成要素構造と機能構造との対応関係に基づいて、個々の単語が持っている語彙情報は文全体の機能構造へと統合されていく。例えば、例文 'John studies languages' に含まれている単語の語彙情報はそれぞれ下の（11）、（12）、そして（13）である。LFG では、このような各単語が持っている語彙情報を、語彙項目（lexical entry）と名付けている。

（11）

John, N:

($\uparrow$ PRED) = 'John'

($\uparrow$ NUMBER) = SINGULAR

($\uparrow$ PERSON) = 3RD

(12)

studies, V:

($\uparrow$ PRED) = 'study < ($\uparrow$ SUBJ) , ($\uparrow$ OBJ) >'

($\uparrow$ SUBJ NUMBER) = $_c$ SINGULAR

($\uparrow$ SUBJ PERSON) = $_c$ 3RD

($\uparrow$ TENSE) = PRESENT

(13)

languages, N:

($\uparrow$ PRED) = 'language'

($\uparrow$ PERSON) = 3RD

($\uparrow$ NUMBER) = PLURAL

これらの語彙項目が統合されて、文全体の機能構造を形作るのである。個々の情報を見てみると、まず (11) の 'John' の最初の機能記述である ($\uparrow$ PRED) = 'John' は、'John' という単語はその属性 PRED[8] に関して 'John' という値を持つことを表現している。次に、($\uparrow$ NUMBER) = SINGULAR は、この単語が単数形であることを表現している。最後に、($\uparrow$ PERSON) = 3RD は、この単語が三人称であることを表現している。

(12) の 'studies' の最初の機能記述 ($\uparrow$ PRED) = 'study < ($\uparrow$ SUBJ) , ($\uparrow$ OBJ) >' は、この単語が属性 PRED に関して値として述語項構造 'study < ($\uparrow$ SUBJ) , ($\uparrow$ OBJ) >' を持つことを表している。次に、

---

8) PRED は、predicate (述語) の略であり、単語の意味を表す (Grimshaw, 1982, p.92)。

（↑ SUBJ NUMBER）$=_{C}$ SINGULAR は、この SUBJ の属性 NUMBER が単数でなければならない、という制約を表現し、（↑ SUBJ PERSON）$=_{C}$ 3RD は、この SUBJ の属性 PERSON が三人称でなければならない、という制約を表現している。

下の図は、例文 'John studies languages' の構成要素構造と機能構造である。構成要素構造では、個々の単語の語彙項目が表示されている。そして、これらが構成要素構造の統語カテゴリに付与された機能記述に沿って統合され、最終的には統語カテゴリ S で文全体の機能構造と対応するのである。

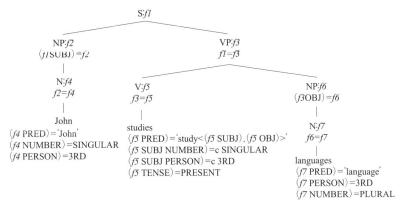

図 9.5: 例文 'John studies languages' の構成要素構造

	SUBJ	PRED	'John'
		NUMBER	SINGULAR
	f2,f4	PERSON	3rd
	OBJ	PRED	'languages'
	f6,f7	NUMBER	PLURAL
		PERSON	3rd
	PRED	'study<*f5* SUBJ,*f5* OBJ>'	
f1,f3,f5	TENSE	PRESENT	

図 9.6: 例文 'John studies languages' の機能構造

9.4 言語間の違いと機能構造

構成要素構造は言語によってさまざまな形をとる。たとえば、英語では「主語—動詞—目的語」の語順を取る一方で、日本語では動詞が文の最後に来る語順が一般的である。さらに、同一言語でも語順が比較的自由な場合には、構成要素構造はさまざまな形をとれる。

これとは対照的に、機能構造は、同じ出来事を表現する文どうしであれば、言語が異なっても基本的には類似した形をとる。つまり、LFGの枠組みに従えば、個別言語の表層的な差異を捨象した一般的な統語構造を機能構造として表現することが可能になるのである。例えば、「ジョンが言語を研究している。」という文の構成要素構造は下記のとおりである。

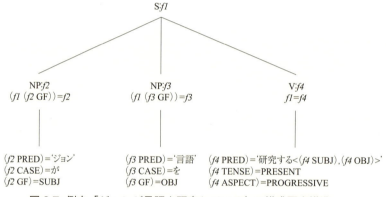

図9.7: 例文「ジョンが言語を研究している」の構成要素構造

この構成要素構造の最初のNPに付与されている (*f1* (*f2*GF)) = *f2* は、機能構造 *f1* が、属性として機能構造 *f2* が持っている GF (grammatical function の略) の値を持っていて、その値は機能構造 *f2* であることを表現している[9]。いいかえれば、このNPがどのような文法機能を持つかは、この下に来る名詞がどのような語彙項目を持っているかに左右されるので

---

9) この表記法は、Kaplan & Bresnan (1982, p.196) に基づく。

ある。二つ目の NP に付与されている $(f1 (f3\text{GF})) = f3$ も同様の関係を表現している。

次に、「ジョンが言語を研究している。」の機能構造は以下のとおりである。

ここで、英語文 'John studies languages.' の構成要素構造と、日本語文「ジョンが言語を研究している」の構成要素構造とを比較すると、前者はNP と VP とに分かれた階層構造になっている一方で、後者は平らな構造

	SUBJ	PRED	'ジョン'
$f2$		CASE	が
		GF	SUBJ
	OBJ	PRED	'言語'
$f3$		CASE	を
		GF	OBJ
	PRED	'研究する<$(f4$ SUBJ$),(f4$ OBJ$)>$'	
$f1,f4$	TENSE	PRESENT	
	ASPECT	PROGRESSIVE	

図 9.8:「ジョンが言語を研究している」の機能構造

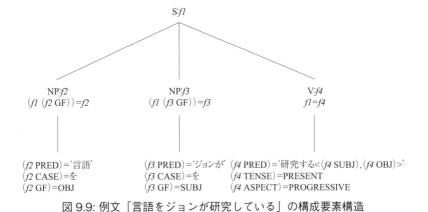

図 9.9: 例文「言語をジョンが研究している」の構成要素構造

---

10) 機能構造の類似性をより客観的に数値化する手法については、Oya (2014b) を参照。

```
              ┌ SUBJ      ┌ PRED      '言語'   ┐
              │     f2    │ CASE      を      │
              │           │ GF        OBJ     │
              │                               │
              │ OBJ       ┌ PRED      'ジョンが' │
              │     f3    │ CASE      が      │
              │           │ GF        SUBJ    │
              │                               │
        f1,f4 │ PRED      '研究する<(f4 SUBJ),(f4 OBJ)>' │
              │ TENSE     PRESENT             │
              └ ASPECT    PROGRESSIVE         ┘
```

図 9.10:「言語をジョンが研究している」の機能構造

になっている。しかし、両者の機能構造を比較すると、全体的にはよく似た構造となっている[10]。

さらに、語順を変えた文「言語をジョンが研究している」では、構成要素構造は異なっていても、機能構造はほぼ同一である。

このように、自然言語に存在する文法関係を、個別言語間の差異や個別言語内の語順などを捨象して表現することが機能構造によって可能になるのである。

9.5 機能構造の適格性条件

統語論で重要な研究課題は、「文法的に正しい文とは何か」を説明することである。LFG では、文法的に正しい文の機能構造は下記の三つの適格性条件（well-formedness conditions）を満たしている（Kaplan & Bresnan, 1982, pp. 211-212; Dalrymple, 2001, pp.35-39）、と規定している。

完全性（completeness）
結束性（coherence）
一貫性（consistency）

完全性条件は、動詞が必要とする要素が機能構造の中に全て備わってい

るかどうかに関わっている。例えば、以下の文は他動詞の目的語がない[11]。

(14)
* John studies.

この文の機能構造は、属性 OBJ の値である機能構造がないため、完全性条件を満たしていない[12]。

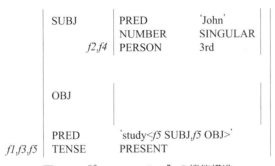

図 9.11: "* John studies." の機能構造

一貫性条件は、動詞が必要としていない要素が機能構造の中に含まれていないかどうかに関わっている。たとえば、以下の文は名詞句が余分に含まれているため、一貫性条件を満たしていない。

(15)
* John studies languages anthropology.

---

11) 動詞が自動詞である場合には、この文は完全性を満たしている。その場合には、自動詞の語彙情報の一部として、(↑ PRED) = 'study < (↑ SUBJ) >' という機能記述が含まれている。
12) 日本語では、主語や目的語が省略されている文が多く用いられている。このような文では、音型を持たないゼロ代名詞（zero pronoun）の存在を想定することによって、機能構造の完全性条件が満たされると考えられる。詳細は Oya（2014a）を参照。

	SUBJ	PRED	'John'
		NUMBER	SINGULAR
	f2,f4	PERSON	3rd
	OBJ	PRED	'languages'
		NUMBER	PLURAL
	f6,f7	PERSON	3rd
	??	PRED	'anthropology'
		NUMBER	SINGULAR
		PERSON	3rd
		PRED	'study<f5 SUBJ,f5 OBJ>'
f1,f3,f5		TENSE	PRESENT

図 9.12: "*John studies languages anthropology" の機能構造

結束性条件は、機能構造内部にある要素同士に矛盾がないかどうかに関わっている。たとえば、以下の文は主語と動詞とが数に関して一致していない。動詞 studies は主語が単数形であることを必要としているが、名詞 students は複数形である。したがって、結束性条件を満たしていない。

(16)

*Students studies languages.

	SUBJ	PRED	'Students'
		NUMBER	?
	f2,f4	PERSON	3rd
	OBJ	PRED	'languages'
		NUMBER	PLURAL
	f6,f7	PERSON	3rd
		PRED	'study<f5 SUBJ,f5 OBJ>'
f1,f3,f5		TENSE	PRESENT

図 9.13: "*Students studies languages." の機能構造

9.6 文法機能と意味役割の対応関係

　この節では、総論として動詞の意味役割（第十章を参照）と文法機能との対応関係について概説し、各論としてこの対応関係が無生物主語の扱いに関する日本語と英語との違いをどのように説明するかを説明する。

　動詞の項構造内部の意味役割と文法機能とがどのように対応するかについて、ここでは意味役割階層（thematic hierarchy）を紹介する[13]。その前提となっているのは、意味役割はその重要性に従って配列されていて、その配列は言語間で普遍的であり、そしてこの配列関係が意味と形の対応に重要な役割を果たしているという考えである。

　まず意味役割の配列について考える。項構造内の意味役割は、意味役割階層に沿って左から右へと階層上高いものから低いものへと列挙されている。

AGENT > BENEFICIARY > EXPERIENCER/GOAL > INSTRUMENT > PATIENT/THEME > LOCATIVE

（Bresnan & Kanerva, 1989, p.23）

　意味役割階層が表現しているのは、「ある行動や状況を表現する際に、どの意味役割を優先的に表現するか」、という意味と形との対応関係についての直観である。下の例文[14]で考えてみよう。

(17)

a. John opened the door with the key.

b. The key opened the door.

c. The door opened.

---

13) 意味役割と文法機能との対応関係を理論化したものが語彙写像理論（Lexical-Mapping Theory: LMT）である。その詳細については、Bresnan and Kanerva (1989)、Bresnan and Zaenen (1990)、Bresnan (2001)、Her (2013) などを参照。

14) Kinjo (1996) や中野 (1998) をもとに作成。

それぞれの例文の動詞 open は、以下に挙げる項構造を持っている。それぞれの項構造の中では、＜＞で囲まれた意味役割が上記の意味役割階層に従って配列されている。

　（18）
　　a. open <AGENT, THEME>
　　b. open <INSTRUMENT, THEME>
　　c. open <THEME>

　（18a）では、道具を表す前置詞句 'with the key' は、項構造の中には含まれていない。というのも、これは付加詞（adjunct）であり、動詞の表す状況にさらに説明を加える働きを持っているからである。この場合の open は、開けるという動作が誰によって行われているかを優先的に表現している。一方、（18b）では、道具を表す名詞 'The key' は、意味役割 INSTRUMENT として項構造に含まれている。この場合の open は、開けるという動作が何を使って行われているかを優先的に表現している。そして、（18c）では、ドアが自然に開いたという出来事を表現しており、開けるという動作を行う人や、開けるために必要とされる道具は表現されていない。
　そして、それぞれの項構造の中で最も優先順位の高い意味役割に対して、文法機能の中で最も優先順位が高い主語[15]が対応するのである。

　（19）
　　a. open <SUBJ, OBJ>
　　b. open <SUBJ, OBJ>
　　c. open <SUBJ>

---

15) 文法機能の優先順位については、Bresnan（2001, p.309）、Her（2013, p.48）を参照。

ここで、(17) の英文に対応する日本語の例文を検討し、言語間の項構造の違いに注目してみよう。

(20)
a. デイヴィッドが鍵を使ってそのドアを開けた。
b. その鍵でドアが開いた。
c. ドアが開いた。

日本語では、「開ける」と「開く」のように、他動詞と自動詞の交替が動詞の形で表示される場合がある。上記 (20) で使われている「開ける」と「開く」の項構造内部での意味役割配列は下のとおりである。

(21)
a. 開ける <AGENT, THEME>
b. 開く <THEME>

日本語の他動詞「開ける」が意味役割 INSTRUMENT を主語とする項構造は存在しない。日本語では無生物主語を取らない文が、英語では無生物主語を取る他動詞を使って表現されることがよくある点に注意したい。この場合の無生物主語には、原因、理由、手段、方法、条件を表すものがあり、日本語では副詞的に表現されることが多い (中野, 1998, p.7)。日本語では、道具が他動詞「開ける」の主語として現れる構文は不自然である (その鍵がそのドアを開けた)。(20b) のように、「その鍵で」と副詞的表現を使い、自動詞を使って表現するのが自然なのである。

このように、項構造を考えることによって、日本語と英語との無生物主語の使用に関して、「英語では主語の意味役割として INSTRUMENT を持つ他動詞がある一方で、日本語の場合にはそのような他動詞はない」と考えることが出来る。

第9章 統語論と日英語比較 321

9.7 動詞の意味と構文

　LFG の枠組みの中では、個々の動詞がどのような構文を取り、どのような意味を持つのかは、その動詞の語彙的な情報として捉えられている。ここまでの例では、動詞 'studies' は、上記 (12) で表現されていたように、動詞の項の数、主語がとるべき数と人称についての情報を含んでいた。また、動詞 'open' は、何を優先的に表現したいかによって項構造が異なることを見た。この節では、一見するとよく似た構文が、実際には構成要素間の意味的関係が異なっている例を取り上げて、動詞の持つ語彙的情報の重要性についての理解を深める。

9.7.1. 制御構文

　まず、以下の例文を検討してみよう。いずれも、「主語―動詞―目的語―不定詞句」という構文を取っている。しかし、不定詞句の主語が何であるかという点については異なっている。

(22)
　　a. David persuaded Sarah to go there.
　　b. David promised Sarah to go there.

　(22a) では、不定詞句 'to go' で表現された動作を行うのは 'Sarah' である。一方、(22b) では、不定詞句 'to go' で表現された動作を行うのは 'David' である。このような構文を制御構文（control construction）とよぶ[16]。(22a) では、不定詞の主語は主動詞の目的語と等しい。この関係を、不定詞の主語は主動詞の目的語に制御されていると呼ぶ。(21b) では、不定詞の主語は主動詞の主語と等しく、言い換えれば不定詞の主語は主動詞の主語に制御されている。LFG の枠組みでは、この違いは各動詞が持っている語彙

---

16) 制御構文の理論的説明の歴史的変遷については、Davies and Dubinsky (2004) が詳しい。

項目の違いに由来する、と説明する。

まず、persuaded が持つ語彙項目は以下の通りである（Kaplan & Bresnan, 1982, pp.220-222）[17]。

(23)
persuaded
V
（↑ PRED）= 'persuade<（↑ SUBJ），（↑ OBJ），（↑ XCOMP）>'
（↑ XCOMP SUBJ）=（↑ OBJ）
（↑ XCOMP TO）$=_c$ +
（↑ TENSE）= PAST

この中で、最初の機能記述に含まれている XCOMP は、external complement の略であり、to 不定詞句や動名詞句を表す。external という形容詞がつけられているのは、主語が句の外側にある点に由来している（Dalrymple 2001, p.10）。これとは対照的に、主語を含む補文は COMP と名付けられている。二つ目の機能記述（↑ XCOMP SUBJ）=（↑ OBJ）は、XCOMP の主語は persuade の目的語である、という情報を表現している。三つ目の機能記述（↑ XCOMP TO）$=_c$ + は、XCOMP は属性 TO に関してプラスの値を持っていなければならないことを表現しており、言い換えれば不定詞が to を伴わねばならないことを表現している。

このように、不定詞の主語が主動詞の目的語に制御されている構文を目的語統御（object control）とよび、そのような構文を取る動詞を目的語統御動詞（object control verbs）とよぶ。

次に、promised の語彙項目は以下のとおりである。二つ目の機能記述（↑ XCOMP SUBJ）= SUBJ は、XCOMP の主語は promise の主語である、

---

[17] Kaplan & Bresnan（1982, pp.220-222）では、文法機能の名称として XCOMP ではなく VCOMP を用いている。

という情報を表現している。このように、不定詞の主語が主動詞の主語に制御されている構文を**主語制御**（subject control）とよび、そのような構文を取る動詞を**主語制御動詞**（subject control verbs）とよぶ。

(24)

promised

V

(↑ PRED) = 'promise< (↑ SUBJ) , (↑ OBJ) , (↑ XCOMP) >'

(↑ XCOMP SUBJ) = (↑ SUBJ)

(↑ XCOMP TO) =$_c$ +

(↑ TENSE) = PAST

例文（22a）の機能構造は以下のとおりである。persuade の目的語が *to*

PRED	'persuade<SUBJ,OBJ,XCOMP>'	
SUBJ	PRED PERSON NUMBER GENDER	'David' 3RD SINGULAR MASCULINE
OBJ	PRED PERSON NUMBER GENDER	'Sarah' 3RD SINGULAR FEMININE
XCOMP	PRED SUBJ ADVMOD TO	'go<SUBJ>' [PRED 'there'] +
TENSE	PAST	

図9.14: 例文 "David persuaded Sarah to go there" の機能構造 [18]

---

18) Oya (2014b, p.141) に基づく。

不定詞句の go の主語でもあるという関係は、機能構造内部では曲線で強調されている。

例文（22b）の機能構造は以下のとおりである。promise の主語が to 不定詞句の go の主語でもあるという関係は、図 9.14 の機能構造同様に曲線で強調されている。

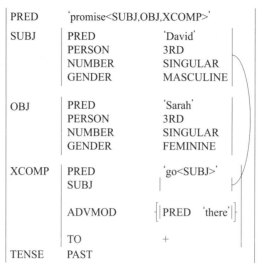

図 9.15: 例文 "David promised Sarah to go there." の機能構造 [19]

9.7.2. 繰り上げ構文

先の制御構文と構造的には似ているが、意味的には異なっている構文が繰り上げ構文（raising constructions）である。以下の例文では、「主語―動詞―目的語―不定詞句」という構文を取っているが、制御構文の場合とは異なり、動詞は目的語に対して意味的制約をかけていない。言い換えれば、繰り上げ構文を取る動詞が表す動作によって目的語は影響されていない。下の例文でいえば、David が予想しようと信じていようと、そのこと自体

---

19) Oya（2014b, p.144）に基づく。

は Sarah には何の影響も及ぼさない。

(23)
a. David expects Sarah to go there.
b. David believes Sarah to go there.

動詞が繰り上げ構文を取るかどうかは、動詞の目的語位置に there を置くことが出来るかどうかで判断できる。これを *there*-insertion とよぶ。

(24)
a. David expects there to be a problem.
b. David believes there to be a problem.
c. *David persuades there to be a problem.
d. *David promises there to be a problem.

このような構文に「繰り上げ」という名称がつけられているのは、従属節の主語が主節の目的語位置へと繰り上がる、という変形文法の用語が現在も用いられているからである。

LFG の枠組みでは、統御動詞と繰り上げ動詞との違いは各動詞が持っている語彙項目の違いに由来する、と説明する。これは上述した主語制御動詞と目的語制御動詞の違いの場合と同様である。

繰り上げ構文をとる動詞 expect と believe の語彙項目は以下のとおりである。注目すべき点は、機能記述（↑ PRED）= 'expect< (↑ SUBJ) , (↑ XCOMP) > (↑ OBJ)' では、OBJ は <> の外に置かれている。これは、OBJ が動詞からの意味的制約を受けていないことを表現している。そして、機能記述（↑ OBJ) = (↑ XCOMP SUBJ) は、主動詞の目的語と不定詞の主語とが同じであることを表現している。

(25)

expects

V

(↑ PRED) = 'expect< (↑ SUBJ) , (↑ XCOMP) > (↑ OBJ)'

(↑ OBJ) = (↑ XCOMP SUBJ)

(↑ XCOMP TO) =_c +

(↑ SUBJ PERSON) = 3RD

(↑ SUBJ NUMBER) = SINGULAR

(↑ TENSE) = PRESENT

(26)

believes

V

(↑ PRED) = 'believe< (↑ SUBJ) , (↑ XCOMP) > (↑ OBJ)'

(↑ OBJ) = (↑ XCOMP SUBJ)

(↑ XCOMP TO) =_c +

PRED	'expect<SUBJ,XCOMP>OBJ'	
SUBJ	PRED PERSON NUMBER GENDER	'David' 3RD SINGULAR MASCULINE
OBJ	PRED PERSON NUMBER GENDER	'Sarah' 3RD SINGULAR FEMININE
XCOMP	PRED SUBJ ADVMOD TO	'go<SUBJ>' [PRED 'there'] +
TENSE	PAST	

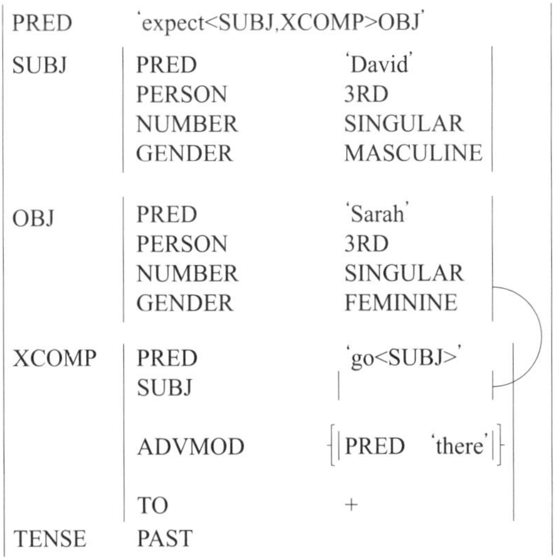

図9.16: 例文 "David expects Sarah to go there." の機能構造

第9章 統語論と日英語比較　327

(↑ SUBJ PERSON) = 3RD
(↑ SUBJ NUMBER) = SINGULAR
(↑ TENSE) = PRESENT

　この節では、一見すると同じ「主語—動詞—目的語— to 不定詞」という構文に関して、to 不定詞の主語として機能する要素が動詞の語彙項目に応じて異なることを、LFG の枠組みに沿って概観した。

9.7.3.　日本語の制御構文と繰り上げ構文

　制御構文や繰り上げ構文を取る英語の動詞に対応する日本語の動詞は、どのような構文で表れるだろうか。そして、それらの動詞はどのような語彙項目を持っているだろうか。まず、制御構文の例としてあげた 'promise' と 'persuade' に対応する「約束する」と「説得する」がどのような構文を取るかについて考える。下記の例文は、上記 (21) の英語の例文を和訳したものである。

　　(27)
　　　a. デイヴィッドがサラにそこに行くよう説得した。
　　　b. デイヴィッドがサラにそこに行くと約束した。

　一見して明らかなように、(27a) と (27b) とでは従属節の動詞に伴う要素が異なっている。(27a) では、動詞「行く」に助動詞「よう」が伴っている。一方、(27b) では、動詞「行く」に接続助詞「と」が伴っている。英語では構文上は区別がなかったが、日本語では動詞に伴う要素によって主語制御と目的語制御を区別している。したがって、「説得する」や「約束する」の語彙項目には、従属節の動詞の形に関してそれぞれ異なる情報が含まれているのである。下記の語彙項目では、助動詞や接続助詞については (↑ XCOMP FORM) の値として表現されている。

(28)

説得した V;

(↑PRED) = '説得する<(↑SUBJ),(↑OBL),(↑XCOMP)>'

(↑XCOMP SUBJ) = (↑OBL)

(↑TENSE) = PAST

(↑XCOMP FORM) = 'よう'

(27a) の機能構造は以下のとおりである[20]。

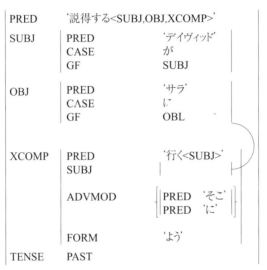

図9.17: 例文「デイヴィッドがサラにそこに行くよう説得した」の機能構造

(29)

約束した V;

(↑PRED) = '約束する<(↑SUBJ),(↑OBL),(↑XCOMP)>'

(↑XCOMP SUBJ) = (↑SUBJ)

(↑TENSE) = PAST

---

[20] 日本語単文の機能構造の書式は、Oya (2014b) に基づく。

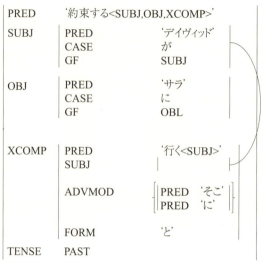

図 9.18: 例文「デヴィッドがサラにそこに行くと約束した」の機能構造

($\uparrow$ XCOMP FORM) = 'と'

次に、繰り上げ構文の例として挙げた 'expect' と 'believe' に対応する「期待する」と「信じている」がどのような構文を取るかについて考える。下記の例文は、上記（24）の英語の例文を和訳したものである。

(30)
 a. デヴィッドはサラがそこに行くと期待している。
 b. デヴィッドはサラがそこに行くと信じている。

制御構文の場合とは異なり、（30a）と（30b）とでは従属節の主語には格助詞「が」が伴われている。つまり、従属節の内部に主語が存在している（下記の機能構造を参照）。したがって、「期待する」や「信じている」の語彙項目には、XCOMPではなく、補文（complement）を意味するCOMPが含まれているのである。この点で、英語のexpectやbelieveが使われた文の機能構造は、日本語の「期待する」や「信じる」が使われた機能構造と

は異なっていることがわかる。

(31)

期待している V;

(↑ PRED) = '期待する<(↑ SUBJ),(↑ COMP)>'

(↑ TENSE) = PRESENT

(↑ COMP FORM) = 'と'

PRED	'期待する<SUBJ,COMP>'	
SUBJ	PRED CASE	'デイヴィッド' は
COMP	PRED SUBJ	'行く<SUBJ>' [PRED 'サラ' CASE 'が']
	ADVMOD	[[PRED 'そこ' CASE 'に']]
	FORM	'と'
TENSE	PAST	

図 9.19: 例文「デイヴィッドはサラがそこに行くと期待している」の機能構造

(32)

信じている V;

(↑ PRED) = '信じる<(↑ SUBJ),(↑ COMP)>'

(↑ TENSE) = PRESENT

(↑ COMP FORM) = 'と'

　この節では、制御構文を取る英語の動詞や繰り上げ構文を取る英語の動詞に対応する日本語の動詞がどのような構文を取るかについて、各動詞の語彙項目の違いという観点から明示的に説明することが可能であることを概観した。

9.8 語彙規則と構文の変化

LFG では、ひとつの動詞が異なる構文を取りうる現象に対しては、動詞の語彙項目を変化させる語彙規則 (lexical rule) (Bresnan, 1978, 1982, 2001; Kaplan & Bresnan, 1982) [21] によって明示的に説明する。この節では、そのような現象の代表的な例として受動態構文と与格交替構文を取り上げ、語彙規則がどのように構文の変化に関わっているのかを概観する [22]。

9.8.1. 受動態構文

LFG の枠組みでは、受動態の動詞の語彙項目は、他動詞の語彙項目に対して以下のような語彙規則が適用されることによって生成されると考える (Kaplan & Bresnan 1982)。この規則の一行目は、他動詞の主語は by によって導かれた前置詞句になり、二行目では本来は目的語であったものが主語になり、そして三行目では PARTICIPLE という属性が PASSIVE という値を持つ、言い換えれば過去分詞が受動態の一部として機能することを表現する。

(33)
($\uparrow$ SUBJ) → ($\uparrow$ BY OBJ)
($\uparrow$ OBJ) → ($\uparrow$ SUBJ)
($\uparrow$ PARTICIPLE) = PASSIVE

例えば、動詞 open の語彙項目 (34) に上記の規則を適用することで、別の語彙項目 (35) が得られる。ここで注意しなければならないのは、

---

21) 語彙規則がなぜ必要とされるのかに関しては、これらの文献を参照。
22) 最近の LFG では、受動態構文や与格交替構文も前述の意味役割階層に沿って説明している (Bresnan, 2001)。一方、LFG の枠組みを実装した構文解析システムである XLE (Xerox Language Environment) (Butt, King, Niño, & Segond, 1999) では、現在も語彙規則が用いられている。この節では、語彙規則による説明と意味役割階層に沿った説明のいずれも、動詞が持っている語彙的情報が構文の決定に重要な役割を持っているという点では共通しているという点を指摘するにとどめたい。

SUBJ や OBJ といった文法機能と意味役割の対応関係も変化しているという点である。つまり、(34) では意味役割 agent は SUBJ と対応していたが、(35) では意味役割 agent は BY SUBJ と対応している。

(34)
open, V:
(↑ PRED) = 'open < (↑ SUBJ), (↑ OBJ) >'
(↑ TENSE) = PRESENT

(35)
opened, V:
(↑ PRED) = 'open < (↑ BY OBJ), (↑ SUBJ) >'
(↑ PARTICIPLE) = PASSIVE

さらに、受動態で使われる be 動詞の語彙項目は以下のとおりである[23]。5行目の等式では、XCOMP の属性である PARTICIPLE は、値として PASSIVE を持っていなければならない、という制約を表している。

(36)
was V;
(↑ TENSE) = PAST
(↑ SUBJ NUM) = SINGULAR
(↑ PRED) = 'be<SUBJ, XCOMP>'
(↑ XCOMP PARTICIPLE) = c PASSIVE
(↑ XCOMP SUBJ) = (↑ SUBJ)

---

[23] これは、Kaplan and Bresnan (1982) による進行形の be 動詞の語彙情報を参考に作成したものである。

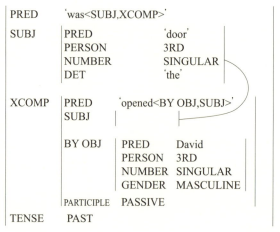

図9.20: 例文 "The door was opened by David." の機能構造

例文 "The door was opened by David." の機能構造は以下のとおりである。他動詞全てに一様に上記の受動態語彙規則が適用されるわけではない。例えば、Quirk, Greenbaum, Leech, & Svartvik (1985) では、状態を表す他動詞は受動態にならないと記述されている。例えば、所有関係を表す他動詞や、二つの物や人の関係を表す他動詞などである。

(37)

a. Sarah has/possesses an automobile.

b. *An automobile is had/possessed by Sarah.

(38)

a. Sarah resembles her mother.

b. *Her mother is resembled by Sarah.

日本語の受動態はどのように LFG の枠組みで表現されるだろうか。日本語の受動態は、英語とは異なり be 動詞のような繋辞（copula）の存在を

必要とせず、動詞に形態素を付与することで態の交替を表現する。そして、英語の受動態同様に他動詞の目的語が主語として表現される直接受動態（direct passive）と、望ましくない出来事を表現する間接受動態（indirect passive）とに分類される[24]。直接受動態は他動詞のみから作られるが、間接受動態は他動詞と自動詞いずれからも作られうる。例文（39）は他動詞「開ける」から作られた直接受動態の文であり、例文（40）は同じ動詞から作られた間接受動態の文である。この文は、「窓が開けられる」ことによって「デヴィッド」は何らかの形で被害を受けているという含意を持っている。

（39）
その窓はサラに開けられた。

（40）
デヴィッドはサラに窓を開けられた。

そして、例文（41）は自動詞「（雨が）降る」から作られた間接受動態の例である。「雨が降る」という出来事からサラは被害を受けていることが表現されている。

（41）
サラは雨に降られた。

日本語の受動態も、英語の場合と同様に語彙規則が動詞の語彙項目に適用されることによって作られると考えることが出来る。しかし、日本語の受動態では、直接受動態と間接受動態とでは異なる語彙規則が適用されると考える必要がある。それぞれの受動態が表現している主語と動詞との関

---

[24] 間接受動態は、迷惑の受け身（adversative passive）とも呼ばれる。

係が異なっているからである。

　まず、直接受動態をつくる語彙規則は以下のとおりである。一行目は、能動態では主語だった要素が受動態では斜格（oblique）の名詞句で表現されることを表し、二行目は能動態では目的語だった要素が受動態では主語として表現されることを表し、三行目では態が直接受動態であることを、そして四行目では動詞語幹に受動態接尾辞「れる」または「られる」が付与されることを表現している。

　　(42)
　　(↑ SUBJ) → (↑ OBLni)
　　(↑ OBJ) → (↑ SUBJ)
　　(↑ VOICE) = DIRECT_PASSIVE
　　V + areru/rareru[25]

　動詞「開けた」、およびこれに語彙規則 (42) を適用して得られた受動態「開けられた」の語彙項目は以下の通りである。

　　(43)
　　開けた V;
　　(↑ PRED) = '開ける < (↑ SUBJ) , (↑ OBJ) >'
　　(↑ TENSE) = PAST

　　(44)
　　開けられた V;
　　(↑ PRED) = '開けられる < (↑ OBLni) , (↑ SUBJ) >'
　　(↑ TENSE) = PAST

---

25) 二つの形があるのは、語幹が子音で終わっている場合（例：書かれる kak+areru）と母音で終わっている場合（例：食べられる tabe+rareru）とで異なっているからである。

(↑ VOICE) = DIRECT_PASSIVE

次に、間接受動態をつくる語彙規則は以下のとおりである。まず、元の語彙項目にはない主語が付け加えられることが一行目で表現され、二行目では元の主語が斜格で表現されることが、三行目では態が間接受動態であることを、そして四行目では動詞語幹に受動態接尾辞「れる」または「られる」が付与されることを表現している。この規則では、目的語に関しては何も述べられていない。その結果、自動詞にこの規則が適用されても問題なく、他動詞にこの規則が適用された場合にはもとからあった目的語は変更されない。さらに注意しなければならないのは、新しく導入された文法機能 SUBJ に対しては、意味役割 patient が対応しているという点である。

(45)
(↑ SUBJ)
(↑ SUBJ) → (↑ OBLni)
(↑ VOICE) = INDIRECT_PASSIVE
V + areru/rareru

他動詞「開けた」の語彙項目に語彙規則 (45) を適用して得られる語彙項目は以下のとおりである。

(46)
開けられた V;
(↑ PRED) = '開けられる <(↑ SUBJ) , (↑ OBLni) , (↑ OBJ) >'
(↑ TENSE) = PAST
(↑ VOICE) = INDIRECT_PASSIVE

自動詞「降った」の語彙項目 (47) に語彙規則 (45) を適用して得られる語彙項目は (48) である。

(47)

降った V;

(↑ PRED) = '降る＜(↑ SUBJ)＞'

(↑ TENSE) = PAST

(48)

降られた V;

(↑ PRED) = '降られた＜(↑ SUBJ),(↑ OBLni)＞'

(↑ TENSE) = PAST

(↑ VOICE) = INDIRECT_PASSIVE

9.8.2. 与格交替構文

　与格交替とは、下記の例のように一つの動詞が二重目的語構文と直接目的語＋前置詞句構文を取れる現象である。

(49)

a. David gave a book to Sarah.

b. David gave Sarah a book.

　LFGの枠組みでは、与格交替構文も受動態構文と同様に動詞の語彙項目への語彙規則の適用によって説明される。以下の与格交替語彙規則が直接目的語＋前置詞句構文を取る動詞に適用されることによって、二重目的語構文を取る動詞が作られる（Kaplan & Bresnan, 1982）。

(50)

(OBJ) → (OBJ2)

(TO OBJ) → (OBJ)

例えば、動詞 gave の語彙項目（51）に語彙規則（50）が適用されると、語彙項目（52）が得られる。

(51)
gave, V;
(↑ PRED) = 'give<（↑ SUBJ）,（↑ OBJ）,（↑ TO OBJ）>'
(↑ TENSE) = PAST

(52)
gave, V;
(↑ PRED) = 'give<（↑ SUBJ）,（↑ OBJ）,（↑ OBJ2）>'
(↑ TENSE) = PAST

それぞれの動詞が使われた文の機能構造は以下のとおりである。

直接目的語＋前置詞句構文を取る動詞全てに一様に上記の与格交替語彙規則が適用されるわけではない。例えば、Bresnan & Nikitina（2008, p.19）

PRED	'gave<SUBJ,OBJ,TO OBJ>'	
SUBJ	PRED	'David'
	PERSON	3RD
	NUMBER	SINGULAR
	GENDER	MASCULINE
OBJ	PRED	'book'
	PERSON	3RD
	NUMBER	SINGULAR
	DRT	'a'
TO OBJ	PRED	'Sarah'
	PERSON	3RD
	NUMBER	SINGULAR
	GENDER	FEMININE
TENSE	PAST	

図 9.21: "David gave a book to Sarah." の機能構造

```
PRED      'gave<SUBJ,OBJ,OBJ2>'
SUBJ   | PRED      'David'
       | PERSON    3RD
       | NUMBER    SINGULAR
       | GENDER    MASCULINE

OBJ    | PRED      'Sarah'
       | PERSON    3RD
       | NUMBER    SINGULAR
       | GENDER    FEMININE

OBJ2   | PRED      'book'
       | PERSON    3RD
       | NUMBER    SINGULAR
       | DET       'a'
TENSE     PAST
```

図 9.22: "David gave Sarah a book."

によると、Switchboard Corpus (Godfrey, Holliman, & McDaniel, 1992) 中に表れた所有関係の変化を表現する動詞の中で、give は二重目的語構文を取る傾向が強い一方で、それ以外の動詞はそのような傾向を示さない。

　日本語では、英語の与格交替現象は見られない。日本語の語順は比較的自由である一方、直接目的語には格助詞「を」、間接目的語には格助詞「に」が付与される傾向が強いからである[26]。したがって、日本語には与格交替に関わる語彙規則は存在しないと考えるのが合理的である。

　この節では、ひとつの動詞が異なる構文を取る現象に対しては、動詞の語彙項目を変化させる語彙規則 (lexical rule) によって説明可能であることを、受動態構文と与格交替構文を例として概観した。

9.9　まとめ

　この章では、統語理論の一つである語彙機能文法 (Lexical-Functional

---

26) ここで「傾向が強い」としたのは、日本語では、格助詞が省略される場合（例：あの本、彼女にあげたよ）や、名詞句そのものが省略される場合が多いからである。

Grammar: LFG）の理論的枠組みを概説し、この枠組みが前提とする語彙情報の重要性について、英語と日本語との構造的差異の例を通じて説明した。まず、構成要素構造と機能構造との対応関係について例文を通じて説明し、意味役割と文法機能との対応関係について英語の無生物主語を例に挙げて概説した。次に、表層的には類似した構造を持つ文が動詞の持つ語彙情報によって異なる機能構造を持つことを、制御構文と繰り上げ構文を例として説明した。最後に、受動態構文や与格交替構文など、ひとつの動詞が異なる構文を取る現象に対しては、動詞の語彙情報を変化させる語彙規則によって説明可能であることを概観した。この章で取り上げた統語現象以外にも、さまざまな統語現象についての研究が盛んに進められている。それらについては、読者の皆さんが各自で研究を進められることを切に願い、この章の締めくくりとしたい。

読書案内

1. Bresnan, J.（2001）. *Lexical-functional syntax*. London: Blackwell.

   語彙機能文法の入門書。第一部では普遍文法がどのような構成となっているかを概観する。とくに、英語などのように統語構造が階層的構造を持っている言語と、オーストラリア原住民語のひとつであるワルピリ語のように統語構造が階層的ではない言語とを比較し、いずれのタイプの言語についても問題なく統語的知識を表現できる理論体系の必要性について論じている。第二部では語彙機能文法の詳細について説明している。語彙機能文法の理論的前提である「異なるレベルの表現形式間の対応関係」について、順を追って理解することが出来る。第三部では、形態や構成要素構造の言語間変異とその原理的説明が、そして第四部では機能構造内部の理論的詳細が述べられている。この章で触れた語彙写像理論や、代名詞と先行詞の照応関係についても第四部で取り上げられている。各章の内容を踏まえた練習問題を通じて、言語現象を体系的・原理的に捉える方法を学ぶことが出来る。

参考文献

中野 美知子（1998）.『基本英作文テキスト』研究社。

Bresnan, J. (1978). A realistic transformational grammar. In M. Halle, J. Bresnan, & G. A. Miller (Eds.), *Linguistic theory and psychological reality* (pp.1-59). Cambridge, MA: The MIT Press.
Bresnan, J. (Ed.). (1982). *The mental representation of grammatical relations*. Cambridge, MA: The MIT Press.
Bresnan, J. (1982). The passive in lexical theory. In J. Bresnan, (Ed.). *The mental representation of grammatical relations* (pp.3-86). Cambridge, MA: The MIT Press.
Bresnan, J. (2001). *Lexical-functional syntax*. London: Blackwell.
Bresnan, J., & Kanerva, J. (1989). Locative inversion in Chicheŵa: a case study of factorization in grammar. *Linguistic Inquiry, 20*(1), 1-50.
Bresnan, J., & Nikitina, T. (2008). The gradience of the dative alternation. In L. Uyechi, & L. H. Wee (Eds.). *Reality exploration and discovery: Pattern interaction in language and life* (pp.161-184). Stanford, CA: CSLI Publications.
Bresnan, J., & Zaenen, A. (1990). Deep unaccusativity in LFG. In K. Dziwirek, P. Farrell, & E. Mejias-Bikandi(Eds.),*Grammatical relations: A cross-theoretical perspective* (pp.45-57). Stanford, CA: CSLI Publications.
Butt, M., & King, T.H. (Eds.). (1996). *LFG Online Proceedings*. Retrieved from http://web.stanford.edu/group/cslipublications/cslipublications/LFG/
Butt,M., King, T.H., Niño, M.E., & Segond, F. (1999). *A grammar writer's cookbook*. Stanford, CA: CSLI Publications.
Chomsky, N. (1957). *Syntactic structures*. The Hague: Mouton.
Chomsky, N. (1965). *Aspects of the theory of syntax*. Cambridge, MA.: The MIT Press.
Chomsky, N. (1970). Remarks on nominalization. In R. Jacobs & P. Rosenbaum (Eds.), *Reading in English Transformational Grammar* (pp. 184-221). Waltham: Ginn.
Chomsky, N. (1980). *Rules and representations*. Columbia University Press.
Chomsky, N., & Lasnik, H. (1993) Principles and parameters theory, *in Syntax: An international handbook of contemporary research*, Berlin: de Gruyter.
Davies, W. D., &. Dubinsky, S. (2004). *The grammar of raising and control*. London: Blackwell Publishing.
Dalrymple, M. (2001). *Syntax and semantics vol.34: Lexical functional grammar*. San Diego, CA: Academic Press.
Godfrey, J. J., Holliman, E. C., & McDaniel, J. (1992). Switchboard: Telephone speech corpus for research and development. In *Proceedings of the International Conference on Acoustics, Speech, and Signal Processing (ICASSP)'92,*

517-520. San Francisco, CA.

Grimshaw, J. (1982). On the lexical representation of Romance reflexive clitics. In J. Bresnan (Ed.), *The mental representation of grammatical relations* (pp.87-148). Cambridge, MA: The MIT Press.

Haegeman, L. & Guéron, J. (1999). *English grammar: A generative perspective*. London: Blackwell.

Her, O. S. (2013). Lexical mapping theory revisited. In T.H. King &V. de Paiva(Eds.), *Quirky case to representing space: Papers in honor of Annie Zaenen* (pp.47-59). Stanford, CA: CSLI Publications.

Kaplan, R. & Bresnan, J. (1982). Lexical-functional grammar: A formal system for grammatical representation. In J. Bresnan (Ed.), *The mental representation of grammatical relations* (pp.173-281). Cambridge, MA: The MIT Press.

Kinjo, Y. (1996). Prototype theory and case assignment. *Proceedings of PACLIC 10*, 157-162.

Oya, M. (2014a). Treatment of zero pronouns in the framework of Lexical-Functional Grammar. *Selected Papers of the 18th Conference of Pan-Pacific Association of Applied Linguistics*, 1-14.

Oya, M. (2014b) A study of syntactic typed-dependency trees for English and Japanese and graph-centrality measures. Doctoral dissertation.

Quirk, R., Greenbaum, S., Leech, G., & Svartvik J. (1985). A *comprehensive grammar of the English language*. London : Pearson Longman.

Pollock, J.Y. (1989). Verb movement, Universal Grammar and the structure of IP. *Linguistic Inquiry 20*(3)., 365-424.

Shieber, S. M. (1986). *An introduction to unification-based approaches to grammar*. Stanford, CA: Center for the Study of Language and Information (CSLI).

第Ⅲ部

第10章　英語動詞の分類—5文型を出発点として—

大和田　和治

概要

本章では、英語の動詞をよりよく理解するために、まず、5文型を出発点とした動詞の型について述べる。つぎに、動詞の分類について見る。最後に、自動詞の分類および自動詞の第二言語習得についてごく簡単に述べる。

10.1　動詞の型
10.1.1　はじめに

日本の英語教育の英文法指導において、5文型が一般的に教えられている。この5文型の起源はOnions（1904）であると考えられている。宮脇（2012）は、「Onions（1904）が書かれ、それに刺激を受けた細江（1917）が書かれなければ、我が国の英語教育に5文型が定着することはなかったであろう」（p. 458）と述べている[1]。では、中学校・高校学校の学習指導要領では5文型はどのように扱われているのであろうか。

まず、中学校学習指導要領（平成20年3月告示）では文型という用語やS、V、O、Cといったコードを使わずに、文の構造自体に注目させるために、文構造[2]という項目の下に「a 主語＋動詞、b 主語＋動詞＋補語、c 主語＋動詞＋目的語、d 主語＋動詞＋間接目的語＋直接目的語、e 主語＋動詞

---

1) 宮脇（2012）は、5文型の祖はCooper and Sonnenschein（1889）であるとする。
2) 同指導要領の第2章第9節外国語、第2各言語の目標及び内容等、2内容、（3）言語材料、エ文法事項、（イ）文構造。

＋目的語＋補語、fその他」と示されている[3]。

次に、高等学校学習指導要領（平成21年3月告示）は、英語に関する各科目の言語活動を行うにあたっては、上述の中学校学習指導要領第2章第9節第2の2の(3)言語材料及び高等学校指導要領で示された言語材料の中から各科目にふさわしいものを適宜用いて行わせる、としている。つまり、中学校学習指導要領の文構造がそのまま受け継がれ、5文型という用語は使われていない。

なお、高等学校の必履修科目である「英語コミュニケーションⅠ」の教科書の中には、たとえば、表10.1のように5文型という用語は使わずに5文型を体系的に扱っているものもある。

表10.1:「英語コミュニケーションⅠ」のある教科書での5文型の扱い

基本的な文のパターン	
1. S＋V「〜が…する」	Birds fly.
2. S＋V＋C「〜は…である」など	I am happy.
3. S＋V＋O「〜を…する」	I played tennis.
4. S＋V＋O1＋O2「〜に…を与える」など	I gave her a present.
5. S＋V＋O＋C「〜を…と呼ぶ」など	I call him John.

（Crown English Communication Ⅰ, p. 12）

以下では、まず文型により文を分類するアプローチ、そして動詞の型により分類するアプローチについて述べる。次に、個々の動詞の使い方に重きを置き、各動詞がとる語のパターンを重視するパターン文法について見ていく。そして最後に、動詞自体の意味とその動詞が使われている構文自体の意味の両方が合わさって文全体の意味が生じるとする構文文法について触れる。

10.1.2　Onions (1971) における5文型

Onions (1971)[4] は「述部の5形式（the five forms of the predicate）」という

---

[3] b、c、d、e、fにおいては、さらに扱うべき項目が挙げられている。

考えを示した。これは、文は述部の第 1 形式（First form of the predicate）から述部の第 5 形式（Fifth form of the predicate）」の 5 つの主な述部（predicate）によって分類できるとするものである[5]。述部（predicate）になれる要素として、動詞（verb）、述部形容詞（predicative adjective）、述部名詞（predicative noun）、述部代名詞（predicative pronoun）、目的語（object）、付加詞（adjunct）[6]を挙げているが、S、V、O、C といったコードは使っていない（表 10.2 参照）。

表 10.2: Onions（1971）における 5 形式

1. First form of the predicate

Subject	Predicate
Day	dawns

2. Second form of the predicate

Subject	Predicate	
	verb	*predicative adjective or predicative noun or predicative pronoun*
Thought	is	free

3. Third form of the predicate

Subject	Predicate	
	verb	*object*
Rats	desert	a sinking ship

---

4) 本章では、Onions（1904）ではなく、その改訂版である Onions（1971）に基づいて述べる。
5) 日本語訳は宮脇（2012）による。
6) 付加詞とは、動詞、形容詞、副詞を修飾する副詞や副詞相当語句（adverb-equivalent）のこと（Onions, 1971）。

4. Fourth form of the predicate

Subject	Predicate	
	verb	*two objects*
I	ask	you this question
We	asked	him to speak

5. Fifth form of the predicate

Subject	Predicate		
	verb	*object*	*predicative adjective or predicative noun*
He	thought	himself	a happy man
Nothing	makes	a Stoic	angry

（pp. 4-7 を基に筆者が作成）

　また、日本の英語教育においては受身文の文型はあまり取り上げられないが、述部の第 3、4、5 形式が受身文になるとそれぞれ第 1、3、2 形式になるとしている（表 10.3 参照）。

表 10.3: Onions（1971）における第 3、4、5 形式の受身文である第 1、3、2 形式

1. First form of the predicate

Subject	Predicate
Abel	was killed (*verb*) by Cain (*adjunt*)

3. Third form of the predicate

Subject	Predicate		
	verb	*object retained*	*adjunt*
I	am asked	my opinon	by you
He	was told	to speak	by me

2. Second form of the predicate

Subject	Predicate		
	verb	*predicative adjetive or noun*	*adjunct*
He	was declared	a traitor	by the Court

(pp. 6-9 を基に筆者が作成)

次節では、この5文型を発展させた7文型を見ていく。

10.1.3　Quirk, Greenbaum, Leech, and Svartvik（1985）における7文型

　Quirk et al. は5文型に2文型を加えて7文型を示した。1つの節（clause）[7]からなる文を出発点とし7つの節の型（clause types）に分類した。節を構成するものが節構造の要素（elements of clause structure）であり、主語（subject）、補語（complement）、動詞（verb）、目的語（object）、副詞類（adverbial）[8]からなる。補語は主格補語（subject complement）と目的補語（object complement）に、目的語は間接目的語（indirect object）と直接目的語（direct object）にそれぞれ分けられる。

　注意を要する点は、ここでの副詞類は主に時間や様式、位置関係を表す義務的な副詞類（obligatory adverbial）のことで、これを省略すると文が非文[9]となるということである。たとえば、表10.4の例で見ると、SVAの

---

7) 文より下、句より上のレベルの概念で、典型的には主語（subject）と述部（predicate）からなる文法の単位。節と文が重なる場合もある（Aarts, Chalker, & Weiner, 2014）。なお、節にはいくつか異なる定義がある。

8) 副詞類とは副詞句（adverb phrase）、前置詞句（prepositional phrase）、副詞節（adverbial clause）、名詞句（noun phrase）を指す（Leech, 2006）。また、多くの副詞類はどこに置くかは比較的自由であり、省略可能で、いくつか付け加えることができる（Quirk, Greenbaum, Leech, & Svartvik, 1985 参照）。

9) 非文とは ungrammatical sentence のことで、通常文頭にアスタリスク（*）をつける。ある文が非文法的（ungrammatical）であるとは、その言語の文法規則に則っておらず、逸脱しているということ。「適格な（well-formed）」もほぼ同じ意味で使われる。文法性（grammaticality）は、文法性判断（grammatical judgment）のように段階をなす。一方、母語話者が「普通である、可能である」といった判断を下せば、容認可能な（acceptable）文となる。つまり、文法性と容認性（acceptability）は区別され、文法的に正しくても、容認されない（unacceptable）文が存在する（Aarts et al., 2014 参照）。

in the garden、SVOA の *upstairs* を省略してしまうと節として成立しなくなるので、これらの副詞類は義務的なものとなる。要するに、Quirk et al. の分類は 5 文型の他に 2 文型、すなわち SVA、SVOA が追加されている。

表 10.4: Quirk et al.（1985）による節（clause）の型

	S (ubject)	V (erb)	O (bject)	C (omplement)	A (dverbial)
Type *SV*	Someone	was laughing			
Type *SVO*	My mother	enjoys	parties		
Type *SVC*	The country	became		totally independent	
Type *SVA*	I	have been			in the garden
Type *SVOO*	Mary	gave	the visitor		
			a glass of milk		
Type *SVOC*	Most people	consider	these books	rather expensive	
Type S*VOA*	You	must put	all the toys		upstairs

（Quirk et al., 1985, p. 53）

次節では、以上のように文を分類した文型（sentence patterns）ではなく、より詳しく動詞を分類した動詞の型（verb patterns）について見ていく。

10.1.4 Hornby（1954, 1975）における 25 の動詞の型 [10]

A.S. Hornby らは発信のための情報を取り入れた EFL/ESL 辞典の元祖とされる *Idiomatic and Syntactic English Dictionary*（*ISED*）（1942）を編纂した。*ISED* は動詞のパターン、すなわち動詞の型などの文法コードを取り入れた最初の本格的英英辞典であり（南出、1998）、動詞の型を P1（Pattern 1）から P25（Pattern 25）の 25 に分類した。P1 から P19 までは他動詞用法で、P20 から P25 までが自動詞用法であった。

その後、A. S. Hornby は Hornby（1954）およびその第 2 版の Hornby（1975）において動詞の型を新たに詳しく分類した。Hornby（1975）は、単語を正

---

[10] 動詞の型だけでなく、名詞の型、形容詞の型の記述もある。

しい順序で並べられることは個々の単語の意味を知ることと同じくらい重要であり、パターンの中で最も重要なのは動詞のパターンであると述べている。また、VP（Verb Pattern）を VP1 から VP25 の 25 に分類し、VP1 から VP5 までを自動詞用法、VP6 から VP25 までを他動詞用法とした[11]。

　この分類は *Oxford Advanced Learner's Dictionary of Current English* (*OALD*3) (1974) に引き継がれ (Hornby, 1975)、最終的には動詞の型は全部で 51 の分類となった（表 10.5 参照）。また、動詞の型を細かく見てみると自動詞の VP2 は 5 つに下位分類されている。また、他動詞用法の VP6 には受身文になる VP6A とそうならない VP6B がある (Hornby, 1975)。

表 10.5: *OALD*3 の 1985 年版の動詞の型 [12]

[VP1]	S + BE + subject complement/adjunct	This is a book/where I work.
[VP2A]	S + *vi*	The moon rose.
[VP2B]	S + *vi* + (*for*) + adverbial adjunct	We walked (for) five miles.
[VP2C]	S + *vi* + adverbial adjunct	Go away/Come in.
[VP2D]	S + *vi* + adjective/noun/pronoun	She married young.
[VP2E]	S + *vi* + present participle	They've gone dancing.
[VP3A]	S + *vi* + preposition + noun/pronoun	You can relay on me.
[VP3B]	S + *vi* + (preposition (+ *it*)) + clause	Have you decided (on) what to do next?
[VP4A]	S + *vi* + *to*-infinitive	We stopped to rest.
[VP4B]	S + *vi* + *to*-infinitive	He awoke to find the house on fire.
[VP4C]	S + *vi* + *to*-infinitive	He agreed to come at once.

---

11) さらに細分化される型もあり、実際は 53 に下位分類できる。
12) 本書の裏表紙裏では [VP18C]*Have the visitors shown in, please.* となっているが、同書の xxxvi ページに挙げられている例文に変更した。

[VP4D]	S + SEEM/APPEAR + (to be) + adjective/noun	He seemed (to be) surprised at the news.
[VP4E]	S + SEEM/APPEAR/HAPPEN/CHANCE + *to*-infinitive	She appears to have left already.
[VP4F]	S + BE + *to*-infinitive	At what time am I to come?
[VP5]	S + anomalous finite + infinitive	You needn't wait.
[VP6A]	S + *vt* + noun/pronoun	Everyone likes her.
[VP6B]	S + *vt* + noun/pronoun	She has green eyes.
[VP6C]	S + *vt* + gerund	She enjoys playing tennis.
[VP6D]	S + *vt* + gerund	He began talking about his family.
[VP6E]	S + NEED/WANT/BEAR + gerund	He needs looking after.
[VP7A]	S + *vt* + (*not*) + *to*-infinitive	I forgot to post your letter.
[VP7B]	S + HAVE/OUGHT + (*not*) + *to*-infinitive	He often has to work overtime.
[VP8]	S + *vt* + interrogative pronoun/adverb + *to*-infinitive	I couldn't decide what to do next.
[VP9]	S + *vt* + *that*-clause	Do you think (that) it will rain?
[VP10]	S + *vt* + dependent clause/question	Does anyone know how it happened?
[VP11]	S + *vt* + noun/pronoun + *that*-clause	I convinced him that I wan innocent.
[VP12A]	S + *vt* + noun/pronoun (IO) + noun/pronoun (DO)	He doesn't owe me anything.
[VP12B]	S + *vt* + noun/pronoun (IO) + noun/pronoun (DO)	Will you do me a favour?
[VP12C]	S + *vt* + noun/pronoun + noun/pronoun	Ask him his name.
[VP13A]	S + *vt* + noun/pronoun (DO) + *to* + noun/pronoun	He sold his car to his sister.
[VP13B]	S + *vt* + noun/pronoun (DO) + *for* + noun/pronoun	She made a new dress for her daughter.

[VP14]	S + vt + noun/pronoun (DO) + preposition + noun/pronoun	I explained my difficulty to him.
[VP15A]	S + vt + noun/pronoun (DO) + adverbial phrase	Please put this book on my desk.
[VP15B]	S + vt + noun/pronoun (DO) + adverbial particle S + vt + adverbial particle + noun/pronoun (DO)	Take your shoes off. /Take off your shoes.
[VP16A]	S + vt + noun/pronoun (DO) + to-infinitive	He brought his brother to see me.
[VP16B]	S + vt + noun/pronoun (DO) + as/like/as if + noun/clause	Her parents spoilt her as a child.
[VP17]	S + vt + noun/pronoun + (not) + to-infinitive	Do you want me to stay?
[VP18A]	S + vt + noun/pronoun + infinitive	I felt the house shake.
[VP18B]	S + vt + noun/pronoun + infinitive	Let me go!
[VP18C]	S + HAVE + noun/pronoun + infinitive	We often have our friends visit us on Sundays.
[VP19A]	S + vt + noun/pronoun + present participle	I can smell something burning.
[VP19B]	S + vt + noun/pronoun + present participle	They left me waiting outside.
[VP19C]	S + vt + noun/pronoun/possessive + -ing form of the verb	I can't imagine him/his saying that.
[VP20]	S + vt + noun/pronoun + interrogative + to-infinitive	Tell me what to do next.
[VP21]	S + vt + noun/pronoun + dependent clause/question	Tell me what your name is.
[VP22]	S + vt + noun/pronoun (DO) + adjective	He painted the walls green.
[VP23]	S + vt + noun/pronoun (DO) + noun	They named their son Richard.
[VP24A]	S + vt + noun/pronoun (DO) + past participle	I want the work finished by Saturday.

[VP24B]	S + HAVE + noun/pronoun + past participle	Do you have any money saved?
[VP24C]	S + HAVE/GET + noun/pronoun (DO) + past participle	Please have this letter translated.
[VP25]	S + *vt* + noun/pronoun (DO) + (*to be*) + adjective/noun	Do you consider him (to be) innocent?

S = Subject, vi = intransitive verb, vt = transitive verb, DO = Dirct Object, IO = Indirect Object

なお、OALD8（2010）では上述したような動詞の型はその型番号も含め取り入れられていない。他動詞（transitive verbs）は［T］、自動詞（intransitive verbs）は［I］、他動詞としてしか使われない動詞は単に verb とだけ表記されている。また、動詞フレーム（verb frame）という用語を導入し、たとえば、provide の動詞フレームとして **~ sth for sb**、**~ sb with sth** などを挙げている。なお、安藤（2008）は、これより一つ前の版である OALD7（2005）の 20 の分類が最も進化した動詞型であると主張している（表 10.6 参照）。この 20 の分類の動詞の型には後に述べるパターン文法の影響が見られる。

表 10.6: OALD7（2005）の動詞の型

Intransitive verbs

[V]	verb used alone	A large dog appeared.
[V + *adv./ prep.*]	verb + adverb or prepositional phrase	A group of swans floated by.

Transitive verbs

[VN]	verb + noun phrase	Jill's behaviour annoyed me.
[VN + *adv./ prep.*]	verb + noun phrase + adverb or prepositional phrase	He kicked the ball into the net.

Transitive verbs with two odjects

[VNN]	verb + noun phrase + noun phrase	I gave Sue the book.

Linking verbs

[V-ADJ]	verb + adjective	His voice sounds hoarse.
[V-N]	verb + noun phrase	Elena became a doctor.
[VN-ADJ]	verb + noun phrase + adjective	She considered herself lucky.
[VN-N]	verb + noun phrase + noun phrase	They elected him president.

Verbs with clauses or phrases

[Vthat] [V (that)]	verb + that clause	He said that he would walk.
[VN that] [VN(that)]	verb + noun phrase + that clause	Can you remind me that I need to buy some milk?
[V wh-]	verb + wh-clause	I wonder what the job will be like.
[VN wh-]	verb + noun phrase + wh-clause	I asked him where the hall was.
[V to]	verb + to infinitive	I want to leave now.
[VN to]	verb + noun phrase to infinitive	I forced him to go with me.
[VN inf]	verb + noun phrase + infinitive without 'to'	Did you hear the phone ring?
[V-ing]	verb + -ing phrase	She never stops talking.
[VN -ing]	verb + noun phrase + -ing phrase	His comments set me thinking.

Verbs with direct speech

[V speech]	verb + direct speech	'It's snowing,' she said.
[VN speech]	verb + noun phrase + direct speech	'Tom's coming too,' she told him.

10.1.5　パターン文法[13]

　Hunston and Francis（2000）は、前述したHornby（1954）における文型およびレキシカル・フレーズ（lexical phrases）[14]の研究を踏まえ、パターン

13）本節のかなりの部分の記述はHunston（2012）に基づく。

文法（Pattern Grammar）を提唱している。このパターン文法は、大規模コーパス[15]の用例から名詞、形容詞、動詞などがとりうるパターンを、意味の単位、すなわち高頻度の意味的な語の連鎖という考えのもとに抽出するという、言語のアウトプットに基づくアプローチをとっている。

　パターン文法におけるパターンとは、品詞、節、個々の単語といった形式要素の連鎖のことである。そして、そのパターンは高頻度で生じ、中心となる語（node word）をもち、語彙制約を受ける（Hunston, 2012）。

　また、動詞のパターンは、その動詞がとりうるパターンに基づいて分類することができる。さらに、パターンとパターン自体の意味は密接に関連し、同じようなパターンをもつ動詞同士は同じような意味をもつ（Francis, Hunston, & Manning, 1996）。たとえば、*find it difficult to*[16]というパターンにおける *find it* の後の形容詞としては、どんな語でもとれるわけではなく語彙制約がかかる。すなわち、*difficult*、*hard*、*easy* など難易度を表す形容詞、あるいは *exciting* など評価を表わす形容詞をとる（Hunston, 2012）。

　また、＜*recover from* 名詞句＞[17]というパターンは、高頻度で現れ、recover が中心となる語となり、名詞句には悪い事柄がくる。ただし、これとほぼ同じ頻度で出現する＜*recover in* 名詞句＞はパターンとはならない。なぜならば、＜*in* 名詞句＞内の名詞句には多くの場合場所を表わす

14）レキシカル・フレーズとは、様々な長さの語のかたまり（chunk）のことである（例：*as it were, on the other hand, as X would have us believe*）。語彙と統語の中間に属し、出現頻度が高く、その言語に特有の確立した意味をもつ、慣習的な形と機能が合わさったもの（conventionalized form/function composites）である（Nattinger & DeCarrio, 1992）。
15）コーパスの英語名である corpus という語はラテン語起源で *body* を意味する（複数形は、corpora）。言語学では、電子データベースとして蓄積されたテキスト（言語の '本体'）の集合体を指す（Baker, Hardie, & McEnery, 2006）。
16）コードで表記すると v it adj to-inf となる。このパターンは THE 'CALL' GROUP（人がある行為や状態を評価し、判断する）に属する。このグループには、*believe*, *declare*, *think*, *call*, *deem*, *judge*, *consider*, *feel*, *rule* が含まれる（Francis, Hunston, & Manning, 1996）。
17）コードで表記すると v from n となる。このパターンは THE 'SUFFER' AND 'RECOVER' GROUP（病気、ショック、失望などを抱えたり、それらから回復する）に属する（Francis et al., 1996）。

語がくるので、全体で場所を表わす前置詞句となり、どの動詞とも共起しうるからである（Hunston, 2012）。

次に、英英辞典でのパターン文法の扱いについて見ていく。実際の用例としてのパターンをコードで簡略して示す方法は *Collins COBUILD English Dictionary*（*COBUILD* 2）（1995）で最初に採用された（Hunston & Francis, 2000）。

Hunston and Francis（2000）によれば、COBUILD の初版である *Collins COBUILD English Dictionary*（*COBUILD*1）（1987）では *She explained it to me.* を V + O + A（Verb + Object + Adjunct [18]）と記述していたが、2つの問題があったという。第1に、*She walked four miles.* の *four miles* のように O か A で見解が分かれることがある。第2に、学習者は V + O + A というつながりを見ただけでは O と A に実際にどんな語や句がくるかまでは分からないので、*explain* の正しい用法を学べないということ。

そこで、5文型や7文型というように分類するのではなく、個々の動詞をつぶさに観察し、そこからパターンを抽出するアプローチをとった。コードとしては、統語構造を表わす O（object: 目的語）、C（complement: 補語）、A（adjunct: 付加詞）や自動詞・他動詞といったものは使わずに表10.7のようなものを使う。その際、subject（主語）やつながりを示す'+'は省略する。また、パターンの中の特定の品詞（word class）に注目させたい場合には、たとえば、v を大文字にして V と表記する。前置詞、副詞などの語彙項目がそのパターンの一部である場合にはイタリック体を用いコードでないことを示す（Hunston & Francis, 2000）。

---

[18] '*to me*' が adjunct（付加詞）となる。Hunston and Francis（2000）は adjunct を定義していない。しかし、Francis et al.（1996）は、行動、出来事、状況について述べるものを付加詞とし、動詞のパターンの一部をなす義務的なものと、任意のものに二分している。なお、付加詞には様々な定義があるので留意されたい（Aarts et al., 2014 参照）。

表 10.7: COBUILD1 のコードの例[19]

```
v: verb group
n: noun group
adj: adjective group
adv: adverb group
that: clause introduced by that (realized or not)
-ing: clause introduced by an '-ing' form
to-inf: clause introduced by a to-infinitive form
wh: clause introduced by a wh-word (including how)
with quote: used with direct speech
```

(Hunston & Francis, 2000, pp. 44-45)

表 10.7 から、explain のとるパターンは、**V n**(例：...explain all the different types)、**V with quote**(例：...explains 'We are disappointed...')、**V wh**(例：...explained how it worked)、**V about n**(例：...explain about the barman at ....)、**V n to n**(例：...explained it to you ....)、**V that**(例：...explained that she never paid)、**V to n**(例：...explained to me)、**V to n that**(例：...explained to their patients that they....)、**V**(例：let me explain)となる(Hunston & Francis, 2000, pp. 45-46)。よって、上述の She explained it to me. は **Vn to n** のパターンとなる。

なお、注意を要する点は、パターン文法では統語構造を表わす目的語等のコードを用いないため **V n** は「他動詞＋目的語」のみを表わすのではないということである。すなわち、**V n** には、補語をとる動詞(例：He was my friend.)、目的語をとる動詞(例：The thieves broke a window.)、付加詞をとる動詞(例：Children don't talk that way.)といった3つの文構造(structures)が含まれる(Francis, et al., 1996)。

次節では、文の形式と意味はその文で使われている主動詞によって決まるとする従来の考え方に対して、構文自体にも意味があるとする構文文法について述べる。

---

19) なお、Francis et al. (1996) は、このようなコードを使った動詞のパターンを、受身文と句動詞を含め、700 パターン以上挙げている。

10.1.6 構文文法（Construction Grammar）

　構文文法では、文の意味は動詞の意味とそれが使われている構文自体の意味とが合わさって生じるとする。構文文法の研究においては様々な見解があるが、以下では構文文法においてよく言及されていることを簡潔に述べる。

　言語の単語（words）や形態素（morphemes）[20]の形と意味の結びつきは恣意的（arbitrary）であるとしたソシュール（Ferdinand de Saussure）の死後、言語学者たちはこの考えを広げて、形態素や単語レベルだけではなく、文法のあらゆるレベルにおいて慣習化された形と意味の結びつき（conventionalized form-meaning pairings）があるとした。そして、この形と意味の結びつきが、形態素、単語、イディオム、抽象的な句パターン、そして構文を含めて構文（construction）と呼ばれるようになった。この考えに基づいた文法理論が構文文法（construction grammar）と呼ばれるもので、構文は形態素から様々な構文までの連続体をなしている（Hoffmann & Trousdale, 2013）。

　また、構文文法には様々なアプローチがあるが[21]、Goldberg（2006）は以下のように構文を定義している。

> どんな言語的パターンも、そのパターンの形式ないし機能がそのパターンの構成要素あるいは存在が認められている他の構文からは完全に予測不可能である限りにおいて構文とみなされる。また、パターンは、かなりの頻度で生じる限りにおいて、たとえ完全に予想可能だとしても構文として人間の頭の中に蓄えられている。

---

20) ある言語における、ある一定の意味をもった最小の単位。たとえば、*untouchables* は、*un-*、*touch*、*-able*、*-s* の4つに分解できる。*touch* のように単独で生起するのを自由形態素（free morpheme）、*un-*、*-able*、*-s* のように単独では生起しないものを拘束形態素（bound morpheme）と言う（安井編, 1996）。

21) 様々な研究者によって広範囲に構文文法の研究がなされている。たとえば、Berkeley Construction Grammar、Radial Construction Grammar、Cognitive Construction Grammar などがある（Hoffmann & Trousdale, 2013）。

(Goldberg, 2006, p. 5、日本語訳は筆者による)

　Hilpert（2014）によれば、生成文法[22]と構文文法のアプローチの違いは、前者では言語の核となるものを中心に扱うのに対し、後者は言語のすべてを扱い、周辺的であるとみなされてきた構文をも研究対象にし、統一性と一般性を目指している。さらに後者は、語彙と文法を完全に切り分けて考えるのではなく、両者は連続体をなしているとする。

　構文文法でいう構文としてどんなものがそれに相当するかに関しては、拘束形態素（bound morphemes）や単語を含むとする立場や含まないとする立場などいくつかの考え方がある（Diessel, 2013）。たとえば、Goodman and Sethuraman（2006）は、名詞の複数形（*cats*）といった単語レベル、決定詞構文（determiner constructions；*the cat*）、話題化構文（topicalization constructions；*Carpets you can buy more cheaply in Turkey*）、疑問構文（question constructions；*Are you going home?*）なども構文に含めている。

　構文文法の研究でよく扱われる主要な項構造構文[23]（argument structure constructions）としては以下のようなものがある（表 10.8 参照）。

表 10.8: 項構造に基づく構文（argument structure constructions）の例

構文	統語構造	意味	例
Intransitive Construction	Subject Verb	X acts	*He jumped.*
Intransitive Motion Construction	Subject Verb Locative	X moves to Y	*He ran home.*

---

22) 言語習得に関して、生成文法と対峙する立場の一例として認知・機能言語学的視点から説いた Tomasello（1998, 2003）がある。Tomasello（1998）は、「習得について最も一般的な点は、言語のカテゴリーやスキーマというものは、生成文法の数学的アプローチが説くように、子供に生得的に備わっているのではなく、子供たちが、耳にすることばに働きかけながら、自分自身のカテゴリー化に基づいて導き出す一般化に他ならない」（p. xix）（日本語訳は筆者による）と述べている。
23) 項構造については 10.2.3 を参照。

Transitive Construction	Subject Verb Object	X acts on Y	*He hit the table.*
Caused Motion Constrcution	Subject Verb Object Locative	X causes Y to move to Z	*Pat sent a package to the border.*
Ditransitive Construction	Subject Verb Object1 Object2	X causes Y to receive Z	*Sue faxed her a letter.*
Resultative Construction	Subject Verb Object Result	X causes Y to become Z	*Kim talked himself silly.*
Conative Construction	Subject Verb Oblique	X directs action at Y	*Ted shot at Pam.*

(Goodman & Sethuraman, 2006; Goldberg & Bencini, 2005; Goldberg, 1998 を基に筆者が作成)

　以下では、構文文法的アプローチによって与格交替（dative alternation）、受益者格交替（benefactive alternation）、そして結果構文（resultative construction）がどのように分析されているかをごく簡潔に述べる。
　第一に、与格交替[24]とは以下の（1）と（2）に見られる交替をいう。（1a）と（2a）は *to* 与格構文（*to*-dative construction[25]）、（1b）と（2a）は二重目的語構文（double-object construction[26]）と呼ばれる。

(1) a. Pat sent a package to the boarder.

　　b. Pat sent the boarder a package.

(2) a. Pat sent a package to the border.

　　b. *Pat sent the border a package.　（Partee, 1965, 1979, p. 60）

---

24) 言語学では一般的に *I lent my copy to Jim.* をもとに *I lent Jim my copy.* を関連付けている。1番目の文において与格（dative）で間接目的語である 'to Jim' が、2番目の文において直接目的語である 'Jim' の位置へと動くので、dative movement あるいは dative shift（与格移動）とも呼ばれる（Matthews, 2007）。なお、与格交替などの交替現象に関しては、どちらが元の形（base form）でどちらが派生形（derived form）か、あるいはそれぞれが別物なのかについては見解が分かれることがある。

25) prepositional construction（Hilpert, 2014）ともいう。

26) ditransitive construction ともいう。

(Goldberg, 1998, p. 204)

　交替するペアのそれぞれの動詞の各項構造に応じて、複数の語義[27]を立てる見方（*multiple-sense view*[28]）では、(1a) と (2a) の *to* 与格構文と (1b) と (2b) の二重目的語構文では、語義がそれぞれ異なるとする。すなわち、*to* 与格構文の send の語義では、受け取り手に関して何の制約もかからないので (1a) と (2a) は適格な文となる。一方、二重目的語構文の *send* の語義には受け取り手は有生（animate）[29]であるという制約をかけることによって、(1b) は受け取り手が下宿人（boarder）なので適格な文だが、(2b) は受け取り手が国境（border）となるので非文であるとする[30]（Goldberg, 1998; Goldberg & Bencini, 2005）。

　これに対し、構文文法では、交替するペアのそれぞれの動詞 send の語義はあくまで 1 つであるとし、構文の違いが文全体の意味の違いとなって表れるとする。Goldberg and Bencini（2005）は、Partee（1965, 1979）を引用し、二重目的語構文に 'X causes Y to receive Z' の意味をもたせればよいとする。つまり、X を主語、Y を間接目的語、Z を直接目的語とする「X が Y に Z を受け取らせる」という意味である。よって、受け取り手である Y には有生であるという制約が自ずとかかるとする（Goldberg, 1998）。

　また、構文文法は動詞の意味と構文の意味の分業（a division of labor）を前提としている。それゆえ、文全体の意味は、*to* 与格構文の意味（'X

---

[27] 語義とは、ある語や句の意味を区分したもので、辞書では定義の前に番号を付けて区分される（小池編, 2003）。

[28] Bencini and Goldberg（2000）は、これに含まれるアプローチとして Levin and Rappaport Hovav（1995）と Pinker（1989）を挙げている。

[29] 名詞を分類するときに使われる用語。有生名詞（animate noun）は、人間や動物を指す（例：*girl, tiger*）。一方、無生名詞（inanimate noun）は事柄、概念、状況等を指す（例：*happiness, zoo*）（Aarts et al., 2014）。有生性（animacy）は、有生のスケール、すなわち階層を指す。有生性の違いは言語ごとに言語表現に反映される。たとえば、有生性が高い順に、一人称＞二人称＞三人称＞人間を表わす固有名詞＞人間を表わす一般名詞＞有生名詞＞無生名詞、といった階層がある（Cruse, 2006）。

[30] Krifka（2003）は、*Ann sent London a package.* という文において、*London* が換喩として人や組織を指す場合には適格な文となるとしている。

causes Y to move to Z' [31])、あるいは二重目的語構文の意味（'X causes Y to receive Z'）と、動詞 send 自体の意味が合わさって生じるとする。

　第二に、受益者格交替[32]とは、以下の（3）の動詞 bake のペアのような交替のことである[33]。bake 自体は「＜〜を＞焼く」という意味で典型的には目的語を1つしかとらない。二重目的語構文である（3a）の場合、その構文自体の意味（'X causes Y to receive Z'）が bake 自体の意味に追加される。さらに、二重目的語構文は「意図的な移転（intended transfer）」を含意するので、文全体の意味は「パットはクリスに（所有してもらうために、あるいは手渡すために）ケーキを焼いてやった（あげた）」となる[34]。よって、「パットがクリスの代わりに（好意で）ケーキを焼いた」と表現したいときには、この二重目的語構文は使えない。この場合には（3b）のように表現する（Goldberg, 1998）。

(3) a. Pat baked Chris a cake.
　　b. Pat baked a cake for Chris（because Chris was out of the country）.

(pp. 203-204)

　もっとも構文自体に意味があるといっても、give のような動詞の場合には、もともと意図的な移転の意味が入っているので、二重目的語構文（例：*Naomi gave Ken a book.*）から得られる意図的な移転の意味は余剰であると

---

31) X を主語、Y を間接目的語、Z を直接目的語とする「X が Y を Z に移動させる」という意味。
32) 受益者格交替は与格交替と似ているので、前者を後者の一部として論じることもある。しかし、前者では受益を表す前置詞 for を使うのに対し、後者では目的を表す前置詞 to を使う点で異なる（Levin, 1993）。
33) Goldberg（1995）は（3a）を特に benefactive-ditrasitive construction と呼ぶ。また、Hilpert（2014）は（3b）を for-benefactive construction と呼ぶ。
34) クリスが実際に受け取ったかどうかは問わない。また、Hilpert（2014）は、構文文法の立場をとらない場合、二重目的語構文のときには bake の語義として、'apply heat to an item of food with the purpose of creating a product that can be transferred to a willing participant'（p. 32）を新たに立てなければならないとする。

いえる。

　そして最後に、結果構文について検討する。都築（2004）によれば、本来の結果構文では、以下の（4）と（5）ように、前置詞句（*into pieces*）、形容詞句（*solid*）である結果述語が動詞本来が表わす状態変化を具体的に詳述している[35]。

　　（4）John broke the vase into pieces.（ジョンは花瓶を粉々に割った）
　　（5）John froze the jelly solid.（ジョンはゼリーをカチカチに凍らせた）

（都築, 2004, p. 89）

　さらに、都築（2004）は、結果構文は上のような状態変化を表す動詞だけではなく、目的語に働きかける他動詞を使った他動詞型結果構文や「自律的な行為を表す」（p. 96）非能格動詞[36]を使った自動詞型結果構文にも派生的に用いられるとする。
　他動詞型結果構文の例としては以下のものがある。

　　（6）John played the piano to pieces.（テッドはピアノを弾いて粉々にした）

（Hilpert, 2014, p. 28）

　　（7）Jasmine pushed the door open.（ジャスミンはドアを押し開けた）

（Levin, 1993, p. 100）

　　（8）She kissed him unconscious.（彼女が彼にキスをしたら、彼は気を失ってしまった）

（Goldberg, 2006, p. 73）

35）以下は、（4）と（5）に対応する自動詞文である。
　　（4'）The vase broke into pieces.（花瓶は粉々に割れた）
　　（5'）The jelly froze solid.　　（ゼリーはカチカチに凍った）

（都築, 2004, p. 89）

36）非能格動詞については 10.3.1 を参照。

一方、自動詞型結果構文の例としては、*shout*（叫ぶ）、*drink*（酒を飲む）、*walk*（歩く）のような非能格動詞を使った以下のものがある。

(9) They shouted themselves hoarse.（彼らは叫んで声をからした）

（Evans, 2007, p. 183）

(10) He drank himself unconscious.（彼は飲んで意識を失った）

（Evans, 2007, p. 183）

(11) Belinda walked the soles off her shoes.（ベリンダは歩いていて靴の底をはずしてしまった）

（Levin, 1993, p. 100）

そして、これら二つの派生的な結果構文を含めて統一的に説明するために結果構文自体に次のような意味を与えることができる。すなわち、結果構文は「動詞＋目的語＋形容詞句／前置詞句」で表され、Xを主語、Yを目的語、Zを形容詞句／前置詞句とし、'X causes Y to become Z'（XはYをZという状態にする）という意味をもつ（Evans, 2007 参照）。

ここまで、構文文法では動詞自体の意味だけではなく、それが使われている構文自体も意味をもつこと、また、言語学的な制約はあるものの、既存の動詞を既存の構文にはめ込むことにより、新しい意味を作り出すことができることを見てきた[37]。

それでは、構文文法と前節のパターン文法の違いは何であろうか。Hunston（2012）によれば、パターン文法は完全に記述的なもので、頻度を含む言語のアウトプットに関心があるのに対し、構文文法は人間がどのように構文を捉えているか、どのように言語を習得するかに焦点があるとする。また、パターン文法は、前節で述べたように、語彙制約を受ける、

---

37) Goldberg and Casenhiser（2008）では、*She smiled herself an upgrade.*（彼女は微笑んでアップグレードしてもらった）や *We laughed our conversation to an end.*（私たちは会話を笑って終えた）といった興味深い例が挙げられている。

部分的な語彙に基づいた文法（partial, lexical grammar）で、かつ完全に記述的（wholly descriptive）であるのに対し、構文文法は完結した文法（a complete grammar）であるといった違いがあるとする。

次節では、自動詞の分類について見ていく。

10.2　動詞の分類
10.2.1　はじめに

本節では、自動詞の分類に入る前に、動詞を分類するうえで必要な用語を確認していく。最初に自動詞と他動詞、次に項構造、最後に言語類型論における分類について述べる。

10.2.2　自動詞と他動詞

一般に、be 動詞や seem などの連結的動詞（copular verbs）を除き、動詞は自動詞（intransitive verbs）と他動詞（transitive verbs）に分けられてきた。しかしながら、正確には、自動詞・他動詞は動詞の分類ではなく、動詞の用法の分類であり、自動詞用法（intransitive use）、他動詞用法（transitive use）と呼ぶべきである（Chalker & Weiner, 1994; 安井編, 1996）。つまり、同じ動詞でも自他の両方の用法がある動詞があるからである[38]。

動作や行為の対象となる名詞句（noun phrase）あるいは名詞節（nominal clause）を目的語としてとる動詞が他動詞で、それらをとらない動詞が自動詞である（Leech, 2006）。まず、他動詞の例として Ken kicked the ball [39] で考えると、他動詞の kick の意味は「＜～を＞蹴る」で、＜～を＞にあたる目的語が the ball となる。kick the ball で「＜そのボールを＞蹴る」と

---

38) 以下では、両者（例：自動詞と自動詞用法）を使い分けずに用いる。
39) kick は、典型的には他動詞で、2 項動詞といえる。しかし、Bencini and Goldberg (2000) が指摘するように、kick がとる項構造としては、少なくとも 8 つ（1. *Pat kicked the wall*. 2. *Pat kicked Bob black and blue*. 3. *Pat kicked the football into the stadium*. 4. *Pat kicked at the football*. 5. *Pat kicked her foot against the chair*. 6. *Pat kicked Bob the football*. 7. *Horses kick*. 8. *Pat kicked his way out of the operation room*.）ある。

なり、他動詞の kick の意味が完結する。つまり、他動詞は目的語があることによってはじめて意味が完結するといえる。また、＜～を＞の他に＜～が＞・＜～に＞・＜～と＞なども他動詞の目的語となる（綿貫・ピーターセン, 2006）。これに対し、連結的動詞を除く自動詞は目的語をとらず、それだけで終えてもいいし、副詞類を付加することもできる。

つぎに、動詞の項構造について見ていく。

10.2.3　項構造

動詞をもとに文法的に正しい文を作るには何が必要なのであろうか。上の例で言うと、動詞 kick をもとに文を作るには、典型的には＜蹴る人＞と＜蹴られるもの＞が必要となる。つまり、動詞をもとに文を作るにはその動詞が要求する要素がいくつ必要で、その要素がどのような役割（例：＜蹴る人＞，＜蹴られるもの＞など）を果たしているかを知らなければならない。

このように、動詞が適格な文を作るためにその動詞が必要とする要素を項（argument）[40] と呼ぶ。この項は意味関係（semantic relation[41]）と文法関係（grammatical relation）に基づいて記述できる。

意味関係は、動作主（Agent）、被動作主（Patient）、主題（Theme）などの意味役割（semantic role[42]）によって表される。一方、文法関係は、ふつう主語、間接目的語、直接目的語、斜格（oblique）[43] によって記述される（Croft, 2012 参照）。また、その動詞がどんな種類で何個の項をとるかを示した文の構造を項構造（argument structure）[44] という。意味役割の種類と数については言語学者により意見が分かれる[45]。一例として、Saeed（2009）は以

---

[40] 述語論理学において、述語に続く個体名辞をその述語の項と呼ぶことに由来する。$P(t)$ は 1 項述語、$P(t_1, t_2)$ は 2 項述語、$P(t_1, t_2, t_3)$ は 3 項述語となる（オールウド・アンデソン・ダール, 1979）。項となるのは名詞句、前置詞句、節等である。

[41] thematic relation ともいう。

[42] thematic role、functional role ともいう。

[43] ここでいう斜格とは、主語や目的語およびそれら相当するもの以外の、動詞に付随する統語的な要素のこと。I took the painting to London by train. における 'to London'、'by train' を指す（Matthews, 2007）。

下のものを挙げている（表10.9参照）。

具体的な文で項構造と意味役割を考えてみよう。たとえば、*Naomi runs.*

表10.9: 意味役割の定義と例[46]

意味役割	定義	例
動作主（Agent）	ある行為を意図（volition）を持って開始するもの。	**Ken** wrote a report.
被動作主（Patient）	ある行為の影響を受けるもの。しばしば状態の変化をともなう。	Naomi slapped **Ken**
主題（Theme）	ある行為によって動かされるもの、あるいは、その行為の場所が表わされているもの。	Ken threw **a ball**
経験者（Experiencer）	述語（predicate）が表わす行為や状態に気づいているが、その行為や状態を制御できないもの。	**Ken** saw a fire.
受益者（Beneficiary）	その行為がなされたことにより利益を受けるもの。	Naomi baked **Ken** a cake. / Naomi baked a cake for **Ken**.
道具（Instrument）	ある行為を遂行する、あるいは、ある事を起こす手段。	Ken opened the door with **the key**
場所（Location）	あるものが存在する、あるいは、ある事が起こるところ。	The ball is **under the table**.
目的地（Goal）	文字通り、あるいは比喩的に、あるものが動いて達するところ。	Ken handed a letter **to Naomi**.
出発点（Source）	文字通り、あるいは比喩的に、あるものが動き始める元のところ。	Naomi came home **from work**.
刺激（Stimulus）	経験者に（多くの場合、心理的な）影響を与えるもの。	**The accident** frightened Ken.

（Saeed, 2009, pp. 153-154; 例文は筆者が改変）

---

44) 形容詞にも項がある。*She is happy.* において、*she* は *happy* の項となる（Matthews, 2007）。項構造の表記方法は様々である。たとえば、動詞 *cut* は、Agent（動作主）と Patient（被動作主）を必ずとり、Instrument（道具）は任意でとるとし、*cut* (Agent, Patient, (Instrument)) などと表記するものもある（Davis, 2011）。なお、項構造と似た考え方として valency（結合価）がある（Matthews, 2007）。

におけるrunは、Naomi（動作主［意味役割］；主語［文法関係］）の項をとる1項動詞である。また、Naomi hit Ken. におけるhitは、Naomi（動作主；主語）とKen（被動作主；目的語）の項をとる2項動詞である。さらに、Naomi gave Ken a book. におけるgiveは、Naomi（動作主；主語）、Ken（受益者；間接目的語）、a book（主題；直接目的語）の項をとる3項動詞となる。

意味役割の問題点としては、第1に、意味役割の認定に関して意見が分かれる点が挙げられる。たとえば、I love Lucy. のIは（経験者；主語）であるが、目的語のLucyの意味役割については一致した見解がない（Andrews, 2007）。第2に、1つの項が2つの意味役割をもちうること。たとえば、Ken jumped off the cliff. におけるKenは動作主と主題を兼ねていると考えられる（Saeed, 2009）。

次節以降では、言語類型における用語を整理するとともに、どのような背景で言語学の分野で非能格動詞や非対格動詞といった用語が生じたかを見ていく。

10.2.4　言語類型論における分類

言語類型論（linguistic typology）の分野では世界の言語は大きく3つに分類される。すなわち、主格・対格型、能格・絶対格型、そして中立型である。

第一に、主格・対格型は、(12a)の日本語の例のように、自動詞文の主語と他動詞文の主語が同じ格（case）[47]である主格（nominative）で表示され、他動詞文の目的語が対格（accusative）で表示される。このタイプの言語[48]

---

45) たとえば、Frawley（1992）は、文献によって意味役割は18から25個にわたるとしつつも、自身は12個を挙げている。
46) 動作主とは別に行為者（Actor）を立てる言語学者もいる。動作主は典型的には有生性（animacy）と意図性（volition）を示す。一方、行為者はこれらの要件を欠く。たとえば、The car ran over the hedgehog. において the car は行為者に分類される（Saeed, 2009）。
47) 文の中で名詞句が担う文法的関係を示した主格（nominative case）、目的格（objective case）、属格あるいは所有格（genitive case、possessive case）、与格（dative case）などのこと。英語の場合、Ken swims. と Ken loves Naomi. の2文において、Kenは主格、Naomiは目的格となる。

には日本語の他、英語や主なヨーロッパの言語などが含まれる。たとえば、日本語では自動詞と他動詞の主語がともに格助詞「が」をともない主格で、他動詞の目的語が格助詞「を」をともない対格で示される[49]。

第二に、能格・絶対格型は、(12b)のバスク語の例のように、自動詞文の主語と他動詞文の目的語が同じ格である絶対格（absolutive）で表示され、他動詞文の主語は能格（ergative）で表示される。このタイプの言語[50]にはバスク語の他、エスキモー語、ジルバル語などが含まれる。

そして第三に、中立型は、(12c)のアイヌ語の例のように、他動詞の主語と目的語を名詞の格標識で首尾一貫して区別しない中立型の言語である。このグループにはアイヌ語の他、クリー語などが属する（松本, 2007）。

(12)

a. 主格・対格言語

日本語の例：

主格	対格	動詞	
母が 母が	娘を	来る 愛する	［自動詞］ ［他動詞］

b. 能格・絶対格言語

バスク語の例：

能格	絶対格	動詞	
amak　（母が）	alaba（娘が） alaba（娘を）	dator（来る） maite du（愛する）	［自動詞］ ［他動詞］

---

48) 主格・対格言語（nominative-accusative language）あるいは対格言語（accusative language）と言う。
49) 日本語の話し言葉では、格助詞「が」・「を」が出ない場合、すなわちゼロ格（はだか格）が使われる場合がある。詳しくは角田（1991）を参照。
50) 能格・絶対格言語（ergative-absolutive language）あるいは能格言語（ergative language）と言う。

c. 中立型

アイヌ語の例[51]：

無標格	無標格	動詞
hapo（母）	matnepo（娘）	nukar（見た）

（以上、表と例文は松本［2007］に基づく。筆者により一部改変。）

　このように能格という用語は、能格・絶対格型の言語における他動詞文の主語にのみ使うのが慣例であった。しかし、1980年代初頭にチョムスキー（Noam Chomsky）の生成文法の流れを組む言語学者が能格の本来の意味を正しく理解せずに、*The window opened.* と *John opened the window.* のペアにおいて *the window* が自動詞文の主語ならびに他動詞文の目的語になっているので、このようなペアを 'the ergative set' と言い始めた（Dixon, 2010）。それ以降、このような自他交替する *open* のような動詞を能格動詞（ergative verb）と呼ぶようになり、英語教育の分野でも文法書などで使われ始めたと考えられる[52]。

10.3　自動詞の分類
10.3.1　自動詞の2分類：非能格動詞と非対格動詞
　これまで言語学の分野においては、英語の自動詞は非能格動詞（unergative

---

51) 「母が娘を見た」あるいは「母を娘が見た」の解釈が成り立つ。詳しくは松本（2007）を参照。
52) *Collins COBUILD English Grammar*（2011）、*Collins COBUILD English Usage*（2012）では、他動詞をもつ、交替する非対格動詞（例、*open*）の自動詞と他動詞の両方を合わせて能格動詞（ergative verbs）としている。能格動詞は、人に焦点を当てるときには他動詞（*The driver stopped the car.*）に、行為によって影響を受けるものに焦点を当てるときには自動詞（*The big car stopped.*）になるとする。また、副詞類をよく伴う能格動詞の自動詞の例として、*I like my car. It handles beautifully.* と *Wool washes well if you treat it carefully.* を挙げている（下線部は筆者による）（*Collins COBUILD English Usage*, 2012）。最後の2例は中間構文（middle construction）ともいう。中間構文については注61を参照。

verbs) と非対格動詞（unaccusative verbs）に二分して研究がなされてきた（Perlmutter, 1978; Burzio, 1986[53]）; Levin & Rappaport Hovav, 1995 参照）。

　Perlmutter（1978）は、関係文法（relational grammar）の枠組みから、自動詞節（intransitive clause）は均一ではなく 2 種類あるとする非対格仮説（Unaccusative Hypothesis）を提唱した。この仮説は、節（clause）を他動詞的（transitive）か自動詞的（intransitive）かに分類するだけでは不十分であり、自動詞節を非能格（unergative）と非対格（unaccusative）に二分して考える必要があると説いた[54]。

　つまり、Perlmutter は英語動詞の自動詞用法は非能格動詞と非対格動詞に 2 分した。非能格動詞は、人間の生理現象を表したり、主語の意図的な行為や動作を表す。一方、非対格動詞は、主語指示物の非意図的事象を表し、主語指示物の状態や位置の変化を表す（高見・久野, 2002）。

　簡略化して述べると、関係文法では、非能格動詞の主語はもとから主語であるのに対し、非対格動詞の主語はもともとは（最初の層では）直接目的語であるが、次の段階で（2 番目の層で）主語へ昇格（advance）する（Butt, 2006）。

　大事な点は、非能格動詞と非対格動詞ではそれぞれの主語の意味役割が異なるということである。たとえば、（13a）は非能格動詞の例で、主語の *Naomi* の意味役割は動作主（Agent）となる。一方、（13b）は非対格動詞の例で、主語の *Naomi* の意味役割は主題（Theme）となる。

---

53) Burzio（1986）は unaccusative や unergative という用語を使っていないことに留意されたい。関係文法の unaccusative と unergative が彼の ergative class と intransitive class に対応する。
54) 関係文法では、変形文法（transformation grammar）の深層構造、表層構造に似た概念として層（stratum）を用いる。また、文法関係を示す主語、直接目的語、間接目的語を原素(primitives)として扱い、それぞれ 1、2、3 の整数で表記する。Butt（2006）によれば、非能格・非対格の用語は Geoffrey Pullum によるとし、Pullum（1991）を次のように引用している。すなわち、「層内で 2 をもつ 1 が能格ならば、層内で 2 をもたない 1 は非能格 1 と呼ぶべきだ。同様に、層内で 1 をもつ 2 が対格ならば、層内で 1 をもたない 2 は非対格 2 と呼ぶべきだ」(p. 151)（Butt, 2006, p. 40 からの引用）。

(13) a. Naomi worked.（*work*: 非能格動詞, *Naomi*: 動作主）
　　 b. Naomi arrived.（*arrive*: 非対格動詞, *Naomi*: 主題）

(14) a. unergative verb（非能格動詞）
　　　　 S-Structure　　[$_{NP}$ Naomi]　[$_{VP}$ worked]
　　　　 D-Structure　　[$_{NP}$ Naomi]　[$_{VP}$ worked]
　　 b. unaccusative verb（非対格動詞）
　　　　 S-Structure　　[$_{NP}$ Naomi]$_i$ [$_{VP}$ arrived [t]$_i$]
　　　　 D-Structure　　[　　　　]　[$_{VP}$ arrived [$_{NP}$ Naomi]] [55]

　生成文法の統率・束縛理論（Government-Binding Theory）では、移動規則が適用される前の D 構造（D-Structure）と、適用された後に派生する S 構造（S-Structure）を仮定し、およそ次のように説明する[56]。(13a) も (13b) も表面上に現れる S 構造では「主語＋動詞」の語順であるが、移動規則が適用される前の D 構造は異なっているとする。すなわち、非能格動詞 *work* は、(14a) の例のように D 構造において主語はあるが目的語はない。そして、この構造がそのまま S 構造において現れる。これに対し、非対格動詞 *arrive* は、(14b) の例のように D 構造において主語はなく目的語がある。そして、S 構造において目的語が主語の位置に現れる[57]。

　つぎに、非能格動詞・非対格動詞としてどのようなものがあるかについて、Perlmutter（1978）をまとめた Butt（2006）を引用して述べる。

　まず、非能格動詞には以下のような動詞が含まれる。

---

55) Randall, van Hout, Weissenborn, and Baayen（2004）に基づく。
56) 中村・菊地・金子（1989）による。なお、生成文法の中で最も新しい極小モデル（the Minimalist Program）では「D 構造、S 構造というレベルはすでにその役割を終えて破棄」（白畑・若林・村野井、2010, p. 47）されている。
57) *t* は痕跡（trace）のこと。ある要素が移動すると、元の位置には空の名詞句（noun phrase）が痕跡として残される。*i* は指標（index）のこと。同じ指標ならば同じものを指す。*Naomi* は *t* の位置から移動している（中村他、1989 参照）。

(1) 意志的あるいは意図的行為（willed or volitional act）
　　例：*speak, laugh, walk, cry*
(2) 話し方（manner of speaking）
　　例：*whisper, mumble, bellow*
(3) 動物の発する音（animal sounds）
　　例：*bark, neigh, roar*
(4) 非意図的な体の現象（involuntary bodily process）
　　例：*cough, sneeze, belch*　　　　　　　　　　（Butt, 2006）

次に、非対格動詞としては以下の動詞が挙げられる。

(1) 影響を受ける項（affected argument）
　　例：*burn, fall, dry*
(2) 起動動詞（inchoatives）
　　例：*melt, die, grow*
(3) 存在と出来事（existing and happening）
　　例：*exist, happen, arise*
(4) 非意図的な刺激の放出（involuntary emission of stimuli）
　　例：*shine, clink, stink*　　　　　　　　　　（Butt, 2006）

また、非対格動詞は、統語上は以下の（15）と（16）のように他動詞をもつ交替する非対格動詞（alternating unaccusative verbs）と、（17）、（18）、（19）のように他動詞をもたない交替しない非対格動詞（non-alternating unaccusative verbs）に二分される。

非対格動詞の2タイプ
　A. 他動詞をもつ、交替する非対格動詞 [58]
　(15)　a. The window broke.
　　　　b. Ken broke the window.

(16) a. The door opened.
　　　b. Ken opened the window.
B. 他動詞をもたない、交替しない非対格動詞
(17) The leaves fell.
(18) The guests arrived.
(19) Something happened.

　つぎに、非能格動詞と非対格動詞の違いがどのような統語上の違いとして現れるかを見る。ここでは、Levin (1993) に従い、結果構文、*way* 構文[59] (X's *way* construction)、そして there 構文 (*there*-insertion) および場所格倒置構文 (locative inversion) における両動詞の振る舞い方の違いについて述べる。違いといっても、すべての非能格動詞・非対格動詞に当てはまる絶対的なものではなく、あくまでも目安として考える方がよいであろう。
　最初に、結果構文について見る。結果構文の自動詞文の場合、非対格動詞 (*freeze, slide*) である (20) と (21) は適格な文となる。これに対し、非能格動詞 (*talk*) では (22) のように非文になる。しかし、非能格動詞 (*talk,cry,run*) であっても (23)、(24)、(25) の例のように自動詞型結果構文 (都築, 2004) をとりうる。(23) と (24) では再帰代名詞 (reflexive pronouns) が目的語となっている。

(20) The river froze solid.　　　　　　　　　　(Levin, 1993, p. 100)
(21) The door slid shut.　　　　　　　　　　　(Levin, 1993, p. 100)

---

58) Levin (1993) では causative/inchoative alternation（使役・起動交替）に分類されている。Levin and Rappaport Hovav (1995) では、使役交替は脱他動詞化 (detransitivization) という過程によって使役の他動詞から非対格の自動詞へと派生するとしている (丸田, 1998 参照)。
59) make one's way（進む）を典型とし、*make* を他の動詞に置き換えて様々な意味を生み出す構文のこと。たとえば、*He shouldered/pushed/elbowed his way through the crowd.*（彼は人ごみを肩で押し分けて／押しながら／肘で押し分けて、進んでいった）(安藤, 2005)。

(22) *He talked hoarse. (Goldberg, 1995, p. 181)
(23) He talked himself hoarse.
(24) Philippa cried herself to sleep. (Levin, 1993, p. 100)
(25) John ran his feet sore. (Hilpert, 2014, p. 29)

つぎに、*way* 構文の場合は、非対格動詞（*disappear*）は (26) のように非文になる。一方、非能格動詞（*talk*）は (27) のように適格な文となる（Levin, 1993）。

(26) *They disappeared their way off the stage. (p. 99)
(27) She talked her way out of the class. (p. 99)

最後に、*there* 構文と場所格倒置構文については、非能格動詞とは異なり、非対格動詞のうち、存在および出現を表わす動詞（verbs of existence and appearance）はこの構文をとれる（Levin, 1993）。以下の (28) は非対格動詞（*appear*）の *there* 構文の例、(29) は非対格動詞（*live*）の場所格倒置構文の例である。

(28) There appeared a ship on the horizon. (p. 89)
(29) In the woods lives an old woman. (p. 92)

以上が言語学や第二言語習得の分野でよく取り上げられる自動詞の分類である。次節では、違った角度から自動詞の 4 分類を考える。

10.3.2 動詞の 4 分類

自動詞を分類するうえで問題になる点としては、本来は他動詞文であるが、その目的語を省略することによって自動詞文にもなるという点が挙げられる。たとえば、*eat* は *I ate something.* とすれば他動詞だが、*I ate.* だと自動詞となる。また、相手の発話に対する返事としての *I know.* は、*know*

の目的語にもともと何かがあって（例：*I know it/that.*）、それが省略されたものなかということが問題となる。この点に関して、教育的観点から考察をしている Liu（2008）が参考になる。

　Liu（2008）は、英語の自動詞に関する先行研究である Quirk et. al.（1985）、Biber, Johansson, Leech , Conrad, and Finegan（1999）等を批判的に検討したうえで自動詞を 4 つに分類している（例文は筆者が追加）[60]。

① 　純粋な自動詞（pure intransitive verbs）
　　例：*arrive, rise, sleep*
　　John arrived.
② 　能格自動詞（ergative intransitive verbs）
　　例：*break, increase, open*
　　The window broke.
③ 　他動詞から派生した動作を表わす自動詞（transitive-converted intransitive verbs of activity）
　　例：*eat, hunt, read*
　　Mary ate.
④ 　目的語が省略されている動詞（object-deleting verbs）
　　例：*know, notice, promise*
　　I know.

　上の①には、これまで見てきた、非能格動詞と交替しない非対格動詞が含まれる。②には交替する非対格動詞ならびに中間構文[61]が含まれる。中間構文は副詞類を必要とし、話し手の心的態度である法（modality）を

60）小野（2012）は、英語の自動詞を非能格動詞、非対格動詞、能格動詞、中間動詞の 4 つに分類している。
61）*This book reads easily.*（この本は簡単に読める）のように、本来他動詞であるが、その目的語が主語の位置に現れ、自動詞として用いられる構文のこと。形式は能動態であるが、意味的には受動態となる（安井編, 1996）。

表わすとされるが、通常の非対格動詞でも同様に当てはまるので同じ分類に入る。

注目すべき点としては、③と④の区別がこれまでの先行研究になかった分類である。Quirk et al.（1985）では、*The window broke.* を典型例とする②も、*Mary ate.* を典型例とする③も、他動詞から自動詞に交替したものとして同じように扱っている（Liu, 2008）。

しかし、Liu（2008）は以下の3点を挙げて、別々に扱うことを提案している。第1に、②では主語（*the window*）が主題（Theme）であるが、③では主語（*Mary*）が動作主（Agent）である。第2に、他動詞から自動詞に交替するとき、②では主語が変わるが、③では主語が変わらない。そして第3に、②では目的語の省略はなく、元々あった目的語が主語に移動するのに対し、③はそうではない。

さらに、上の第3の点に関して、③は目的語が省略されたと考えるべきではないとして次の点を挙げている。

第1に、他動詞文（*John reads newspapers every day.*）から自動詞文（*John reads every day.*）に交替したときに、焦点は目的語である '*newspapers*' から '*read*' という動作（activity）に移っているので、両者の意味は根本的に異なる。

第2に、③に関して、不特定の目的語（indefinite object）が省略されているとする見解があるが、それは裏を返せば特定された目的語（specific object）は元々ないと主張していることに他ならない。さらに、ごくまれに、*John drinks heavily.* のように特定された目的語である *alcohol* が省略されているといえるかもしれない（Quirk et al., 1985）。しかし、*John drinks heavily.* は、目的語がないことからも分かるように、動作に焦点があたっているのである。また、目的語に焦点を当てたい場合には目的語を使うはずなので、目的語が省略されたのではない。

なお、③には次のものも含まれる。第1に、ふつうは再帰代名詞（reflexive pronoun）で表現されるが、その再帰代名詞がない場合、たとえば、*He's shaving.* や *He's washing.* などである。第2に、相互代名詞の目的語

(reciprocal pronoun object) が省略されている場合、たとえば、*They kissed.* や *They embraced.* などである。第 3 に、ふつうは他動詞として使われるが、慣用的に目的語をともなわない場合、たとえば、*give and take*、*pick and choose* などである。

④については、これに属する自動詞はあまり多くはないとし、談話の場面および状況の場面において目的語の省略が起こるとする。談話の場面としては、対話において相手の発言に対して *I know.* や *I understand.* と言うときは、相手の発言を指す名詞節や *it* が省略されている。以下の（30）の例では、*decline* の後に *the invitation* が省略されている。

(30) Each time we met she invited me, and each time I declined.

(Liu, 2008, p. 303)

状況の場面としては、以下の（31）から（34）のような指示を与える場面等が考えられる。省略されている目的語は、それぞれの状況の場面で特定されたものである。

(31) Bake for 45 minutes …　　（ケーキの素の箱に指示文）
(32) Don't touch!　　　　　　（ペンキ塗りたての掲示）
(33) Handle with care.　　　　（出荷物の指示文）
(34) You wash and I dry　　　（皿洗いの話をしているとき）

(Liu, 2008, p. 304)

10.4　自動詞の第二言語習得

以下では、自動詞の第二言語習得研究ならびに学習者コーパス研究のごく一部を簡単に紹介する。

10.4.1　自動詞の第二言語習得研究

英語学習者の英語自動詞の習得研究は、生成文法における普遍文法[62]

(Universal Grammar: UG) に基づいた第二言語習得理論[63] (generative SLA, UG-based SLA) の分野で多く行われてきた。生成文法の統率・束縛理論では、前述した非対格性仮説をもとに、S構造としては非能格動詞も非対格動詞も自動詞構文として表されるものの、D構造としてはおよそ以下の(35) と (36) のような違いがあるとされる。すなわち、非対格動詞は、非能格動詞と異なり、D構造で目的語位置にある名詞句がS構造で移動するという構造上の差が習得上の差となって現れるかが問題となる。さらには、非対格動詞の2つのタイプである交替するもの（例：*melt*）と交替しないもの（例：*fall*）に習得上の差があるかが問題となる。

(35) 非能格動詞：NP［vp V］　　　（例：*cry*）
(36) 非対格動詞：＿＿［vp V NP］　（例：*fall, melt*）

　日本人英語学習者（大学生）の非対格動詞の習得に関する先駆的な研究として Hirawaka (2000) がある。その一部である、文脈を与えた文法判断性テスト (grammaticality judgment test) による実験によると、日本人英語学習者は、非能格動詞の自動詞構文（例：*Bill cried.*）、および、交替しない非対格動詞の自動詞構文（例：*Jane fell down.*）は英語母語話者と同じように容認する。一方、交替する非対格動詞の自動詞構文（例：*The snow melted.*）に関しては、英語母語話者と違って、日本人英語学習者の容認度は著しく低くなるとする。

　また、最近の研究としては、佐藤 (2012) も「メアリーが冷蔵庫にチョ

---

62) 普遍文法とは生成文法 (Universal Grammar) 理論において、人間言語の核となるべき文法を習得するために、脳の中に生得的に備わっていると仮定される言語習得能力のこと」(白畑他, 2010, p. 7) で、「a. すべての言語に一様に働く共通の『原理 (principle)』b. すべての言語に、限られた選択として与えられる『パラメータ (parameter)』」(若林編, 2006, p. 3) を含む。
63) 第一言語習得、第二言語習得それぞれについて、UG があるとする立場とないとする立場がある。また、第二言語習得に UG があるとする立場においても、それが働く程度に応じていくつかの異なるモデルに分かれる（白畑他, 2010, p. 8 参照）。

コレートを入れずにテーブルの上に放っておいた」という文脈を与えて提示された *The chocolate melted.* という文について、英語母語話者は正しく容認するのに対して、日本人英語学習者は非文であると判断するという。

なお、これまでの非対格動詞の習得研究における文法性判断テストをはじめとするテストでは、多くの場合、1つの非対格動詞を1つのコンテクストのみで判定している。しかし、英語学習者は、1つの非対格動詞であっても様々なコンテクストにおいて様々に判断を下すという報告もある。たとえば、Owada（2000）は、交替する非対格動詞 *open* と *close* について、文によるコンテクストとマンガ3コマで示す容認性テスト（acceptability judgment test）を行った結果、日本人英語学習者は、有生性（animacy）が高い朝顔の開花・閉花の場合、自動詞用法（*In the mornings these flowers open.*）を容認しやすく、エレベーターや電車のドアの開閉など、それを操作する人（エレベータの中で扉を閉める人、運転手）が想起される場合には受身形（*But as he reaches the train, the doors are closed.*）を容認しやすくなる傾向があるとしている。

さらに、日本人の英語専攻の大学生を対象に行ったアニメーションによる非対格動詞の容認性テストの結果を報告したものとして、Owada and Tsutsui（2012）がある。この中のひとつのテスト項目として、交替しない非対格動詞 *fall* がある。この動詞を二つのアニメーションによるコンテクストで提示した。一つは、女の子が自ら躓いて駅の階段から転ぶシーン（コンテクスト1）で、もう一つは人ごみに押されて駅の階段から転ぶシーン（コンテクスト2）である。見終わった後に、3つの選択肢から、場面に最もふさわしいものを選ばせた。これら3つの選択肢は、(1) 正しい自動詞用法（*She falls down the stairs.*）、(2) 誤った他動詞用法（**The stairs fall her.*）、そして (3) 誤った受身形（**She is fallen down the stairs.*）であった。その結果、コンテクスト1では正しく (1) を選択する者がほとんどであるが、コンテクスト2では、女の子を押した人を想起したためか、(2) や (3) を選択するものも少なからずいたことが分かった。つまり、コンテクスト1だけだと *fall* を十分習得しているように見えるが、コンテクスト2

からはそうではないことが示唆された。

10.4.2　自動詞の学習者コーパス研究

　ライティングの研究分野でよく問題になる点は、英語学習者は交替しない非対格動詞を受身文で使い、*The accident was happened.* などと書いてしまうということである。このような非文法的な非対格動詞の受身形を受身化された非対格動詞（passive unaccusative）という[64]。

　Owada, Muehlesien, and Tsubaki（2009）は、Oshita（2000）が対象にした10個の非対格動詞（*appear, arise, arrive, die, disappear, exist, fall, happen, occur, rise*）について、英語のレベルが高いと考えられる日本人大学生の英作文コーパスを用いて、受身化された非対格動詞の用例を調査し、*appear, happen, occur* の3動詞で上記10個の全用例の71.6％を占めることを明らかにした。これを受けて、Owada（2013）は、これら3つの動詞に関してHornby（1975）を参考にして動詞の型を調べた。その結果、第1に、日本人英語学習者は受身化された非対格動詞を少なからず使うこと、第2に、これら3つの動詞は副詞類と共起して使用されると正しく使用される傾向があること、そして第3に、*happen* と *occur* には使役（causatives）[65] の例（*The only global language will happen innovation.*）はあったが *appear* には1例もなかった、と報告している。

10.5　まとめ

　これまで、文法指導で生かすことのできる5文型、7文型、パターン文法、構文文法における動詞研究のごくわずかな一面を見てきた。特に、与格交替に関しては、構文文法の知見は教室内の文法指導にも役立つであろ

---

[64] Zobl（1989）は、日本人英語学習者の誤用例とし、*Most of people are fallen in love and marry with somebody.*（Japanese L1; high intermediate）を挙げている。
[65] 使役動詞（causative verbs）には、動詞の中に使役の意味を含む *break* や *open* などの語彙的使役動詞（lexical causatives）と、使役の意味を表すのに *make*、*have*、*let* などの独立した語を用いる迂言的使役動詞（periphrastic causatives）がある（安井編、1996参照）。

う。

　また、英語の自動詞分類、および非能格動詞・非対格動詞についても述べた。これにより、自動詞・他動詞というように動詞を単純に二分するだけでは見えてこない、自動詞の特徴がある程度は明らかになったのではないだろうか。

　さらには、自動詞の指導という観点から、日本人英語学習者は交替しない非対格動詞を誤って受身形にしてしまうということについても触れた。とくに、最後に触れたように、大学生でも非対格動詞を正しく理解できていない点は重要である。ましてや、受身形をすでに習っている中学生や高校生が交替しない非対格動詞を受身形にしても無理はない。

　そして最後に、このような誤用を避けさせるような、英語の自動詞の特徴を押さえさせ、それぞれの動詞の使い方をきちんと理解させる文法指導法の確立が今後の大きな課題となるであろう。

読書案内

1. Hipert, M. (2014). *Construction grammar and its application to English*. Edinburgh: Edinburgh University Press.
　　構文文法の入門書。項構造の説明から始まり、言語習得、言語処理、言語変異、言語変化と構文との関わりについて非常にわかりやすく包括的に述べている。また、オンライン上にて著者自身による本書に沿った講義を視聴することができる。
2. Aarts, B., Chalker, S., & Weiner, E. (2014). *The Oxford dictionary of English grammar* (2nd ed.). Oxford: Oxford University Press.
　　ペーパーバック版の英文法用語辞典の第二版。文法用語の説明にあたっては、引用元を示したうえで異なる立場による定義を挙げているので用語の整理に役立つ。また、最新の文法用語も掲載されているので参考になる。

参考文献

安藤　貞雄（2005）.『現代英文法講義』開拓社.
安藤　貞雄（2008）.『英語の文型―文型がわかれば、英語がわかる』開拓社.
オールウド・アンデソン・ダール著（公平珠躬・野家啓一訳）（1979）.『日常言

語の論理学』産業図書．
小野　隆啓（2012）．教室で役立つ言語学　第 9 回自動詞の多階層分析—4 種類の
　　　自動詞．英語教育 2012 年 12 月号．　大修館書店．
小池　生夫編（2003）．『応用言語学事典』研究社．
佐藤　恭子（2012）．『英語心理動詞と非対格動詞の習得はなぜ難しいのか—動詞
　　　の項構造の習得をめぐって』渓水社．
霜崎　實他（2013）．『CROWN English Communication I』三省堂．
白畑　知彦・若林　茂則・村野　井仁．(2010)．『詳説第二言語習得研究—理論から
　　　研究法まで』研究社．
高見　健一・久野　暲（2002）．『日英語の自動詞構文』研究社．
都築　雅子．(2004)「第 3 章　行為連鎖と構文 II：結果構文」．中村芳久編．『認
　　　知文法 II』（pp. 89-135）大修館書店．
角田　太作．(2009)『世界の言語と日本語』．くろしお出版．
中村　捷・菊地　朗・金子　義明（1989）．『生成文法の基礎—原理とパラミターの
　　　アプローチ』研究社．
細江　逸記（1917）．『英文法汎論』文会堂（改訂版，泰文堂，1926 年）．
松本　克己（2007）．『世界言語のなかの日本語—日本語系統論の新たな地平』三
　　　省堂．
丸田　忠雄（1998）．『使役動詞のアナトミー—語彙的使役動詞の語彙概念構造』
　　　松柏社．
南出　康世（1998）．『英語の辞書と辞書学』大修館書店．
宮脇　正孝（2012）．5 文型の源流を辿る—C. T. Onions, An Advanced English Syntax
　　　(1904) を越えて—. 専修人文論集 90 巻 , 437-465.
文部科学省（2008）．『中学校学習指導要領解説外国語編』開隆堂．
文部科学省（2010）．『高等学校学習指導要領外国語編・英語編』開隆堂．
安井　稔編（1996）．『コンサイス英文法辞典』三省堂．
若林　茂則編（2006）．『第二言語習得研究入門—生成文法からのアプローチ』新
　　　曜社．
綿貫　陽・マーク・ピーターセン（2006）．『表現のための実践ロイヤル英文法』
　　　旺文社．
Aarts, B., Chalker, S., & Weiner, E. (2014). *The Oxford dictionary of English grammar*
　　　(2nd ed.). Oxford: Oxford University Press.
Andrews, A.D. (2007). The major functions of the noun phrase. In T. Shopen (Ed.),
　　　Language typology and syntactic description Volume 1: Clause structure
　　　(2nd ed.). Cambridge: Cambridge University Press.
Baker, P. , Hardie, A., & McEnery, T. (2006). *A glossary of corpus linguistics*.

Edinburgh: Edinburgh University Press.
Bencini, G. M. L. & Goldberg, A.E. (2000). *The contribution of argument structure constructions to sentence meaning. Journal of Memory and Language, 43*, 640-651.
Biber, D., Johansson, S., Leech, G., Conrad S., & Finegan, E. (1999). *Longman grammar of spoken and written English*. London: Longman.
Burzio, (1986). Italian syntax: *A government-binding approach*. Dordrecht: Springer.
Butt, M. (2006). *Theories of case*. Cambridge: Cambridge University Press.
Chalker, S., & Weiner, E. (1994). *Oxford dictionary of English Grammar*. Oxford: Oxford University Press.
Cooper, A. J., & Sonnenschein. E. A. (1889). *An English grammar for schools based on the principles and requirements of the Grammatical Society. Part II : Analysis and syntax* (2nd ed.). London : Swan Sonnenschein.
Croft, W. (2012). *Verbs: Aspect and causal structure*. Oxford: Oxford University Press.
Cruse, A. (2006).*A glossary of semantics and pragmatics*. Edinburgh: Edinburgh University Press.
Davis, A. R. (2011). Thematic roles. In C. Maienborn, K. Heusinger, & P. Portner (Eds.), *An international handbook of natural language meaning*, 1 (pp. 399-420). Berlin: De Gruyter Mouton.
Diesel, H. (2013). Construction grammar and first language acquisition. In T. Hoffmann & G. Trousdale (Eds.), *The Oxford handbook of construction grammar* (pp. 347-364) . Oxford: Oxford University Press.
Dixon, R.M.W. (2010). *Basic linguistic theory Volume 1: Methodology*. Oxford: Oxford University Press.
Evans, V. (2007). *A glossary of cognitive linguistics*. Edinburgh: Edinburgh University Press.
Frawley, W. (1992). *Linguistic semantics*. Hillsdale, NJ: Erlbaum.
Francis, G., Hunston,S., & Manning, E. (1996). *Collins COBUILD Grammar Patterns 1: Verbs*. London: HarperCollins.
Goldberg, A.E. (1995). *Constructions: A construction grammar approach to argument structure*. Chicago: Chicago University Press.
Goldberg, A.E. (1998). Patterns of experience in patterns of language. In M. Tomasello (Ed.), *The new psychology of language: cognitive and functional approached to language structure* (pp. 205-219). New Jersey: Lawrence Erlbaum Associates.
Goldberg, A.E. (2006). *Construction at work: The nature of generalization in language*.

Oxford: Oxford University Press.

Goldberg, A.E., & Bencini, G. M. L. (2005). Support from language processing for a constructional approach to grammar. In A. Tyler et al. (Ed.), *Language in use: Cognitive and discourse perspectives on language and language learning* (pp. 3-18). Washington, DC: Georgetown University Press.

Goldberg, A.E., & Casenhiser, D. (2008).English constructions. In B. Aarts & A. McMahon (Eds.), *The handbook of English linguistics* (pp. 343-355). Oxford: Blackwell.

Goodman, J. C. & Sethuraman, N. (2006). Interactions in the development of constructions and the acquisition of word meanings (pp. 263-282). In E. V. Clark & B. F. Kelly (Eds.) , *Constructions in acquisition* (pp. 263-282). Stanford, CA: CSLI Publications.

Hilpert, M. (2014). *Construction grammar and its application to English*. Edinburgh: Edinburgh University Press.

Hirakawa, M. (2003). *Unaccusativity in second language Japanese and English*. Tokyo: Hituzi Syobo.

Hoffmann, T., & Trousdale, G. (2013). Construction Grammar: Introduction. In T. Hoffmann & G. Trousdale (Eds.), *The Oxford handbook of construction grammar* (pp. 1-12). Oxford: Oxford University Press.

Hornby, A.S. (1954). *A guide to patterns and usage in English*. Oxford: Oxford University Press.

Hornby, A.S. (1975). *A guide to patterns and usage in English* (2nd ed.). Oxford: Oxford University Press.

Hunston, S. (2012). Public lecture series [Lecture notes and PowerPoint slides]. Lectures conducted at Rikkyo University, Tokyo.

Hunston, S., & Francis, G. (2000). *Pattern Grammar: A corpus-driven approach to the lexical grammar of English*. Amsterdam: John Benjamins.

Krifka, M. (2003). Semantic and pragmatic conditionsfor the dative alternation. *Korean Journal of English Language and Linguistics, 4*, 1-32.

Leech, G. (2006). *A glossary of English grammar*. Edinburgh: Edinburgh University Press.

Levin, B. (1993). *English verb class and alternations: a preliminary investigation*. Chicago: Chicago University Press.

Levin, B., & M. Rappaport Hovav. (1995). *Unaccusativity: At the syntax-lexical semantics Interface* (Linguistic Inquiry Monograph 26). Cambridge, MA: MIT Press.

Liu, D. (2008). Intransitive or object deleting? Classifying English verbs used without an object. *Journal of English Linguistics, 36*(4), 289-313.

Matthews, P.H. (2007). *Concise dictionary of linguistics*. Oxford: Oxford University Press.

Nattinger, J., & DeCarrio, J. (1992). *Lexical phrases and language teaching*. Oxford: Oxford University Press.

Onions, C.T. (1904). *An advanced English syntax based on the principles andrequirements of the Grammatical Society*. London: Routledge.

Onions, C.T. (1971). *Modern English syntax*. London: Routledge.

Oshita, H. (2000). What is happened may not be what appears to be happening: a corpus study of 'passive' unaccusatives in L2 English. *Second Language Research, 16*, 293-324.

Owada, K. (2000). Japanese learners' conceptualizations of unaccusative verbs: *open* and *close* with special reference to contextual effects. *Gakujutsu Kenkyu, School of Education, Waseda University: Series of English Language & Literature, 48*, 55-75.

Owada, K. (2013). A corpus study of verb patterns of unaccusative verbs *appear, happen* and *occur* in L2 English written by Japanese learners of English. *Journal of Pan-Pacific Association of Applied Linguistics, 17* (1), 29-39.

Owada, K., Muehlesien, V., & Tsubaki, H. (2009). A corpus study of passive unaccusative verbs in L2 English produced by advanced Japanese learners. *Proceedings of the 14th Conference of Pan-Pacific Association of Applied Linguistics*, 219-224.

Owada, K., & Tsutsui, E. (2012). Japanese English learners' preference for unaccusative verb forms in the animation-based context: A case study. *Proceedings of the 18th Conference of Pan-Pacific Association of Applied Linguistics*.

Pullum, G. K. (1991).*The great Eskimo vocabulary hoax and other irreverent essays on the study of language*. University of Chicago Press.

Partee, B.H. (1979). Subject and object in modern English. In J. Hankamer (Ed.), *Outstanding dissertations in linguistics series*. New York: Garland. (Original work published in 1965)

Perlmutter, D.M. (1978). Impersonal passives and the unaccusative hypothesis. *Proceedings of the 4th Annual Meeting of the Berkeley Linguistics Society*, 157-190.

Pinker, S. (1989). *Learnability and cognition: The acquisition of argument structure*. Cambridge, MA: MIT Press.

Quirk, R., Greenbaum, S., Leech, G., & Svartvik, J. (1985). *A Comprehensive grammar of the English language*. London: Longman.
Randall, J., van Hout, A., Weissenborn, J., & Baayen, H. (2004). Acquiring unaccusativity: A cross-linguistic look. In A. Alexiadou, E. Anagnostopoulou, & M. Everaert (Eds.), The unaccusative puzzle: *Explorations of the syntax-lexicon interface* (pp. 332-353). Oxford: Oxford University Press.
Saeed, J. (2009). *Semantics* (3rd ed.). Oxford: Blackwell.
Tomasello, M. (1998). Introduction: A cognitive-functional perspective on language structure. In M. Tomasello (Ed.), *The new psychology of language: cognitive and functional approached to language structure* (pp. vii-xxiii). New Jersey: Lawrence Erlbaum Associates.
Tomasello, M. (2003). *Constructing a language: A usage-based theory of language acquisition*. Cambridge, MA: Harvard University Press.
Zobl, H. (1989). Canonical typological structures and ergativity in English L2 acquisition. In S. Gass, & J. Schachter (Eds.), *Linguistic perspectives on second language acquisition* (pp. 203-221). New York: Cambridge University Press.

[辞書類]
Collins COBUILD English Usage (3rd ed.). (2012). Glasgow:HarperCollins.
Collins COBUILD English Grammar (3rd ed.). (2011), Glasgow:HarperCollins.
Collins COBUILD English Dictionary (published as a 2nd ed. of *Collins Cobuild English Language Dictionary*.). (1995). London & Glasgow: HarperCollins.
Collins COBUILD English Language Dictionary. (1987). London & Glasgow: Collins.
Idiomatic and Syntactic English Dictionary. (1942).(published by Oxford University Press, 1948, as *A Learner's Dictionary of Current English*; later, in 1952, retitled *The Advanced Learner's Dictionary of Current English*) Tokyo: Kaitakusha.
Oxford Advanced Learner's Dictionary of Current English (3rd ed.). (1974). Oxford: Oxford University Press.
Oxford Advanced Learner's Dictionary of Current English (3rd ed.). (1985). Oxford: Oxford University Press.
Oxford Advanced Learner's Dictionary of Current English (7th ed.). (2005). Oxford: Oxford University Press.
Oxford Advanced Learner's Dictionary of Current English (8th ed.). (2010). Oxford: Oxford University Press.

第 11 章　学習者要因と L2 動機づけ研究

吉田　諭史

概要

　本章では、第二言語習得研究の分野における学習者個人差研究について概観する。これまでに研究対象とされてきた代表的な学習者要因について紹介するとともに、とくにこの研究領域において中核を担う概念とされる第二言語（外国語）学習動機づけに焦点をあて、この概念をめぐる理論的な変遷について概説する。また、今後読者が自ら動機づけ調査を行うために必要な研究手法等に関する基礎知識についても紹介する。

11.1　はじめに

　本書の第Ⅱ部では、英語教育と密接に関連した研究分野である言語学（linguistics）や応用言語学（applied linguistics）、第二言語習得（second language acquisition）などの各分野において発展したさまざまな理論的枠組について概観しながら、これらの理論に裏打ちされた外国語学習方法や指導方法などを紹介してきた。こういった一連の理論的枠組のうち、とくに第二言語習得理論に共通する大きな特徴は、第二言語習得という現象において、さまざまな学習者の間に共通してみられる特性や学習過程について体系づけて論じることを主要な目的としている点であろう。実際に、第二言語習得に関連した諸理論では、学習者がどのような点において同様であるか、どの程度同様であるか、さらには各学習者が経験する学習過程にはどの程度共通性があるかなど、第二言語学習における普遍的（universal）な事項を研究の対象としている[1]（Skehan, 1989）。Ellis（2011）がまとめる通り、今日の第二言語習得研究においては、上記のように第二言語学習に

おける普遍性（universality）に焦点をあてた研究が主流となっている。

　一方、上記の理論的アプローチとは対照的に、第二言語学習の過程において、学習者一人ひとりがみせるさまざまな差異（differences）に注目し、これらの差異がもたらす影響について明らかにしようとする研究分野も存在する。この分野は、いわゆる学習者要因（learner factors）と称されるさまざまな要因によってもたらされる個人差（individual differences）を対象とすることから、個人差研究（individual difference research）や学習者個人要因研究などと総称されている。言語教育に関連した個人差研究の歴史は非常に古く、第二言語習得がひとつの研究分野として成り立つ前の時代までさかのぼることができる（Ellis, 1994, 2011）。黎明期から現在にいたるまでの間に膨大な量の研究成果が蓄積されてきたことはいうまでもなく、その結果、学習者の個人差に関する研究は、第二言語習得研究の分野において重要な研究領域として位置づけられてきた（Ellis, 2011）。とりわけ、学習者の個人差という視点から第二言語習得を捉えることで、これまで説明がつかなかった現象や特性を明らかにし、今後第二言語習得理論の発展に寄与する可能性を秘めている点は注目に値する。このため、今日の第二言語習得研究においては主流な分野とはいいがたいが、将来英語教育の道を志すものにとって、個人差研究に関する基礎的な知識を得ておくことは非常に意味があると考えられる。

　そこで、本章では、第二言語習得研究の分野において研究対象とされている代表的な学習者要因について概説するとともに、とくにこの分野において中核的な役割を担う要因として頻繁に取り上げられる動機づけに焦点をあて、この概念をめぐる理論的枠組の変遷についてまとめる。

---

1) Skehan（1989）がまとめている通り、普遍文法（universal grammar）や言語の習得順序（acquisitional sequence）、誤りの種類（error types）などが例としてあげられる。

11.2　学習者個人差研究
11.2.1　差異心理学および個人差研究の成り立ち

　Dörnyei（2005）によれば、心理学の分野では古くから（1）「人間の精神の一般原則」("the *general principles* of the human mind", p. 1) に関する理解と、(2)「人間の精神の独自性」("the *uniqueness* of the human mind", p. 1) に関する探究、というそれぞれ相反する研究対象を取り扱ってきた[2]。前者は、われわれが一般的に思い抱くような、人間の精神にみられる何らかの共通性に着目して人間の行動や考えを考察する分野である一方、後者は、心理学の分野において独立した下位区分である差異心理学（differential psychology）として成立し、近年では個人差研究と称されることになったという。ここでいう個人差とは、一般に心理学領域で用いられている「ある個人が他者と区別される特性や特徴」（繁桝・四本, 2013, p. 289）という定義にもとづいている。つまり、心理学の分野では、従来から人や事物における共通性を探る領域とそれらにみられる差異を探る領域が区別されており、それぞれ重要な研究分野として確立されてきた。

　一方、Skehan（1989）が指摘している通り、第二言語習得研究の分野では、心理学に比べて個人差に関して研究を行う伝統や習慣が乏しい傾向にあった。こういった影響があってか、第二言語習得の分野では未だに個人差研究を通して得られた結果が過小評価される傾向にあったり（Ellis, 2011）、当該分野においてあまり影響力を発揮できていなかったりと、その位置づけに関する問題も指摘されている（Dörnyei, 2005）。つまり、個人差研究は、第二言語習得研究において理論発展に寄与する可能性を秘めながらも、実際にそのように作用するまでにはまだまだ課題が残っている状況といえよう。しかし、Dörnyei（2005）が強調している通り、第二言語習得研究におけるどの下位分野をみても、学習者要因にみられる個人差ほど一貫性をもって学習者の言語到達度（language achievement）を予測できる判断材料が少ないことはまぎれもない事実である。とりわけ、学習成果と

---

[2] 引用箇所のイタリック表記は原文のまま。

して達成される最終的な言語到達度が学習者によって極端に異なり、中には皆無であったり、中にはネイティブ・スピーカー・レベルであったりと、幅広い範囲をとりうる言語習得（学習）という現象を論じるにあたっては、その目標達成のために費やす長期的な時間を介して学習者間に生じるさまざまな個人差について調査、研究することが重要になることはいうまでもない。

では、第二言語習得研究の分野における個人差研究とはどういったものなのであろうか。以下 11.2.2 に概要をまとめる。

11.2.2　第二言語習得における個人差研究

第二言語習得における個人差研究の歴史は、1960 年代以前にまで遡ることができる（Dörnyei, 2005; Ellis, 2011）。当時の個人差研究は、専ら言語適性（language aptitude）に関するものが多かったようであるが、その後まもなくして Robert C. Gardner らによる動機づけ（motivation）に関する研究が開始されることになる（例：Gardner & Lambert, 1959）。1970 年代に入ると、グッド・ランゲージ・ラーナー（good language learner）に関する研究が隆盛を極めた一方、Gardner（1979, 1985）は、高度な統計手法を活用しながら第二言語および外国学習に関する社会教育モデル（the socio-educational model of second language acquisition）とよばれる言語習得モデルを提唱した。1990 年代には、言語学習ストラテジー（language learning strategies; Oxford, 1990）など新しい学習者要因も研究対象とされ、動機づけ研究においては、理論的枠組の再編時期を迎える。2000 年以降もなお、さまざまな試みがつづいており、近年では Zoltán Dörnyei が中心となり、動機づけ研究に新たな流れを作っている。このように、個人差研究の分野では、常に何かしらの新しい提案がなされており、それゆえに多様性に富んだ調査研究が行われてきた。

では、この分野で研究対象とする個人差とはいったいどういったものであろうか。Dörnyei（2005）は、個人差に関連した概念を、個人と他者との間に差をもたらす「永続的な個人特性の特徴（"dimensions of enduring personal characteristics", p. 4)」であるとし、こういった特性は、あらゆる人に通ずるものであると定義している。このように、第二言語習得研究の分野で扱っている個人差に関連した要因は、先に確認した心理学分野における「個人差」の定義にもとづいたものであることがわかる。

では、この分野における一連の個人差研究は、どのようなことを明らかにしようとしているのか。Ellis（2011, p. 641）は以下 4 つの主要な研究テーマをあげている。

(1) 言語学習者はどのような点において違いがあるのか
(2) 言語学習者にみられる違いは学習成果にどのような効果をもたらすのか
(3) 言語学習者の個人差はどのように第二言語習得の過程に影響を与えるか
(4) 学習者要因はいかに指導（instruction）と交互作用をもたらし学習成果を決定づけるか

これら 4 つの研究テーマ通して、最終的には、学習者間にみられる言語到達度の違いが生じる原因について説明を試みることが、ここ最近の個人差研究における主要な目的のひとつになっている（Dörnyei, 2005; Ellis, 1994, 2011）。

11.2.3　第二言語習得における代表的な学習者要因と個人差

本節では、第二言語習得研究の分野で研究対象とされる学習者要因について概説する。『応用言語学事典』（小池編, 2003）によれば、この分野に関連した学習者要因として、情意要因（affective factors）、認知要因（cognitive factors）、自律学習（learner autonomy）[3]、学習ストラテジー（learning

---

[3] 『応用言語学事典』（小池編, 2003）では、自律学習の訳語に learner autonomy をあてているが、一般的には autonomous learning という訳語が使われる。一方、learner autonomy は学習者の自律性のことを指す。

strategy)、コミュニケーション・ストラテジー（communication strategy)、個人差などがあげられている（p. 85)。これらのうち、「個人差」の項目を調べると、第二言語習得における言語到達度に影響を及ぼす可能性のある要因として、(1) 認知変数（cognitive variables)、(2) 情意変数（affective variables)、(3) 性格変数（personality variables）が取り上げられている（p. 89)。それぞれの変数には、当該領域に含まれるさまざまな学習者要因があげられており、それぞれ表11.1のようにまとめることができる。また、表11.1には、Ellis（2011）を参考とし、本研究分野における主要な研究書に掲載されている個人差に関連した諸要因についても一覧として示す。

表11.1の通り、言語適性、性格（personality)、動機づけはすべての研究書に掲載されている要因である。また、不安（anxiety）は『応用言語学事典』を除くすべてに掲載されている。このため、Ellis（2011）がまとめる通り、これら4つが中核的な役割を担う学習者要因であると考えられる。以下にそれぞれの概要をまとめる。

言語適性

広範な人間の能力（abilities）に関連した概念であり、学習者の認知面にみられるさまざまな差をもたらす（Dörnyei, 2005)。聴覚能力（auditory ability）や言語能力（linguistic ability)、記憶能力（memory ability）など多くの異なった能力を含む概念である（Ellis, 2011; Skehan, 1989)。

性格

感情や思考、行動などにみられる一貫したパターンを構成する人間の特徴のこと（Ellis, 2011)。外向性（extraversion）や内向性（introversion）などといった性格的特徴などが調査対象とされてきた。

不安

不安は、一般的には特性不安（trait anxiety)、状態不安（state anxiety)、特定状況不安（situation-specific anxiety）に分けられる（Ellis, 2011)。第二言語習得研究で調査対象とされているのは、特定状況不安の一種であり、言語学習や言語使用に結びついた不安や恐怖などの感情を指す言語学習不安（language learning anxiety）や外国語不安（foreign language anxiety）などがある。

表 11.1: 個人差に関連した要因一覧

Skehan (1989)	Robinson (2002)	Dörnyei (2005)	Ellis (2011)	小池編 (2003)[4]
1. 言語適性	1. 知能	1. 性格	1. 知能	1. 知能
2. 動機づけ	2. 動機づけ	2. 言語適性	2. ワーキング・メモリー	2. 言語適性
3. 言語学習ストラテジー	3. 不安	3. 動機づけ	3. 言語適性	3. 動機づけ
4. 認知的および情意的要因 (Cognitive and affective factors)	4. 言語適性	4. 学習および認知的スタイル (Learning and cognitive styles)	4. 学習スタイル	4. 態度 (attitudes)
a. 外向性/内向性	5. ワーキング・メモリー (working memory)	5. 言語学習ストラテジー	5. 性格	5. 外向性/内向性
b. リスク・テイキング (risk-taking)	6. 年齢 (age)	6. 他の特性 (other characteristics)	6. 動機づけ	6. 性格
c. 知能 (intelligence)		a. 不安	7. 不安	
d. 場独立 (field independent)		b. 創造性 (creativity)	8. willingness to communicate	
e. 不安		c. willingness to communicate	9. 学習者の信念 (言語)	
		d. 自尊心 (self-esteem)	10. 学習ストラテジー	
		e. 学習者の信念 (learner belief)		

---

4) 学習者要因の頁 (p. 89) であげられている諸要因を一覧としてまとめる。

以下、11.3 からは、中核要因のひとつである動機づけの理論的変遷についてまとめる。

11.3 第二言語（外国語）学習動機づけ

　第二言語（外国語）学習動機づけ（motivation in second and foreign language learning; 以下、L2 動機づけ）は、かねてより学習者の言語到達度に大きな影響を与える中核的な役割を担う要因として認識されてきた。そのため、さまざまな理論的枠組や研究手法を通して研究が重ねられている。Dörnyei（2005）が指摘する通り、L2 動機づけは、学習者が目標言語を学習するに至る主要な要因となりえるだけでなく、言語学習を持続するための原動力を提供する要因でもあると考えられる。こういった動機づけの役割は、言語学習に限ったことではないが、とりわけ目的達成までに長い年月と膨大な労力を費やす可能性がある言語習得（学習）においては、学習者一人ひとりの動機づけが果たす役割が非常に大きいことは容易に想像がつく。

　では、第二言語習得における L2 動機づけとは具体的にはどういった概念として捉えられているのであろうか。おそらく、この問いに対する簡潔かつ明確な回答は存在しないであろう。この原因は、L2 動機づけ研究の分野では、その起源となる研究がはじめられた当時から現在に至るまでに、さまざまな理論的枠組の変遷を重ねてきた経緯があるためである。Dörnyei and Ushioda（2011）が指摘する通り、このような理論変遷は第二言語習得研究の分野のみならず、専門領域である心理学の分野でも生じており、その結果として「動機づけ」という言葉が意味するものを直感的には理解できるが、その概念が一体何を指すかという点については意見の一致がみられない状況に陥っている。この指摘は、これまでの L2 動機づけ研究をめぐる状況にもまさにあてはまる。そこで、本節では、L2 動機づけ研究にみられるこれまでの歴史を振り返り、理論的枠組の変遷と L2 動機づけに関連したさまざまな概念について概説していく。その際、Dörnyei（2005）や Dörnyei and Ushioda（2011）を踏襲し、これまでに行わ

れてきた動機づけ研究を（1）「社会心理学の時代（Social-psychological period）」、（2）「認知面に結びついた時代（Cognitive-situated period）」、（2）「（動機づけ）プロセスに関心をもった時代（Process-oriented period）」とよばれる3つの時代[5]に分類してまとめることとする。

11.3.1　Social-psychological period[6]

　Dörnyei（2005）が「社会心理学の時代」（Social-psychological period）と称するこの時代は、L2 動機づけ研究の第一人者であるカナダの心理学者 Robert C. Gardner が提唱した L2 動機づけ理論（例：Gardner, 1985）が繁栄を極めた時代を指している。L2 動機づけ研究は、Gardner と彼の共同研究者らの手によってはじまり、継続的な調査研究によって精巧に築き上げられた理論は、その後約 30 年もの間、第二言語習得の分野において強い影響力をもつものとなった。そのため、L2 動機づけに関する主要な研究書（Dörnyei, 2001, 2003, 2005; Dörnyei & Skehan, 2003; Dörnyei & Ushioda, 2011; Ellis, 1994, 2011; Skehan, 1989, 1991）では、必ずといっていいほど Gardner の L2 動機づけ理論を説明するためにかなりの紙面を費やしている。ただし、これは単純に 30 年もの間第一線におかれていた理論だからという理由だけではなく、その後の L2 動機づけ研究において用いられるさまざまな理論や関連概念を理解する上でも、当該理論に関する知識が必要になるためである。では、Gardner が提唱した動機づけ理論は、具体的にはどういったものなのであろうか。以下、Gardner の L2 動機づけ理論において重要な要素である態度（attitude）や統合的動機づけ（integrative motivation）など、主要な概念が構築されるに至った経緯について概説する。

　Gardner らが行った一連の研究（例：Gardner & Lambert, 1959, 1972）にみられる特徴は、第二言語習得という現象を社会心理学的な視点から捉えている点である。なかでも、とくにこの色合いが顕著なのは、Gardner が第二

---

5) 各時代の訳語は、それぞれの特徴を踏まえた上で筆者が意訳した。
6) 本節は、Yoshida（2010）の先行研究のまとめを再構成したものである。

言語学習という現象を一種の社会心理学な現象（a social psychological phenomenon）として捉え、学習者が第二言語を学ぶ社会的な環境（social circumstances）についても着目して理論を構築している点である（Gardner, 1979, 1985）。実際に、Gardner（1979）は、第二言語習得において重要なのは、その言語を学ぶ学習者が「自らの文化的社会との間に保つ調和」("harmony with his own cultural community", p. 193）と、「他の文化的社会に共感する意欲や能力」("willingness or ability to identify with other cultural community", pp. 193-194）、であるとしており、学習者と第二言語に関連した社会的要因との関連が重要であると示唆している。こういった考えに至った背景には、GardnerがL2動機づけ研究に着手した当時に提案された、幼児の第一言語習得に関する理論的な説明の存在が大きかったようである[7]（Gardner & Lambert, 1959）。

　また、Gardner（1979, 1985）は、上記と同様の視点を学校における言語学習にも応用している。この過程でGardnerが注目したのは、第二言語を扱う語学クラスでは、多くの学習者が当該の言語を学ぶか否かの判断を求められることがないまま、他民族文化の一部である言語を習得することが求められている点であった。この点を踏まえ、Gardnerは、学習者が特定の言語集団に抱く態度（attitude toward the specific language group）が、当該言語の最終的な到達度に影響を及ぼす可能性について言及している（Gardner, 1985）。こういった一連の研究を経て、Gardnerが提唱したL2動機づけ理論には態度とよばれる心理的要因が含まれることとなった。

　Gardnerらがカナダで行った初期の研究（Gardner & Lambert, 1959, 1972）をみると、動機づけや態度といった心理的要因は、言語適性と同様に第二

---

7) Gardner and Lambert（1959）は、この点を以下のように説明している。
　　It is our contention then that achievement in a second language is dependent upon essentially the same type of motivation that is apparently necessary for the child to learn his first language. We argue that an individual acquiring a second language adopts certain behaviour patterns which are characteristic of another cultural group and that his attitudes towards that group will at least partly determine his success in learning a new language. (p.267)

言語学習において重要な役割を担うと結論づけている。この裏付けとなったのは、第二言語の学習に対してより積極的な理由を見出し、さらに当該の言語を話すグループに対して肯定的な態度を示した学習者が、単に実用的な理由（pragmatic reasons）から言語を学習する者と比べてより高い動機づけ傾向を示し、最終的に首尾よくその言語を習得する傾向が示された点である。この結果は、後にGardnerの理論において中核を担う動機づけの構成概念（motivation construct）となる統合的動機づけを概念化する基礎となった。Gardnerは、後に行った研究（Gardner, 1960）においても同様の結果を再現することができたとして、統合的動機づけが言語学習の成果である言語到達度と密接に関連している可能性について主張することとなった。

　Gardnerは、その後もモノリンガルな言語環境にある地域や、カナダの一部地域と同様にバイリンガルな言語環境にあるフィリピンなどで調査を実施し、上記と同様の結果が再現できるか否かについての検討を行った（Gardner & Lambert, 1972）。その結果、動機づけと言語到達度には一定の関連があることが示唆されたものの、その関連性は環境によって違いが生じる点も確認された。この結果をうけ、後にGardnerのL2動機づけ理論は批判をうけることになる（例：Au, 1988; Skehan, 1989, 1991）。しかし、Gardnerは、動機づけや態度といった自らのL2動機づけ理論の中核を担う心理的要因と言語到達度との間には、もともと仮定した通りの関係性があったと繰り返し主張している[8]（Gardner, 1985, 2000; Gardner & Lambert, 1972）。また、当時実施されたさまざまな研究結果を引き合いに出し、多くの場合において統合的動機づけと考えられるような動機づけ傾向を確認したと主張している（Gardner, 1985; Gardner & Lambert, 1972）。その結果、

---

8) たとえば、Gardner（2000）は以下の通り主張している。
　I would be fooling you if I said we obtained the same results in all of these samples. The results were much more complex and informative than that, but there was evidence that achievement in French was associated with both aptitude and attitudinal/motivational variables in all samples. (p.15)

Gardner（1979, 1985, 2001）は、一連の研究成果にもとづき、社会教育モデルと呼ばれる第二言語習得のモデルを提案した。このモデルの中核を担っているのが、先述の態度や動機づけなどの要因によって構成される統合的動機づけであり、学習者の第二言語学習を促進するものであると定義されている。

11.3.2 GardnerのL2動機づけ理論にみられる重要な概念

　前節では、Gardnerの動機づけ理論が構築されていく過程と経緯について概説した。特徴的なのは、L2動機づけを論じるにあたって、動機づけだけではなく態度など他の心理的要因も同時に検討している点であろう。現に、彼が提唱する統合的動機づけは、さまざまな心理的要因が複雑に絡み合って構成される複合体（complex）であるとされており、われわれが一般的に想像する種類の動機づけとは様相が異なっている。このため、一見しただけでは理解しがたい印象をうけるであろう。

　実際、統合的動機づけは、その概念にみられる複雑さと、構成要素である下位概念に同じような名前のついた要因が多かったことから、他の研究者が各要因の意味を混同するという結果を招いた（Dörnyei, 1994b, 2005）。こういった混乱は、他の研究者が正確に理論を理解することの妨げとなり、その結果、Gardnerの理論的枠組みを用いた研究に信頼性の乏しい結果をもたらした可能性も指摘されている（Gardner, 1985, 2001）。そのため、Gardnerの理論を正しく理解するためにも、当該理論で扱われている様々な概念について理解することが重要である。そこで、以下にはGardnerの理論で扱われる重要な概念について紹介する。

態度

　Gardnerの動機づけ理論（例：1985）では、以下2種類の態度に関連した事項を扱っている。

　　（1）当該の第二言語を学ぶことに対する態度
　　　　（attitudes toward learning the second language）

(2) 当該の第二言語を話すコミュニティーに対する態度
（attitudes toward the second language community）

それぞれ 11.3.1 において説明した経緯を踏まえ、理論に取り込まれることとなった。

動機づけと志向性

　Gardner の理論を理解する上で重要なのが、動機づけと志向性[9]（orientation）の違いについてに理解することである。その理由は、これら2つの概念を混同して使っている研究論文が散見されるためである。しかし、Gardner（1985）では、これら2種の概念を明確に区別しているため、混同することのないよう注意が必要である。

動機づけ

　Gardner の理論において、動機づけは、①目標（a goal）、②努力行動（effortful behaviors）、③目標を達成するための願望（a desire to attain the goal）、④目標達成に必要な活動に対する好意的な態度[10]（favorable attitude towards the activity in question）、という4種の要素によって構成される概念として定義される。これら4種の構成要素のうち、①目標は、他の要素とは異なる性質を持った概念であり、言語学習に一種の方向性を与えるものとされている。言い換えれば、目標とは、学習者が目標言語を学ぶ理由を反映したものと捉えることができる。Gardner（1985）は、このように学習者が言語を学ぶ理由は、そのタイプによりいくつかの志向性に分類することができるとしている（代表的な志向性の種類は下記を参照）。一方で、②努力行動、③目標を達成するための願望、④言語学習に対する好意的な態度といった3要素は、目標を達成する上で必要な動機づけや継続性の程度に差異を生じさせるものである。なお、それぞれの概念について調査を試

---

9) 著書や論文によっては、志向やオリエンテーションという訳語が使われる場合もある。
10) つまり、「言語学習」に対する好意的な態度のこと。以下では「目標達成をするために必要な活動」を「言語学習」として、説明を行う。

みる際には、動機づけの強さ（motivational intensity）、当該言語学ぶことへの願望（desire to learn the language）、当該言語を学ぶことに対する態度（attitude toward learning the language）として測定されている。

志向性

上記の通り、志向性とは、目標とする言語を学ぶ理由であり、Gardnerの理論における「動機づけ」という概念を構成する一つの要素である。より正確にいえば、動機づけの構成要素である目標が反映された、言語を学習する理由を示したものである。

Gardnerの理論では、研究の初期段階（Gardner & Lambert, 1959）から主に統合的志向性（integrative orientation）と道具的志向性（instrumental orientation）という2種類の志向性を扱っている。統合的志向性とは、学習対象となる言語を話すコミュニティーに対して、「一体化したい」といった心情や、純粋に「当該のコミュニティーに所属するメンバーとコンタクトをとりたい」などのように、積極的で肯定的な心情を反映した学習理由を総称したものである。一方、道具的志向性は、たとえば「当該の言語を学ぶことを通して職を得る必要があるため」などのように、より実用的な理由を総称したものである。これら2種類の志向性が非常に対照的であったため、Gardnerの動機づけ理論は一躍脚光をあびることになった。しかし、実際にはこれら2種類の志向性は必ずしも独立した概念ではなく、多少なりとも共有する部分があるとされている（Gardner, 1988; Gardner & Lambert, 1972）。また、Gardner自身が言及している通り、他の志向性を調査研究に含めることも可能である（Gardner 1985; Gardner & Lambert, 1972）。たとえば、Clément and Kruidenier（1983）やEly（1986）などは、志向性の種類について詳細な研究を行っている（詳細は11.3.3を参照されたい）。

統合的動機づけ

Gardnerの研究において最も重要な概念のひとつが、統合的動機づけである。先述の通り、統合的動機づけは、Gardnerらが初期の研究結果をもとに注目した概念であり、当初は態度や動機づけなどの要因によって構成される、言語学習を促進する可能性を秘めた動機づけ概念とされていた。

のちに Gardner（1985）は、統合的動機づけをより明確に体系づけるべく、当該概念が、(1) 統合性（integrativeness）、(2) 学習環境に対する態度（attitude towards the learning situation）、(3) 動機づけ、という3種類の下位概念によって構成されると説明している。

　(1) 統合性とは、態度など一連の心理的要因によって構成される複合体であり、その特徴として、他の言語コミュニティーにより近づくために言語を学習することに対する純粋な興味（a genuine interest）を包括している点があげられている（Gardner, 2001）。先にあげた統合的志向性は、この統合性を構成する要素とされている。次に、(2) 学習環境に対する態度は、学習者が教員や教材、クラスメートやその語学コース自体に対して抱く態度として定義される。(3) 動機づけは、先に説明した通り、動機づけの強さ、当該言語学ぶことへの願望、当該言語を学ぶことに対する態度といった3種の概念によって構成され、言語学習の目的を達成する過程において、動機づけや継続性の程度に差異を生じさせるものである。

11.3.3　Gardner の動機づけ理論に対する批判

　Gardner の動機づけ理論は、1990年代まで主要な L2 動機づけ理論として非常に影響力の強いものであった。しかし、この理論にもとづき行われた調査研究において、一貫性のある結果が得られなかったり、また一方では、理論が主張する内容と矛盾した結果が得られたりするなど、問題点もまた指摘されており、その結果批判に晒されることも多々あった（例：Oller, 1981; Oller & Perkins, 1978）。

　たとえば、Au（1988）は Gardner の動機づけ理論の背景にある5つの仮説[11]について批判した。これらのうち、とくに注目すべき批判は、Gardner の理論において最も重要な主張のひとつである、統合的動機づけ

---

11) それぞれ、(1) the integrative motive hypothesis、(2) the cultural belief hypothesis、(3) the active learner hypothesis、(4) the causality hypothesis、(5) two-process hypothesis、という仮説を指す。

と言語到達度の関係性について言及したものである。Au によれば、これらの関係性は必ずしも Gardner が主張するような肯定的なものではなく、中には正反対の関係性が示されたり、また一方ではまったく関連性を見いだせなかったりと、当時の混乱した状況を引き合いに出しつつ、当該理論を用いた研究における結果の再現性が乏しい点について批判した。Au は、こういった批判を通して、Gardner らが主張するような結果を一般化するには、解決すべき点が残されていることを強調している。

こういった状況を踏まえ、この時期には L2 動機づけという概念を精緻化しようと、Gardner とは異なった視点から、さまざまな研究が行われた。たとえば、先述した Clément and Kruidenier (1983) は、Gardner の理論における志向性という概念に関する定義の乏しさや、L2 動機づけの理論化にあたって学習環境に対する配慮が欠如している点を指摘し、さまざまな学習環境において共通してみられる志向性の特徴について検討した。調査参加者の民族性 (ethnicity) をはじめ、言語を学習している環境が単一文化社会であるか多文化社会であるかという点や、対象とする言語がその環境においてどういった位置づけをされているか、などといった点に配慮して調査を行い、その結果、それぞれに共通してみられる志向性の種類として、①道具的 (instrumental)、②知識 (knowledge)、③旅行 (travel)、④友情 (friendship)、がみられたと報告している。

Ely (1986) は、L2 動機づけを論じる上で、単に統合的志向性と道具的志向性を取り入れて検討しただけでは、学習者の動機づけ傾向を詳細に把握することはできないと指摘した。そこで、他の志向性についても検討すべく、カリフォルニアでスペイン語を学習する大学生を対象として調査を実施した結果、統合的志向性と道具的志向性のほかに、当該の学習環境に顕著な「科目として履修しなければいけないから」といった志向性 (a course requirement orientation) も顕著であったことを報告している。Ely の研究によってその存在可能性が指摘されたこの志向性は、社会心理学的な色合いが強い Gardner の研究手法では見出すことができなかったものである。また、この研究では、統合的志向性のみならず、道具的志向性もまた

動機づけの程度を予測する重要な要素であることを指摘している。つまり、いずれの志向性も最終的には言語到達度に影響を与える可能性を見出したのである。

　Dörnyei（1990）は、L2 動機づけを研究する際には、対象とする学習環境をその社会的環境に照らし合せて検討し、以下の通り区別すべきであると主張した。

　　（1）第二言語習得環境（second language acquisition context）
　　　　学習者が対象とする言語の母語話者と頻繁に交流できる環境
　　（2）外国語学習環境（foreign language learning context）
　　　　学習者が主に学校の科目として語学能力の向上を目指す環境

これらの区別に基づき、この研究では外国語学習環境の一例であるハンガリーにおいて調査を実施した。その結果、それぞれ統合的動機づけおよび道具的動機づけ[12]、達成欲求（need for achievement）、過去の失敗への帰属（attribution about past failure）、とった 4 種の心理的要因が、当該の学習環境における学生の動機づけに影響を与える可能性を指摘した。また、これら 4 種類の心理的要因と言語到達度との関係を詳細に検討した結果、学習者が当該言語において中級程度の学習を目指す上では、道具的動機づけと達成欲求が重要になると示唆している。また、中級以上の言語能力を目指す学生の間には、統合的動機づけと言語到達度にある程度の関連性があることも示唆している。

　上記それぞれの研究は、Gardner の理論ではそれほど注目されていなかった道具的志向性の重要性や、一般的な言語教育という場面において顕著な志向性に関する検討（Ely, 1986）を通して、L2 動機づけ研究に新しい視点をもたらした。また、Dörnyei（1990）のように学習環境について整理

12）実際の論文では、統合的動機づけサブシステム（integrative motivational subsystem）、道具的動機づけサブシステム（instrumental motivational subsystem）として論じている。

することで、それぞれの環境に特有な動機づけ概念について検討する機会を得ることも可能になったといえる[13]。ここで興味深いのは、上記一連の研究とならんで、Gardner自身も道具的動機づけ[14] (instrumental motivation) が言語到達度に及ぼす影響について検討している点である (Gardner & MacIntyre, 1991)。その結果、統合的動機づけのみならず、道具的動機づけも学習を促進する可能性を示唆している。

　これまでに概観した通り、Gardnerの理論は約30年もの間、主要な理論として頻繁に参照されてきたが、その中でさまざまな問題点が指摘され、批判にも晒された。また、他の研究者が行った研究では、統合的志向性や道具的志向性の他に学習者間に顕著な志向性の存在が指摘され、また一方では外国語学習環境に顕著な動機づけ傾向も確認された。この時代におけるL2動機づけ研究の状況をまとめると、かなりの進展はみられたが、まだまだ研究の余地が残っている (Skehan, 1991)、という状況であろう。こういった状況を踏まえ、研究者の間ではL2動機づけをめぐる理論的枠組を再構成しようとする動きが生じた。この議論は、最終的にはL2動機づけ研究に新たしい時代をもたらすことになる。それが、cognitive-situated period (Dörnyei, 2005)、つまり認知面と結びつけて動機づけを論じることが主流となった時代である。

11.3.4　Cognitive-situated period[15]

　先述の通り、この時代は、複数のL2動機づけ研究者が理論的枠組みの拡大について議論を始めたことに端を発している。この議論にまず影響を与えたのが、Crookes and Schmidt (1991) である。この論文では、L2動機づけの本質に関する議論を深めるためにも、より教室内での言語教育に目

---

13) また、Ely (1986) の例のように、Gardnerの理論的枠組みの範疇では説明不可能であった、研究成果に一定の説明を加える可能性も見出されたといえよう。
14) ここでは、志向性ではなく、動機づけであることに注意されたい。実際に、この研究では、金銭的報酬を与えることで、道具的動機づけを操作的に定義している。
15) 本節は、Yoshida (2010) のまとめを再構成したものである。

をむけた研究を行うことの重要性を説いている。その際、これまでのL2動機づけ研究で扱われてきた動機づけ概念（例：統合的動機づけ）やその周辺の概念が、実際に教室内で言語教育に従事する教員が抱く動機づけに対する印象とは大きくかけ離れてきた点を指摘し、より一層教育的な側面や要因に特化した心理学理論を導入する必要性を論じている。

Oxford and Shearin（1994）は、当時のL2動機づけ研究をとりまく不明瞭さや問題を生じるにいたった理由を以下の通りまとめている。

(1) L2動機づけに関する一貫した定義が欠如していたため
(2) 第二言語習得の環境と外国語学習の環境を分類する明確な基準が欠如していたため
(3) 過去のL2動機づけ研究が、心理学領域で発達した重要な考えや概念を取り入れなかったため
(4) 学習者がその言語を学習する理由に関して、担当教員が十分な知識をもっていなかったため

上記の点を踏まえ、Oxfordらは心理学領域で発達した動機づけ理論や概念に関する詳細な総括をしており、以降のL2動機づけ研究を行うために有益なさまざまな提案をしている（Oxford, 1996; Oxford & Shearin, 1996）。同様に、Dörnyei（1994a）もまた、L2動機づけの研究課題を広げる可能性を秘めたさまざまな視点や関連した概念を紹介している。さらに、教員が教室内で活用することができるさまざまな動機づけ方略（motivating strategies）について紹介している。

ここで特筆に値するのは、上記の議論にGardnerも参加していることである（Gardner & Tremblay, 1994a, 1994b）。実際に、Tremblay and Gardner（1995）では、他の領域において発達したさまざまな概念の利用可能性について検討しており、これまでに構築した自らのモデルに統合させる可能性についても論じている。さらに、後に改訂された社会教育モデル（Gardner, 2000, 2001）には、言語学習ストラテジーや学習不安、道具的動機づけなども組

み込まれている点からは、この時代に行われた議論の影響を垣間見ることができる。

　上記の通り、Dörnyei（2005）が cognitive-situated period と称するこの時代の特徴は、これまで Gardner の動機づけ理論が主流であった L2 動機づけ研究の理論的枠組を拡張すべく、心理学領域で発達したさまざまな概念を取り入れる可能性について検討し、当該研究領域に新時代をもたらした点である。注意を要するのは、こういった議論を通して、これまで第一線におかれていた Gardner の L2 動機づけ理論やその研究成果が過小評価される結果に至ったわけではないという点である。先に言及した研究者をはじめ多くの研究者は、新しい理論や概念を取り入れる際に、Gardner らが構築してきた理論や概念を排除するのではなく、むしろ相互の関係性を探ることを通して、これまでの研究と新しい試みのそれぞれが共存できる方向性を模索したといえる（Dörnyei, 2005）。

　では、この時代どういった理論や概念が取り入れられたのであろうか。Dörnyei（2005）や Dörnyei and Ushioda（2011）によれば、この時代に取り入れられた代表的な理論として、自己決定理論（self-determination theory）や帰属理論（attribution theory）などがあげられている。以下には、これまでに日本の英語学習者を対象とした研究（例：廣森, 2006; 林, 2012）において頻繁に応用されてきた自己決定理論についてまとめる[16]。

11.3.5　自己決定理論

　自己決定理論（Deci & Ryan, 1985; Ryan & Deci, 2000b, 2002）は、心理学領域で発達した動機づけ理論である。この動機づけ理論では、内発的動機づけ（intrinsic motivation）、外発的動機づけ（extrinsic motivation）、無動機（amotivation）と呼ばれる 3 種類の動機づけを仮定して、人間の動機づけに関するさまざまな問題を論じている。これら 3 種類の動機づけは、それぞ

[16) Dörnyei（1994a）や Noels（2001b）は、L2 動機づけ調査において自己決定理論を利用する可能性について言及している

れの関係性についても明確に定義されており、その有用性から心理学の分野のみならず、教育分野をはじめとする様々な分野に応用されている（Deci & Ryan, 1985; Deci, Vallerand, Pelletier, & Ryan, 1991; Reeve, 2002）。以下では、内発的動機づけ、外発的動機づけ、無動機、それぞれの定義と特徴についてまとめる。

内発的動機づけ

内発的動機づけは、しばしば「自己決定の典型」（"the prototypical form of self-determination"; Deci & Ryan, 1991, p. 253）と定義される。つまり、内発的動機づけとは、他人や社会環境など何か外発的な要因によって誘発されるようなタイプの動機づけではなく、自ら選んで行動をしようとする際に生じる種類の動機づけである。たとえば、ある活動に対して内発的に動機づけられた人間は、その活動に自ら選んで参加しているといった感情や、自分がしたいことをしているといった感情や経験を伴いながら、自発的にその活動を行うことができ、その際、他者からそれを強いられているといった感情をいだくことは一切ない（Deci & Ryan, 1991）。この時、その行動は自己（self）の内から生じたものであると捉えることができ、それゆえに自己決定された（self-determined）ものであると解釈することができる。このように内発的に動機づけられた行動の特徴は、その結果として何らかの外部報酬等が得られなくても、その行動をすること自体に満足感や充足感を得ることが可能な点である。

外発的動機づけ

Ryan and Deci（2000a）によれば、一般的な動機づけ理論では、外発的動機づけと内発的動機づけをそれぞれ二分された対照的な概念であると捉えることが多い。そのため、多くの場合において、外発的動機づけは内発的動機づけとは正反対の概念、つまり非自己決定的な（non-self-determined）動機づけタイプとして定義されている。

しかし、自己決定理論では、本質的にはある種の道具性[17]

---

[17] その行動をすることによって、何かしらの報酬を得ること。

(instrumentality）を伴うと考えられる外発的動機づけにも、多かれ少なかれある程度の自己決定性（self-determination）が伴うという立場をとっている（Deci & Ryan, 1985; Ryan & Deci, 2000a, 2002）。そして、この自己決定性を伴った外発的動機づけを体系化するために、自己決定理論では、内在化（internalization）とよばれる過程を仮定している。内在化とは、もともと外部の要因によって誘発された行動調整（behavioral regulation）を自ら能動的に変換しようとするプロセスであり、最終的にはその行動調整を自己によって承認された、いわゆる自己調整（self-regulation）に変換することが期待されている（Deci, Ryan, & Williams, 1996; Deci et al., 1991; Rigby, Deci, Patrick, & Ryan, 1992; Ryan & Deci, 2002）。この内在化が仮定された背景には、人はもともと興味がない事項やつまらない事項であっても、それ自体が重要であると理解できたり、またはそうすることに価値があると理解することができれば、それを自らに取り込むことができる、という仮定がある（Deci & Ryan, 1985, 1991; Deci et al., 1991）。ここで内在化に関する例をあげると、日本ではカリキュラム上英語を履修することが必須となっているため、英語に興味をもつことができるか否かに拘らず、いわばカリキュラムという環境要因に強いられる形で、中学生は全員英語の授業に出席しなければいけない状況が生じる。こういった状況において、英語を学ぶことの楽しさや重要性を認識できた生徒は、自ら進んで勉強することが期待される。このように、もともと外発的な要因などによって強いられた行動調整が、自己調整に変換されることはわれわれの生活においてもよくあることであろう。このため、Deci and Ryan（1985）が指摘している通り、この内在化のプロセスを社会への適応プロセス、つまり社会化（socialization）のプロセスとしてみることも可能である。

　外発的動機づけの定義に話をもどすと、自己決定理論ではこの内在化がどの程度進んだかに焦点をあて、外発的動機づけに4種類の下位分類を設けている。それぞれ、外的調整（external regulation）、取り入れ的調整（introjected regulation）、同一視的調整（identified regulation）、統合的調整（integrated regulation）とよばれる4種類の外発的動機づけは、いわばどの

程度自己決定性をともなっているかにもとづいた分類となっているため、先の内発的動機づけと以下で確認する無動機とをあわせて、自己決定性による連続体 (self-determination continuum) をなすと考えられている (Deci & Ryan, 2002)。図 11.1 は、自己決定性による連続体の概念図である。

行動	非自己決定的					自己決定的
動機づけのタイプ	無動機	外発的動機づけ				内発的動機づけ
		統制的		自己決定的		
調整段階	調整無	外的調整	取り入れ的調整	同一視的調整	統合的調整	内発的調整

(Deci & Ryan, 2000 より一部改訂)
図 11.1: 自己決定性による連続体

図 11.1 から分かる通り、外的調整は、4 種類の外発的動機づけのうち、自己決定性のレベルがもっとも低い外発的動機づけタイプである。そのため、外的調整によっておこる行動の背景には、外発的な要因としてもたらされる何らかの報酬を得るためであったり、または、その行動をしないことによって与えられるであろう罰から逃れるため、といった理由があると考えられている (Ryan & Deci, 2002)。この特徴により、外的調整は外部から統制された (controlled) 外発的動機づけタイプとされている。

取り入れ的調整とは、部分的に内在化が進んだ状態の外発的動機づけタイプである。他者によって価値づけられた行動をある程度自己に内在化してはいるが、それが自分自身によって承認された行動調整にはまだ至っていない段階である (Deci, Eghrari, Patric, & Leone, 1994; Deci et al., 1991)。その特徴から、「ある行動調整を自分に取り入れようとお腹に入れたはいいが、消化できていない状態」と描写されるこの行動調整は、自分の内側から自身にプレッシャーをかける要因にもなると考えられている (Deci et al., 1994)。このように、まだ自分の中に葛藤をもたらす段階にあるため、外的調整と同様に統制された (controlled) 外発的動機づけタイプに分類される。

同一視的調整とは、先述の外的調整、取り入れ的調整と比べてより自己

決定的なタイプの外発的動機づけである。この段階になると、対象となる行動の価値や重要さについて認識しており、その行動調整が自己にある程度受け入れられているため、外発的な圧力や自己内における葛藤をほとんど感じることなく、対象となる活動に自ら進んで従事できると考えられている（Deci & Ryan, 1991; Deci et al., 1991）。この状態になると、行動は自己調整できる状態にあるため、自己決定的な（self-determined）外発的動機づけに分類することができる。

統合的調整とは、最も自己決定性の高い外発的動機づけである。自己決定理論では、「（その）発達上でもっとも進行が進んだ外発的動機づけ」("the most developmentally advanced form of extrinsic motivation", Deci et al., 1991, p. 330)と定義している。この段階になると、若干の道具性を含むという点で内発的動機づけとは区別されるが、行動は完全に自己決定されたもの、つまり自己調整されたものになる（Deci & Ryan, 1985, 1991; Ryan & Deci, 2002）。なお、この違いを示すため、図11.1では内発的動機づけと統合的調整の間に破線がひかれている。

無動機

図11.1に示されている通り、無動機は、「自己決定の典型」（Deci & Ryan, 1991, p. 253）である内発的動機づけとは反対側の端に配置されている。自己決定理論によれば、無動機とは、ある行動においてその行為者の意図していること（intentionality）と実際の行動とに関連がない状態のことを示すため、この状況でもたらされた行動は非自己決定的なものとされている。ある行動に対して無動機な状態にある人は、その活動を全く行わないか、その行為を意図して行っているという感覚がない状態のまま受動的に行う、と考えられている。（Ryan & Deci, 2002）。また、図11.1からわかる通り、無動機と外的調整の間には破線が引かれている。これは、行動に行為者の意図が反映されているか否かの違いを示すものである。上記の事項をまとめると、無動機は自己決定性と動機づけが欠如している状態と定義することができる（Deci & Ryan, 2000）。

11.3.6　自己決定理論のまとめと第二言語習得研究での応用例

　これまで確認した通り、自己決定理論では、外発的動機づけを4つの種類に分類している点が特筆に値する。これら4種の外発的動機づけは、自己決定性の程度にしたがって分類されているため、同理論で扱われている内発的動機づけや無動機との関連性についても言及しながら、対象となる事項に関する動機づけ傾向などを議論することが可能となる。この有用性が注目された結果、L2動機づけ研究において自己決定理論の枠組が用いられることとなった。以下、自己決定理論の理論的枠組をL2動機づけ調査に応用した研究例をまとめる。

　Noels, Clément, and Pelletier（1999）では、自己決定理論の応用可能性について検討すべく、同理論にもとづいた質問紙調査（questionnaire-based survey）を行った。その結果、それぞれの動機づけに関する質問項目と教育に関連したさまざまな質問項目の間には、自己決定理論が仮定するような相関関係を確認し、この結果をもとに自己決定理論の応用可能性について論じている。さらに、Noels et al.（2000）では、自己決定理論の応用可能性についてさらに詳細に検討すべく、より妥当性（validity）の高い質問紙の作成を試みた。教育分野向けに作成された既存の質問紙 Academic Motivation Scale（Vallerand, Pelletier, Blais, Briere, Senecal, & Vallieres, 1992, 1993）を参考にして、L2動機づけ用の質問紙である Language Learning Orientation Scale とよばれる質問紙を開発し、その妥当性について確認している。また、Noels（2001a）では、上記の調査で得られた結果の再現性を確認している。また、この調査では、環境要因が動機づけにもたらす影響についても検討しており、その結果、自己決定理論が仮定する因果関係が確認できたと報告している。

　上記にまとめた Noels らによる一連の研究結果を踏まえ、これまでに日本人英語学習者を対象とした研究においても自己決定理論を用いた例が多くみられる（例：廣森, 2006; 林, 2012）。これらの研究は、外国語学習環境（Dörnyei, 1990）である日本でのL2動機づけ研究において、自己決定理論を参照しながら研究を行う可能性と有用性を示している。

11.3.7　Process-oriented period

　Dörnyei（2005）や Dörnyei and Ushioda（2011）が Process-oriented period と称するこの時代の特徴は、L2 動機づけを探究する上で重要な側面である動機づけ様態の経時的変化について検討しようとする試みが始まった点である。こういった試みを経て積み重ねられた知見は、その後 Social-dynamic period（Dörnyei & Ushioda, 2011）と呼ばれる段階へと発展し、現在の第二言語習得研究において注目を集めている L2 Motivational Self System（Dörnyei, 2009）とよばれる理論的枠組の構築につながっていく。以下には、上記それぞれの時代を分類・命名した Dörnyei（2005）および Dörnyei and Ushioda（2011）のまとめをもとにして、各時代に顕著な理論的枠組の変遷を概観する。

　Dörnyei（2005）がまとめる通り、先に概観した Cognitive-situated period の当時に取り入れられたさまざまな理論的アプローチは、動機づけの動的特性（dynamic character）や時間的変化（temporal variation）に対する関心を呼び起こし、L2 動機づけ研究に新しい段階をもたらした。ここで興味深いのは、目的達成までに長期的な年数と莫大な労力を費やす必要がある第二言語習得（外国語学習）の過程において、学習者の動機づけ傾向が常に変動していることや、こういった動機づけの変動が各学習者の最終的な言語到達度を左右している可能性について容易に想像できたはずであるにも拘らず、L2 動機づけ研究では比較的最近までその経時的変化を研究対象としてこなかった点である（Dörnyei & Ushioda, 2011）。Dörnyei and Ushioda（2011）が指摘している通り、この原因のひとつとして考えられるのは、この時代以前の L2 動機づけ研究は、Gardner の社会心理学的な研究手法や 1990 年代に取り入れた認知的なアプローチにみられる心理統計学（psychometrics）に根差した研究手法などの影響を受けたためか、その多くがいわゆる量的研究（quantitative research）の手法にもとづき行われてきた伝統があったためであろう。実際に、ちょうど Cognitive-situated period の頃に出版された Skehan（1989）において、個人差研究に関連した主要な研究手法として取り扱われているものの多くが量的研究の根幹を担う統計分

析（statistical analysis）であり、また近年出版された Ellis（2011）にも、当該分野で行われる研究の多くが量的研究の手法を用いている点が指摘されている。こういった一連の量的研究は、一般的には調査対象における全体像を明らかにするための方法として用いられるため、動機づけのプロセスを把握するために用いることは必ずしも適切とはいえない。そこで、動機づけの経時的変化を把握するために用いられたのが質的研究（qualitative research）というアプローチであった。このように、動機づけプロセスに関心が向けられた比較的近年になって、L2 動機づけ研究は研究手法という視点においても新しい段階を迎えることとなった。Dörnyei and Ushioda がまとめる通り、この年代に動機づけのプロセスの検討を試みた研究例としては、L2 動機づけのプロセスモデル（process model of L2 motivation）を提唱した Dörnyei and Ottó（1998）[18] などがあげられる。また、動機づけの経時的変化に関する考察を試みた研究において取り扱われたテーマを、(1) 学習者内にみられる全体的な動機づけ傾向の変化、(2) 個人の学習者を対象にした長期的な動機づけ変容、(3) 動機づけの自己調整、という3つに大別してまとめている。これらのうち、(1) 学習者内にみられる全体的な動機づけ傾向の変化、を対象とした調査研究は、Process-oriented period 以前の時代に顕著であった量的研究の方法を用いているのが特徴であり、これまでの L2 動機づけ研究において一般的に用いられてきた質問紙調査法などを援用したものが多い。例としては、数カ月・数年規模の研究期間中に複数回の質問紙調査を実施し、その結果からみられる動機づけの変容について検討する。また、(2) 個人の学習者を対象にした長期的な動機づけ変容、や (3) 動機づけの自己調整、に関する研究では質的研究方法のひとつである日記（diary）を用いた研究方法や面接法（interview method）を用いた研究が行われている。

18）その他詳細は Dörnyei（2005）や Dörnyei and Ushioda（2011）を参照のこと。

11.3.8　Process-oriented period から Socio-dynamic period へ

Dörnyei and Ushioda（2011）によれば、現在 L2 動機づけ研究は Process-oriented period からさらに次の段階である Socio-dynamic period に移行している。この時代の特徴は、これまで概観した Social-psychological period から Process-oriented period までの間に研鑽を重ねた知見を踏まえ、学習者の動機づけは自己や社会、環境要因などにみられる多様性との動的な交互作用で発達していくというより広い視点にたち、さらに、近年のグローバル社会における言語学習や言語使用にみられる複雑性に起因する L2 動機づけの複雑性にも対応できる理論的枠組を構築すべく、Dörnyei をはじめとする研究者が新しい研究アプローチを提唱した点である。これらのうち、近年とくに第二言語習得研究の分野で注目を集めているのが、Dörnyei（2005, 2009）が提唱する L2 動機づけ自己システム（L2 Motivational Self System）である。以下、この新しいアプローチについて、Dörnyei（2005, 2009）および Dörnyei and Ushioda（2011）にもとづき概説する。

L2 Motivational Self System は、L2 動機づけの主要な側面について論じたこれまでの研究を包括的に統合すべく提案されたものであり、その概念は、L2 動機づけ研究の領域のみならず、心理学領域で発展したものからも取り入れ、第二言語（外国語）学習というコンテクストにあわせて精錬している。たとえば、Gardner（1985）の L2 動機づけ理論で扱われてきた統合性という概念を再考したり、心理学領域で発達した自己に関する理論や概念を援用している。以下に、この枠組みにおいて重要な概念である (1) 理想の L2 自己（Ideal L2 Self）、(2) なるべき L2 自己（Ought-to L2 Self）、(3) 第二言語学習の経験（L2 Learning Experience）について、Dörnyei（2009, p. 29）および Dörnyei and Ushioda（2011, p. 86）をもとにまとめる。

(1) 理想の L2 自己（Ideal L2 Self）: L2 学習に特化された理想の自己（ideal self）のこと。たとえば、仮に自分がこうなりたいと思う人が当該の第二言語を話していたとすると、この理想の L2 自己像は、現在の自己と理想とする自己の間に生じる相違を埋めるために、当該言

語を学ぶ上で強力な動機づけ要因としてはらたく。これまでに調査されてきた統合的動機づけや内在化がすすんだ道具的動機づけの類はこのタイプの動機づけ要素として分類される。
(2) なるべき L2 自己（Ought-to L2 self）：要望に応えるため、またはネガティブな結果をさけるために所有していなければいけないと感じる特性に関連した動機づけ。内在化が進んでいない統制的な外発的動機づけを含んでいる。
(3) 第二言語学習の経験（L2 Learning Experience）：教員の影響やカリキュラム、成功経験など、とくに学習環境や学習経験に関連した動機づけ。

上記の通り、L2 Motivational Self System では、第二言語または外国語学習動機づけの起源として、(1) 有能な第二言語話者としての自身の理想像、(2) 環境など社会要因からのプレッシャー、(3) 肯定的な学習経験、といった 3 種の主要な起源を仮定している（Dörnyei, 2009; Dörnyei & Ushioda, 2011）。

11.4　個人差研究としての動機づけ調査方法
11.4.1　階層的アプローチと連鎖的アプローチ

　本節では、第二言語習得研究における個人差研究で活用される研究手法について簡単に紹介する。

　Skehan（1989）は、個人差研究を行う際のアプローチとして、(1) 階層的アプローチ（Hiearchical approach）と (2) 連鎖的アプローチ（Concatenative approach）を紹介している。

　(1) 階層的アプローチは、いわゆる theory-then-research アプローチであり、研究の出発点には何らかの理論またはモデルがある。そのため、これらの理論やモデルにもとづき、研究対象について何らかの予測をしたり、研究対象に対して説明を加えたりすることになる。一般的に、理論やモデルによる研究対象の予測は、特定の研究仮説（research hypothesis）の形で提示

されるため、経験的テスト（empirical test）によって検討される（Ellis, 2011）。たとえば、先にみた Noels らの研究（例：2001a）では、自己決定理論の枠組みから研究仮説（例：内発的動機づけと言語到達度には高い相関がある）を設定し、相関分析（correlation analysis）などによってこの仮説を検討している。

　一方、(2) 連鎖的アプローチは、research-then-theory アプローチである。研究の出発点は、研究対象として見込みのある領域に関する研究課題（research question）を同定することである（Ellis, 2011）。その後、研究者は、当該領域における事実（facts）、つまり、その後階層的な理論の一部となるような成果を集めることが必要となる（Skehan, 1989）。より具体的にいえば、研究対象とする要因間の相関関係を探ったり、それぞれの要因と言語到達度の相関を探ったりすることで、後の研究で対象とすべき領域について検討する（Ellis, 2011）。

11.4.2　量的研究と質的研究

　先に述べた通り、Process-oriented period を迎える以前の時代、L2 動機づけ研究の大半は量的研究の手法を用いて行われてきた。その後、質的研究の手法を用いた研究も増えてはいるが、L2 動機づけ研究に限らず、個人差研究では全般的に量的研究のアプローチが多く用いられる傾向にあるといえよう（Ellis, 2011）。そこで、以下にはまず、量的研究のアプローチについて簡単にまとめる。

　個人差に関する研究の多くは、質問紙による調査が多い。質問紙を用いた調査の多くはリッカート尺度（Likert scale）[19] を採用しているため、データを統計的な手法を用いて分析することが多くなる。実際に、Skehan(1989)では、"Methodological Considerations in ID Research" と題した Chapter 2 の最初に、質問紙や心理尺度（psychological scale）の作成手順を取り上げている。さらに、Dörnyei (2010) のように、質問紙作成に特化した書籍まで出版されているほど、質問紙調査法は個人差研究の分野ではもっとも頻繁に利用される手法のひとつになっている。以下に、質問紙調査を行う際の

手順とその後の分析方法についてまとめる。

　自己報告（self-report）式の質問紙を利用した際の例としては、まず、調査参加者に質問項目を提示し、その回答として、(1)「完全にあてはまらない」から (5)「完全にあてはまる」まで5つの選択肢からもっとも適切なものに丸をつけて報告してもらう。この方法は、第二言語習得の分野に限らず、広くさまざまな分野で用いられているため、馴染み深いであろう。このようにして集められたデータは、多くの場合において統計手法を用いて分析される。Skehan（1989）および Ellis（2011）にまとめられている通り、この際に用いられる統計分析としては、相関分析や単回帰分析（regression analysis）、重回帰分析（multiple regression analysis）、探索的因子分析（exploratory factor analysis）、確認的因子分析（confirmatory factor analysis）クラスター分析（cluster analysis）などがある。また、近年では構造方程式モデル（Structural Equation Modeling; SEM）を用いて、モデルの検証などをするケースも増えてきている。

　一方、11.3.7で概観した通り、L2動機づけ研究の分野では Process-oriented period と称される時代を契機に、研究手法として質的研究法を採用する研究者があらわれてきた。先にも確認した通り、実際に活用されている手法としては、面接法やダイアリー・スタディーなどがあげられる。さらに、Ellis（2011）は、一部の研究者が量的研究手法を拒否していることを引き合いに出しながら、質的研究と並行して量的研究を取り入れる可能性について言及している。この手法にもとづいた調査を実施するには、かなりの時間と労力が必要となるため、個人差研究ではあまり活用されて

---

19) 調査対象とする事象に対する態度を「強く同意する」「同意する」「強く同意しない」などの文章によって回答するように構成された直接的態度測定のこと（繁桝・四本, 2013, p. 915）。これらの選択肢は、その程度に従って、たとえば1（強く同意しない）〜5（強く同意する）などといった数値として扱われることが多い。本来、こういった質問紙による回答は順序尺度（ordinal scale）と呼ばれるもの（選択肢である1と2、2と3の間隔にみられる「1」の差に均一性が保証されていないため、それぞれの選択肢1、2、3の間に見られる「程度の順序」しか示さないデータ）であるため、尺度水準の原則により四則演算を行うことはできない。しかし、リッカート尺度を用いたデータは加算法により演算を行うことが多い。

いない現状にふれつつも、さまざまな側面から個人差について検討できるため、より正確で信頼性の高い結果をもたらす可能性も示唆している。

11.5　まとめ

　本章では、まず、第二言語習得研究の分野における学習者の個人差研究について概観した。その際、本分野における個人差研究では、言語適性、性格、不安、そして動機づけがそれぞれ中核要因であることを確認した。つぎに、これら中核要因の中でもとくに多くの研究成果が報告されているL2動機づけに目を向け、その理論的枠組みの変遷について確認した。その際、Dörnyei（2005）やDörnyei and Ushioda（2011）に倣い、これまでの研究を大きく3つの時代に分けて、それぞれの時代にみられる理論的枠組の特徴や研究成果について概観し、さらに、L2動機づけ研究が今後向かうと考えられているSocio-dynamic periodの動向についても概観した。また、最終節では、今後読者が自ら動機づけ調査を行うために必要な研究手法等に関する基礎知識についてまとめた。

　この章を通して概説した通り、L2動機づけ研究は、これまでにさまざまな理論や視点を取り入れながら研究成果を積み重ねてきた。Dörnyei and Ushioda（2011）にまとめられている通り、現在もなおかなりの数の動機づけ理論が提案されているため、今後もさらに多様性に富んだ調査研究が進められることは間違いない。こういった研究で得られた知見は、その後、語学教室などで活用できる動機づけ方略につながっていくため、教室での言語教育に携わる者にとって、動機づけに関する基礎的な知識を予め身につけておくことが重要となる。さらに、本章で扱った理論や概念のみならず、さまざまな動機づけ理論や概念にも興味を持ち、多くのL2動機づけ研究に触れることを通して、授業改善の可能性を探っていくことが重要であろう。そして、最終的には自分の授業や講義における言語学習に対して、学生がどのように動機づけられているかについて調査し、その結果を踏まえ、より現場に即した授業改善が進むことを願ってやまない。本章がその一助となれば幸いである。

参考文献

小池 生夫 (編)(2003). 『応用言語学事典』研究社.
繁桝 算男・四本 裕子 (監訳). (2013). 『APA 心理学大辞典』培風館. [VandenBos, G. R. (Ed.). (2007). *APA dictionary of psychology*. Washington DC: American Psychological Association.]
高橋 貞雄・山崎 真稔・小田 眞幸・松本 博文 (訳). (2013). 『ロングマン　言語教育・応用言語学用語辞典』南雲堂. [Richards, J. R., & Schmidt, R. (2010). *Longman dictionary of language teaching and applied linguistics*. Harlow: Longman.]
林 日出男 (2012). 『動機づけ視点で見る日本人の英語学習—内発的・外発的動機づけを軸に』金星堂.
廣森 友人 (2006). 『外国語学習者の動機づけを高める理論と実践』多賀出版.
Au, S. Y. (1988). A critical appraisal of Gardner's socio-educational theory of second-language (L2) learning. *Language Learning, 38,* 75-100.
Clément, R., & Kruidenier, B. G. (1983). Orientations on second langauge acquisition: The effect of ethnicity, milieu, and their target langague on their emergence. *Lanaguage Learnng, 33,* 273-291.
Crookes, G., & Schmidt, R. (1991). Motivation: Reopening the research agenda. *Language Learning, 41,* 469-512.
Deci, E. L., & Ryan, R. M. (1985). *Intrinsic motivation and self-determination in human behavior*. New York: Plenum Press.
Deci, E .L., & Ryan, R. M. (1991). A motivational approach to self: Integration in personality. *Nebraska Symposium on Motivation 1990, vol. 38. Nebraska Perspective on motivation* (pp. 237-288). Lincoln, NE: University of Nebraska Press.
Deci, E.L., & Ryan, R. M. (2000). The "what" and "why" of goal pursuits: Human needs and the self-determination of behavior. *Psychological Inquiry, 11,* 227-268.
Deci, E. L., & Ryan R. M. (Eds.) (2002). *Handbook of self-determination research*. Rochester, N.Y.: University of Rochester Press.
Deci, E. L., Eghrari, H., Patric, B. C., & Leone, D. R. (1994). Facilitating internalization: The self-determination theory perspective. *Journal of Personality, 62*(1), 119-142.
Deci, E. L., Ryan, R. M., & Williams, G. C. (1996). Need satisfaction and the self-regulation of learning. *Learning and Individual Differences, 8*(3), 165-183.
Deci, E. L., Vallerand, R. J., Pelletier, L. G., & Ryan, R. M. (1991). Motivation and education: The self-determination perspective. *Educational Psychologist,*

26, 325-346.

Dörnyei, Z. (1990). Conceptualizing motivation in foreign language learning. *Language Learning, 40,* 46-78.

Dörnyei, Z. (1994a). Motivation and motivating in the foreign language classroom. *Modern Language Journal, 78,* 273-284.

Dörnyei, Z. (1994b). Understanding L2 motivation: On with the challenge! *Modern Language Journal, 78,* 515-523.

Dörnyei, Z. (1996). Moving language learning motivation to a larger platform for theory and practice. In R. L. Oxford (Ed.), *Language learning motivation: Pathways to the new century* (Technical Report# 11, pp. 71-80). Honolulu: University of Hawai'i Press, Second Language Teaching & Curriculum Center.

Dörnyei, Z. (2001). *Teaching and Researching Motivation.* Harlow: Longman.

Dörnyei, Z. (2003). Attitudes, orientations, and motivations in language learning: Advanced in theory, research and applications. *Language Learning, 53,* Suppl.1, 3-32.

Dörnyei, Z. (2005). *The psychology of the language learner: Individual differences in second language acquisition.*Mahwah, NJ: Lawrence Erlbaum.

Dörnyei, Z. (2009). The L2 motivational self system. In Z. Dörnyei & E. Ushioda (Eds.), *Motivation, language identity and the L2 self* (pp. 9-42). Bristol: Multilingual Matters.

Dörnyei, Z. (2010). *Questionnaires in second language research: Construction, administration, and processing.* London: Routledge.

Dörnyei, Z., & Schmidt, R. (Eds.) (2001). *Motivation and second language acquisition* (Technical Report #23). Honolulu: University of Hawai'i Press.

Dörnyei, Z., & Ottó, I. (1998). Motivation in action. A process model of L2 motivation. *Working papers in Applied Linguistics (Thames Valley University, London), 4,* 43-69.

Dörnyei, Z., & Skehan, P. (2003). Individual differences in second language learning. In C. J. Doughty & M. H. Long (Eds.) *The handbook of second language acquisition* (pp. 589-630). Oxford: Blackwell.

Dörnyei, Z., & Ushioda, E. (2011). *Teaching and researching motivation* (2nd ed.). Harlow: Longman.

Ellis, R. (1994). *The study of second language acquisition.* Oxford: Oxford University Press.

Ellis, R. (2011). *The study of second language acquisition* (2nd ed.). Oxford: Oxford

University Press.
Ely, C. (1986). Language learning motivation: A descriptive and causal analysis. *Modern Language Journal, 70,* 28-35.
Gardner, R. C. (1960). Motivational variables in second language acquisition. In R.C. Gardner & W.E. Lambert (Eds.), *Attitudes and motivation in second language learning.* Rowley, MA: Newbury House.
Gardner, R. C. (1979). Social psychological aspects of second language acquisition. In H. Giles & R. St. Clair (Eds.), *Language and social psychology* (pp. 193-220). Oxford: Basil Blackwell.
Gardner, R. C. (1985). *Social psychology and second language learning: The role of attitudes and motivation.* London: Edward Arnold.
Gardner, R. C. (1988). The socio-educational model of second language learning: assumptions, findings, and issues. *Language Learning, 38,* 101-126.
Gardner, R. C. (2000). Correlation, causation, motivation, and second language acquisition. *Canadian Psychology, 41,* 10-24.
Gardner, R. C. (2001). Integrative motivation and second language acquisition. In Z. Dörnyei & R. Schmidt (Eds.), *Motivation and second language acquisition.* (Technical Report #23, pp.1-19). Honolulu: University of Hawai'i, Second Language Teaching and Curriculum Center.
Gardner, R. C., &Clément, R. (1990). Social psychological perspectives on second language acquisition. In H. Giles & W. P. Robinson (Eds.), *Handbook of language and social psychology* (pp.495-517). London: John Wiley.
Gardner, R. C., & Lambert, W. E. (1959). Motivational variables in second language acquisition. *Canadian Journal of Psychology, 13,* 266-272.
Gardner, R. C., & Lambert, W. E. (1972). *Attitudes and motivation in second language learning.* Rowley MA: Newbury House.
Gardner, R. C., & MacIntyre, P. D. (1991). An instrumental motivation in language study: Who says it isn't effective? *Studies in Second Language Acquisition, 13,* 57-72.
Gardner R. C., & Tremblay, P. F. (1994a). On motivation, research agendas, and theoretical frameworks. *Modern Language Journal, 78,* 359-368.
Gardner R. C., & Tremblay, P. F. (1994b). On motivation: measurement and conceptual considerations. *Modern Language Journal,* 78, 524-527.
Noels, K. A. (2001a). Learning Spanish as a second language: Learner's orientations and perceptions of their teachers' communicative style. *Language Learning, 51,* 107-144.

Noels, K. A. (2001b). New orientations in language learning motivation: Toward a model of intrinsic, extrinsic, and integrative orientations and motivation. In Z. Dörnyei & R. Schmidt (Eds.), *Motivation and second language acquisition* (Technical Report #23, PP. 43-68). Honolulu: University of Hawai'i, Second Language Teaching and Curriculum Center.

Noels, K. A., Clément, R., & Pelletier, L. G. (1999). Perception of teacher communicative style and students' intrinsic and extrinsic motivation. *Modern Language Learning, 83,* 23-34.

Noels, K. A., Pelletier, L., Clément, R., & Vallerand, R. J. (2000). Why are you learning a second language? Motivational orientations and self-determination theory. *Language Learning, 50,* 57-85.

Noels, K. A., Pelletier, L., Clément, R., & Vallerand, R. J. (2003). Why are you learning a second language? Motivational orientations and self-determination theory. *Language Learning, 53, Suppl.1,* 33-63.

Oller, J. W. (1981) Research on affective variables: Some remaining questions. In R. Andersen (Ed.), *New dimensions in second language acquisition research* (pp.14-27). Rowley. MA: Newbury House.

Oller, J. W., & Perkins, K (1978). Intelligence and language proficiency as sources of variance in self-reported affective variance. *Language Learning, 28,* 85-97.

Oxford, R. L. (1990). *Language learning strategies: What every teacher should know.* New York: Newbury House/ Harper & Row.

Oxford, R. L. (1994). Where are we with language learning motivation? *Modern Language Journal, 78,* 512-514.

Oxford, R. L. (Ed.) (1996). *Language learning motivation: Pathway to the new century.* Honolulu: University of Hawai'i Press.

Oxford, R. L. (1996). New pathways of language learning motivation. In R. L. Oxford (Ed.), *Language learning motivation: Pathways to the New Century.* (Technical Report #11, pp. 1-8). Honolulu: University of Hawai'i, Second Language Teaching & Curriculum Center.

Oxford, R. L. & Shearin, J. (1994). Language learning motivation: Expanding theoretical framework. *Modern Language Journal, 78,* 12-28.

Oxford, R. L. & Shearin, J. (1996). Language learning motivation in a new key. In R. L. Oxford (Ed.), *Language learning motivation: Pathways to the New Century.* (Technical Report #11, pp. 121-144). Honolulu: University of Hawai'i, Second Language Teaching & Curriculum Center.

Rigby, C. S., Deci, E.L., Patric, B. C., & Ryan, R. M. (1992). Beyond the intrinsic-

extrinsic dichotomy: Self-determination in motivation and learning. *Motivation and Emotion, 16*(3), 165-185.
Reeve, J. (2002). Self-determination theory applied to educational settings. In E.L. Deci & R. M. Ryan (Eds.), *Handbook of self-determination research.* (pp. 183-204). Rochester: University of Rochester Press.
Robinson, P. (Ed.)(2002). *Individual Differences and Instructed Language Learning.* John Benjamins.
Ryan, R. M., & Deci, E. L. (2000a). Intrinsic and extrinsic motivations: Classic definitions and new directions. *Contemporary Educational Psychology, 25,* 54-67.
Ryan, R. M., & Deci, E. L. (2000b). Self-determination theory and the facilitation of intrinsic motivation, social development, and well-being. *American Psychologist, 55,* 68-78.
Ryan, R. M., & Deci, E. L. (2002). Overview of self-determination theory: An organismic dialectical perspective. In E.L. Deci & R.M. Ryan (Eds.) *Handbook of self-determination research* (pp.3-33). Rochester, NY: University of Rochester Press.
Skehan, P. (1989). *Individual differences in second language learning.* London: Edward Arnold.
Skehan, P. (1991). Individual differences in second language learning. *Studies in Second Language Acquisition, 13,* 275-298.
Tremblay, P. F., & Gardner, R. C. (1995). Expanding the motivation construct in language learning. *Modern Language Journal, 79,* 505-520.
Vallerand, R. J., Pelletier, L. G., Blais, M. R., Briere, N. M., Senecal, C., & Vallieres, E.F. (1992). The academic motivation scale: A measure of intrinsic, extrinsic, and amotivation in education. *Education and Psychological Measurement, 52,* 1003-1017.
Vallerand, R. J., Pelletier, L. G., Blais, M. R., Briere, N. M., Senecal, C., & Vallieres, E. F. (1993). On the assessment of intrinsic, extrinsic, amotivation in education: Evidence on the concurrent and construct validity of the academic motivation scale. *Educational and Psychological Measurement, 53,* 159-172.
Yoshida, S. (2010). *An experimental study of social skills and motivation in cross-cultural distance learning context* (Unpublished Master's Thesis). Waseda University, Tokyo, Japan.

第12章 CALL: ICT を活用した英語教育

筒井　英一郎

概要

　1950年から2010年前後までの60年間のCALLの歴史を概観すると、テクノロジー（technology：科学技術）の進歩とその使用者を取り巻く環境の劇的な変化によって、CALLという教育・研究分野が、日進月歩であり、また多種多様であることが読み取れる。CALLのこれまでの流れと、2010年以降のICT環境の状況を説明し、問題点を指摘しながら、今後の応用可能性について言及する。

12.1　CALL とは

　CALLとはComputer-assisted Language Learningの頭文字（acronym）である。Levy（1997）は「言語教育・言語学習におけるコンピュータ利用の研究と調査」（p.1）と定義し、Chapelle（2001）は「テクノロジーと語学教育・語学学習の領域」（p.3）と位置づけている。このCALLという名称は、コンピュータをはじめとするテクノロジーを利用した語学学習全般を指す用語であり、1983年のTESOL（Teachers of English to Speakers of Other Languages）の国際会議で、テクノロジーの教育利用推進者達によって決定された（Chapelle, 2005）。CALLが扱う領域は広く、テクノロジーも年々進化していることから、CALLに関する色々な定義の改訂が試みられている。現在の日本の英語教育の状況を鑑み、本章で扱うCALLは、「コンピュータなどの科学技術を援用した語学学習・語学交流を扱う教育および研究領域」と定義する。

　CALLの多様性とその背景を示すため、CALLという語に関連の深い

キーワードや略語を紹介する。しかし、注意が必要なのは、人や場所また時代によって、用語に対するとらえ方が異なる点である。たとえば、CALLという用語に関しても、コンピュータ・システムが学習者に一方的に教え込む形態をとる学習であると誤解されることもある。略語・キーワードを発表の場や文章で使用する場合は、その領域で一般的に用いられている定義を参考にし、その用語の定義を明確にさせておく必要がある。

12.1.1　TELL / CALL

第一のキーワードは、テクノロジーを使った語学学習（Technology-enhanced Language Learning: TELL）である。Davies, Otto, & Rüshoff（2013）のように、TELLはCALLの代替（alternative）と捉えている学者もいれば、コンピュータはテクノロジーの下位範疇ということで、CALLはTELLの分野の一つと考えている学者もいる。CALLは北米発で（Chapelle, 2005）、TELLはやや後発で、イギリスが起源とされる（Levy, 1997）。

Stanley（2013）は、語学学習における「テクノロジー」をハードウェア、ソフトウェア、インターネットの3つに大きく分類している。現在普及しているコンピュータ類はこれらの3つの要素を大概持ち合わせている。

タブレットPCやスマートフォンが普及した現在、それらのテクノロジーを教育の場面で活用する事例は、「現代のCALL」の範疇に位置づけられていることもあり（Thomas, Reinders, & Warshauer, 2013）、Chapelle（2000）の述べるように、時代の変化に伴い、CALLの定義は拡張している。実際のところ、視点と名前の違いだけであり、CALLもTELLもほぼ同義と考えられる。

12.1.2　ICT / CMC / MUVEs

情報通信技術（Information and Communication Technology: ICT）を介したコミュニケーションの形態を、CMC（Computer-mediated Communication）と言う。CALLの分野でもインターネットが一般普及しはじめた90年代から

CMCを取り入れた教育実践および研究が盛んである（Herring, 2001）。

　Meskill and Quah（2013）は、現代のソーシャルメディアを取り入れた語学学習・語学交流は、CMC特有の（1）環境面（2）社会情緒面（3）教育的側面という、三つの視点から分析できると述べている。

　E-mail、BBS、Wikiなどを用いた交流形態を、非同期型（asynchronous）CMCと呼ぶ。一方、チャット（chat）、ビデオ会議システムを使った、リアルタイムの交流は同期型（synchronous）CMCと分類されている（Herring, 1996）。非同期型CMCのほうが、時間的制約は少なく、同期型CMCは、学習者に何を言うか何を書くかを準備する時間がない分、心理的な負担や難易度の高い傾向がある。しかし、同期型とはいえ、ネットワークやコンピュータ画面を介するため、時間差が多少生じる。そのために、二つの話題が同時進行で扱われるなど、CMC環境特有の特徴がある。また、インターネット・ユーザは文字入力の時間と労力を節約するために、インターネット特有語（Internet lingo）や絵文字（emoticons/smileys）を使うことがあり、これもCMC特有のコミュニケーション形態と言える。Second LifeやRPG（Role-playing Game）オンラインゲームなどアバター（avatar: インターネット上における自分の仮の姿）を操作するようなマルチユーザ仮想空間（Multi-User Virtual Environments: MUVEs）を、英語学習に利用する実践・研究も多い（Peterson, 2013）。

　ネットワーク上での炎上（flaming）など相手が見えないことで生じる攻撃性のような否定的側面は、初期のCMC研究で盛んであった（Barnes, 2003）。また、現代に至っては、作り手の手を離れて、ユーザが協働でコンテンツを作り上げるWeb2.0と呼ばれる概念・環境・技術が、言語教育の文脈にも浸透し、Wiki、ブログ、Facebook、podcastなどのソーシャルメディアの発展と共に、発信型・プロジェクト型の協働作業も実践しやすくなり、そこから得られる独特の学習者同士のインタラクションデータ（例、意味交渉におけるチャット・データなど）が、対面型のコミュニケーションと比較されるなどして、新しいCMC形態が研究・分析対象に加わった（Meskill & Quah, 2013）。

プライバシーに関しては学習者からの同意が必要であるが、CMC などを通して得られるチャットログ（音声・文字データ）を利用した教育的な側面も研究・評価の対象に加えることが可能となった。教員の主観的評価に加え、学習者から産出された言語データの測定値（例、平均発話長と呼ばれる一発話当たりの語数、一分間あたりの発話語数など）も広く研究対象になっている。とくに、機械的に自動計測が可能な評価項目においては、学習者に自動的にフィードバックを行うことが理論的には可能であるため、自動フィードバックの分野の発展が、今後ますます期待される。

12.1.3　NBLT/e-learning / MOOC / DL（CCDL）

　ネットワーク環境における学習に焦点を移す。Kern and Warchauer（2000）は、ネットワークを使った言語教育を（Network-based Language Teaching: NBLT）と呼んでいる。Chapelle（2000）は、NBLT は CALL の一部であると述べ、LAN（Local Area Network）やインターネットなどのネットワークを利用しない CALL を「pre-network CALL」と位置づけ、それらと対比させることによって CALL との関連性を論じている。

　インターネットを使ったオンライン学習に焦点を当てた、e ラーニング/インターネット学習（electronic learning: e-learning）も日本では耳にする機会が多い。こういった学習形態では、学習者がオンラインで「自学」する意味合いが強い。大規模公開オンライン講座として広がりを見せているのが MOOC（Massive Open Online Course）であり、学習者が無料で、様々な国籍を持つ一流の講師・企業家などの講座をオンライン上で受講できる。そのような遠隔授業は古くから Distance Learning（DL）と呼ばれており、最近始まったわけではない。早稲田大学の中野美知子氏らは、CMC や MOOC の要素を取り入れた異文化交流・オンライン講座のプロジェクトを CCDL（Cross-Cultural Distance Learning）と名付け、90 年代後半に始動した。デジタルブロードバンドが完全に定着する前であったため、通信衛星を使って欧米やアジアとのライブ授業・交流がなされ、それがオンデマンド化されて、その知的財産が現在でも蓄積され、また有効活用されてい

る。

12.1.4　LMS /CMS/ VLE

　Blackboard、Moodle など、e-learning の場を提供するのに役立つツールを学習/コース/コンテンツ管理システム（Learning/Course/Content Management System: LMS/CMS）と呼ぶ。また、仮想学習空間（Virtual Learning Environment: VLE）とも呼ばれる。LMS は 90 年代後半の成果物であるが、現在のシステムは、大幅に改良され、単なる学習教材の置き場ではなく、CMC や四技能すべてを訓練する場を与えることができる。

　Moodle などはオープンソース（無料配布）で、低コスト化を実現できるため（濱岡, 2008）、大学教育と比べてインフラの弱い日本の中高の英語教育にも導入が望まれるものの、トップダウンの支援が少ないために、広く行き渡っているとは言いがたい。日本の教育機関は、欧米、シンガポール、韓国などに比べて、トップダウンの支援が少ないと井上（2013）も指摘している。技術的な問題だけではなく、年度をまたいだ中・長期的な経済的支援や、教材の電子化などの面でサポート体制などの教育的整備がなされていない傾向にある。そのため、教員個人の自主努力に大きく依存するため、特定の教員に負担がかかっている状況にある（竹内, 2008）。また、日本では e-learning に関する著作権法の法整備も不十分であり（廣瀬, 2007）、日本におけるオンライン教育の発展のためには柔軟な改善策が必要である。

12.1.5　CAI / CALT

　CALL とほぼ同義の意味で CAI（Computer-assisted/-aided Instruction）が用いられることもある。CAI とは、教員主導（teacher-centered）のコンピュータを使った学習の意味合いが強い（Beatty, 2010）。ただし、やや古い印象もあり、現在 CALL（あるいは TELL）が優勢的で CAI はユーザに一方的に教えこむような初期の CALL システムを想起させることがある。Levy（1997）は、元々の CAI の意味は、ドリル練習などを中心とした指導プロ

グラムを意味しているが、とくに CAI の解釈はどの略語にも増して誤解を生じさせていると述べている。

CALT[1] はテスティングの分野で、コンピュータ適応型言語テスト（Computer-adaptive Language Test/Testing）の意味で頻繁に使われている用語である。テスト受検者のレベルに適応させて、出題する項目を変更してゆく流動的なテスト様式である。テスト実施時間も軽減できる利点がある。

12.1.6　CBLT / WBLT / PBLT

CALT のように適応型とは限らず、コンピュータを用いて行う言語テストを CBLT（Computer-based Language Test/Testing）、ウェブを使えば、WBLT（Web-based Language Test/Testing）、紙ベースのテストを PBLT（Paper-based Test/Testing）と呼ぶ[2]。Brown（1997, 2013）は、CBLT および CALT を PBLT と比較しながら、それぞれのテスト様式を実施する上での長所と短所を包括的に論じている。テスト実施における技術的な問題点、受検者への心理などを鑑み、適切な様式でテストを実施することが望まれる。テスト様式の違い（PBLT vs. CBLT）によって、（読解）テストデータに与える影響に関して考察を加えたのが Sawaki（2001）であり、異なるテスト様式が与える影響の違いを報告する先行研究をいくつか紹介しながら、CBT 特有の様式ゆえに考慮すべき点を詳述している。とくにテスト様式の異なる項目を等質なものとして扱う際には注意が必要であるということが読み取れる。

12.1.7　BL / F2F

ブレンド型学習（Blended Learning: BL）に注目する。BL はハイブリッド型学習と呼ばれることもある。ブレンド型とは、オンライン学習とオフライン学習を組み合わせることで、対面型（face-to-face: F2F）つまり従来型

---

1) 言語テストに特化しない場合は CAT（Computer-adaptive Test/Testing）である。
2) 言語に特化したテスト様式でなければ、WBT、CBT、PBT と L を省く。

の集合授業とオンラインの自主学習を融合する学習形態である。反転学習（flipped learning）という形態も可能であり、従来であれば授業中に受ける講義を授業前にオンラインで自主学習させ、本来宿題として課していた演習の部分などを授業内できめ細かく指導することもできる。ハイブリッド型もブレンド型とほぼ同じような意味だが、教育の場面よりビジネスの場面で用いられることが多く、対面型の研修の前に e-learning で予習して、研修後に e-learning で復習・補填するという形態を指す。

　コンピュータを語学学習に用いることにより、学生が自律的・主体的に個別学習を行うことが可能となるものの、語学の性質上、集合的・協働的に学習し身につけることも大切な要素であることから、語学教育と BL は相性が良いと考えられる。学習意欲や学習効率を高めるためにも、より人間味があり、文脈（context）を重視した要素をコンピュータ学習に組み込むことができることから、e-learning から BL という流れは、ごく自然な成り行きであると宮地ら（2009）は評している。この流れの基礎となっているのは、次項で扱う SAC/SALL であろう。

12.1.8　SAC/ SALL

　学習者の自律を促し、自分で学習プランを立て、学習資材（learning materials）を選ぶことができる場所およびそれを支援する人や環境が揃っている場所をセルフアクセスセンター（Self-Access Center: SAC）と言う。セルフアクセスセンターを活用した語学教育および学習を SALL（Self-Access Language Learning）という。SAC の歴史は古く 60 年代に遡り、初期の SAC に代表されるのは 1969 年に開設された CRAPEL（Centre de Recherches et d' Applications Pédagogiques en Langues）である（Smith, 2006）。SAC は、真正性（authenticity）の高い学習・教材を提供すること、自主学習に対して積極的な支援をすることにより、学習者の自律（learner autonomy）や自主学習（self-access / self-directed learning）の足場をつくるという点で現代の CALL と相性が良い。学習効率を上げて、当面の語学力を向上させようという観点に加えて、教員や指導者の手から離れても、自主

的な学習が続けられるよう、「生涯学習」を支援する観点からも、CALL と SALL の理念は似通っている。ただし、注意が必要なのは、SAC を導入すれば、万事解決し、学習者もすぐに自主性が身に付くということではなく、少しずつ段階を踏まなければならない点である（Gardner & Miller, 1999）。そのために、教員、チューター（tutor）、メンター（mentor）、アシスタントなどによる適切な自主学習のサポートが今後ますます重要度を増すと思われる。

現代の一般的な SAC では、英字新聞、レベル別の読み物（graded readers）や、本・雑誌類（使い方マニュアル・旅行・留学パンフレット類）CD/DVD（テレビ番組、ラジオ番組、映画、歌、講義・講演ビデオ）、コンピュータを始めとするハードウェア、学習を助けるソフトウェア、オンライン資材（www 教材、LMS）などが手に入る。しかし、ただ教材や学習環境があるだけでは運営の継続性がないため、学習アドバイス・学習カウンセリングができる人員を配備することが多い。とくに、ここで大切なのは、教員間の連携、自律性に対する抵抗からの脱却（Gardner & Miller, 1999）、スタッフ（教員）トレーニングだという（McDonough, Show, & Masuhara, 2013）。

（とくに習熟度レベルが高くない）学習者は「適切な」教材を選択できない傾向がある（Cotterall & Reinders, 2001）ことから、より精度の高いセルフアセスメントやカウンセリングといったツールの導入が必要である。つまり、言語学習・言語使用のきっかけとなる題材・テクニック・方略・環境の支援を体系的に実現できる場となることが望まれる。一方、学習者には、(1) 学習目標、(2) 学習内容、(3) 学習計画（短期的、中・長期的目標）、(4) 方法テクニックの選択、(5) 時間管理、(6) 評価手段（McDonough et al., 2013; Smith, 2006）の観点から、自分のこれからの学習方針を決定することが求められる。

12.1.9 まとめ

これまで、CALL と連携するキーワードや略語を検討することにより、

CALL は語学教育・語学学習の幅広い領域に及ぶことを示した。CALL を端的に定義するのは難しく（Beatty, 2010）、CALL の分野は何を扱うのかという問いの答えとして過不足がないのは、以下の竹内（2008）の説明であろう。

　(1)学習者個々人によるスキルの練習の場としてはもちろんのこと、(2) 学習のためのリソースの置き場、(3) 学習者の共同体を形成・発展させるための仕掛け、(4) 外国語によるコミュニケーション実践の場、そして、(5) 授業をサポートするためのツールとしての役割など、たくさんの機能と役割をあわせ持ち、これらを可能な限り統合的に提供していく（p.2)

この説明が、現時点の CALL の領域を的確に説明している。しかし、今後また異なる新たな説明が必要になってくるかもしれない。この論拠を示すために、過去の CALL から現代の CALL に至るまでの変遷を外国語教育の動向と絡めて概説したい。

12.2　CALL と ICT の歩み

　CALL の始まりは 1950 年代に遡り、英米の大学がロシア語学習を促進するために開発を進めたことがきっかけである（Beatty, 2010）。Levy and Stockwell（2006）によると、1960 年代もしくは 70 年代から、CALL は顕著なスピードで進歩し発展しているという。Kats（2013）は、この 20 年間でネットワーク環境の整備が進んだことによって、オンラインでの授業・学習の進化が目覚ましいと述べている。加えて、それを実現する ICT の発展も著しく、2000 年代後半頃より、とくに若者におけるスマートフォンの爆発的な普及とスマートフォンアプリの影響により、近年の学習者の英語学習に対する取り組み方（とくに語彙調べ）も変容している。

12.2.1　1960年代から70年代

　60年代70年代前半のコンピュータは据え付けの汎用大型コンピュータであった。コンピュータは、個人で購入できる代物ではなく、特定の機関・企業だけが管理できる物であった。そんな時代の代表的な CALL プロジェクトが PLATO（Programmed Logic for Automatic Teaching Operations）である。Levy（1997）は、言語教員と技術者が共に尽力した世界初の CALL プロジェクトと評しており、1959年頃に考案され、1960年にイリノイ大学にて開発された。最初は、ロシア語の文法訳読法（grammar-translation method）として使われ、文法・語彙ドリル機能がついていた。しかし、その後、さらに開発が進み、最終的には、多言語に対応し、基本的なスペリングや文法をチェックする機能まで実装された（Beatty, 2010）。

　70年代後半に、一般用ビデオデッキとビデオテープがようやく売られ始める以前の時代、TICCIT（Time-shared Interactive Computer Controlled Information Television）プロジェクトが始まった。先駆的なビデオディスク技術を駆使して（Chapelle, 2001）、初めて、マルチメディアとコンピュータ学習を融合したものである（Levy, 1997）。TICCIT は、1972年に Mitre Corporation、テキサス大学、ブリガムヤング大学の共同プロジェクトとして始動し、コンピュータで見たいビデオを選択し、そのメッセージを（人間の）オペレーターが受け取り、そのテープを投入し、学生の居るテレビに信号を送り、プログラムを流すものであったという。ある部分を飛ばしたり、説明をもう一度きくために巻き戻したり、繰り返したりと、現代でも重要視されている学習理念である自律学習、自分のペースで行う学習、また学生中心主義的な学習の礎が開発に織り込まれていたとも考えられる。

　ここまでの時代の CALL を、Warschauer and Healey（1998）は、「行動主義的（Behaviorist）CALL」[3] と位置づけている。PLATO などのドリル偏重、

3）90年代後半までの CALL を、SLA や CALL の動向・ICT の変遷を踏まえ、(1) Behavioristic, (2) Communicative, (3) Integrative CALL と3つに分類した第一段階。のちに、Bax(2003) などにより、CALL の分類に関する活発な議論がなされている。

文法説明、訳の確認などの教育・学習が中心的であったからだ。Levy (1997) は、とくに 60 年代までの言語教育において、教育学におけるオーディオリンガル (audio-lingual)、心理学における行動主義 (behaviorism)、言語学における構造主義 (structuralism) に基づいた理論が支配的であったとしている。80 年代の言語教育からは形相が変わり、audio-lingual なアプローチから Communicative Language Teaching (CLT) に移っていった (Levy, 1997)。

12.2.2　1980 年代

80 年代からようやく、個人用のコンピュータが普及し始め、数字や文字表示だけに留まらないグラフィックが幅広く扱われだした。1984 年発売の Apple 社による Macintosh が、GUI (Graphical User Interface) の OS を使用したことで、コンピュータ操作が簡単になり、コンピュータの普及に貢献した。Storyboard、HyperCard のような言語学習ソフト作りを助けるソフトウェアが出回り始め、ドリル・反復学習の要素に加え、模擬訓練 (simulations) や文脈をできるだけ意識した演習的要素が CALL の文脈に取り入れられはじめた。また、偶然にも、この頃 Stephan Krashen[4] の人気が高く (Chapelle, 2001)、第二言語習得の文脈で、コミュニカティブアプローチが注目されていた時期でもある (Levy, 1997)。それらを踏まえ、Warschauer and Healey (1998) は、CALL の第二段階として、80 年代頃の CALL を Communicative CALL と位置づけたと思われる。

Krashen らの言う理解可能なインプットを提供することが重要視された時代背景が影響するのかしないのか、80 年代後半は、検索語の使われ方

---

[4] モニター・モデル (The Monitor Model) の提唱者である。言語の意識的な学習 (learning) と子供が母語を身につけるときの自然な習得 (acquisition) を区別した。外国語教育において、学習者に理解可能なインプット (comprehensible input) が十分に与えられれば、自然な習得が起こるとする。なお、このモデルに基づいて T.Terrell と考案した教授法がナチュラル・アプローチ (The Natural Approach) である (白畑・若林・村野井, 2010 参照)。

が前後の文脈と共に示されるコンコーダンス（concordance）のソフトウェアがいくつか開発された。データ駆動型（data-driven）、発見学習的（heuristic）要素、KWIC（Keyword in context: 文脈から語の使われ方を学ぶ）など、SLA（Second Language Acquisition）の原理と相性の良い CALL 教材の開発が始まり出した時代と言える。

　また、70 年代に開発されたビデオテープが一般的に普及した 80 年代において、とくに L2 リスニングの分野で無視できない変化がもたらされた（Rost, 2002）。教室や LL（Language Laboratory）教室内においても、より真正性の高い、文脈に根差した教材を使った学習が実践された時期でもある。

12.2.3　1990 年代

　90 年代は、CALL の門戸が広がった。Warschauer and Healey（1998）の第三段階、Integrative CALL の要素が入ってきだした時代だろうか[5]。Integrative CALL とは、テクノロジーが日常に溶け込みだした意味での「統合」、四技能が技能を超えて「統合」されだしたことを説明している。

　90 年代に特徴的な CALL の進化は 2 つあると Thomas, Reinders & Warschauer（2013）は述べている。第一に、マルチメディア PC と CD-ROM の普及である。これらにより、言葉と音声の融合、文字と映像の融合において画期的な進歩が見られた。第二に、インターネットの教育的利用である。1993 年に初のインターネットブラウザが開発されたことにより、インターネット利用が非常に簡単になり、教育の場面においても e-learning、LMS、CMC、MUVEs の開発がこの時代から盛んになった。

　日本においても、Windows95 によって、インターネットの接続が簡単になったこと、PC や通信費が安価になってきたことで、一般家庭にも普及しだした。ダイアルアップの一般アナログ回線、ISDN というデジタル回線での接続が主流であったため、現代のように文字、高品質な音声・映像

5）Warschauer（2004）では、一部定義が変更され、第三段階は 21 世紀に位置づけられている。

を融合した動画を配信・共有することはほぼ不可能であったため、文字と音声と映像が完全に融合したいわゆる「マルチメディア」情報は、CD-ROM 教材という形で英語授業に利用されていた[6]。

しかし、Cuban (2001) の指摘する科学技術の流れに乗れない教育現場の実態が、90 年代の日本でも見られ、LL 利用は限りなく少なく、学習者からの人気も高くはなかったようだ（森, 1990）。マルチメディアや PC は 90 年代から、一般家庭に浸透しだしていたが、ある程度の台数を揃える必要のある教育現場にも広範囲に行き渡っていたとは言いがたかった。教育の場面に広く活用されはじめたのは、2003 年に情報教育の導入がなされた 2000 年代に入ってからのことであろう。

12.2.4　2000 年代

2000 年代は、Web2.0 の到来が代表的な特徴としている（Thomas, Reinders, &Warschauer, 2013）。Web2.0 は、「新しいもの」と漠然として捉えられることもあるが、作り手から離れて、ユーザが自由にコンテンツを協働的に作り上げることができるシステムのことである。複数のユーザがコンテンツを精査して、コンテンツを作り上げている Wikipedia がその代表例である。CALL においても、90 年代は、技術者やプログラマに依存しなければならなかったが、英語教員がインタラクティブな学習環境を構築できるようになってきた。

Bateson and Daniels (2012) は、現代のマルチサーバ・テクノロジーの例として「クラウド」を例に挙げている。近年、「クラウド・コンピューティング（cloud computing）」という概念が入り込んできており、いわゆる保存だけでなく、データの加工・編集の処理作業までネットワーク上で共有できるサービスが提供されている。デジタルブロードバンドが定着し、インターネット上で様々な処理が可能になってきた。英語教育の文脈にあてはめると、学習者は、多くのオンライン・リソースから、ファイル、写真、

---

6) その実践例は山内（2001）に紹介されている。

リンクなどを共有して、e-mail、チャット、ブログ（blog）、カレンダー機能を通して、学習や対話を図る。Facebook、mixi、LINE などの SNS（ソーシャルネットワークサービス）もそのような機能を有しており、多くの学習者がすでに普段の生活で使用している。YouTube などもその一例で、インターネットの上に多数のビデオクリップが貯蔵され、検索可能となっている。つまり、多くの「クラウド」に代表される 2000 年代のテクノロジーは、データを保存するオンライン・スペースを確保したり、HTML 文書など特別なコンピュータ言語を学んで Web ページを作成したりする手間などを大幅に省く役割を果たした。

2000 年代のもう一つの特徴として、90 年代に開発された LMS[7] に Web2.0 の特徴が組み込まれたことが挙げられる。LMS は教員主導型で、コース終了後の学習者に応用がされにくい印象があるものの、現代の LMS は、SNS の要素、CMC、音声録音の仕組みを有している。また、Butakov, Diagilev, Shcherbinin, and Tskhay（2013）が紹介するように、（現時点では有償なものが多いが）学習者が提出したライティング課題に対して、自動的に剽窃（Playiarism; 他人の作文や論文の一部もしくは全文を盗用すること）を感知するプラグインを比較的簡単に追加することもできる。公の場で管理すべきでないコンテンツ、学生が公にしたくない言語活動・作品も多々あるため、教員・管理者がカスタマイズできるという点において、LMS での管理は優れている。

研究者と教育者の境目がなくなってきている（Beatty, 2010）のも、2000 年代の顕著な現象である。『英語教師のためのコンピュータ活用法』（濱岡, 2011）などが広く実践された（読書案内参照）。多くの PC にインストールされている文書作成ソフトには、（簡易な）文法チェッカー、スペルチェッカー、文の長さ・読みやすさなどを自動診断する機能がついており、少し工夫することで色々と応用が利く。情報収集や資料作成だけでなく、音声・

---

7) Bateson and Daniels（2012）は、現代のシングルサーバテクノロジーと位置づけている。

写真・映像ファイルの編集、学習者に合わせた独自の演習問題の作成、機器操作が難しそうな学習者にスクリーン（画面）キャプチャ機能でマニュアルを作成するなど教育的な利用価値が高まった。

ADF（Auto Document Feeder: 原稿自動送り装置）付のスキャナと連動させた教科書のデータベース利用、表計算ソフト・統計ソフトを使ったデータ分析など、研究・分析結果をもとに授業を改善する動きがさらに拡大している。より使いやすくなった ICT を有効利用する言語教育の従事者が増えたからだと思われる。

12.2.5　2010 年前後

2010 年前後、急速に変容・進化を遂げているのが、タッチパネル式のスマートフォン・タブレット端末を中心とする、モバイル・テクノロジーであろう。いわゆるスマートフォンやタブレット PC は、ボタンと画面を融合して小型化し、シンプルな使用を意識した作りにしたことと、音声技術を組み込み、極力ボタン操作をしなくて良いようになっている。発売から広く一般に行きわたるまでのスパンがとても短いのが印象的である。安価に手に入り、機械の使い方が感覚的にわかりやすいということが、モバイル・テクノロジーがこの時代を凌駕している所以であろう。

大学生など大人の学習者には、BYOD（Bring Your Own Device）形式の英語の授業を実施が可能である（Norris and Soloway, 2013）。BYOD 形式のリーディング授業を実施した報告が、Tsutsui, Owada, Ueda, and Nakano（2012）によりなされている。CALL 教室の学習者と BYOD の学習者に実施したアンケート調査では、BYOD 式よりも、デスクトップ PC 利用のほうが概して好まれてはいたが、BYOD 経験者は、慣れてくるのか、自分自身の携帯電話やモバイル機器を英語の授業で利用することに関して、圧倒的な許容を示した。

ただし、経済的な面から、目が疲れるなどの健康面から、個人的な信念から、携帯ないしスマートフォンを所持しない、あるいは使いたくない学習者もいる。無制限にネットワークを使えるプランに入っていないことも

ある。とくに、小中高など、携帯電話の所持すら許されていない学校では、（現段階では）モバイル・テクノロジーの導入は非常に困難であろう。学習者・親・学校から同意が得られ、たとえ導入できた場合でも、様々な配慮が必要となろう。

12.2.6　CALL と ICT の変遷のまとめ

今まで、CALL や ICT の変遷を見て、ICT が我々の教育・文化・生活の営みにどんどん馴染んできているのがわかる。Input → Output → Interaction の強化を試みる語学教師のニーズと、汎用大型コンピュータ → PC → モバイルと ICT 使用者のニーズに応えながら、CALL は変容を遂げてきた。

Bax（2003）では、制限的、公開的、統合的 CALL と、Warschauer（2004）は構造的、コミュニカティブ、統合的 CALL といった興味深い分類を試みている。しかし、それらの事象は「独立したもの」「一過性のもの」と考えるよりは、時代とともに英知が積み重ねられて、CALL に新たな多様性が生み出されていると捉えることもできよう。Bax（2003）は、教育の文脈で、誰も「紙」や「本」を使うことに疑問を挟まないように、コンピュータを使って学習することが自然なことになる CALL の未来を思い描いている。また、竹内（2008）はテクノロジーが透明性と知覚的なアフォーダンス（例：物体そのものがその物体をどう扱えば良いか感覚的にわかりやすく指し示すこと）が高くなることを期待した。近年、彼らの説く状況が実現しつつあると言えよう。これだけテクノロジーが身近になった現在では、ほとんどの英語教員は、多かれ少なかれすでに CALL の従事者である。では、CALL の文脈における英語教員が、今後どういう役割を果たすべきかを考える前に、現在の CALL 教員の任務や課題を見ていこう。

12.3　四技能と ICT

ICT の利点を生かして、うまく英語学習と統合することで、（1）学習者の学習リソースになるもの、（2）教員の教授リソースとなるもの、（3）学

習者の学習の助けになるもの、(4) 学習効率を高めるもの、(5) 学習者の記憶に訴えかけるもの、(6) 教育的な意義のあるもの、(7) その場を楽しくさせるもの、が提供できると考えられる。これらの観点から、四技能別に紹介していきたい。

しかし、技能の枠を超えて応用可能なものも含まれており、重複している箇所がある。また、対象年齢やレベルを考慮していないので、難しすぎる、子供じみている事例もあるので、読者の実情に合わせた方法論を選択されたい。

12.3.1　リーディングとICT

リーディングは、四技能の中では受動的なスキルと分類されるが、学習者は読む際、複雑な認知処理をしており、ワーキングメモリに負荷がかかり、それが読解を困難にしていると言われている。Grabe and Stoller（2011）の説明では、読解の際には、節レベルで（1）語彙認識、(2) 統語解析、(3) 意味のまとまりを素早く処理するのと並行して、節を超えて、(1) テキストからの意味構築の処理、(2) 読み手の独自解釈での処理、(3) 背景知識利用や推論による処理、(4) これらの処理を調整する中央制御処理をしなければならないと言う。

読むことに対する目的や動機が希薄であれば、そのような認知負荷の高い行動を持続させるのは非常につらいことである。語彙や文法のリソースが極端に少ない学習者は、お手上げ状態となり、回避行動をとりやすい。たとえば、学生は、ICTを乱用して、翻訳サイト、翻訳機能を持つアプリで、一括翻訳をしてそれで満足することがある。コピー&ペーストなどその場しのぎのやり方をしていないかを見守る必要がある。

リーディングの根幹である、文全体の意味を理解する訓練量を増やさなければならないので、文文法（sentence grammar）だけを扱っていては不十分である。節を超えた、一貫性（coherence: 話の筋道が通っていること）の補助、背景知識の補助、推論する機会を最大化することが必要である。Koda（2004）はL2学習者がcoherenceを構築する際、明示的な手がかり

（例、接続詞などのディスコース・マーカー）に頼っているという。(1) それらに注意して読む方略を教える、(2) 扱うテキストの coherence を高くする、などの工夫が必要である。Koda はまた、L2 学習者の背景知識を、一般知識、専門領域知識、文化知識に分類している。リーディング資材を選択するときは、学習者のニーズに見合うものを選ぶと良い。

教材の選択：難易度の調整

　未知語が文全体の 5% あると、意味理解が阻害され、未知語の類推ができにくくなるという（Nation, 2008）。読解における fluency（よどみなさ）の構築を目的とするのであれば、とにかく、難しくない教材を選んで、たくさん読ませなければならない。英語教員の役割は、学習者のレベルやニーズに合わせた題材を探すことである。平均的日本人英語学習者には、

　Student Times（http://st.japantimes.co.jp/）
　National Geographic Kids（http://kids.nationalgeographic.com/）
などが、読解レベルの面から利用価値が高い。

VSTF（Visual-Syntactic Text Formatting）の利用

　読解難易度を下げるため、以下のように、(A) の文を (B) の形で示し、チャンクによる提示（神田・田淵・湯舟, 2010）を行い、学習者に読解練習させることも可能である。プロジェクタや提示モニタに映したり、PDF や紙で配布したりすることもできよう。

　　(A)　The boy sitting beside Hanako is called Taro.
　　(B)　The boy
　　　　　　　sitting
　　　　　　　　　　bedside Hanako
　　　　　　　　　　　　　　　is called
　　　　　　　　　　　　　　　　　　Taro.

有償ではあるが、ClipRead（http://www.clipread.com/）を使えば、貼り付け

たテキストが自動的に変形・表示される。Walker, Schloss, Fletcher, Vogel, and Walker（2005）は、VSTF により、統語認識（syntactic awareness）、読解における fluency（例、読解スピードを自分の理解に応じて適切にコントロールすること）と、(VSTF 文ではない通常型の文においても) 読解力が向上したと報告している。

Pre-reading: 背景知識の構築：ワードクラウド、vodcast の活用

インターネット・リソースを活用することで、若干難易度の高い題材を扱う場合、読む前に、その文のワードクラウドを見せる方法もある（図12.1）。意味理解をするうえで重要な語の意味を、読む前に確認しあって、話の内容を推測させることができる。関連するビデオを見せるなどして、背景知識を与える工夫も可能である。

図 12.1: Wordle™（http://www.wordle.net/create）

スキャニングとスキミングの訓練

リーディングにおいて、正確に読むことを重要視しすぎているために、情報を取捨選択する訓練の機会があまり与えられていない学習者も多い。しかし、実社会においては、限られた時間で情報を引き出したり、資格試験では正確さよりも早い読解力が求められたりしているのが実情である。スキャニング（scanning）・スキミング（skimming）の訓練として、海外の美術館、博物館、学校、旅行代理店のウェブサイトを検索・比較・要約さ

せて、海外旅行や留学のシミュレーションをさせることなどが可能である。題材は、学習者の年齢、興味、特性に応じて選択する必要があろう。

ストップウォッチ

ストップウォッチ機能の無料サイトやLMSのカウントダウン機能を使って、速度を意識した速読訓練をするなども可能である。JavaScriptという簡単なプログラミング言語で、自分で作成することもできる。

しかし、早く読めればそれで良いということではなく、理解に応じて速度調整することが大切であり、速読力に文法・語彙が必要不可欠な要素であることを忘れてはならない。

12.3.2 リスニングとICT

リスニングも、リーディング同様、受動的なスキルと分類されているが、実践の場面では、完全に受動的というわけではない。たとえば、Active Listening という用語もあり、それは、話し手に同調を示すため、(1) まったく同じことを言う、(2) 言い換える、(3) 確認する、(4) 要約する、(5) 話を戻す、そして (6) 押し黙る (Ehrman, 1996, p. 34-35) ことにより、意味を作り出すコミュニケーション・ストラテジーである。理想論かもしれないが、教室で実施するリスニング活動においても、意味交渉を含めた意思伝達を想定したものが望まれる。

リスニングは、学習者にとって簡単なことではなく、上述のリーディングの要素と同じ処理を頭で行うのに加えて、音声の処理もしなければならないので、いかに学習者のサポートをするかが教員の腕の見せ所と言えよう。

Oxford (1990) などにより、教師の視点から参考になるリスニング・ストラテジーもたくさん提言されているが、結局、学習者は、数あるストラテジーをオーケストラのように結集させなければならず (Vandergrift, 2003)、注意が散漫になってしまう。White (2008) は、Rost (2002) の提案を改訂して、教授すべきポイントは5つであり、「(1) Listening の前に、

内容予測をする（2）不完全な情報を推論する（3）理解できているかしっかり確認する（4）明確でないところははっきりさせる（5）聞いたことに関して自分の考えをもつ」（p.212）を挙げている。

3択か4択の問題項目に正しく答えられれば良いわけではない。教室内では、リスニングを行う前に、語彙のチェックをし、背景知識を与えなければならないし、何がわからないのか見極めて、Active Listener としての役割を果たさせなければならない。

Podcast / Audioblog

VOA Learning English（http://learningenglish.voanews.com/）など、文字情報と音声情報をリンクさせるのに良いウェブサイトがたくさんあるので、学習者のニーズやレベルにあわせて、取捨選択できる。YouTube などの動画サイト上の音声を聴き取ることは、視覚情報がヒントとなり、聴き取りの難易度を下げることができる。また、画面キャプチャで視覚情報の一部分だけ見せることもできよう。YouTube には、海外の観光名所の映像を使って、バーチャル観光ができる映像が共有されているなど、学習教材としての利用価値が高い。また、オーディオブログという、音声データ形式で議論するサイトなども有効活用できる。

TTS（Text to speech）

近年、完全ではないものの、音声合成の精度があがってきている。vozMe（http://vozme.com）などを使って、発音の仕方がわからない学習者に単語・連語レベルの発音を認識させるのに効果的である。入力した単語・フレーズを mp3 ファイル形式で保存もできる。また、LMS にも無料の TTS プラグインがいくつかあり、それらを導入すると、その語の発音の仕方を知りたい学生に音声を提供することができる。

映像字幕の活用

1930年代、イギリス人がアメリカ人の発音がわからないということで、

映像に字幕がつけられたのが始まり（Roach, 2001）とされる映像字幕であるが、字幕を用いたリスニング学習は英語学習者にも利用価値が高い。Rost（2002）によりなされた字幕の分類によると、字幕は（1）traditional 字幕（L2 音声、L1 文字）、（2）bimodal 字幕（L2 音声、L2 文字）、（3）reverse 字幕（L1 音声、L2 文字）、そして（4）unimodal 字幕（L1 音声、L1 文字）と4つある。吹き替え版に L1 文字の字幕がついているだけの（4）unimodal 字幕以外は、英語学習に有効活用できる。

録音機器を使った学習 / Skyping

学習者に録音機器や ICT 機器を使わせて、教室内外の学生・同僚の教員にインタビューさせ、録音したものを聞きとらせて要約させるタスクも可能である。どのようなインタビューをさせるか、どんな内容を録音させるかは学習者のレベルに応じてサポートする必要があろう。また、英語話者の同僚に、授業にスカイプを介してゲスト出演してもらうなどの実践も可能である。

12.3.3　ライティングと ICT

ライティングは、とくに CALL 環境と相性が良いように思える。まず、LMS を使って、提出記述、チェックリスト、着想の助けになる補助資料、参考文献などのハイパーリンクを貼って提示することができれば、考えを整理するのが苦手な学習者にはとても役に立つ。学習者の作品をみて助言し、また書き直しをさせて提出させるなどの体系的な運用がしやすいからである。

学習者は教員による直しを期待することがあるが、教員が学習者のエラーすべてを修正するのは現実的ではない。また、大幅に直されることで、学習意欲が下がると訴える学習者も少なからずいる。加えて、最近の研究結果でも、文法面、表現面にフィードバックを加えても、短期的な効果はあっても、長期的な効力には疑問の余地があるとされている（例：McDonough et al., 2013）。

Hyland (2002) は、「ライティングとは、単なる単語のつながりを扱うものではなく、一人の単独行動によるものではない。個人作業ではあるものの、社会的な意味合いが強く、文化的なアイデンティティを表現し、人との関わりあいを反映させ、社会的責務を認識することである」(p.48) と述べている。つまり、読み手がないライティング作業は、Hyland の説くライティングの意義が希薄化してしまうのである。その点、CMC では、オンラインコミュニティの一員として社会的役割が生じる。

ライティングの授業では、学習者の文法や語彙の誤りを指摘するだけが、英語教員の役割ではないのかもしれない。コミュニケーションに重点を置いたライティング活動を積極的に取り入れた授業を展開することが望ましい。CMC はそのような授業を展開する上で有力な手段となろう。

発表させるツール・形態が豊富

ネットワークにさえつながっていれば、SNS（クラス用 wiki、ブログ、LMS）などに書き込ませることができ、CMC の教育利用が可能である。E-mail、チャット、ブログといった CMC を授業に組み込むこと、LMS でライティング課題や学習日誌を英語で提出させることで、英語教員が、学習者の誤りを指摘することが可能である。CMC を定期的に体験させるだけで、学習者が書いた英文に向上が見られたとの報告もあがっている (Levy and Stockwell, 2006; Tsutsui, 2004; 筒井, 2005)。とくに、交流相手の語学力が高い場合その現象が顕著で、相手が明示的に直してくれること、相手の表現を参考にすることで、自分の発言の誤りに気づいて修正することが、向上の要因であったと考えられる。

学習者のニーズ・レベル・年齢に合わせた工夫がしやすい

CMC は、会話の要素が強いので、別の text structure（テキスト構造）も扱い、随筆文、比較対照文、説明文、学術的文章作りもぜひ行わせたい。その題材となるリソース（例、タイトルを決めるためのスロットマシーン、ワークシート）がネットワーク上に豊富にあるため、比較的柔軟な授業展

開が可能である。パラグラフ単位のライティングが可能なレベルに到達していない学習者に関しては、ピクチャ・ディスクリプションさせたり、短文でテキスト・チャットをさせたりするなども可能である。

交流学習の中でライティング

E-mail、BBS、テキスト・チャットを利用してCMCを行わせることは、今まで述べてきたとおりだが、交流の内容を第三者である教員などが見る場合、とくに公の場で発表などする場合は、学習者の同意が必要である（Chapelle, 2003）。CMCのログを添削しフィードバックするのは現実的ではないが、自己内省の日誌だけ提出させて、一部のエラーコレクションを行うという方法も可能である。

Timed writing

LMSには、カウントダウン機能が標準で付いているので、timed writing（時間制限付きのライティング訓練）の実施が可能である。時間を区切って早く書かせる練習をさせるなど、授業のウォーミングアップに使用できる。

12.3.4　スピーキングとICT

同期的CMCは、相手校・相手クラスのレベルが同じくらいでないと、日本人英語学習者の場合、相手に圧倒されて、怖気づき、押し黙って交流が途絶えてしまうことがある。現実的には、実践レベルまで高めるために、多角的なサポートが必要となろう。たとえば、会話トピックとなるワークシートを準備すると（例：Gardner & Miller, 1999, p.202）、安心感をもって取り組める学生もいる。

目標設定

モノローグでの練習をさせる場合、まず目標設定（目安）が必要となろう。自己査定を助けるツールに、WebCEF（http://www.webcef.eu/）や

CEFcult（http://www.cefcult.eu/）がある。自分の現在のレベルを見極めて、到達可能な目標を自分で決定するという点において、教育的な価値が高いウェブサイトである。このサイトでは、CEFR（Common European Framework of Reference: ヨーロッパ言語参照枠）の切り口から EU の英語話者のスピーキング力が査定されており、個人の総合査定だけでなく、語彙の豊富さ、正確さ、流暢さ、意志疎通能力、論理の一貫性の観点からも査定されているのが特徴である。そのため、CEFR レベルを語学教員および学習者が体感できる仕組みとなっている（Maele, Baten, Beaven, & Rajagopal, 2013）。日本人英語学習者に特化した同様のウェブサイトが作られれば、さらに有益なものとなろう。

録音機能を使用し、口頭練習させる

　携帯電話、スマートフォンアプリ、IC レコーダー、音声レコーディングのできるウェブサイト、音声録音機能プラグインを追加した LMS などにより、学習者の発話を録音することができる。筆者は、チェックリストを渡して、録音させた英文や英単語の発音を自己分析させ、何度も繰り返し練習させている。

　中級程度になれば、準備のない原稿なしで言った英文を録音し、より良い文書に変えさせ、もう一度録音して提出させている。日常で英語を話す機会のほとんどない日本人英語学習者にとっては、良い訓練になると思われる。

WWW の活用

　発音辞書サイトを活用して、ミニマル・ペア（minimal pair: 最小対）の発音練習を（例、bat vs. vat など、対になる音の似通った語を提示し、発音の違いを認識させた上で練習すること）させ、発音記号の認識を高める、ストレスやイントネーション、音の同化（assimilation）の例を示したウェブサイトを使い発音練習させる。方言など英語にも異なるアクセントがあることを認識させ、TED、YouTube などを使い、著名人や演説の上手い人を模範に

練習することも可能である。

Task-based /Project-based Language Learning

いわゆる疑似体験的なアプローチなため、大人には向かない、アジア人には向かないと憂慮されている（Ellis, 2003; Motteram & Thomas, 2010）方法論だが、シミュレーション（例、自分の土地のツアーガイドになってみる）を実施したり、自分たちの文化を絵やビデオを使って情報番組を作らせたりすることも可能である。相手校と協働できれば、そのプロジェクトにインタラクティブな意義が加わる。

プレゼンができるレベルにまで達していないときは、ニュース番組のアンカーが原稿を読みながら喋る装置（プロンプター）を利用して、練習をさせることもできる。

（The online prompter: http://www.cueprompter.com/）

12.4　実践例：CALL 教員の役割

Erben, Bon, and Castaneda（2009）は、教員と学習者の ICT 使用は、切り離して考えるというより、9 の連続体になっているという。要するに、下に行くほど、(1) 教員依存がなくなる、(2) コース終了後も学習者が後に応用の利きやすい ICT 使用方法だということを示している（図 12.2）。

より具体的に、英語教師が、ネットワーク環境を活用して授業実践を紹介するために、CALL 実践者の基本的なやるべきことの手順を紹介したい。

12.4.1　情報収集

CALL 実践者は情報収集が欠かせない。英語学習サイトに関するリサーチ、英語授業（モデル授業・タスク）に関するリサーチ、ICT、たとえば、LMS 導入方法に関するリサーチをする。LMS にしろ、オンライン・ウェブサイトにしろ、SLA（Second Language Acquisition）や FLA（Foreign Language Acquisition）の動向よりも、更新の速度が格段に早い。オープンソースを扱う会社が非営利であったとしても、宣伝費や寄付でビジネスと

```
1  教員の道具としてのICT単独使用（電子黒板、TV）
2  教員のみの管理使用（VLEs）
3  教員の指導補助的使用（PowerPoint、インターネット）
4  学習者のために作った独自教材（練習問題）
5  学習者のみ使用（インターネットでリサーチ）
6  学習者の学習補助的使用（オンラインサイトのクイズ、演習問題、ゲーム、ビデオ）
7  学習者の訓練的使用（リスニングツール、ノートテーキングツール）
8  学習者の作品作りのため（ウェブページ、e-ポートフォリオ作り）
9  学習者の成果物作りのため（オーディオ作品、ビデオ作品、ブログ）
```

図12.2: 教員と学習者によるICT使用9つの連続性：Erben et al.（2009, p.79）を改変

して成立していることもあり、買収などによるサービスの変更・中止が多い。とくにCALLシステムを扱っている従事者は、情報の収集が欠かせない。

12.4.2 学生サービスの準備

学習に有益なウェブサイトやICT機器情報を、教員以上に学習者が知っていることもあるので、それらの情報は立場を越えて共有すると良い。また、ポータルサイト的なものを作り、英語学習サイトとその有効な使い方を紹介することも有効である。授業外でも自主学習できる環境を作ることで、予習・復習の機会を与えるだけでなく、学習者の主体性をコースや授業の評価に加えることも可能である。LMSなどを利用することにより、学習者の活動履歴など、教員が観察しやすい利点がある。また、語彙調べ・和訳作業などは、授業外の活動として宿題とし、それを評価に加えるなど体系的な運用を考えることもできる。そうすることで、クラス内では、よりクリエイティブで効率的な言語活動に重点を置くことができる。

12.4.3　授業運営

　VSTF（12.3.1）や、ビジュアル・シソーラスなど、インプット強化やハイライトの一助になりうるものを導入する。文法の構造、語彙のハイライト、文字と音の連結等、ICTやマルチメディアの強みを生かす授業運営が望ましい。また、賛否両論のある真正性の高い資材も、授業のウォーミングアップやアイスブレイカーとして導入するのも良い。テスト勉強のような英語学習法しか知らない学習者のために、方略トレーニングを行い、実践レベルを引き上げる必要がある。自主学習・自主練習・言語使用の足場固めのために、会話やライティングのトピックなどを提示しながら、方略が使用できる環境を整える。

12.4.4　授業管理

　学習者同士で、CMC交流させるとなると、海外の相手校や教員と連絡を取り合い、前もってどのような交流を行うか話し合う必要がある。CEFR A2レベルの学生にも、少しサポートをすれば、非同期型CMCならば、十分実現可能である。ただ相手校の学習者と英語のレベルが離れすぎていないほうが望ましい。日本語・日本文化を学ぶ英語話者や英語レベルの似通った学習者の多い国が狙い目だ。インターネット・ユーザの増加率が高いアジア圏のタイ、インドネシアなどが、今後有望なパートナー候補となるかもしれない。

12.4.5　アセスメント

　Hughes（1989）は、formative（形成的）vs. summative（累積的）評価の違いを説明している。形成的評価とは、学生の現在進行形の学習の進歩や向上を判断するための評価で、累積的評価は、学期の最終成績のように達成度合いを学習者に示すものである。圧倒的に、現代における日本の英語教育では累積的評価に重きを置いているが、CALL教員にとっては、学習者の進捗状況を把握すること、学習者産出データや作品を有効活用するなどによって、形成的評価・フィードバックがしやすい。次の段階に進んで良

いかなどの判断材料となるし、学習者にとっても、自分の強みと弱みがフィードバックされることにより、自分自身がどこで躓いているかを認識しやすくなる。学習者はフィードバックされたデータを確認しながら、問題解決の方法を探り、自分の学習を積極的に統制する姿勢が求められるのではないかと思われる。

12.5　まとめ

　CALL の過去、現在、これからを概観し、その変遷と、多様性、特性を論じることで、外国語教育の場面に概ね良い影響を与え、これからも与え続ける可能性を示した。教育の場面では、概して、お金をかけたがらず（井上, 2013）、保守的で変化が遅い（Cuban, 2001）ため、なかなか新しいこと、革新的なことはできないように思われるかもしれない。

　2025 年のオンライン生活がどうなっているかについて、主に ICT 関連の専門家に対して調査が行われた（Anderson & Reine, 2014）ところ、2025 年には、ICT の進化で、教育界に変化が起こり、教育施設の不動産や教員に費用がかからなくなるとのことだ。本当にそうであろうか。

　ICT が進化しているのは事実であるが、英語学習・英語教育において、問題が今もなお山積になっている。多くの CALL 従事者や研究者が、留意すべき点を以下のように 4 つ挙げている。(1) テクノロジーは、万能薬ではなく、新しい進歩があったとしても、劇的にすべてを解決してくるわけではない。(2) とくに初級学習者は、適切な自主学習の選択ができないので、定期的に学習をサポートする「人間」が必要である。(3) テクノロジーを活用するにしても、活用する人間の自己満足に終わってはならず、学習者の成長を促すための語学学習に特化したものに修正しなければならない。そして、(4) 概ね、外国語学習者は、テクノロジーを用いた学習を好む傾向がある。要約すると、英語学習者にサポートをする主体は人間であり、教師である。学習者の特性をよく知る語学教員だからこそ、彼らの習熟度やニーズに対応した ICT の賢い活用法を提示することができる。少なくとも現段階では、学習者の言語学習の面からも、自律的な学習支援

の面からも、残された課題は多く、ICT を有効活用できる英語教員の需要は減りそうにない。

　ただ、これからの英語教員は、ICT を活用できるだけでなく、ICT ができない領域にも貢献出来る技能を持つのが望ましい。きちんと授業が運営できる能力と学生と対話ができる技量をもつのはもちろんのこと、自主学習の面でも学生と協働して学習支援のできる学習カウンセラー的な側面も持たなければならないのではないかと考える。

読書案内

濱岡 美郎 (2011). 『英語教師のためのコンピュータ活用法（英語教育 21 世紀叢書）』大修館書店.
　　タイトルに偽りなしの良書。ICT を有効活用することにより、授業準備や成績管理など諸々の作業効率が上がる。その空いた時間を、有効活用して、違うところにアイディアと力を費やせばよい。そうすると、さらにクリエイティブな授業が展開できるのだ。ICT を活用できる教員とは、発想力が豊かであり、また良い教育者なのである。

山内 豊(2001). 『IT 時代のマルチメディア英語授業入門：CD-ROM からインターネットまで』研究社.
　　インターネットが普及し始めたころの 1990 年代における、ICT を用いた英語授業の実践例が示されている。10 年以上前の実践例であるが、現代でも応用可能であり、教材リソース集めや指導案作成のヒントになる良書である。

参考文献

井上 博樹 (2013). 『Moodle 2 ガイドブック―オープンソースソフトウェアでオンライン教育サイトを構築しよう』海文堂出版.

神田 明延・田淵 龍二・湯舟 英一 (2010). 『英語脳を鍛える！チャンクで速読トレーニング』国際語学社.

白畑 知彦・若林 茂則・村野井 仁 (2010). 『詳説 第二言語習得研究―理論から研究法まで』研究社.

竹内 理 (2008). CALL その効果を引き出すために. 『CALL 授業の展開：その

可能性を拡げるため』（竹内 理編著） 2-19.

筒井 英一郎（2005）. チャット分析.『英語教育グローバルデザイン』（中野美知子編著）. 61-67.

濱岡 美郎（2006）. 手作り e-learning のすすめ. 英語教育. 55(4). 34-36.

濱岡 美郎（2008）.『Moodle を使って授業する！なるほど簡単マニュアル』海文堂出版.

廣瀬 孝文（2007）. E ラーニングにおける著作権の問題と対策―アメリカ著作権法の改正を参考として―. 岐阜聖徳学園大学紀要. 外国語学部編 , 46, 17-39.

宮地 功（編著）（2009）.『e ラーニングからブレンディッドラーニングへ』共立出版.

森 豪（1990）. LL 授業教材の利用開発研究 LL の定義，歴史および現状分析. 愛知工業大学研究報告. 第 25 号 A. 13-21.

山内 豊（2001）.『インターネット IT 時代のマルチメディア英語授業入門― CD‐ROM からインターネットまで』研究社.

Anderson, J., & Reine, R. (2014, May 11). Digital Life in 2025. *Pew Research Center*. Retrieved March 31, 2006, from http://www.pewinternet.org/2014/03/11/digital-life-in-2025/

Bamford, J., & Day, R. R. (2004). *Extensive reading activities for teaching language.* Cambridge: Cambridge University Press.

Barnes, S. B. (2003). Computer-mediated communication: Human-to- human communication across the internet. Boston, MA: Allyn and Bacon.

Bateson, G., & Daniels, P. (2012). Diversity in technology. In G. Stockwell, (Ed.), *Computer-assisted language learning: Diversity in research and practice* (pp.127-146). Cambridge: Cambridge University Press.

Bax, S. (2003). CALL – past, present and future. *System, 31,* 13-28.

Beatty, K. (2010). *Teaching and researching computer-assisted language learning* (2nd ed.). London: Longman.

Brown, J. D. (1997). Computers in language testing: Present research and some future directions. *Language Learning and Technology, 1*(1), 44-59.

Brown, J. D. (2013). Computer-assisted language testing. In M. Thomas, H. Reinders, &

M. Warschauer (Eds.), *Contemporary Computer-Assisted Language Learning* (pp. 73-94). London & New York: Bloomsbury.

Butakov, S., Diagilev, V., Shcherbinin, V., & Tskhay, A. (2013). Embedding plagiarism detection mechanisms into learning management systems. In Y. Kates, (Ed.), *Learningmanagement systems and instructional design: Best practices in online education* (pp. 129-143). Hershey, PA: IGI Global.

Chapelle, C. A. (2000). Is network-based learning CALL? In M. Warschauer & R. Kern (Eds.), *Network-based language teaching: Concepts and practice* (pp.204-228). New York: Cambridge University Press.

Chapelle, C. A. (2001). *Computer applications in second language acquisitions: Foundations for teaching, testing, and research.* Cambridge: Cambridge University Press.

Chapelle, C. A. (2003). *English language learning and technology: Lectures on applied linguistics in the age of information and communication technology.* Amsterdam: John Benjamins Publishing.

Chapelle, C. A. (2005). Computer-assisted language learning. In E. Hinkel (Ed.), *Handbook of Research in Second Language Teaching and Learning* (pp. 743-755). Mahwah, NJ: Lawrence Erlbaum.

Cotterall, S., & Reinders, H. (2001). Fortress or bridge? Learners' perceptions and practice in self-access language learning. *TESOLANZ, 8*, 23-38.

Cuban, L. (2001). *Oversold and underused: Computers in classrooms, 1980-2000.* Cambridge: Harvard University Press.

Davies, G., Otto, S.E.K., & Rüshoff, B. (2013). Researching language learning in the age of social media. In M. Thomas, H. Reinders, & M. Warschauer (Eds.), *Contemporary computer-assisted language learning* (pp. 19-38). London & New York: Bloomsbury.

Ehrman, M. E. (1996). *Undestanding second langauge learning difficulties.* California: SAGE Publications, Inc.

Erben, T., Ban, R., & Castaneda, M.(2009). *Teaching English language learners across the curriculum.* New York: Routledge.

Ellis, R.(2003). *Task-based Language Learning and Teaching.* Oxford: Oxford University Press.

Fisher, R. (2012). Diversity in learner user pattern. In G. Stockwell (Ed.), *Computer-Assisted Language Learning: Diversity in Research and Practice.* (pp. 14-32). Cambridge: Cambridge University Press.

Gardner, D., & Miller, L. (1999). *Establishing self-access: From theory to practice*

Cambridge: Cambridge University Press.

Grabe,W., & Stoller, F. L. (2011). *Teaching and Researching Reading* (2nd ed.). Harlow: Pearson Education.

Herring, S. C. (1996). Introduction. In S. C. Herring (Ed.), *Computer-Mediated Communication: Linguistic, Social and Cross-Cultural Perspectives* (pp. 1-10). Amsterdam: Benjamins.

Herring, S. C. (2001). Computer-mediated discourse. In D. Schiffrin, D. Tannen, & H. Hamilton (Eds.), *The Handbook of Discourse Analysis* (pp.612-634). Oxford: Blackwell Publishers.

Hughes, A. (1989). *Testing for Language Teachers.* Cambridge: Cambridge University Press.

Hyland, K. (2002). *Teaching and Researching Writing.*Harlow: Pearson Education.

Kats, Y. (2013). *Learning Management Systems and Instructional Design: Best Practices in Online Education.* Hershey, PA: IGI Global.

Kern, R., & Warschauer, M. (2000). Theory and practice of network-based languageteaching. In M. Warschauer & R. Kern (Eds.), *Network-based language teaching: Concepts and practice* (pp.1-19). New York: Cambridge University Press.

Koda, K. (2005). *Insights into second language reading: A cross-linguistic approach* (2nd ed.). Cambridge: Cambridge University Press.

Levy, M. (1997). *Computer-assisted language learning: Context and conceptualization.* Oxford: Oxford University Press.

Levy, M., & Stockwell, G. (2006). *CALL Dimensions: Options and Issues in Computer-Assisted Language Learning.* New Jersey: Lawrence Erlbaum Associate, Inc.

McDonough, J., Shaw, C., & Masuhara, H. (2013). *Materials and Methods in ELT: A Teachers Guide* (3rd ed.). West Sussex: Willey-Blackwell.

Maele. J. V., Baten, L., Beaven A., & Rajagopal, K. (2013). e-Assessment for Learning: Gaining insight in Language Learning with Online Assessment Environments. In Zou, B., Xing, M., Xian, C. H., Wang, Y., & Sun, M. (Eds.), *Computer-Assisted Foreign Language Teaching and Learning* (pp. 245-261). Hershey, PA: IGI Global.

Meskill, C., & Quah, J. (2013). Computer-assisted language testing. In M. Thomas, H. Reinders, & M. Warschauer (Eds.), *Contemporary computer-assisted language learning* (pp. 39-54). London & New York: Bloomsbury.

Motteram, G., & Thomas M. (2010). Afterword: Future directions for technologymediated tasks. In M. Thomas, M. & H. Reinders (Eds.), *Task-based Language Learning and Teaching with Technology* (pp. 218-237). London & New York: Continuum.

Nation, I.S.P. (2008). Teaching Vocabulary: Strategies and Techniques. Boston: Heinle Cengage Learning.

Norris, C.A., & Soloway, E. (2013). A conclusive thought: The opportunity to change education is, literally, at hand. In G. Trentin & M. Repetto (Eds.), *Using network and mobile technology to bridge formal and informal learning* (pp.218-237). Oxford: Chandos Publishing.

Oxford, R. (1990). *Language learning strategies: What every language teacher should know.* Boston, MA: Heinle & Heinle.

Peterson, M. (2013). *Computer games and language learning* Hampshire: PalgraveMacmillan.

Prensky, M. (2001). Digital natives, digital immigrants. *On the Horizon* 9(5), 1-6.

Roach, P. (2001). *Phonetics.* Oxford: Oxford University Press.

Rost, M. (2002). *Teaching and researching listening.* Harlow: PearsonEducation.

Sawaki, Y. (2001). Comparability of conventional and computerized tests of reading in a second language. *Language Learning & Technology,* 5(2), 38-59.

Schmitt, N.(2010). *Researching Vocabulary: A Vocabulary Research Manual.* Hampshire: Palgrave McMillan.

Smith, R. (2006). History of Learner Autonomy, Timeline (3): 'Local' Initiatives. Retrieved March 31, 2014, from University of Warwick, Centre for Applied Linguistics Web site: http://www2.warwick.ac.uk/fac/soc/al/research/groups/ellta/circal/dahla/histories/local/

Stanley, G. (2013). *Language Learning with Technology: Ideas for integrating technology in the classroom.* Cambridge: Cambridge University Press.

Stockwell, G. (2012). *Computer-Assisted Language Learning: Diversity in Research and Practice.* Cambridge: Cambridge University Press.

Thomas, M., Reinders, H., & Warschauer, M. (2013). Contemporary *Computer-Assisted Language Learning.* London & New York: Bloomsbury.

Tsutsui, E. (2004). Basic Analysis of Lexical Diversity and Density in Computer-Mediated Communication Data. 早稲田大学大学院教育学研究科紀要, *別冊 11 号* (2), 247-257.

Tsutsui, E., Owada, K., Ueda, N., & Nakano, M. (2012). Using mobile phones in Reading Class. *Proceedings of the 17th conference of Pan-Pacific Association of Applied Linguistics*, 67-68.

Vandergrift, L. (2003). Orchestrating strategy use: Toward a model of the skilled second language listener. *Language Learning, 53*, 463-496.

Walker, S. Schloss, P., Fletcher C. R., Vogel, C. A., & Walker R. C. (2005). Visual-Syntactic text formatting: A new method to enhance online reading. Retrieved March 31, 2014, from http://www.readingonline.org/articles/r_walker/

Warschauer, M., & Healey, D. (1998). Computers and language learning: An overview. *Language Teaching, 31*, 57-71.

Warschauer, M. (2004). Technological change and the future of CALL. In S. Fotos & C. Brown (Eds.), *New perspectives on CALL for second and foreign language classrooms* (pp.15-25). London: Lawrence Erlbaum Associates.

White, G.(2008). Listening and good language learners. In C. Griffiths (Ed.), *Lessons from good language learners* (pp. 208-217). Cambridge: Cambridge University Press.

第13章　英語学習者を対象とした発話自動採点システム

近藤　悠介

概要

さまざまな研究分野の成果が統合され、現在、英語学習者の発話を自動的に採点するシステムが実用化されている。本章では、発話自動採点システムの開発過程および仕組みを説明し、その問題点と今後の課題について述べる。

13.1　はじめに

さまざまな分野の研究成果が統合され、すでに実用化されている発話自動採点システムが存在する。TOEFL® Practice Online（TPO）のSpeaking sectionはその一例である。TPOは実際のTOEFL® iBTで使用された問題が出題される、TOEFL®の試験対策システムである。このSpeaking sectionではSpeechRater™と呼ばれる発話自動採点システムが使用され、受検者は与えられた指示にもとづきコンピュータに向かって話し、その発話が採点され、即座に結果を得ることができる。

このような発話自動採点システムの仕組みを理解するには、言語テスト、英語教育、音声認識、統計解析、機械学習などの知識が要求されるため、英語教育学を専攻する者が、卒業論文、修士論文で自動採点システムを扱うことはかなり難しい。しかしながら、英語教育の現状に鑑みると、情報通信技術（Information and Communication Technology: ICT）を利用した学習は広く普及しており、ICTを利用した学習システムには自動採点の技術を利用したものも多く含まれるため、発話自動採点システムの概要を知ることは有益である。

発話自動採点システムは、発話能力のテストにおける2つの大きな問題の解決方法として提案されている。最初の問題は実施における時間的、人的コストの問題である。発話能力のテストを実施するための時間、実施から評価が受検者に届くまでの時間、信頼性の高い評定者を育成するための時間は膨大である。発話能力のテストを実施する場合、すべての受検者を面接する時間が必要である。テストの目的や規模にもよるが、評定者は面接後に受検者の発話の録音を聴き、評定者間で各受検者の評価に関して議論し、評価を確定する。このような過程が必要であるため、受検者が評価やフィードバックを受け取るまでにある程度の時間がかかる。受検から時間が経てば経つほど、テストの内容や自身の話した内容に関する記憶は薄れていき、フィードバックの効果も低くなる可能性がある。一方で、人的コストとしては、テストの実施、評定者の育成を行うために、多くの熟練した語学教師が必要とされる。発話能力テストに関する2番目の問題として、評価のぶれ、信頼性の高い評定者の確保の難しさが挙げられる。発話能力テストにおける評定者に熟練した語学教師を選び、訓練を行っても、評価にぶれが生じる。継続的にぶれのない評価を出し続けることは人間にとって困難なことである。さらに、訓練などを行い信頼性の高い評定者を得たとしても、この評定者を継続的に確保することは難しい。これらの問題は、たとえば大学における英語教育プログラムなど、多くの受検者を対象として発話能力テストを実施する場合、より深刻になる。

　自動採点はこれらの問題の解決方法のひとつとなりえる。自動採点システムを導入した発話能力のテストでは、受検者はコンピュータの前に座り、指定されたプログラムにアクセスする。出題された問題に対してコンピュータに向かって解答し、テスト終了後に結果を得る。即座にその場で結果が得られることは受検者にとって有益なことである。テストを実施する側にとっては、自動採点システムを一度開発してしまえば、テストの実施、評価、評定者の訓練にかかる時間的、人的コストはかなりの程度削減できる。自動採点システムは安定した評価を出し続ける。評定者が発話能力のテストを行った場合の問題点のひとつとして挙げた、評価のぶれに関

するもカリキュラムの改変などでテストの内容を変更する必要がある場合を除いて、評価に人間がかかわることはない。

最初の自動採点システムは Page（1966）によるアメリカの中学生の作文を対象としたものである。この作文自動採点システムは、文章に含まれる語数、キーワードとなる語句が含まれているか否かなど客観的に測定できる特徴量と教師による評価との関係を検証し、対象とした特徴量をもとに教師による評価を予測するものである。この考え方は、基本的に現在の自動採点でも同じである。英語学習者のための発話自動採点システムは Bernstein, Cohen, Murveit, Rtischev, and Weintraub（1990）によって初めて開発された。この発話自動採点システムは、英語学習者と母語話者の発音の類似度を数値化し、その類似度をもとに学習者の発音を評価するシステムであった。その後、コンピュータやネットワークの技術の発展に伴い、現在では、前述の SpeechRater™ や Pearson VUE が開発した Versant™ など、実用化されている発話自動採点システムシステムがいくつか存在する。

本章では、まず、発話自動採点システムの開発過程を英語教育学との接点という視点から述べる。次に、発話自動採点システムにおいて利用されている技術を説明し、筆者が開発したシステムの概略を述べる。最後に、この分野における今後の課題を挙げる。

13.2　発話自動採点システムの開発と英語教育学の接点

システムの開発と聞くと、技術者が中心に行っているような印象を受けるが、開発の過程をひとつひとつ見ていくと、そこには英語教育学、言語テスト、第二言語習得研究の知見が必要とされることが分かる。同時進行であったり、順序が変わることもあるが、本節では発話自動採点システムの開発を図 13.1 に示す 10 の段階に分け、それぞれの段階でどのようなことが行われているかを見ていく。

構成概念の定義（1）[1] は、テストを用いてどのような発話能力を評価

1）以降、括弧内に示された数字は図 13.1 内の番号と対応する。

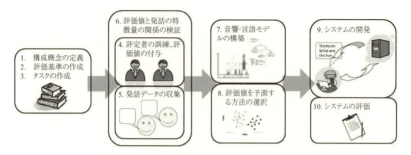

図 13.1: 発話自動採点システムの開発過程

するかを検討し、決定することである。これはテストの目的や想定される受検者にも関係することであり、テストを作成するうえで最も重要な部分である。構成概念を定義したのちに、構成概念にもとづいて評価基準とタスク[2]を作成する（2 および 3）。これらは自動採点システムに特有の手順ではなく、一般的なテストを作成する場合と同じものであり、言語テストの知見が不可欠である[3]。さらに、使用するタスクは受検者の発話に影響を与えることが分かっており、タスクの作成には第二言語習得研究の知見が必要である。

つぎに、作成した評価基準をもとに評定者の訓練を行い、発話データに評価値を付与する（4）と同時に、作成したタスクを用いて発話データを収集する（5）。評定者を訓練するためには実際の発話データが必要であり、データ収集の初期の段階で得られたデータを評定者の訓練として使用する場合が多い。

次の段階では、評定者が発話データに付与した評価値を予測する発話の特徴量[4]を探索する（6）。開発の段階では、人間の評価が必要であり、

---

[2] ここで言うタスクとは、文章を読み上げる、提示された写真を描写する、与えられた話題について自分の意見を言うなどの受検者に与えられる指示を指す。

[3] 本書第 5 章はライティングに関するものであるが、発話評価における構成概念の定義、評価基準およびタスクの作成においても留意しなければならない重要な点が述べられている。

この評価を高い精度で予測することができる特徴量を見つけ出すことが開発における重要な段階である。したがって、一般的な発話能力の評価でも同様であるが、人間の評価は信頼性の高いものでなければならない。評価自体が信頼できないものであれば、その評価を予測すること自体に意味がない。さらに、評定者個人の評価に一貫性があったとしても、評定の厳しさは評定者間によって大きく異なる可能性がある。そのため、評定者を訓練し、さらに評定者の評価の一貫性や評定者間における評価の厳しさの違いを考慮して評定者が発話データに付与した評価値を分析し、評定者間で解釈が異なってしまう評価項目、評価に一貫性のない評定者などを除外し、必要であれば、新たな評価項目の作成、評定者の再訓練などを行う。この段階においても言語テストの知見が重要となる。

　ここまでは、主に第二言語習得研究や言語テストの知見が必要であるが、次の段階はかなり技術的な側面が強い。まず、収集した発話データを用いて、これらの発話をコンピュータが認識するような仕組みを作らなければならない。つまり、音響モデルおよび言語モデルの構築である（7および8）。コンピュータに発話を認識させることができるようになり、評価値を予測する方法を選択したのちに、実際に自動採点を行うシステムを開発する（9）[5]。評価の目的によってシステムの仕様は異なる。受検者がどこからでも受検できるようにインターネットを介したシステムを開発すれば、自動採点システムの強みが活かされる。

　最終段階は、開発したシステムの評価である（10）。新たに受検者を募り、この受検者の発話に評定者が与えた評価値とシステムが算出する評価値の一致度を検討しなければならない。加えて、受検者にシステムの評価を行ってもらい、そこから得られる知見も検討すべき対象である。この段階で得られた情報をもとにシステムを改善し、改善したシステムをまた評

---

4) 発話の特徴量とは、人間の発話をコンピュータに認識させた際に、得られる情報から抽出できるものである。代表的なものとして、1分間に何語発話されたかを示す指標、words per minute（WPM）がある。
5) 音響モデルの構築および評価値の予測方法については 4.3 で概観する。

価するというように自動採点システムの開発は循環するものとなる。どの段階で開発を終了させるかは、開発者、自動採点システムを採用してその評価を利用する者など関係者の判断に委ねられる。

13.3　発話自動採点システムにおいて使用されている技術

　前節で述べたように、発話自動採点システムの開発過程の中には、言語テスト、第二言語習得研究、英語教育に深く関わる過程がいくつかある。英語教育学を専攻する者はこれらの知識に精通している一方で、確率モデルや機械学習には不案内な場合が多い。発話自動採点システムの開発において重要な音声認識技術と評価値の予測方法に関する技術を理解するためには確率モデルや機械学習の知識が必要である。本節では確率分布、確率モデルのひとつであるマルコフモデル、機械学習の手法である最近傍決定則、k-近傍法を取り上げる。

13.3.1　音声認識技術を理解するための準備

　本節では次節で述べられる音声認識技術を理解するための準備として確率分布とマルコフモデルについて説明する。

確率分布
ある値が確率にもとづいて観測されると考える場合、この値を確率変数と呼ぶ。確率分布とは、確率変数である値とその値がとる確率の対応を示したものである。

　ここでは、リスニングテストを例として確率分布の利用を考える。この例のリスニングテストでは、3つの単語の音声が流れ、最初に流れた単語と同じ単語が2番目か3番目に流れ、受検者は最初の単語と同じ単語を選ぶ。right right light と放送され、2番目の単語を選べば正解になる。このような問題10問を用いてある学習者が /l/ と /r/ の区別ができるかを判断する場合、何問正解すれば「区別ができる」と言えるだろうか[6]。図13.2

---

[6] 残りの9問においても right right light 同様 /l/ と /r/ の音だけが異なる単語を使用する。

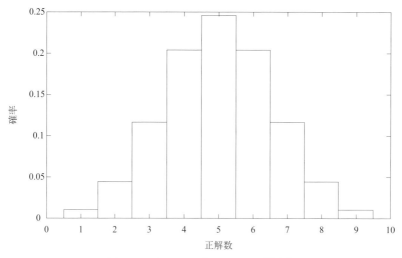

図 13.2: リスニングテストの正解確率

はランダムに解答した場合に何問正解できるかを確率で表したものである。このように観測できる値（ここでは正解数）に確率が付与されたものを確率分布という。

このリスニングテストの問題は2択問題なので、ランダムに選んで正解する確率は 0.5 である。たとえば、3問正解する確率は 0.125（0.5 × 0.5 × 0.5）である。3問正解するということは7問不正解するということなので、7問不正解する確率は 0.007（0.5 × 0.5 × 0.5 × 0.5 × 0.5 × 0.5 × 0.5）である。10問中3問に正解する確率はこの正解確率と不正解確率を掛けたものになる。しかし、これは 10 問中ある特定の3問に正解する確率である。「10 問中3問に正解する」とは 10 問中のどの3問に正解しても良いので、いくつかの組み合わせがあることを考慮に入れなければならない（問1、問2、問3に正解する場合、問2、問5、問6に正解する場合など）。これは 10 個から3個を選ぶ組み合わせなので、$_{10}C_3$ で 120 通りである[7]。正解確率と不正解確率を掛け合わせたものにさらにこの組み合わせの数を

---

7) $_{10}C_3 = 10!/(10-3)!3!$

掛けることによって10問中任意の3問に正解する確率が得られる[8]。同様に他の場合も計算される。

　この確率分布を利用して、上述した問い、「何問正解すれば /l/ と /r/ の区別ができると判断するか」に答えると、8問以上が妥当と言えよう。なぜならば、/l/ と /r/ の区別ができずにランダムに解答して8問以上の正解できる確率は5%以下である。この数字は、このテストを20回受検すれば、1回ぐらいは偶然に8問以上正解できることを示している。5%以下の確率であれば、通常起こりえないこととして、偶然ではないと統計学では判断される。この場合、テストの作成者にその判断は委ねられるが、このような統計学上の基準も判断の参考にされることが多い。

　以上は離散的な値の確率分布の説明であった[9]。次に連続的な値に関する確率分布を見ていく。連続的な値とは精緻に観測しようとすればいくらでも小さい値が観測できる値のことである。次で例で扱う身長という値はセンチメートル単位の物差しを使った場合、178cmとなるが、さらに小さい単位を持つ物差しを使用すれば、178.25cmとさらに精緻に計測できる。さらに小さい単位を持つ物差しではさらに精緻に計測できる。このような値を連続的な値と呼ぶ。

　男子大学生1,000人の身長を測定し、図13.3に示すようなデータが得られたとする。図13.3の横軸は5cmごとに区切った身長を表し、縦軸は人数を表している。たとえば、166cmから170cmのところには約100人分のデータがあることを示している。つまり、10%のデータがこの区間にあることを示している。

　この割合を確率と読み替える。この確率を利用して、1001人目のデータを集めた時に166cmから170cmの区間に入るデータが得られる確率は0.1であると予想することができる。また、グラフ中のすべての棒の面積

---

8) $0.53 \times 0.57 \times 120 = 0.117$

9) この例の場合、正解数は0から10までの整数しかとりえない。正解が1.2問、1.25問のように小数点以下をとることができない。このような値を離散的な値という。

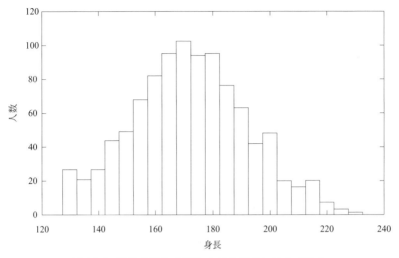

図 13.3: 男子大学生 1000 人の身長のヒストグラム

の総和を 1 とした場合、166cm から 170cm の区間のデータ数を表す棒の面積の全体に対する割合を確率と考えることもできる。しかしながら、この確率は、横軸のデータの区切り方に大きく依存しているので安定しない場合がある。5cm ごとにデータを区切るか 2cm ごとにデータを区切るかで予測できる範囲も確率も変わる。そこで、正規分布という連続値に関する確率分布を利用する。正規分布とは平均付近に多くのデータが集まり、平均から離れていくと徐々にデータが減っていくような連続値のデータに関する確率分布である。図 13.4 は図 13.3 のデータを正規分布で近似したものである。

正規分布を用いて、任意の区間にデータが現れる確率はその面積を求めることで得られる。この正規分布は、既存のデータをもとにして、新たなデータの出現しやすさを示していると言える。図 13.4 から明らかなように、160cm から 180cm の間のデータが得られる確率は高い（面積が広い）が、140cm 以下、200cm 以上のデータが得られる確率はかなり低い（面積が狭い）。このように確率分布を利用することによって連続値の出現を既存のデータに基づいて予測することができる。

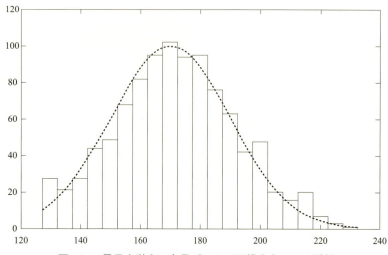

図 13.4: 男子大学生の身長データの正規分布による近似

マルコフモデル

　次節で扱う隠れマルコフモデル（Hidden Markov Model: HMM）を理解するために、ここでは、英語の授業の小テストを例としてマルコフモデルを紹介する。以下のような英語の授業があるとする。

- 毎週の授業の冒頭で小テストが行われる。
- 小テストでは、前の授業で扱った読み物について、語彙、文法、内容理解に関するいずれか1種類だけが出題される（たとえば、語彙が選択された場合、語彙の知識を問う問題だけが出題され、文法および内容理解に関する問題は出題されない）。
- 出題する問題の種類は担当教員が授業内容を考慮せずその都度決めている。

このような小テストにおいて、これまでの出題履歴から2つの連続する小テストの内容に関して表 13.1 のような確率が分かっているとする。
　表 13.1 の情報を図にすると図 13.5 のようになる。○の中に出題される

表 13.1: 2 つの連続する小テストの内容に関する確率

小テストの内容	出題確率
語彙→文法	0.3
語彙→内容理解	0.5
語彙→語彙	0.2
文法→語彙	0.3
文法→内容理解	0.6
文法→文法	0.1
内容理解→語彙	0.2
内容理解→文法	0.4
内容理解→内容理解	0.4

項目が表され（これを状態と呼ぶ）、矢印の横の数字はある状態から次の状態に移る（これを遷移と呼ぶ）確率を表している。また、状態から出て自身に戻る矢印はその状態が続けて起こる（これを自己遷移と呼ぶ）確率を示している。この情報からその先 2 回分の小テストの内容を予想する場合、たとえば、今回のテストの内容が文法であり、次回と次々回のテストの内容を予測する場合、以下の確率を計算する。

- 文法→文法→文法
- 文法→文法→内容理解
- 文法→文法→語彙
- 文法→内容理解→文法
- 文法→内容理解→内容理解
- 文法→内容理解→語彙
- 文法→語彙→文法
- 文法→語彙→内容理解
- 文法→語彙→内容理解

たとえば、文法→文法→文法の確率は 0.01（0.1 × 0.1）、文法→語彙→文

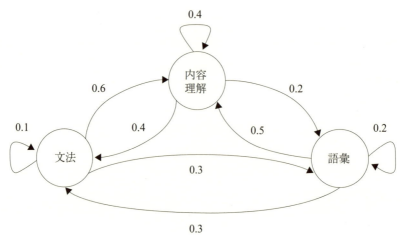

図 13.5: 小テストのマルコフモデル

法の確率は 0.09（0.3 × 0.3）というように計算される。この情報をもとに受講者は小テストの山を張ることもできるし、担当教員は受講者にパターンを読まれないように小テストの内容を工夫することができる。このように連続する事象において、ある事象が起きる確率がその事象のひとつ前の事象のみに依存する過程をマルコフ過程と呼ぶ。マルコフ過程を用いてモデル化したものをマルコフモデルと呼ぶ。

13.3.2 音声認識技術

音声認識とは人間が話した言葉をコンピュータが文字に変換する技術である。この技術の実用例としては、Microsoft Windows の音声入力機能や iPhone や iPad に搭載されている Siri などが挙げられる。

音声は空気の振動であり、コンピュータを用いてこの振動を波形としてとらえ、視覚的に音声を表示することができる。この電気的な信号を、たとえば、「あ」であるとコンピュータに認識させる技術のことを音声認識と呼ぶ。本書 8 章の 8.2.2 および 8.2.4 で示されたスペクトログラムでは、音を構成する要素の中で、音の強弱はスペクトログラムの濃淡で表されて

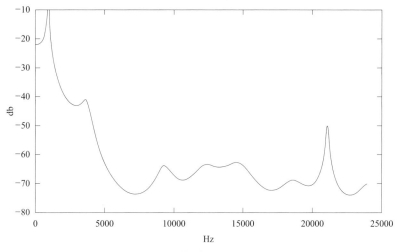

図 13.6: 筆者の「あ」のスペクトル包絡

いる。これを短い時間に区切って、その区間でどのあたりの周波数成分がどの程度の強さで出ているかという情報を表したものが図 13.6 である。これをスペクトル包絡と呼ぶ。図 13.6 ではスペクトログラムの濃淡がグラフの縦軸の高低となって表されている。この短く区切られた区間における第一フォルマント（first formant: F1）、第二フォルマント（second formant: F2）の情報を用いて、母音を区別することがある程度可能である。

　図 13.7 では日本語の「い」と「う」が F1、F2 を用いて表されている（図中では「い」が●、「う」が＊で表されている）。このようなデータが得られた場合、図を用いてこれら 2 つの母音を識別することは人間にとって容易なことである。図中に 2 つの群があることは明らかであろう。新たなデータを収集し、その母音を「い」あるいは「う」と分類する場合でも、その母音の F1, F2 の情報を用いて図 13.7 の中に配置すれば、音声情報なしでもどちらの群に入っているかは人間ならば見た目で判断できる（両群の中間的な位置に配置されるような場合は判断が難しいが）。音声認識とはこの分類をコンピュータで行う技術である。

　図 13.7 をよく見ると、「い」、「う」ともに●、＊が密集している領域と

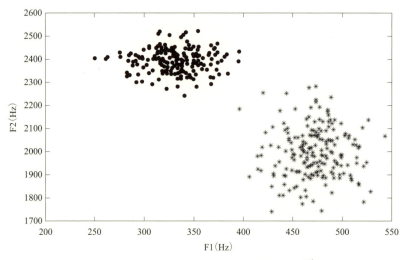

図 13.7: 日本語の「い」と「う」の散布図 [10]

そうでない領域があることが分かる。「い」は F1 が 350Hz、F2 が 2400Hz の辺りに最も密集しており、そこから楕円状にデータ（●）が散らばっていることが分かる。「う」は F1 が 470Hz、F2 が 2000Hz の辺りに密集して、上下左右にデータ（＊）が広がっている。このような特徴を利用して、データの出現しやすさを考える。密集している領域はそのデータが出現しやすく、そこを中心に徐々にそのデータが出現しにくくなると考える。このように考えることによって、既存のデータが得られていない領域に関しても、「い」、「う」の出現しやすさを考えることができる。たとえば、F1 が 500Hz、F2 が 2300Hz である母音のデータを得た場合、「い」のデータの密集領域に近いことから、認識結果を「い」とする方法を考える。

図 13.8 は図 13.7 の「い」のデータが出現している付近を切り取って、

---

[10] 図のデータは、金田一・林・柴田編（1988）の 241 ページを参考に筆者が作成した架空のデータである。

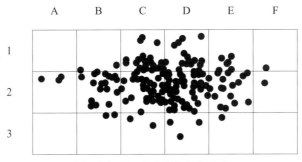

図 13.8: データの出現しやすさ

その領域を 18 個の同じ面積の正方形で区切ったものである（それぞれの正方形は 2 つの記号で表されている。たとえば、上段の最も左にある正方形は 1A である）。それぞれの正方形に含まれているデータ（●）の数が異なることが分かる。2C と 2D の正方形に多く含まれており、A 列や F 列にはほとんどない。データ（●）の総数は 200 なので、それぞれの正方形に含まれているデータの数を 200 で割ることによって、ひとつの正方形に含まれるデータの割合が算出できる。たとえば、2A にデータが含まれている割合は 1.5%（3/200）である。

このようにして既存のデータをもとに算出した割合という情報を用いて、新たなデータの出現を予測する場合、この割合を出現確率とする。しかしながら、この割合は、図 13.3 で示した男子大学生の平均身長同様、正方形の大きさに依存している。正方形の大きさを変えることによって予測できる範囲も確率も変わってしまう。F1、F2 の値は連続的な値なので、身長の例と同様に正規分布を F1、F2 の確率分布として利用する[11]。

図 13.7 で示した「い」と「う」の散布図に出現確率を正規分布で近似したものを図 13.9 に示す（「い」は●で「う」は*で表されている）。それぞ

---

11) 身長の例ではひとつのデータに対して値が 1 つの正規分布であったため 2 次元のグラフで表現することができたが、このフォルマントの例の場合はひとつのデータに対して値が F1、F2 と 2 つあるため、グラフは 3 次元になる。

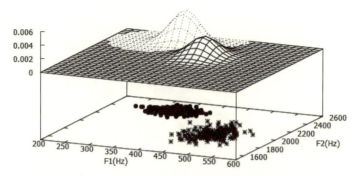

図 13.9:「い」と「う」の散布図とそれらの出現しやすさ

れの母音の出現確率が正規分布の「山」の高さとして表されている。このように考えることによってコンピュータに母音を分類させることが可能である。F1、F2 の情報を用いて新たに得られた母音を図中に配置し、その位置において「い」、「う」の「山」の高さを比較し、新たな母音を高い方の「山」に分類することができる[12]。

上記の説明では、「い」と「う」という 2 つの母音の識別であった。しかし、実際にはすべての子音、母音を識別しなければならず、単独で母音が発話されることもほとんどない。本節の「い」と「う」の識別の例では、分かりやすさを考慮して明確に識別できるデータを示したが、実際の音声認識では、個人差、対象とする音素が現れる環境（前後の母音や子音）が影響し、ここで説明した識別の方法では、子音、母音が連続して発話された場合に正確な認識結果を得ることができない。

そこで、HMM を利用する[13]。これは、音声における短時間の定常性、長時間の非定常性を捉えた確率モデルである。たとえば、「家」と発話された場合、「い」、「え」それぞれが発音されているときは F1、F2 はそれ

---

[12] 実際の音声認識においては、人間の聴覚印象に合わせるためにスペクトルをメル尺度に基づいて変換したメル周波数ケプストラム（Mel-frequency cepstrum coefficients）が使用されているが、ここでは説明を簡単にするために F1、F2 を用いた 2 つの母音の識別を例とした。

ぞれの母音が発話されている時間内において安定しているが、「家」という発話全体で考えた場合、観測される時間によってこの発話のF1、F2は異なる。短い時間に区切ると安定した値が観察される（定常性）が、長い時間では観測される値が変化する（非定常性）。HMMはこの特徴を捉えた確率モデルである。この確率モデルを人間の音声に適用するので、これを音響モデルと呼ぶ。

　HMMを利用した音素の認識は、通常、音素を3つの区間に区切って考える。これは、音素が前後の母音に影響を受けるということを考慮したものである。ここまでの例では、母音の長さを考慮していなかったが、実際の発話において母音の長さは、個人差や現れる環境によって異なる。図13.7および図13.9で示した「い」と「う」のF1およびF2は、発話された母音の任意の1点の数値である。ここでは、より実際的に識別しようとする2つの母音「い」と「う」の長さが一定ではないという設定のもとでの識別を考える。

　図13.10にHMMのイメージを示す。マルコフモデルの例と同様に、状態、遷移確率、自己遷移確率はすでに得られているものとする[14]（Xは自

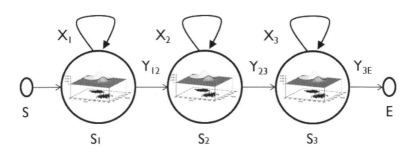

図13.10: 音素HMMのイメージ

13）マルコフモデルとHMMの違いは出力結果の有無である。マルコフモデルは連続する事象の確率を算出するのみであり、なんら出力するものがないのに対し、HMMは連続する事象の確率を計算し、出力する結果（ここの例では「い」あるいは「う」という母音）の確率を算出する。

己遷移確率、Yは遷移確率を示し、それぞれの状態は図13.9で示したような「い」、「う」のどちらかの母音が得られる確率を持つ）。このようなHMMが「い」と「う」の2つ分あるとする。

　ある発話データが得られ、それを短い4つの区間に区切り、それぞれでF1、F2を計測したとしよう。それぞれの組のデータは図の左に示されているSからいずれかの経路を経て図の最も右に示されているEの状態までの確率が計算される。区切られた区間は4つでHMMの状態数は3なので、S1からS3のどこかで自己遷移が行わなければならない。以下の3つのパターンを考える。

1. $S \rightarrow S_1$ と遷移し、S_1で自己遷移し、$S_2 \rightarrow S_3$ と遷移し、$S_3 \rightarrow E$ と遷移する確率
2. $S \rightarrow S_1 \rightarrow S_2$ と遷移し、S_2で自己遷移し、$S_2 \rightarrow S_3$ と遷移し、$S_3 \rightarrow E$ と遷移する確率
3. $S \rightarrow S_1 \rightarrow S_2 \rightarrow S_3$ と遷移し S_3で自己遷移し、$S_3 \rightarrow E$ と遷移する確率

　この3つのパターンで算出された確率を足し合わせる。たとえば、得られた4つの区間のF1、F2を時系列的にA、B、C、Dとすると、上記の1では、以下の確率を掛け合わせる。得られた4つの区間のF1、F2のデータを用いて、「い」と「う」両方のHMMでこの計算をし、高い確率を算出するHMMを持つ母音を認識結果とする。

- S_1におけるAの出現確率
- S_1の自己遷移確率（X_1）
- S_1におけるBの出現確率
- S_1からS_2への遷移確率

---

14) 実際の音声認識ではこれらの確率も大量のデータから推定するが、ここでは説明のためすでに与えられているものとする。

- S_2 における C の出現確率
- S_2 から S_3 への遷移確率
- S_3 における D の出現確率

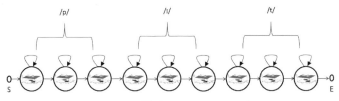

図 13.11: 単語 HMM のイメージ

　次の段階は単語認識である。単語認識に使用する単語 HMM は上述の音素 HMM を連ねたものである。たとえば、*pit* という単語では /p/、/ɪ/、/t/ の 3 つの音素 HMM を連ねる。この音素 HMM を拡張したものを単語 HMM と呼ぶ。図 13.11 に *pit* の単語 HMM のイメージを示す。たとえば、2 つの単語のどちらが発話されたのか識別する場合、発話された音声を短い区間に区切り、その区間の特徴量（上の例では F1 と F2 を扱った）を計測する。そして、この特徴量の列がどちらの単語 HMM から出力される確率が高いかを上の例と同様に計算し、高い方の確率を算出する単語 HMM を持つ単語を出力結果とする。

　最後の段階は単語列（文）の認識である。以下のタスクにおける発話を認識する場合を考える。

> **問題**：レストランであなた（B）は鶏肉料理を注文しようとしています。ウエイター（A）がやってきました。あなたはどのように注文しますか。
>
> A: Are you ready to order?
> B:（　　　　　　）．

すでにこのタスクを使用してデータを収集し、以下の 20 種類の発話が

得られているとする[15]。

1. I would like to have a chicken.
2. I'd like a chicken.
3. I order chicken.
4. I want a chicken.
5. A dish of chicken, please.
6. Yes, I want to eat chicken.
7. I want to eat a chicken.
8. I want a chicken dish.
9. I'd like chicken.
10. Yes I'd like to have a chicken.
11. Chicken please.
12. Yes chicken, please.
13. I'd like to chicken.
14. Could I have the chicken?
15. Could I have chicken, please?
16. Can I have a chicken, please?
17. I'll have the chicken.
18. Please take me the chicken, please.
19. Yes a chicken dish please.
20. Yes I would like to have a chicken.

　ここでの単語列の認識の例は、2つの単語の連続を考慮して単語列を認識する方法である[16]。この20種類の最初の単語は、I、I'd、a、yes、chicken、I'll、could、can、please[17] の9個である。発話された音声の特徴

---

[15] 筆者が実際に収集したデータの一部であり、学習者の発話を書き起こしたものなので文法的な間違いも含まれている。

量の列がこの9種類の単語のHMMのうちどれから出力される確率が高いか計算し、最も高い確率を出力する単語HMMを持つ単語を出力結果とする。この単語が終わった次の区間からまた同様の手順で単語認識を繰り返す。最初の単語と2番目以降の単語における認識方法の違いは、単語の連続を考慮することである。先頭の9種類の単語のうちいずれかを認識結果とすると、次に出現する単語は制限される。この例では、Iが出現した場合、次の単語はwould（1、20）、order（3）、want（4、6、7、8）、have（14、15、16）[18] に制限される。Iの区間が終了した次の区間からの特徴量の列がwould、order、want、haveのどの単語HMMから出現する確率が高いか、すべて計算し、最も高い確率を算出した単語HMMの単語を出力結果とする。3番目以降の単語に関しても同じ手順を繰り返す。図13.12にこの手順のイメージを示す。図の横の長さは実際に発話されている時間を示して

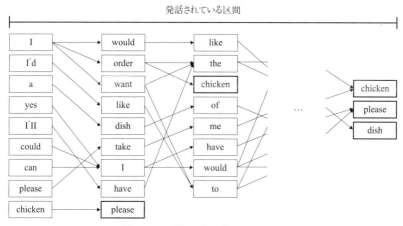

図 13.12: 単語列認識のイメージ

16）実際にここで示されている問題に対し、これら20種類の文以外を受検者が発話することは十分にあり得る。また、ここにない単語が発話されることもある。実際はこのようなことにも対応して音声認識を行っている。
17）音声認識の分野では、I'dなどの縮約形を1語と考える場合が多い。本章においてもこれに従った。
18）括弧内の数字は当該の単語が出現した文の番号を示す。

いる。図中の四角の枠線が太いものはその単語が終端であることを示している。発話区間の途中で終端になった場合は間違いと判断し、ひとつ前の単語に戻り、2番目に高い確率を算出した単語HMMを持つ単語を出力結果として同様の手順を繰り返す[19]。

この過程[20]を経て、音声が文字（単語、単語列）として認識される。つまり、音声認識とは、発話データの音声が得られる最も高い確率の単語列を探す過程である。

以下に認識結果の例を示す。この結果の1列目と2列目は時刻の開始と終了を示し、3列目は開始時刻と終了時刻はさまれた時間に発せられた単語を示している。時刻の単位はミリ・セカンド（1000分の1秒）を使用している。!ENTERと!EXITは発話の前後にある何も発話されていない無音状態を示している。

開始	終了	単語
0	90	!ENTER
90	580	i'll
580	850	have
850	910	the
910	1430	chicken
1430	1450	!EXIT

ここから得られる情報をもとに、どの程度の速さで発せられた発話なのか（1分間に何語話されたか）、無音ポーズの時間的長さなどの発話の特徴を客観的に捉える指標が計算できる。

---

19) 図の例で3番目の単語の認識結果をchickenとした場合、認識結果はI order chickenとなるがchickenと発話されている時間以降にも発話音声があるため、I order chickenは間違いであると判断する。ひとつ前のorderに戻り、もうひとつの選択肢であるtheを3番目の単語の認識結果とする。

20) 無料で公開されているHidden Markov Model Toolkit（http://htk.eng.cam.ac.uk/）というライブラリを用いて、実際に自分で音声認識機を作成することが可能である。

13.3.3 自動採点における予測方法

前述したように、音声認識の技術を利用すれば、話す速さやポーズの長さなど、時間制御に関する発話の特徴量を自動的に得ることができる。一般に、発話自動採点とは、客観的に測定できる発話の特徴を用いて、評定者による評価値を予測するシステムである。ここでは、簡単な例を用いてその仕組みを紹介する。

英語学習者が英語で書かれた文章を読み上げた発話データを収集し、words per minute（WPM）[21] と評定者による評価値の関係を図 13.13 の散布図で表したとする（評価値は 0 点から 100 の 101 段階で付与されるものと仮定する）。

この散布図において、多少のばらつきはあるが、WPM が上がれば評価値も上がる傾向があると判断できる。この場合、WPM が計測できれば、

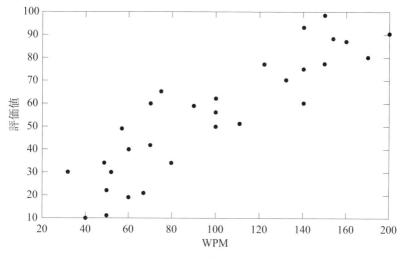

図 13.13: WPM と評価値の散布図 1

---

21) 読み上げ発話ではあらかじめ語数が決まっているため、認識結果から読み上げにかかった時間さえ得られれば WPM を求めることができる。たとえば、120 語の文章を読み上げるのに 1 分 15 秒かかった場合、WPM は、120/1.25 = 96WPM となる。

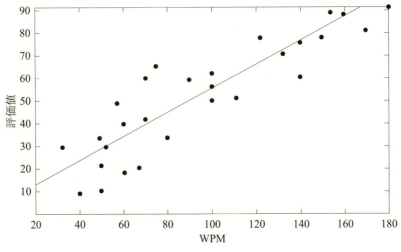

図 13.14: WPM と評価値の散布図 2

WPM をもとに評価値を予測することが可能である。ここでは、WPM が評価値を予測していると考えるので、WPM を予測変数 (predictor variable)、評価値は予測したい変数なので目的変数 (criterion variable) と呼ぶ。

WPM を用いて評価値を予測するために、まず、図 13.14 のように、この散布図の中に、すべてのデータへの距離の総和が最も小さくなる直線を引く。この直線は y = ax + b のような、一次式で表せるため、新たにデータを得た場合、x にその WPM を入れれば、y の評価値が算出される。これが自動採点の基本的な考え方である。このモデルは、予測変数が 1 つであることから、単回帰モデル[22]と呼ばれる。予測変数が複数ある場合は重回帰モデルが利用される。

13.3.4　自動採点における機械学習

前節で紹介した回帰モデルの目的変数は 0 から 100 までの様々な値をと

---

[22] 単回帰分析とも呼ばれる。一般的に回帰分析とは予測変数を用いて目的変数の変化をどの程度説明できるかを定量的に分析することである。

る変数と仮定していたが、実際に発話能力を評価するテストにおいては、5段階や7段階といった値を用いて評価を与える場合が多い。このような場合は、回帰モデルを用いるよりも、機械学習の手法を用いる方が精度の高い予測ができる場合がある。実際、Higgins, Xi, Zechner, and Williamson（2011）ではサポートベクターマシーンが、小林・阿部（2013）ではランダム・フォレストという機械学習の手法が使用されている。ここでは、比較的容易に理解できる最近傍決定則と k-近傍法の仕組みを説明する。

最近傍決定則

図 13.15 はすでに評価値が付与された（○は合格、●は不合格）発話データを2つの特徴量（xとy）を用いて散布図で表現したものである。☆と★はそれぞれのカテゴリにおける当該の特徴量の平均値をプロットしたものである。すでにこれらの情報が得られていると仮定して、新たな受検者の発話データを分析し、xとyの特徴量をもとにこの散布図内にプロット

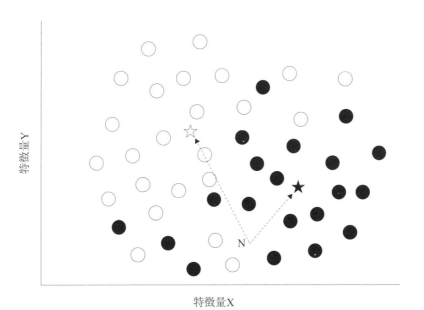

図 13.15: 最近傍決定則を用いた分類

した場合、新たな受検者の発話データは図中のNの位置であったとする。最近傍決定則とは、このNとそれぞれのカテゴリの平均値（☆と★）までの距離を計算し、より近い平均値を持つカテゴリを新たなデータのカテゴリとするものである。この例では、視覚的にも明らかなようにNは不合格と判断される。

k-近傍法

　図13.16では図13.15と同じデータが示されている。k-近傍法では、まず、データの数（k）を決める。たとえば、kを3とした場合、分類しようとするデータの近くにある3つのデータを分類の手掛かりとして使用する。図13.16では→で示されているデータが、分類しようとするデータ（N）に最も近い3つのデータである。この3つのデータがどちらのカテゴリであるかは既知である。分類しようとするデータの周辺にどちらのカテゴリのデータが多いかという情報を用いて分類するのかk-近傍法である。図

図13.16: k-近傍法を用いた分類

中で分類しようとしているデータに最も近い3つのデータは、1つが●で残りの2つは○であるため、Nは○（合格）と分類される。

ここでは扱った例では分類の結果は同じであったが、最近傍決定則とk-近傍法の手順の違いから明らかであるように、同じデータであっても識別結果が異なる場合もある。

13.4　発話自動採点システムの例

本節では発話自動採点システムのひとつの例として、筆者が開発したシステムを紹介する。Kondo（2010）は最近傍決定則を発話自動採点システムの予測方法として採用した。アジア人英語学習者約100人がイソップ童話の『北風と太陽』を読み上げた発話データに、訓練を受けた語学教師が評価値を付与した。この読み上げ発話データにおいて、評価値をよく予測する発話の特徴量を見つけるために、予備調査として相関研究を行い、2つの特徴量（話す速さの指標とリズムに関する指標）が評価値と関連するものであることが分かった。そして、受検者がクライアント・コンピュータからサーバ・コンピュータにアクセスし、提示された文を読み上げ、その音声をサーバ・コンピュータに送ると、スコアとフィードバックが得られるシステムを開発した。これら2の特徴量を用いて、回帰モデルやいくつかの機械学習の手法を予測方法の候補として検討し、もっとも予測の精度が高かった最近傍決定則を採用した。図13.17はこの2つの特徴量を用いてデータを表したものである。

発話データはA、B、Cの3段階の評価値が付与されている。図13.17ではAが●、Bが×、Cが△で表されている。大きな●、×、△はそれぞれのカテゴリの平均値である。新たな受検者は、話す速さとリズムに関する指標を用いてこの散布図のどこかに配置され、A、B、Cの3つのカテゴリの平均値との距離が計算される。受検者は自身と最も近い平均値を持つカテゴリに分類される。このシステムを評価するために、新たな受検者を募り、システムと人間の評定者が読み上げ音声を評価した。システムが算出する評価には、熟練した語学教師である評定者が与える評価とかな

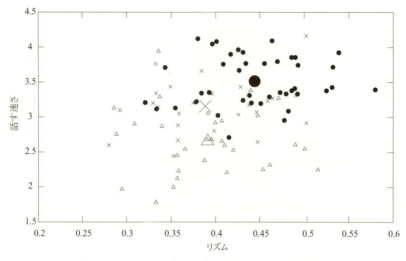

図 13.17: Kondo（2010）の発話データの散布図

りの程度の一致度が見られた。

13.5 発話自動採点システムの今後の課題[23]

　13.3.2 で述べたように、現在の音声認識技術は確率にもとづいている。そのため、認識結果はそのように話されている確率が高いという意味であって、実際の発話とは異なる可能性がある。人間同士のコミュニケーションにおいても、聞き間違いや勘違いを排除することができないのと同様に、コンピュータによる音声認識が完璧になることはない。そのため、コンピュータが出力した認識結果を利用して学習者の発話を採点することには注意が必要である。現在の音声認識技術では、母語の場合、静かな環境で明瞭な発音をすれば 100% に近い認識率が得られるが、これは母語話者の発話から得られる特徴量がある程度一定であるためであり、非母語話者の場合、発音に母語の影響があるため、認識率は低くなる。これが発話

---

[23] 本節は石井・近藤（2014）の 4.1 に加筆・修正を加えたものである。

自動採点システムの開発を難しくしている要因のひとつである。SpeechRater™ は自然に近い発話を評価の対象としているため、認識の精度はかなり低くなる。単語認識率は、受検者によって 10% から 80% と大きく異なるが、全体として約 50% と報告されている（Zechner, Higgins, Xi, & Williamson, 2009, p. 888; Xi, Higgins, & Zechner, 2012, p. 379）。SpeechRater™ の評価と人間の評定者の評価の一致度はある程度あるが、全体として約半分の単語しか正確に認識できてない発話の特徴量をもとに評価値を予測することの是非は判断の分かれるところである。

　認識率の向上は発話の自由度を制限することによって可能である。Versant™ では、画面上に提示された文を読み上げたり、提示された単語の反対語を言うタスクを用いることにより、発話の自由度を制限している。しかし、Versant™ で測定しようとしている能力は、第二言語において「日常的な事柄について話されている言葉を理解する能力、および分かりやすい言葉を使って母語話者同士の会話と同じペースで適切に話すことができる能力」（Bernstein, Van Moere, & Cheng, 2010, p. 358）であり、自由度が制限されたタスクでは、こうした測定したい能力を間接的にしか評価できず、直接評価を行おうとする発話能力のテストの趣旨にも反する。

　発話の自由度を制限することによって、認識率の向上はある程度可能である。発話自動採点システムが算出する評価の精度を高めるためには認識率の向上は必須である。近年では本章で紹介した HMM を利用しない、新たな音声認識技術も提案されており（e.g. Hinton, Deng, Yu, Dahl, Mohamed, Jaitly, et al. 2012）、非母語話者の認識精度も改善する可能性が高い。しかしながら、自然に近い発話を完璧に認識することはおそらく不可能であろう。

　そこで重要となってくるのが、構成概念の定義とタスクの作成である。発話自動採点システム開発の最初の段階、構成概念の定義において、認識率の高いタスクの使用を前提として、測定しようとする能力を決定する。つまり、認識率の高いタスクを用いて測定できる能力の中から測定する能力を決定するということである。この場合、測定しようとする能力の範囲は限定されるが、それでも、高い認識率が担保されるため、発話自動採点

システムが算出する評価値の信頼性は向上すると考えられる。発話自動採点システムを用いたテストを人間が行う発話評価に取って代わるテストではなく、補助的なテストと考えれば、この考え方は妥当なものである。たとえば、これまで発話能力があまり評価されなかった英語教育プログラムにおいて、クラス分けテスト、達成度テストにおいて、発話自動採点システムによる発話能力テストが導入された場合の波及効果は小さくないであろう。

13.6　おわりに

　音声認識技術は音声言語を客観的（数学的）に捉えようとした結果のひとつである。このような精緻な分析方法は、学習者言語の分析に大いに役に立つ。音声認識などの音声工学の知見を取り入れることによって、学習者言語の分析はさらに精緻なものとなり、研究の発展につながる。現在の英語教育学において、統計学、数学の知識は必須であろう。しかしながら、大学院で英語教育学を専攻しようとする者は文系学部出身であることが多く、数学や統計学に不案内な者も少なくない。そのため、本章の数学的な記述に関しては極力分かりやすい説明に努めた。本章をきっかけとして、英語教育に携わる者が今後興味を持って数学や統計学の勉強に取り組み、さまざまな手法を学習者言語の分析に取り入れて、英語教育学の発展につなげてほしい。

　発話自動採点システムを利用したテストであっても、テストであることに変わりはないので、構成概念の定義、評価基準およびタスクの作成においては、英語教育学に関する知識が必須である。しかし、発話自動採点システムを開発するうえで音声認識術技術や統計的な手法が必須であるためか、発話自動採点システムに関する研究の多くは音声認識、自然言語処理など英語教育学ではない分野を専門とする研究者が中心となって行っている。英語教育学を専攻する者が音声認識や統計的な手法に精通することによって、英語教育学の知識を持ったものが中心となって発話自動採点システムの開発が行われることを期待する。

読書案内

1. 荒木 雅弘(2007).『フリーソフトでつくる音声認識システム - パターン認識・機械学習の初歩から対話システムまで』. 森北出版.
   音声科学の分野に進もうとする学部3年生のために書かれた本である。パターン認識の基本的な考え方、基本的な手法、隠れマルコフモデル、Windows で動く Hidden Markov Model Toolkit の使い方の説明があり、実際に自分で音声認識機を作成することができる。高校レベルの数学の知識があれば容易に理解できる入門書である。
2. 荒木 雅弘 (2014).『フリーソフトではじめる機械学習入門』. 森北出版.
   筆者が知る限り、機械学習の入門書において最も平易に書かれた本である。さまざまな手法が紹介され、現在注目を集めている深層学習という新たな手法も含まれている（2014年現在）。また、機械学習の手法を利用できる Weka というソフトウェアの使い方に関しても丁寧な記述がある。
3. 平岡 和幸・堀 玄 (2010).『プログラミングのための確率統計』. オーム社.
   そもそも確率とは何かという話題から確率分布まで、平易な言葉で書かれた確率に関する入門書である。また、確率の応用例として統計的検定について分かりやすく説明している。タイトルに「プログラミングのための」とあるが、読者にプログラミングの知識、技術は必要ない。

参考文献

石井 雄隆・近藤 悠介（2014）. 英語学習者を対象とした自動採点システム - 課題と展望.『メソドロジー研究部会報告論集』. 第4号, 1-11.

金田一 晴彦・林 大・柴田 武（1988）.『日本語百科大事典』. 大修館書店.

小林 雄一郎・阿部 真理子（2013）. スピーキングの自動評価に向けた言語項目の策定『電子情報通信学会技術研究報告』113（253）1-6.

Bernstein, J., Cohen, M., Murveit, H., Rtischev, D., & Weintraub, M.（1990）. Automatic evaluation and training in English pronunciation. *Proceedings of the International Conference on Spoken Language Processing*, 1185-1188.

Bernstein, J., Van Moere, A., & Cheng, J.（2010）. Validating automated speaking tests. *Language Testing, 27*（3）, 355–377. doi:10.1177/0265532210364404.

Higgins, D., Xi, X., Zechner, K., & Williamson, D. (2011). A three-stage approach to the automated scoring of spontaneous spoken responses. *Computer Speech &*

Language, 25(2), 282–306.

Hinton, G., Deng, L., Yu, D., Dahl, G. E., Mohamed, A. R., Jaitly, N., ... & Kingsbury, B. (2012). Deep neural networks for acoustic modeling in speech recognition: The shared views of four research groups. *IEEE Signal Processing Magazine, 29*(6), 82–97.

Kondo, Y. (2010). *The development of automatic speech evaluation system for learners of English.* Unpublished doctoral dissertation, Waseda University, Tokyo, Japan.

Page, E. B. (1966). The Imminence of Grading Essays by Computer. *Phi Delta Kappan, 47,* 238–243.

Xi, X., Higgins, D., Zechner, K., & Williamson, D. (2012). A comparison of two scoring methods for an automated speech scoring system. *Language Testing, 29*(3), 371–394. doi:10.1177/0265532211425673.

Zechner, K., Higgins, D., Xi, X., & Williamson, D. M. (2009). Automatic scoring of non-native spontaneous speech in tests of spoken English. *Speech Communication, 51,* 883–895. doi:10.1016/j.specom.2009.04.009.

索　引

【あ行】

ICT　429
e-learning　431
異音　270
意識的語彙学習　230
一貫性　182
意味の交渉　180
意味役割　319
意味役割　366-368, 371
インタラクション能力　184
韻律的特徴（prosodic features）　275
VOT　267
Web2.0　440
受身化された非対格動詞　384
影響（impact）　157
英語教育強化拠点事業・教育課程特例校　50
英語ノート　44
ACPA 語学基準表　61
SALL　434
SLM　294
LMS　432
LL　439
L2 動機づけ　391, 398-402, 405-409, 410, 415-418, 420-422
L2 動機づけ自己システム（L2Motivational Self System）　418, 419
L2 動機づけのプロセスモデル（processmodel of L2motivation）　417
欧州評議会（Council of Europe）　49
O'Connor & Arnold 方式　280
音素　268
音読（oral reading/reading aloud）　109

【か行】

外国語活動　43-45, 48
改訂階層モデル　224
外発的動機づけ（extrinsic motivation）　410-415, 419
下位レベル処理（lower-revel processing）　104
学習指導要領　43-45, 47-50, 70, 75, 96
学習者言語　306
学習者個人差研究　391, 393, 422
学習者個人要因研究　392, 394
学習要因（learning factors）　391-397
確率分布　468, 469-471
確率変数　468
関与負荷仮説　233
Can-do　49, 50, 54, 61, 77
Can-do リスト　49, 50, 78
強勢拍リズム（stress-timed rhythm）　279
共通参照レベル（Common Rederence Levels）　49, 50
偶発的語彙学習　233
句構造規則　310
Classroom Language　53
グラフィック・オーガナイザー（graphic organizer）　116
繰り上げ構文　325
グローバル化に対応した英語教育改革実施計画　43, 48, 49, 51
結束性　182
言語活動　73, 74, 97, 102
語彙カバー率　235
語彙規則　335
語彙機能文法（Lexical-Furctuonal Grammar）　303
語彙項目　311

語彙知識の広さ　216
語彙知識の深さ　216
語彙の豊かさ　239
項構造　362, 364, 368, 369, 371
構成概念（construct）　154
構成概念妥当性（construct validity）　157
構成概念に基づく言語処理的テスト法
　（onstruct-based processing approach
　totesting）　169
構成概念に基づくテスト法（construct-
　based approach to testing）　169
構文文法　348, 360,-364, 367, 368, 384
CALL　428
語強勢（word stress）　276
個人差（individual differences）　392-394,
　396, 397, 420, 421
個人差研究（individual difference research）
　392-395, 419, 421
5文型　347, 348, 351, 359, 384
コミュニケーション能力　181
コンテクスト・ビジュアル（context
　visuals）　138, 139
産出語彙　217
CEFR-J（CEFR-based framework for ELT
　in Japan）　50
CMC　429, 430
CCDL　431
CBLT　433
子音（consonant）　262
自己決定理論（self-determination theory）
　410-412, 414, 415, 420

【さ行】
指示（prompt）　158
質的研究（qualitative reserch）　417, 420,
　421
実用性（practicality）　157
自動化　101
社会教育モデル（the socio-edecational
　model of second language acquisition）
　394, 409
社会言語能力　181
CAI　432
シャドーイング　136
受容語彙　217
上位レベル処理（higher-revel processing）
　105
使用場面　83, 99
真正性（authenticity）　157
信頼性（reliability）　157
信頼性　185
スペクトログラム（spectrogram）　259
正確さ（Accuracy）　170
正規分布　471, 477
制御構文　323
生成文法　304
セルフアクセスセンター　434
全体的評価法（holistic scoring）　159
総合的な学習の時間　43, 44
相互作用的処理（interactive processing）
　106
相互性（interactiveness）　157

【た行】
第二言語（外国語）学習動機づけ　391,
　398
第二言語習得　306
タスク細目（task specification）　155
タスク中心の言語指導　74
タスクに基づくテスト法（task-based
　approach to testing）　168
脱落　274
妥当性　185
多読（extensive reading）　119
多特性評価法（multiple-trait scoring）
　161
WBLT　433
単独的評価法（primary-trait scoring）

160
単母音（monophthong）　256
談話能力　182
中間言語　193
伝わりやすさ（Communicability）　171
ToBI　284
ディクテーション（dictation）　133
ディクトグロス（dictgloss）　135
適格性条件　319
TELL　429
添加　278
同化　276
道具的志向性（instrumental orientation）　404, 406, 407, 408
統合的志向性（integrative orientation）　404, 405, 408
統合的動機づけ（integrative motivation）　399, 401, 402, 404, 405, 407, 409, 419
読解発問（comprehension question）　113
トップダウン処理（top-dowm processing）　106

【な行】
内発の動機づけ（intrinsic motivation）　410, 411, 413-415, 420
7文型　351, 359, 384
二重母音（dephthong）　261
能力記述文　188

【は行】
波及効果（washback/backwash）　157
パターン文法　348, 356-360, 367, 368, 384
発話行為　193
発話速度（speech rate）　130
反転学習　434
PAM　297
非対格動詞　371, 374-379, 382-385
非能格動詞　371, 373-375, 377-379, 382, 385

フォルマント（formant）　262
文強勢　277
分析的評価法（analytic scoring）　160
分節音（segment）　254
文法能力　181
母音（vowel）　255
方略的能力　182
ボトムアップ処理（bottom-up processing）　105

【ま行】
マルコフ過程　474
マルコフモデル　468, 472, 474
マルチメディア　437, 439
無動機（amotivation）　410, 411, 413
メンタルレキシコン　224
目的変数　486
黙読（silent reading）　110
モバイル・テクノロジー　442
文部科学省　43, 44, 48, 49, 65
文部科学省認定教科書　44

【や行】
ヨーロッパ言語共通参照枠（Common European Framework of Reference for Languages: CEFR）　15, 77, 43, 49-51, 54, 61, 62, 65,186
予測変数　486

【ら行】
量的研究　416, 417, 420, 421
リンキング　278
ルーブリック（rubric）　161

【わ行】
ワードファミリー　214

執筆者一覧

中野　美知子（なかの　みちこ）
早稲田大学教育・総合科学学術院教授。Ph.D.（エディンバラ大学）。環太平洋応用言語学会（Pan-Pacific Association of Applied Linguistics）会長。

阿野　幸一（あの　こういち）
文教大学国際学部国際理解学科教授。埼玉県立中学校・高等学校教諭、茨城大学専任講師を経て現職。NHKラジオ『基礎英語3』講師（2008年度－2012年度）、同『基礎英語2』講師（2013年度－）。専門は英語教育、応用言語学。著書に、文部科学省検定高校教科書『All Aboard! Communication English Ⅰ・Ⅱ・Ⅲ』（東京書籍）、『英語授業ハンドブック高校編』（大修館書店）他多数。

藤永　史尚（ふじなが　ふみひさ）
早稲田大学系属早稲田実業学校教諭。早稲田大学大学院教育学研究科英語教育専攻修士課程修了。修士（教育学）。専門は英語教育。

杉田　由仁（すぎた　よしひと）
山梨県立大学看護学部准教授。早稲田大学大学院教育学研究科博士後期課程教科教育学専攻修了。博士（教育学）。山梨県公立中学校英語科教諭、山梨県立看護大学専任講師等を経て現職。主な著書に『ジャンル別パラグラフ・ライティング』（成美堂）、『ライティングで学ぶ英語プレゼンテーションの基礎』（南雲堂）、『日本人英語学習者のためのタスクによるライティング評価法』（大学教育出版）などがある。専門は、ライティングの評価・指導法、英語教授法理論。

根岸　純子（ねぎし　じゅんこ）
鶴見大学文学部英語英米文学科准教授。早稲田大学大学院教育学研究科修士課程修了、同博士後期課程教科教育学専攻修了。博士（教育学）。シドニー大学大学院修士課程修了。Master of Education（TESOL）。茨城県公立中学校英語科教諭、早稲田大学非常勤講師等を経て現職。専門は応用言語学（テスティング・スピーキング・語用論）、英語科教育。

上田　倫史（うえだ　のりふみ）
駒澤大学准教授。修士（教育学）、M.Sc.（発達言語学）。専門は応用言語学。

北川　彩（きたがわ　あや）
慶應義塾高等学校第一外国語科教諭。早稲田大学教育学部英語英文学科卒業。University College London, Department of Phonetics and Linguistics, MA. in Phonetics 修了。早稲田大学大学院教育学研究科博士後期課程教科教育学専攻退学。2010年度より現職。専門は音声学。

大矢　政徳（おおや　まさのり）
目白大学外国語学部英米語学科准教授。早稲田大学大学院教育学研究科博士後期課程教科教育学専攻修了。博士（学術）。専門は言語学。

大和田　和治（おおわだ　かずはる）
東京音楽大学准教授。早稲田大学大学院教育学研究科修士課程英語教育専攻修了。修士（教育学）。専門は英語教育。

吉田　諭史（よしだ　さとし）
早稲田大学グローバルエデュケーションセンター助教。早稲田大学教育学部英語英文学科卒業。早稲田大学大学院教育学研究科修士課程英語教育専攻修了。修士（教育学）。早稲田大学大学院教育学研究科博士後期課程教科教育学専攻退学。2011年4月より早稲田大学教育学部英語英文学科助手。2014年4月より現職。専門は英語教育。

筒井　英一郎（つつい　えいいちろう）
広島国際大学講師。早稲田大学大学院教育学研究科修士課程英語教育専攻修了。修士（教育学）。専門はICTを用いた英語学習。

近藤　悠介（こんどう　ゆうすけ）
早稲田大学グローバルエデュケーションセンター准教授。早稲田大学大学院教育学研究科博士後期課程教科教育学専攻修了。博士（教育学）。早稲田大学メディアネットワークセンター助手、立命館大学言語教育センター嘱託講師などを経て現職。専門は言語テスト。

英語教育の実践的探求

平成 27 年 2 月 25 日　発行

編　者　中野美知子

発行所　株式会社　溪水社

広島市中区小町 1-4（〒 730-0041）

電話 082-246-7909／FAX08-246-7876

e-mail: info@keisui.co.jp

URL: www.keisui.co.jp

ISBN978-4-86327-286-6 C3082